Albert O.
Hirschman

An
Intellectual
Biography

阿尔伯特·赫希曼

一部
思想传记

Michele Alacevich

[意] 米歇尔 · 阿拉切维奇 /著

贾拥民 /译

上海人民出版社

此书献给伊丽莎白（Elizabeth），我的第一读者和第一批评者这些改革者的行为……就好比一个国家，或者说就像一个棋手，虽然"从客观上看"似乎已经输定了，但是仍然在"令人恼怒地"继续奋力抗争着，而且偶尔确实坚持到了胜利到来的那一刻。

——阿尔伯特·赫希曼，1963 年

中文版推荐序

罗卫东

（浙大城市学院校长、浙江大学教授）

在 20 世纪的社会科学家中，阿尔伯特·赫希曼是一个独特而又光芒四射的巨大存在。他波澜壮阔的一生，无论是生活还是学问，皆精彩纷呈，令人感佩之至。

这样一位影响巨大而又难以归类的学者，自然是传记作者的宠儿。

一般认为，关于赫希曼的传记，写得最好、影响最大的当数阿德尔曼的《入世哲学家：阿尔伯特·赫希曼的奥德赛之旅》。这本书体量之大、史料之丰富、叙事之生动，集真实性与可读性于一体，令人叹为观止。当年我读它，真可谓手不释卷、废寝忘食。读完后的感受也是非常强烈，简直是荡气回肠，心情久久不能平静。不过，阿德尔曼的这部传记主要不是为了帮助读者深入理解和把握赫希曼的学术思想而写的。虽然花费了一些笔墨描述赫希曼思想与时代之间的连接，记述了对赫希曼三观形成以及思维方式产生了持续一生的深刻影响的人、书和事件，但充其量是描述了其思想成长的背景，对传主的思想"发生学"及其演变理路，较少予以关注。

赫希曼本人是叙事的高手，他的作品从字面上看，没有晦涩难懂的，但他的学术成果的个性和特色如此强烈，仅仅凭借阅读阿德尔曼的生活传记或者赫希曼的几部作品，读者恐怕很难登堂入室进入到他的思想殿堂的深处，也就无法弄清楚赫希曼何以成为如此特立独行的思想家，以及我们该如何全面准确地把握赫希曼的思想主题。把赫希曼的学术摆到更加开阔的学术时空及内涵坐标上去比较鉴别，从而更准确地定义和评价其学术的特异性贡献及其不足，这项工作需要专门的著作去完成。

意大利学者米歇尔·阿拉切维奇的《阿尔伯特·赫希曼：一部思想传记》的出版，在这个方面开了一个好头，并且在一定程度上满足了这个需要。

因为此前已经有了阿德尔曼的传记，阿拉切维奇在《思想传记》中不再需要赘述赫希曼非学术人生的一些情节，他可以聚集作为学者和思想家的赫希曼何以是其所是这个更进一步的问题来展开他的文本。作者自述："在这本书中，我也试图以我自己的方式，让赫希曼的'不一定非得如此'的态度成为我自己的态度，即采用他的世界观，不带任何先入为主的想法来看待他的著作和思想。特别是，我试图评估赫希曼对同时代的文献的贡献：他的想法是如何被学界同行们和政策制定者讨论、采纳或拒绝的；他的思想能不能历久弥新、会不会随时间流逝而遭到侵蚀；以及他与相关机构的关系是如何演变的。"

作者对赫希曼个人学术思想的思维方式、问题意识、研究方法等方面的内涵和特点，自然有很多的笔墨去刻画和表述，但是他不满足于追求赫希曼身上的那种独具个性的学术独创性，而是"将赫希曼置于他自己的生活和学术背景中去，或者说，从他与知识分子同行和政界人士的持续对话中去分析他。……不是从他作为一个独一无二的学者这个角度来讨论他的，而是从他作为他那个时代的知识和政治辩论的参与者的角度来剖析他的。"

一方面，与阿德尔曼的传记不同，阿拉切维奇主要关注赫希曼的论著本身，包括它们引发的争论以及它们试图解决的问题。《思想传记》全部八章的内容，除了首尾两部分是关于早年和晚年两个阶段赫希曼学术思考的综合阐述，主体部分的六章，以时间为轴，从《国家实力与国际贸易的结构》开始，依次探讨了《经济发展战略》《通往进步之旅》《退出、呼吁与忠诚》《激情与利益》《社会集体前进》《反动的修辞》等各时段赫希曼学术代表作所体现出来的学术思想贡献及其背后的价值观、道德责任感及思想方法论基础。另一方面，由于赫希曼的这些著作，一直与现实世界有密切的联系，他的研究总是由具体问题引发的，而且也是为了更好地解决具体问题而开展的；赫希曼本人是一个将思辨生活与行动生活成功融贯于一体的当代罕见的专业知识分子。他的思想，既有内在的发生学意义上的渊源，也有方法论层面上的演化机理，更有与时代同频共振而形成的对话，要讲清楚这一点，需要传记作者有足够的学术史和思想史文献功底，至于对赫希曼思想做出公允的评价，则更是需要高超的见识、开阔的视野和必要的思想深度。我阅读后感到，阿拉切维奇基本上完成了预定的任务。

我本人的学习和思想转型的经历，有点和赫希曼相类似。早年学习政治经济学，主要是马克思的理论，后来又系统学习过西方现代经济学，在大学的经济学院主讲发展经济学和经济思想史，主要研究领域是18世纪启蒙时代的哲学和社会经济思想。从20世纪80年代中期开始，接触到赫希曼的作品，迅速成为他的拥趸，此后阅读了赫希曼的几乎全部作品，对《经济发展战略》《退出、呼吁与忠诚》《激情与利益》这三部作品，更是读过多遍。赫希曼一生的传奇经历令我感佩，他的学术思想，无论是思维类型、所体现的社会关怀、深邃而有些奇特的思想内涵、独到的洞察力和视野……几乎所有方面都深获我心。大概也因为如此，阅读《思想传记》就是一趟令人会心和愉悦的思想体验之旅。

赫希曼在其漫长的一生中，一次又一次地对经济学和社会科学作出了开创性的贡献，其思想的特异性和原创性是学术界公认的。他的这些学术贡献绝对不只是一连串互不相关的研究的产物，而是共同划出了一条体现了惊人想象力且具有深刻连贯性的智识轨迹。他的学术探索工作覆盖了一般意义上的几乎所有社会科学门类，从最初的经济学，到社会学、政治学、人类学、法学以及政策科学，等等，极大地影响了这些学科的发展进路。尤其对于经济学的健康发展而言，赫希曼的工作更是至关重要！

对于中文世界的读者而言，赫希曼思想所具有的意义是多维度的，首先是赫希曼极为强烈的人类关怀，他从早年的一名马克思主义信徒成长为更加成熟、更加自信的综合型社会科学思想家，看起来变化很大，但这种变化其实只是学术工具运用和话语方式方法等表层的变化，他对悲天悯人的救世情怀终其一生都没有变化。无论是他早年奔赴马德里参与西班牙内战，在巴黎反抗纳粹救助同胞，还是参与战后欧洲重建，指导哥伦比亚这个南美国家的经济发展，发起并亲自参与世界银行的发展项目评估，赫希曼（和他的妻子）一直奔走在世界和平与发展实践的第一线，不遗余力地推动建设一个繁荣富强的国家与和谐美好的世界。在这个过程中，他也获得了一般学院派学者所难以得到的、宝贵的真实信息和真问题的刺激。这对他的边缘性思考又有极大的裨益。他的一生都是怀具深沉人道主义情怀的思考者、行动者。其次，是他独特的看待世界的眼光和方法。赫希曼的思想和学术最具辨识度的一点就是标新立异、别出心裁，他聚焦的问题及其阐释方法迥异于主流学术范式。赫希曼所具有的综合性的思维方式，正是 20 世纪以来分工日益精细的社会科学知识生产模式带来的深刻的片面乃至精致的理论模型所不具备的。所谓世界，本质上就是整体呈现出来的变动着的社会实在，任何问题都具有最低限度的综合性，并非以分析性学科所擅长应对的那个样貌呈现在研究者、决策者面前，一名负责任的合格的社会科学家，需要有最起码的"现象学意义上"的综合视野，去直觉和常识性地关照生活世界。最后，赫希曼坚信，没有深入一线和实践前沿的调查就没有合格的学术。赫希曼这一辈子走过了万水千山，他拒绝不加反思地接受和使用现成的理论体系。在经济学出身的社会科学家中，赫希曼的学术作风无疑是最踏实、最接地气的一个，他十分不屑那些足迹从未到过研究对象国的所谓主流"发展经济学家"，揶揄批评那些只待在办公室和教室里，照着本本对发展中国家的实践探索指手画脚发号施令的黑板经济学家。他一生都践行研究真问题、探索真学问的座右铭，先后在三大洲的七个不同的国家工作和生活，至于调查的足迹更是遍布了几十个国家。他的人生经历、社会阅历超过了当今世界绝大多数社会科学家。

赫希曼，身上展现着伟大情怀、坚定信念和坚韧精神，他孜孜以求，努力探索真问题，致力研究真学问，堪称 20 世纪社会科学家的伟大代表，是值得后世学者学习的杰出典范。

感谢本书译者贾拥民博士，他不求闻达，凝心聚力，十几年如一日潜心移译经典好书，其做人做事的精神值得嘉许。迄今为止，拥民已经译介了十余部思想史领域的经典或者优秀的思想家传记作品，前述阿德尔曼的皇皇巨著《入世哲学家》中文版，也是拥民的手笔。

拥民曾经是我的学生，嘱我为《思想传记》作序，我自然十分乐意，只是限于水平，行文词不达意处甚多，恐难切中肯綮，还望方家海涵并指教。

是为序。

英文版前言

不一定非得如此。

——乔治·格什温（George Gershwin）和艾拉·格什温（Ira Gershwin），《波吉和贝丝》（*Porgy and Bess*），1935 年

从任何标准来看，阿尔伯特·O. 赫希曼（Albert O. Hirschman）都不能说是一个典型的学者。他出生在德国，到 30 岁时就已经是一个参加过两场战争的老兵了。他曾经在三大洲的七个不同的国家生活过。他用五种语言交流和写作，使用过很多个化名，并且可以让自己看上去显得比土生土长的法国人还更"法国人"。他虽然没有获得过正式的高级学位，但是却先后在十几个精英机构中任职。从表面上看，赫希曼的学术成果似乎只是众多主题和方法论的大杂烩；然而，他却是 20 世纪最重要和最有影响力的社会科学家之一。

在他漫长的一生中，大体上以十年为一个阶段，赫希曼一次又一次地对经济学和社会科学做出了开创性的贡献。他这些贡献，绝对不只是一连串的没有什么因由的、互不相关的研究的产物；恰恰相反，它们共同划出了一条体现了惊人想象力且具有深刻连贯性的智识轨迹。赫希曼的视角极其宽广，涵盖了通常的学科分类中的所有社会科学学科。赫希曼极大地改变了各门社会科学的"参数"，以至于他更愿意讨论的是一门统一的解释性社会科学。在他的学术生涯的晚期，赫希曼已经成了最受尊敬的思想家之一，同时也是最难模仿的思想家之一。

尽管赫希曼在他的学术生涯中受到了一些批评，但是以往人们对他的论

著的评价往往只强调其独创性（实际上是强调了他的一些"神来之笔"），同时却淡化了它们所包含的更具智识挑战性的那些方面。我承认，作为一名传记作者，我并不能做到完全超脱，但是我确实一直试图在不回避赫希曼的论著中的问题的情况下提出我的分析。赫希曼曾将他对任何给定分析的思考方式描述为"不一定非得如此"[1]。在这本书中，我也试图以我自己的方式，让赫希曼的"不一定非得如此"的态度成为我自己的态度，即采用他的世界观，不带任何先入为主的想法来看待他的著作和思想。特别是，我试图评估赫希曼对同时代的文献的贡献：他的想法是如何被学界同行们和政策制定者讨论、采纳或拒绝的；他的思想能不能历久弥新、会不会随时间流逝而遭到侵蚀；以及他与相关的机构的关系是如何演变的。因为赫希曼是一位极具独创性的思想家，所以研究者很容易只突出他的独特性，并在不经意间将他放置到一个神龛上。相反，我贯穿整本书中的主要研究方法是将赫希曼置于他自己的生活和学术背景中去，或者说，从他与知识分子同行和政界人士的持续对话中去分析他。也就是说，我不是从他作为一个独一无二的学者这个角度来讨论他的（尽管他确实是一个独一无二的学者），而是从他作为他那个时代的知识和政治辩论的参与者的角度来剖析他的。

因为这是一部"思想传记"，所以本书的很大一部分内容都是围绕着赫希曼的学术生涯展开的。2013 年，我们有幸看到了一本非常精致、非常详细的赫希曼传记的问世，它就是《入世哲学家——阿尔伯特·赫希曼的奥德赛之旅》（*Wordly Philosopher：The Odyssey of Albert O. Hirschman*），作者是普林斯顿大学的历史学家、阿尔伯特·赫希曼和莎拉·赫希曼的私人朋友杰里米·阿德尔曼（Jeremy Adelman）。[2] 任何人，只要对阿尔伯特·赫希曼的生活和著作感兴趣，就必须好好地读一下阿德尔曼这本书。它是任何研究赫希曼的人都不可或缺的一个参考文献。然而，阿德尔曼的书"讲述的故事与其说是赫希曼的论著的故事，而毋宁说是这些论著背后的故事……他一生的思想的背景故事"[3]。与阿德尔曼的书不同，我这本书主要关注赫希曼的论著本身，包括它们引发的争论以及它们试图解决的问题。也正因为如此，阿德尔曼的书和我这本书与其说是"互替品",还不如说是"互补品"。尽管我们在许多方面有重叠之处,但在更多的情况下我们分别强调了不同的元素。另外,相对于那些来自拉丁美洲的同事和朋友最近对赫希曼的研究(他们特别关注赫希曼的思想和活动与他们所属的拉丁美洲地区之间的联系),或者更一般地说,对于赫希曼的全部作品的各种"死后膜拜"式的研究,我这本书与它们也是大异其趣的。[4]

对于像赫希曼这样的思想家来说,如果不对他的生活有一个全面的了解,就很难理解他的论著。一系列历史事件,尤其是在赫希曼一生的前半部分发生的那些事件,在他的世界观的形成中发挥了主导作用。但是,赫希曼的一生是不能截然划分为早期的"行动生活"(Vita Activa)和后期的"心灵生活"(Vita Contemplativa),尽管他本人曾经提出过一种按这个思路划分的方法——在给他最后一本文集撰写的序言中,他提到了"我一生中冒险的一面和思辨的一面"[5]。赫希曼的论著一直与现实世界有着密切的联系,他的学术成果总是由具体问题引发的,而且他向来都希望能提供有用的想法。赫希曼从来不是象牙塔里的知识分子,相反,他是一个脚踏实地的"入世哲学家"。

事实上,赫希曼的前半生大部分时间都是在四处闯荡,他的想法往往是在行动中形成的,例如在他参加反法西斯主义抵抗运动期间,或者在哥伦比亚各地旅行时与农民和市长交谈的过程中。他始终关注历史,这深深影响了他的思想、价值观和他在自己所属时代的生活方式。赫希曼在他的职业生涯中经常旅行,他的许多作品都是为了应邀参与世界各地的研讨会而撰写的。它们都是赫希曼的思辨性工作与他的活跃的现实生活之间的密切联系的很好例子,但是这种联系,更接近于一般学者在自己的工作和生活两个领域之间通常也会存在的那种正常联系;然而,用有夹层的手提箱偷运反法西斯小册子,就远远不是那么简单了。本书的第一部分相对详细地介绍了赫希曼的工作和生活。然后从四十多岁开始,赫希曼的注意力相对来说就更加集中在他的研究和著述上了。

对赫希曼个人生活的关注,也意味着我必须尊重他多次"改名换姓"的经历。赫希曼出生于柏林,原名奥托·阿尔伯特·赫希曼(Otto Albert Hirschmann),到了1940年,他有几个月的时间用的名字是阿尔伯特·赫尔曼（Albert Hermant），1941 年起他又更名为阿尔伯特·O. 赫希曼（Albert O. Hirschman）。（他还用过另一个笔名，但是我不想过早透露，以免影响读者阅读本书第一章的兴致。）阿德尔曼显然也是决定这样做的。至于理由，我找不到比他更好的表述了："可以通过他所用的名字，这个日常生活中最理所当然的自我表征物的变化，来表现 20 世纪那些动人心魄的波折。"[6]

我这本书是一本思想传记这个事实也意味着，应该把对赫希曼家庭生活的关注减少到最低限度。但是这会带来一些问题，对于赫希曼的妻子莎拉·查皮罗·赫希曼（Sarah Chapiro Hirschman）来说，这种做法的问题会尤其明显。莎拉不仅是赫希曼的终身伴侣，而且正如赫希曼在《反动的修辞》一书的献词中所说的那样，五十年来，莎拉一直是他的论著的"第一读者和第一批评者"。此外，在赫希曼的多次旅行中，莎拉都是最主要的同行者和共同研究者（这些旅行构成了赫希曼的许多著作的基础），她还撰写了很多实地考察笔记并积极参与讨论和访谈。作为赫希曼最重要的智识对话者，莎拉向阿尔伯特介绍了大量新文献，例如许多人类学家的著作。赫希曼在他的很多论著中都利用了这些文献。

而且，莎拉不仅是一位敬业的研究人员和非常理解赫希曼的合作伙伴；她自己在现实世界也有精彩的人生。她创办了一个名为"人与故事"（People & Stories / *Gente y Cuentos*）的项目，用以支持讲西班牙语的低收入成年人的阅读活动。这个项目非常成功，不仅推广到了很多地方，而且扩展到了许多其他语言和文学形式，为各种各样的弱势群体提供了很好的服务。这个项目可以说是将草根行动主义（grassroots activism）理想付诸实施的最好结果之一，而且它也成了阿尔伯特·赫希曼本人学习的一个来源。正如阿德尔曼指出的那样，当赫希曼在 1984 年撰写《社会集体前进：拉丁美洲的草根经验》（*Getting Ahead Collectively*）一书时，莎拉组织的这个草根活动的"深刻烙印"，以及她试图"弥合书面文学与口头传诵之间的距离"的努力对他对该领域研究的方法和写作风格中的影响，都是清晰可见的。[7]

至于赫希曼的两个女儿卡蒂娅（Katia）和丽莎（Lisa）对他的著述和思想所

发挥的作用，我也不得不"忍痛割爱"，不作过多的讨论。唯一提到她们与她们的父亲的关系是在讨论赫希曼于 1965 年写给她们的一封信的时候（见本书第四章）。在那封信中，赫希曼详细解释了他当时正在写的书中的一些最有趣的结论。尽管这最多只能算是对赫希曼与他的女儿之间感情深厚并渗透了思想交流氛围的父女关系的匆匆一瞥，但是也给出了赫希曼将自己的学术活动和个人生活有力地编织在一起的又一个很好的例子。

在撰写这本书的过程中，我欠下了"累累债务"，因此很高兴有机会在这里偿还一二。我所在的机构，博洛尼亚大学政治与社会科学系的同事，特别是前任主任法比奥·朱斯贝尔蒂（Fabio Giusberti）和现任主任菲利波·安德烈塔（Filippo Andreatta），一直非常支持我进行此项研究以及所需的频繁旅行。博洛尼亚大学政治与社会科学系慷慨地为我在海外旅行提供了资助，资金来源于意大利大学和研究部的 2018—2022 年度"卓越系科"建设项目（Dipartimenti di Eccellenza）。在这里，请允许我一并表示由衷的谢意。

旅行意味着可以得到许多热情好客的人的祝福。我要感谢波士顿大学全球发展政策中心（Global Development Policy Center at Boston University）在 2018 年秋季接受我为访问学者（唉，只可惜时间太短了）。我特别感谢中心主任凯文·加拉格尔（Kevin Gallagher）和中心的同事威廉·克林（William Kring）、丽贝卡·邓恩（Rebecca Dunn）和莎拉·拉特雷尔（Sarah Lattrell），感谢他们的慷慨帮助和热情款待。我还要感谢普林斯顿大学历史系，特别是杰里米·阿德尔曼和系主任基思·怀卢（Keith Wailoo）在 2019 年夏季和秋季的热情款待。作为哥伦比亚大学研讨会的参与者，我一直都在利用哥伦比亚大学提供的丰富档案资料和其他设施，如果没有了这些，这本书的写作难度将会增大无数倍。最后，我要感谢世界银行集团档案馆的合作精神，它允许我访问该行的档案文件，这绝非易事。

我要特别感谢我在以下机构当面或以通信形式求助过的档案管理员和图书馆员：博洛尼亚大学的尼古拉·马特乌奇图书馆（Nicola Matteucci Library）和经济科学系图书馆；普林斯顿大学的凡士通纪念图书馆（Firestone Memorial

Library）和西利·G. 穆德（Seeley G. Mudd）手稿图书馆；哥伦比亚大学的巴特勒图书馆（Butler Library）和善本与手稿图书馆（Rare Book and Manuscript Library）；加州大学伯克利分校的班克罗夫特图书馆（Bancroft Library）；波士顿大学穆格纪念图书馆（Mugar Memorial Library）；杜克大学的戴维·M. 鲁宾斯坦善本和手稿图书馆（David M. Rubenstein Rare Book & Manuscript Library）；位于华盛顿特区的世界银行集团档案馆；以及位于华盛顿特区的美国大屠杀纪念馆（Holocaust Memorial Museum）。

皮尔·弗朗切斯科·阿索（Pier Francesco Asso）、艾琳·格拉贝尔（Ilene Grabel）、伊丽莎白·利克（Elizabeth Leake）、乔治·欧尔斯（George Owers）和三位匿名审稿人阅读了本书的全部初稿并提出了非常宝贵的意见。卡尔·温纳林德（Carl Wennerlind）以他一贯的敏锐和幽默与我讨论了本书第六章。我深深地感谢他们所有人。伊丽莎白·利克（Elizabeth Leake）除了讨论了本书内容之外，还帮助我改进了整本书的形式和语言。她的反馈和建议自始至终都非常宝贵。多年来，我一直与出于各种原因对阿尔伯特·赫希曼的著述和思想感兴趣的同事讨论和交流，其中一些是他的私人朋友，我也从中受益匪浅，他们包括（在这里只能列出一部分人的名字）：杰里米·阿德尔曼、安娜·玛丽亚·比安奇（Ana Maria Bianchi）、玛丽娜·比安奇（Marina Bianchi）、蒂托·比安奇（Tito Bianchi）、毛罗·博亚诺夫斯基（Mauro Boianovsky）、维多利亚·德格拉齐亚（Victoria De Grazia）、尼尔·德马尔奇（Neil De Marchi）、让·雅克·德蒂尔（Jean Jacques Dethier）、奥斯瓦尔多·范斯坦（Osvaldo Feinstein）、卡洛·金兹伯格（Carlo Ginzburg）、埃莉莎·格兰迪（Elisa Grandi）、艾拉·卡茨内尔森（Ira Katznelson）、阿克塞尔·莱容胡夫德（Axel Leijonhufvud）、约瑟夫·L. 洛芙（Joseph L. Love）、查尔斯·S. 迈尔（Charles S. Maier）、佩里·梅林（Perry Mehrling）、卢卡·梅尔多莱西（Luca Meldolesi）、何塞·安东尼奥·奥坎波（José Antonio Ocampo）、玛尔塔·佩特鲁塞维奇（Marta Petrusewicz）、谢尔曼·罗宾逊（Sherman Robinson）、罗杰·J. 桑迪兰兹（Roger J. Sandilands）、尼科莱塔·斯塔姆（Nicoletta Stame）、

6

保罗·P.斯特里滕（Paul P. Streeten）、克劳迪娅·苏娜（Claudia Sunna）、朱迪思·滕德勒（Judith Tendler）、卡洛·特里吉利娅（Carlo Trigilia）、纳迪亚·乌尔比纳蒂（Nadia Urbinati）、米格尔·乌鲁蒂亚（Miguel Urrutia）和保拉·维拉（Paola Villa），以及参加我于2019—2020学年主持的本系社会科学经典研讨会的博士生们，尤其是爱丽丝·富比尼（Alice Fubini）和艾达尔·津纳图林（Aidar Zinnatullin）。由于我对赫希曼的兴趣可以追溯到我的大学时代，所以已经忘记了我应该提及的许多其他人，在此要请他们原谅。

我非常感谢阿尔伯特·赫希曼和莎拉·赫希曼的女儿卡蒂娅·所罗门（Katia Salomon）允许引用普林斯顿大学西利·G.穆德手稿图书馆收藏的阿尔伯特·O.赫希曼档案的有关内容，以及加州大学伯克利分校的班克罗夫特图书馆收藏的J.B.康德利夫档案（J.B. Condliffe papers）中与赫希曼有关的内容。她还为本书提供了许多图片并允许我使用其他一些与阿尔伯特·赫希曼有关的图片。感谢詹姆斯·弗莱（James Fry）允许我引用哥伦比亚大学善本与手稿图书馆保存的瓦里安·弗莱（Varian Fry）档案并使用其中的照片。最后，我还要感谢理查德·特恩瓦尔德（Richard Turnwald）允许我使用他收藏的一张照片。这本书最初是打算在政治出版社（Polity Press）出版的，我感谢杰里米·阿德尔曼将我介绍给政治出版社，并感谢政治出版社主任编辑乔治·欧尔斯（George Owers）的鼓励，还有政治出版社的助理编辑朱莉娅·戴维斯（Julia Davies）的帮助。在写作过程中，初稿从对赫希曼思想的介绍演变成了更全面（篇幅也更大）的思想传记。然后天遂人愿，哥伦比亚大学出版社及其编辑部主任埃里克·施瓦茨（Eric Schwartz）对本书表现出了浓厚的兴趣。我实在是太幸运了，能遇到埃里克·施瓦茨这样一位对我这项研究有如此大的热情的编辑——而且，他本人也是一名非常熟悉赫希曼的思想的学者。我还要感谢哥伦比亚大学出版社的洛厄尔·弗莱（Lowell Frye）、玛丽埃尔·T.波斯（Marielle T. Poss）和玛丽莎·拉斯特雷斯（Marisa Lastres）以及佩吉·特罗普（Peggy Tropp），他们对我的初稿进行了文字编辑和加工；同时感谢森维奥出版服务公司（Cenveo Publisher Services）的本·科尔斯塔德（Ben Kolstad），他以极高的专业精神和无比的耐心细致，保证了本书出版的每一个环节都做到了尽善尽美。

注释

[1] Hirschman 1994c, 278.

[2] Adelman 2013.

[3] Adelman 2013, 9—10.

[4] 例如，请参见 *Desarrollo y Sociedad*，vol. 62（2008）；以及，纪念赫希曼国际研讨会论文集，*Humanity* 6, no. 2（Summer 2015），ed. Michele Alacevich；*Research in the History of Economic Thought and Methodology*, vol. 34B（2016），ed. Marina Bianchi and Maurizio Franzini。

[5] Hirschman 1998, 8.

[6] Adelman 2013, xiv.

[7] Adelman 2013, 580, 590.

目 录

第一章 一位国际政治经济学家的长成

奥托·阿尔伯特·赫希曼（Otto Albert Hirschmann）是在危机和动荡的岁月中长大成人的。他于 1915 年 4 月 7 日出生于柏林，那是第一次世界大战的第一个整年行将结束的时候。赫希曼是家中三个孩子中的老二，也是唯一的一个男孩。那是一个归化犹太人家庭，在当地属于中上阶层。尽管赫希曼由于年纪太小，没有对那场世界大战留下太深刻的印象，但是战争的后果和两次世界大战之间的变化深深地影响了他的生活。他成长在一个富裕、思想开放的家庭里，深受父母和两个姐妹的钟爱。赫希曼的父母让他接受了良好的教育，同时帮助他形成了共和的价值观。赫希曼还获得了大量机会来提高自己的文化欣赏能力和培养好奇心。但是到了 20 世纪 30 年代，文化和政治都发生了巨大的变化，使得他们一家的生活变得越来越困难。然后，希特勒上台了，短短几个月之后，年轻的奥托·阿尔伯特的世界就分崩离析了。1932 年 4 月的时候，他还是一名高中生，就读于校风严谨、面向上流资产阶级的柏林法语中学（Französisches Gymnasium）。一年后，也就是 1933 年 4 月 2 日，他却匆匆乘火车离开了柏林，当时他还不满18 岁，成了第一波为逃离纳粹镇压而出国的德国流亡者中的一员。

在 20 世纪 30 年代的所有剩余时间里（直到 1940 年 12 月离开欧洲前往美国之前），奥托·阿尔伯特一直都在积极地参与反对纳粹法西斯主义的政治斗争。在此期间，他一直坚持学习，不断结识新朋友，先后五次改变居住的国家，同时尽一切努力与母亲和姐妹保持了联系，并且开始为自己构建职业上的人脉关系网络。

奥托·阿尔伯特不得不快速成长，但是伴随着这种快速成长，他开始变得倾向于尽力保持智识上的和个人生活上的灵活性。他依托并超越了作为一个20世纪30年代的欧洲年轻人的经历，变成了一个融合了如下特点的人：非常信任自己（以对家人和朋友的真挚感情为根基）、接受过扎实的教育、养成了广泛阅读的习惯，并拥有对那个时代的意识形态确定性既怀疑又好奇的心态。如果说，马克思主义是一座巨大的、坚固的、气势磅礴的智识大厦，那么赫希曼则恰恰相反，他形成了对小想法（petites idées）、小创见或他的朋友兼导师欧金尼奥·科洛尔尼（Eugenio Colorni）所说的"小城堡"（castelluzzi）的偏爱，同时关于它们的实际稳定性，又带有一丝反讽性的自我怀疑。

这些智识倾向在赫希曼的性格中也能找到它们的自然的对位之物。其中特别引人注目的一点是，他非常喜欢一个法语单词"débrouillard"，其意为"多谋善断"，用来描述一个足智多谋的、独立的人，能够应付各种各样的困难情况。赫希曼认为，自己就拥有这些品质，而且对此相当自豪。此外，在那些年间，赫希曼也迈出了他日后成为一个著名学者的第一步，尽管很显然，他的早期著作表明当时他的思想仍处于形成阶段。是的，在那个时期，他正在学习这门技艺，其学术风格在很大程度上要归功于他的导师。然而，这些早期著作的价值，并不仅限于简单的文献价值（即，可以用来说明赫希曼作为一个青年学者的特征）。事实上，它们还表明了赫希曼思想演变的轨迹，预示了赫希曼后来的一些学术兴趣，同时也揭示了他所拥有的为自己创造职业机会以取得进步的能力——说真的是，这确实是一种天赋。这些年间的学术研究活动和1933年至1940年间在欧洲的反法西斯主义活动，对于赫希曼的成长至关重要，也是理解他一生的思想的基础。

在进一步深入探究赫希曼成年早期的著作和思想之前，还需要指出一点。（当然，借助于"事后诸葛亮"式的优势，我们已经知道整个故事的结局了。）赫希曼不仅在战争中幸存下来并移居到了美国，而且现在已经被公认为20世纪最鼓舞人心和最具创造力的社会科学家之一。然而，在阅读他的生平简介时，我们一定要记住，不能简单地把20世纪30年代的奥托·阿尔伯特·赫希曼看成一个日后将会成长起来的"可造之材"。奥托·阿尔伯特当时就已经是一个极具天赋、有很强的反讽能力、敏感且聪慧的青少年和年轻人了，但是，就像他自己遇到过的许多同样聪明机敏的年轻人一样，他也完全有可能会迷失了方向或者落得个更加糟糕的结局（如英年早逝）。现在，他生存下来了、茁壮成长起来了，并且为世界做出了重要的贡献，这不仅仅是因为我们后来在这位成就卓著的学者赫希曼身上可以识别出来各种难能可贵的品质，而且还因为机会、韧性、运气、历史的曲折、直觉和智慧……所有这些因素的不可事先估量的组合，共同造就了个年轻人。赫希曼自己也非常清楚这一点，而且这也正是他在自己的思想体系中赋予历史如此核心的地位的一个重要原因。

柏林岁月

奥托·阿尔伯特的父亲卡尔·赫希曼（Carl Hirschmann）是一位受人尊敬的神经外科医生，他深切渴望着自己"被同化"——身份上归化为德意志民族，地位上归入资产阶级、专业人士和公务员所属阶级的上层。卡尔的妻子所属的家族，早在好几代人以前就是上层社会的一分子了，相反，他自己的出身却很卑微，因此他很不喜欢谈到这一点。卡尔是农民或小商人的儿子，来自东部省份，柏林犹太社区那些贫穷和没有文化的成员许多都来自那些地区。但是卡尔是一个很有学识的人，而且进入了一个很受尊崇且从业者全都高度同化的职业。事实上，卡尔心目中的政治英雄是德意志帝国已故的第一任总理奥托·冯·俾斯麦（Otto von Bismarck），因此他用俾斯麦的名字（奥托）来给自己的儿子取名。卡尔的女儿乌尔苏拉（Ursula）一直清楚地记得，卡尔"很谦逊，严格遵循普鲁士道德，就好像它是福音一样"[1]。卡尔赞赏德国皇帝威廉二世对俄罗斯和法国宣战的决定；不过，在国内政治方面，他一直是持一种温和的进步主义立场。但是最重要的是，卡尔是一个安静而好学的人。尽管有时候容易陷入抑郁和忧伤，但是他始终是一位对家庭忠诚、对子女慈爱的父亲，尤其重视对儿子的教育。他会陪伴儿子进行身体锻炼，并与儿子一起讨论和阅读。

奥托·阿尔伯特的母亲黑德维希（Hedwig）——昵称为海达（Hedda）——曾经在大学学习医学和艺术史。她热爱戏曲，但不怎么爱读书，而且对政治行动主义（political activism）持怀疑态度。海达是整个家庭的"主心骨"，她精力充沛、健康快乐，喜欢组织聚会，但是也会被她自己的孩子们认为难以相处和过于"霸道"。[2]与赫希曼家族不同的是，海达所属的马尔库塞（Marcuses）家族，在好几代以前就已经完全归化了，而且人丁鼎盛，出过很多金融家和工商业巨头。

奥托·阿尔伯特与他的姐妹们关系很密切。对于小他五岁的妹妹伊娃，奥托·阿尔伯特始终保持着保护和关爱的态度。大他一岁半的乌尔苏拉则成了他的亲密朋友。三个孩子都接受了路德会的洗礼；然而事实上，自19世纪以来，赫希曼家族就认为自己是"非宗派化的"；正如杰里米·阿德尔曼警告我们的，这种宗教上的皈依往往更多的是融入德国民族文化的一种方式，而不是表明特定的宗教信仰的"改宗"。[3]"基督徒家庭和犹太家庭在一起生活，他们往往好几代人一直是朋友。从姓氏很容易看出来一个人是来自基督徒家庭还是犹太家庭，但是那时许多犹太人也都已经受洗了，"乌尔苏拉在她的回忆录中这样写道，"当时我认识的那些基督徒家庭所持的路德主义立场其实是非常开明的。同时我认识的犹太人则几乎都是专业人士，他们并不是那么严守教规，或者即便有，也只是表面上的。信奉基督教和信奉犹太教的家庭的房子里都点着同样的蜡烛，圣诞树周围的人们也唱着同样的古老的德国赞美诗。"[4]

卡尔和海达把家安在了优雅的蒂尔加腾住宅区（Tiergartenviertel），占据了一套市区别墅中的一整层。这个住宅区靠近蒂尔加腾公园，很多富有的柏林人都以曾经在那里拥有过避暑别墅为荣。到了20世纪10年代，这个住宅区已经成为了医生、律师、大学教授和政府官员的聚居地。除了住在上等住宅区之外，对艺术的热爱也是社会地位的另一个特征，为此赫希曼夫妇着力培养他们的孩子对古典音乐、歌剧和戏剧的激情。上音乐课——女儿学钢琴、儿子则学大提琴——是孩子们接受艺术教育的基本内容。他们还请专业画家来为家庭成员画肖像。家庭的朋友则包括医生、律师、艺术品经销商和艺术家等。其中一位是著名摄影师格蒂·西蒙（Gerty Simon），他的主顾有很多名流，包括阿尔伯特·爱因斯坦（Albert Einstein）和女演员兼歌手洛特·莱尼亚（Lotte Lenya），以及库尔特·威尔（Kurt Weill）的妻子和他的歌剧的首席演唱者。卡尔也有一张格蒂拍摄的照片。[5]冬天，卡尔会带着全家到瑞士和多洛米蒂山脉去滑雪度假，而夏天则前往波罗的海、北海和荷兰的海滩休闲消暑。

然而，正如阿德尔曼所指出的，这种优雅的生活方式隐藏着脆弱性或不稳定性。赫希曼一家一直处于"社会最上层的外围或边缘，从未进入体制的中心"[6]。他们没有汽车，住的房子也不是自己的。因此，对自己已经取得的成就感到非常自豪，同时又更加渴望能够巩固这种成就并更进一步强化它，似乎就成了卡尔和海达的生活的主要特征。相反，乌尔苏拉、奥托·阿尔伯特和伊娃则同属于"在共和梦想的顶端长大"的那一代人，他们吸收了当时"充满活力的倡导世界主义和公民精神的资产阶级共和派教育"的所有特征，而且这在很大某种程度上预示了他们未来的全部人生。[7]

尤其是奥托·阿尔伯特，他"为人处事有条有理，身体也很健康，喜欢我们父母提出的长途散步或参观博物馆的建议"[8]。奥托·阿尔伯特喜欢体育锻炼，同时也致力于在学业上取得好成绩。在她的姐姐乌尔苏拉的回忆中，他是一个有自我反省的习惯、有时又有点狡猾的青少年，他很珍惜自己的独立和自由，天生就很有智慧，一切都有条不紊，并很早就下定决心要让自己拥有全面的文化素养。

在 1923 年至 1932 年间，奥托·阿尔伯特一直在柏林法语中学学习，这是一所充满了世界主义和宽容精神、强调严谨的知识体系并承诺培养学生的"古典"研究能力的学校。在那些年里，奥托·阿尔伯特广泛阅读了托马斯·曼（Thomas Mann）、费奥多尔·陀思妥耶夫斯基（Fyodor Dostoevsky）、黑格尔（Hegel）、尼采（Nietzsche）等人的著作，比如说黑格尔的《精神现象学》（*Phenomenology of Spirit*）。特别是，他阅读了非常多的历史书籍。奥托·阿尔

资料来源：照片由卡蒂娅·所罗门（Katia Salomon）提供。

图 1.1　奥托·阿尔伯特·赫希曼，1924 年

伯特在柏林法语中学时最好的朋友是彼得·弗兰克（Peter Franck），他是著名印象派画家菲利普·弗兰克（Philipp Franck）的侄子。彼得的父亲是工业大学（Technische Hochschule）的一位化学教授，而彼得的妹妹英格博格（Ingeborg）则是阿尔伯特的第一个迷恋对象，她后来成为东德很有成就的雕塑家。阿尔伯特在柏林法语中学的另一位挚友是阿尔弗雷德·布卢门菲尔德（Alfred Blumenfeld），他于第二次世界大战结束后在西德担任高级外交官。与赫希曼一家一样，他们的大多数朋友后来都加入了逃离纳粹迫害的德国流亡者的行列。

灾难的目击者

早在 20 世纪 20 年代末，奥托·阿尔伯特就对政治产生了兴趣，当时他只有十四或十五岁。在那个时候，魏玛共和国的经济、社会和政治格局正在非常快速地发生变化。他阅读了马克思、列宁、考茨基（Kautsky）、马克斯·阿德勒（Max Adler）和奥托·鲍尔（Otto Bauer）等人的一些著作，逐渐培养起对政治问题的日益增长的兴趣。1930 年至 1931 年的那个冬天，鲍尔在柏林体育馆（Sportpalast）的一次政治集会上的演讲，给赫希曼留下了久久难以磨灭的印象。在那次演讲中，鲍尔从长期经济周期的角度对冲击西方各经济体的经济危机进行了阐述，从而为波及整个魏玛共和国的社会动荡和政治极端主义的经济根源提供了令人信服的解释。这是赫希曼第一次发现政治经济学可以作为一种强大的分析工具。"如果说，阿尔伯特·赫希曼日后之所以决定要研究经济学真有某个单一的原因的话，"阿德尔曼对此这样写道，"那么就肯定是这个晚上在柏林体育馆听到的这场演讲了。甚至在整整 50 年之后，赫希曼仍然可以闭上眼睛，重新回忆起鲍尔的精彩演讲中的一些细节。"[9]

这种广泛的阅读，是他人生的重要经历，因为它使得赫希曼可以自由地探索许多不同的文化领域。还是借用阿德尔曼的话来说吧，"德语当然是他的母语（Muttersprache），但德国却不是他的家（Heimat）"[10]。与此同时，德国人通过自我教育来塑造自己的传统，即所谓"自我教化"（Bildung）传统，仍然是赫希曼一家人当时对学习的核心态度。

贯穿魏玛共和国始终的特点是经济不稳和政治动荡，以及制度多变和政府软弱。不过，在第一次世界大战结束之后，魏玛共和国初期的主要特点是政治动荡和经济危机，并最终导致了 1921 年至 1923 年间的恶性通货膨胀。一位目击者后来回忆道，人们"简直目瞪口呆，恶性通货膨胀令他们无比震惊，他们不明白这一切到底是怎么发生在他们身上的……他们失去了自信，失去那种认为可以主宰自己生活的感觉……而且，他们也失去了原来价值观、道德感和伦理观念，当然还丧失了过上体面生活的可能性"[11]。

同时在政治上，共和政体仍然是一个未能兑现的承诺，即便是在进入了 20 世纪 20 年代后半期那个经济繁荣和文化狂热的年代之后，复苏的基础也依旧非常脆弱。[12]德国的工业家通常对收购合并其他企业更感兴趣，而没有什么动力去通过增加投资来提高生产率。此外，资本主要来自国外（主要是来自美国的大量流入）。[13]1929 年 10 月底，纽约证券交易所崩盘，对德国产生了巨大的影响。美国各银行开始撤资，促使德国的银行从工业部门收回短期贷款。于是工业产出开始大幅下降，到 1932 年时就减少为只有 1929 年的 61%。在整个欧洲，只有波兰的情况比德国更加糟糕。[14]

失业率也随之飙升。到 1932 年的时候，大约三分之一的工人都登记失业了。从绝对数字来看，1930 年底有 500 万工人失业，一年后这个数字就达到了 600 万。到了 1932 年，失业者及其家属大约占到了德国总人口的五分之一。而且，不仅是产业工人，白领、政府雇员、各种中产阶级职业和小型家族企业也都受到了冲击。社会保障本来就严重不足，现在更是捉襟见肘，危机在整整持续了三年多的时间后才开始有所缓和。正如马克·马佐尔（Mark Mazower）指出的，经济低迷是如此漫长而深重，失去工作是如此令人沮丧和绝望，以至于社会生活的节奏也开始发生了根本性的变化。"对于当时的人们来说，将一天划分为若干个小时似乎早就失去了意义,"关于当时德国一个典型的小城市马连塔尔(Marienthal)的失业情况的一份报告这样写道,"起床的时间、吃午饭的时间、上床睡觉的时间,成了仅剩的有一定意义的参照时间点。在这几个时间点之间,时光全都白白流走了,没有人真正对发生了什么有多少感觉。"[15]苦难无处不在,绝望感四处漫延,结果导致"就连空气中也总是弥漫着潜在的暴力和犯罪的气息"[16]。

这场危机也给赫希曼一家造成了严重的损失。虽然卡尔勉强保住了工作,但是家里的积蓄却完全蒸发了。黑德维希的娘家马尔库塞家族也遭到了重创,黑德维希的母亲甚至不得不搬过来与赫希曼一家同住。此外,对于卡尔来说,工作中的事情也开始变得非常棘手。那是一段身份政治迅速激化的年月,犹太医院和基督教医院也变得日益分别"偏爱"犹太医生和基督教医生了。尽管仍然受到了高度尊重,但是卡尔已经看到了自己的职业生涯的天花板,因为在竞争高级职位时,他已经不再是那些具有更加"无可挑剔"的宗教资格的年轻候选人的对手了。[17]同化的选择正在迅速地转变成了一种负担。

政治形势也在急剧恶化。社会民主党虽然仍然是最大的政党,但是它正在步步退缩。以社会民主党为首的执政大联盟在1928年至1930年初表现不佳,它们行动时畏缩犹疑,政治立场又过于短视,令越来越多的选民深感失望。比社会民主党更左的共产党迅速发展壮大,并变得越来越极端化。而纳粹党则分别针对各种不同的、相互竞争的选区和利益集团,精确地调整了政治策略,正在越来越多地赢得了保守派、民族主义者、反犹太主义者、中小资产阶级以及农村地区居民的支持,从而开始变成"一个对所有人都有很大吸引力的社会抗议党"——用历史学家理查德·J.埃文斯(Richard J. Evans)的话来说。[18]与这两个政党相反,传统的保守派和中间派各政党之间的共识则越来越小,1930年9月的选举最终给了它们一个决定性的打击。纳粹党在1928年的选举中只获得了2.6%的选票,到1930年就以18.2%的得票率一跃成了第二大政党。魏玛共和国民主制的基础越来越脆弱了。街头暴力事件急剧增多,反对派准军事团体之间的冲突也在迅速扩大,每一年都会发生数百起政治骚乱，并导致数十人死于非命。终于，在1932年7月的选举中，纳粹党以37.3%的选票成了立法机关中最大的政党，领先第二大党的差距超过了15个百分点（社会民主党沦为第二大党，其得票率仅为21.6%）。

1930年的选举是奥托·阿尔伯特自始至终密切关注的第一次选举。在柏林法语中学的老师兼朋友海因里希·埃尔曼（Heinrich Ehrmann）的指导下，奥托·阿尔伯特开始沉浸在了马克思的著作中。正如阿德尔曼指出的那样，"马克思主义为赫希曼和他的同学们提供了一把新的钥匙……用来理解自己身边层出不穷的对抗和斗争现象"[19]。但是，比起作为革命家的马克思或作为经济学家的马克思，更让赫希曼着迷的是作为历史学家的马克思（例如，马克思的《路易斯·波拿巴的雾月十八日》就非常令他入迷）："他的历史著作远远没有他的经济著作那么正统古板。"[20]

奥托·阿尔伯特也是从那个时候开始阅读列宁的著作的。列宁的政治分析突出了历史的变幻莫测的一面，充分展现了他对"神圣不可侵犯的历史规律"的深刻怀疑，这个特点给奥托·阿尔伯特留下了非常深刻的印象。马克思和列宁的著作对日后赫希曼关于历史如何展开、政策如何制定的思想产生了持久的影响。六十年后，赫希曼在回忆时说道，列宁的著作的影响"在我的一部分研究工作中可以看得很清楚——例如，在《通往进步之旅》中，当我谈到如何在拉丁美洲推进改革时。'贩卖改革'（reform mongering）的想法的产生，在某种程度上可以一直追溯到我早年阅读列宁著作的时候"[21]。

奥托·阿尔伯特和乌尔苏拉于1931年加入了社会民主党的青年组织，开始成为政治行动主义者。社会民主党不仅是纳粹党人攻击的目标，也是共产党人蔑视的对象；共产党人过去常常给社会民主党贴上"社会法西斯主义者"的标签。赫希曼说，这"绝对是你可以想象得到的关于你的敌人的最糟糕的看法"。尽管社会民主党和共产党在政治目标和政治立场上都存在巨大分歧，但是赫希曼坚信，魏玛共和国的唯一希望是这两股力量结成共同战线，一起对抗纳粹党。[22]

1932 年，奥托·阿尔伯特从柏林法语中学毕业，他决定上大学后入读法学院（当时经济学是在法学院讲授的）。他此前已经阅读过一些古典政治经济学书籍了（他还写过关于斯密和李嘉图的短篇论文），但是当时的总体形势已经变得非常不利于学习和研究了。政治对抗频发、民族主义和反犹太主义者非常猖獗。1933 年 5 月，右翼极端主义学生冲进了赫希曼所在的大学的图书馆，将数万本图书付之一炬。赫希曼也几乎全职投入了政治活动。[23]

1933 年 1 月 30 日，希特勒终于沐猴而冠，成了德国总理，魏玛共和国在短短几个星期内就分崩离析了。纳粹冲锋队针对工会组织、社会民主党和共产党的办公室以及著名左翼分子的住宅发动的政治暴力事件在各地不断爆发。反犹太主义者日益不可一世。2 月 27 日，一个"失业者"蹊跷地孤身一人纵火焚烧了德国国会大厦。希特勒抓住这个机会迅速颁布法令，取缔了言论自由、新闻自由和集会自由。同一个法令还授权警察在没有法院命令的情况下无限期地拘留个人。就在这些大规模的恐吓和暴力行为之前和之后，希特勒于 1933 年 3 月 5 日又举行了一次选举，使纳粹党获得了 43.9% 的选票。这次选举过后不久，希姆莱（Himmler）就宣布将在奥拉宁堡（Oranienburg）*建造一个关押政治犯集中营。3 月 23 日，德国国会通过了所谓《授权法》（Enabling Act）。该法允许总理在未经议会和总统批准的情况下撇开宪法，以政府法令的形式进行统治。自此，原本只是作为临时性的紧急立法而提出的法案，就变成了"永久取消公民权利和民主自由的法律基础（或伪法律基础）"[24]。希特勒一跃成了德国的大独裁者。

随着政治自由和个人自由的迅速萎缩，政治活动也变得越来越危险了。在新闻自由早就不复存在、公众集会被严令禁止的情况下，奥托·阿尔伯特、乌尔苏拉和他们所属的社会主义工人青年团行动小组决定印制油印传单，以便挨家挨户地上门进行政治宣传。他们的复印机安装在了欧金尼奥·科洛尔尼（Eugenio Colorni）的酒店房间里。欧金尼奥·科洛尔尼是一位意大利哲学家，

---

* 此处的 "Oranienburg"，原文为 "Orianenburg"，疑有误，已改。——译者注

他是乌尔苏拉的朋友，当时正在德国与埃里希·奥尔巴赫（Erich Auerbach）一起撰写一篇关于莱布尼茨的论文。赫希曼后来回忆说，欧金尼奥·科洛尔尼的酒店房间"成了反法西斯活动和出版物中转的一个神经中枢"[25]。就在那几天，奥托·阿尔伯特的朋友彼得·弗兰克被捕了，他的文件以及他的政治活跃分子"同伙"名单都被查抄走了。赫希曼的处境变得非常危险。

流亡

阿尔伯特的父亲于 1933 年 3 月 31 日死于癌症。4 月 1 日，德国各个大学宣布开除犹太学生。受洗为路德宗的奥托·阿尔伯特一夜之间就成了"按法令规定的犹太人"[26]。4 月 2 日，也就是他 18 岁生日的前几天，年轻的赫希曼悄然离开了柏林——他直到 1979 年才会回到故土。由于早就精通了法语，也因为他一直有一种（如他自己后来所说）"法国情结"，赫希曼选择法国作为他的流亡目的地，这也是当时的反法西斯移民的常见选择。[27]他的母亲与乌尔苏拉和伊娃则仍然留在了柏林，不过乌尔苏拉在那个夏天也来到了法国与他待在一起。部分靠母亲寄来的少许钱，部分靠他自己获得的学生奖学金，还有一部分靠给巴黎资产阶级家庭的儿子（其中许多人都成了赫希曼的朋友）教授德语获得的收入，赫希曼开始了作为一个政治侨民的新生活。也许是因为他年轻，但是肯定主要是因为他的心态，赫希曼并没有完全排斥（当然也说不上完全接受）他的新生存状态。正如阿德尔曼指出的，"赫希曼既不像被遗弃的奥德赛那样，无论历尽千难万险都一心要回家，他也不像其他许多流亡者那样，立志在另一个地方重新开始"，相反，从他的流亡生活来看，他更像是一个"行吟诗人"。[28]

1933 年 10 月，赫希曼进入了巴黎高等商业学院（École des Hautes Études

Commerciales，HEC）学习。尽管不像巴黎政治学院那么出名（后者更倾向于培养高级政府官员和外交官，而从事那些职业对于赫希曼这样的年轻德国移民来说是不可能的），但是巴黎高等商业学院在法国仍然算得上声名卓著的"大学院"之一。不过据阿德尔曼称，赫希曼在巴黎高等商业学院接受教育的过程完全称得上"悲惨"二字，而且巴黎高等商业学院20世纪30年代实际上是一个相当失败的高等教育机构，其特点是入学率非常低，预算很少，并且与现实世界基本脱节。[29] 不过，在20世纪80年代后期，赫希曼在谈到巴黎高等商业学院时却没有表达过多少负面的看法，但是那可能是在环境压力之下的一种表态（当时，赫希曼刚刚获得了巴黎政治学院的荣誉学位，因此批评巴黎高等商业学院似乎不太恰当）。无论如何，可以肯定的是，巴黎高等商业学院至少为年轻的赫希曼提供了一个非常重要的机会：他能够向阿尔伯特·德芒容教授（Professor Albert Demangeon）学习经济地理学了。

阿尔伯特·德芒容从来不用抽象的模型去解释贸易，相反，他将贸易解释为发生在不同地区之间的一种复杂的活动。地理和距离对贸易很重要，使贸易得以展开的经济格局也很重要。虽然赫希曼此前已经在柏林大学修读过一些政治经济学课程，但是在巴黎高等商业学院学到的东西，对他后来的经济研究方法打下了重要的印记。"早期所接受的强调具体的自然地理因素的教育，"他后来对此评论说道，"可能是我后来拒绝完全通过宏观经济总量来解释增长和发展的原因，例如储蓄、投资、收入和资本产出比，等等。"[30] 在赫希曼看来，这些总量，由于完全抽象掉了所有的地理维度，所以只利用它们来进行分析，是不足以解释一个国家经济动态变化的实际机制的。赫希曼撰写的第一本关于经济发展问题的著作《经济发展的战略》，虽然也不是完全没有使用模型和抽象概念，但是它确实是以他自己对某个特定国家（即哥伦比亚）的地理特征的深入了解为基础的。正如赫希曼后来在回忆中一再提到的那样，在哥伦比亚，他深入了解了投资决策是如何受到该国特定地形的影响的。"或许，"他指出，"正是20世纪50年代在哥伦比亚的生活经历，与依然鲜活的20世纪30年代的巴黎时期的记忆，这两者之间的相互作用使我忽然发现：后向关联与前向关

13

联是动态发展过程中的重要力量，"而这是他作为一位发展经济学家提出的最富有成效和最幸运的命题之一。[31]

巴黎吸纳了很多流亡者，那里形成了一个"移民世界"，但是它对赫希曼来说并不特别令人兴奋。对此，阿德尔曼这样写道："在很多方面，他从来没有正儿八经地把自己当成一个政治流亡者来看待，相反，他认为自己只是一名'外国学生'而已。"[32]当然，他与许多"外籍人士"都有接触，其中有一些人，比如说拉斐尔·赖因（Rafael Rein）——他的另一个名字是拉斐尔·阿布拉莫维奇（Rafael Abramovitch）——构成了年轻的乌尔苏拉和奥托·阿尔伯特在政治领域的行动的重要的"参考点"。但是总的来说，赫希曼更愿意远离那个世界。当时的政治舞台也确实令人失望。尽管其中有不少人无疑是相当有魅力且善于鼓舞人心的，例如在一个反教条主义的政治团体"正义与自由"（"Giustizia e Libertà"）中作战的那些意大利流亡者，此外还有几个马克思主义者，例如来自奥地利的库尔特·兰道（Kurt Landau）和来自德国的瓦尔特·勒文海姆（Walter Löwenheim）。但是许多左派分子（尤其是共产党人）则完全陷入了理论纷争和内部的派别之争之中——这是最令人沮丧的一种情况。

1935—1936年，从巴黎高等商业学院毕业后，赫希曼横渡英吉利海峡，前往伦敦政治经济学院进修经济学课程。正是在那里，此前只在1932年秋天在柏林大学上过几节经济学课、在巴黎高等商业学院学习过德芒容的"非正统的"经济地理学的赫希曼，不仅接触到了完整的、全面的经济学知识，而且还接触到了当时该学科最前沿的辩论。

正如赫希曼后来清楚地记得的那样，"伦敦政治经济学院充满活力的氛围"相比于巴黎高等商业学院时代是一个可喜的变化。他参加了阿巴·勒纳（Abba Lerner）的经济学理论研讨班，修读了P.巴雷特·惠尔（P. Barrett Whale）教授的国际贸易和外汇交易（汇兑）课程。在惠尔的课上，赫希曼准备了一篇讨论法国在两次世界大战之间的货币史的论文，它以主导了大萧条时期的法国货币政策和政治演变的"庞加莱法郎"（franc Poincaré）为焦点。（庞加莱是1928年法国政府将法郎贬值并与黄金挂钩时的总理的名字。）"庞加莱法郎"代表了法国货币当局对金本位制的承诺，但是实际上是以一个完全虚幻的前提为基础的——就像著名的奢侈品百货公司老佛爷百货公司（Galeries Lafayette）的创始人在 1930 年 7 月的评论中所说的那样："根本没有危机。危机完全不存在。危机只是那些无能的人和永远都不满的人召唤来的一个幻影。"[33] 而且，即便是那些承认存在危机的人，如著名经济学家夏尔·利斯特（Charles Rist），也将危机解释为生产过剩导致的问题，并声称唯一补救办法是采取通货紧缩政策，以便消除边际生产者、消耗库存并降低生产成本（包括工资）。[34] 由此导致的结果是，一直到 20 世纪 30 年代中期，当其他采用货币贬值政策的国家已经出现了复苏时，法国仍然深深陷在萧条当中，直到 1936 年人民阵线赢得了选举上台之后，"庞加莱法郎"才最终开始贬值。这是法国近代经济史上的一个非常重要的主题，赫希曼这个时期在这方面取得的研究成果后来构成了他的博士论文的起点。[35]

在伦敦政治经济学院期间，赫希曼经常与汉斯·兰茨贝格（Hans Landsberg）、乔治·亚西（George Jaszi）等同样来自德国的流亡者一起活动。兰茨贝格和亚西两人后来都成了统计研究的重要先驱者。他们曾经一起到剑桥大学去拜访皮耶罗·斯拉法（Piero Sraffa），并一起听了凯恩斯的一场讲座。[36] 凯恩斯的《就业、利息和货币通论》恰好出版于赫希曼在伦敦经济学院求学的那一年——他后来曾经回忆起伦敦政治经济学院书店外购买凯恩斯这本洛阳纸贵的著作的人排起的长队——但是有意思的是，这本书出版之后引起的激烈论战并没有让他觉得兴奋。[37] 我们应该记住一点，赫希曼来到伦敦政治经济学院时并没有在经济学方面做好充分的准备。因此，对于莱昂内尔·罗宾斯（Lionel Robbins）和弗里德里希·哈耶克（Friedrich Hayek）等伦敦政治经济学院经济学家的经济学理论，赫希曼并没有将它们视为被凯恩斯"革命"推翻的、虽然相当有名但已"陈腐"的正统观念。此外，哈耶克对个人主义的坚守和对个人行为的"不可预测性"的欣赏，以及他对经济过程中的知识有限性的反思，都令赫希曼产生了深深的共鸣。[38] 赫希曼没有简单地在围绕着凯恩斯的《就业、利息和货币通论》而展开的辩论中站队，而是吸收了新的观点，以他自己特有折中的方式将它们融合在了一起。

1936 年 6 月，赫希曼回到了巴黎，但是仅仅一个月之后，弗朗西斯科·佛朗哥（Francisco Franco）就发动了旨在推翻西班牙共和政府的叛乱。赫希曼加入了支持西班牙共和国的国际纵队（international brigades）*，在阿斯图里亚斯和加泰罗尼亚地区作战。以前，当墨索里尼于 1922 年、希特勒于 1933 年先后攫取了意大利和德国的政权时，支持民主的各派力量没有拿起武器去捍卫民主制度。西班牙内战爆发之后，许多人都认为大家终于有了一个及时做出应有的反应的机会。正如赫希曼后来回忆的那样："当我觉得有可能去做些什么事情的时候，我就抓住了这个机会。"[39]赫希曼在前线待了大约三个月，他所属的部队在一场"激烈的战斗"中遭受了"巨大的损失"。[40]但是，赫希曼对他的参战经历的叙述也就仅限于此了；阿德尔曼则报告称，赫希曼在他的一生中，一直非常不愿意谈论自己在西班牙内战中的经历。"他的妻子莎拉，"阿德尔曼这样写道，"发现一谈到这个话题，他就变得沉默寡言，她可以明显地感受到他的不安，因此她也就没有继续追问细节。"[41]

赫希曼从第一次参加作战的前线回到了巴塞罗那之后，本来应该加入当时驻扎在马德里的国际纵队。但是，那些部队当时都已经在共产党的控制之下，赫希曼越来越觉得不安。他没有去马德里，而是乘火车穿过法国来到了意大利东北海岸城市的里雅斯特（Trieste）。

新手经济学家

在意大利的里雅斯特，奥托·阿尔伯特见到了他的姐姐乌尔苏拉。当时，

---

* 这里的"国际纵队（international brigades）"，原文如此，但是可能并不恰当，根据阿德尔曼的《入世哲学家：阿尔伯特·赫希曼的奥德赛之旅》，赫希曼当初加入的是主要由意大利流亡者组成的阿喀索纵队，他没有加入过共产国际组织的"国际纵队"，因为他担心国际纵队是被斯大林操纵的。或许可以改为"国际志愿部队"。——译者注

乌尔苏拉已经与欧金尼奥·科洛尔尼（Eugenio Colorni）结了婚。当年在柏林的时候，科洛尔尼就是乌尔苏拉的男朋友了，后来在巴黎期间，他和奥托·阿尔伯特之间也建立了深厚的友谊。事实上，科洛尔尼已经成了年轻的奥托·阿尔伯特的密友和导师，因此，的里雅斯特之行，既是与他姐姐重新建立联系的机会，也是加强他自己与科洛尔尼的关系的机会。

出于这个原因和其他原因，在的里雅斯特的两年对赫希曼的成长尤为重要。他 1938 年从的里雅斯特大学毕业，然后继续与意大利一些最有才华的经济学家、人口学家和统计学家一起从事研究工作。他还设法出版了他的第一篇学术论文和第一本专著。但是，也许更加重要的是，他与姐夫结下了非常深厚的友谊。他们共处的时间虽然不算太长（赫希曼在 1935 年只能偶尔与科洛尔尼见面，然后在 1937—1938 年间也只是断断续续地与科洛尔尼相处），但是这并不影响他们之间的关系的重要性。科洛尔尼帮助赫希曼走向成熟，并对他的价值观、个性、政治立场和思想立场都产生了重大影响。

1938 年 6 月，赫希曼以一篇研究"庞加莱法郎"的变迁的论文博士毕业，它是以他当年在伦敦经济学院在巴雷特·惠尔指导下进行的相关研究为基础的。[42]事实上，这并不是一篇正式的博士论文，因为当时意大利还没有可以授予博士学位的相关项目，但是赫希曼在巴黎高等商业学院学习时已经获得了不少学分，再加上后来又修读了一些额外的课程，因此到后来他能够以这项研究为基础完成他的"博士论文"。正如他在 1983 年给他的里雅斯特大学时的一位老教授的信中写道："现在回想起来，我得说，您（还有我的姐夫欧金尼奥·科洛尔尼，您应该还记得他）给我的建议——要尽一切努力获得 'laurea' 学位——是完全正确的，我很庆幸我采纳了这个建议。这样，后来当我来到了美国时……我已经是一名 '博士' 了，不需要再去攻读博士学位了，于是我写出了……我的第一本书《国家实力与世界贸易的结构》（*National Power and the Structure of Foreign Trade*）。写这本书，要比再写一篇博士论文有趣得多。"[43]在的里雅斯特大学，赫希曼的导师是伦佐·富比尼（Renzo Fubini），他是一位政治经济学教授，同时对货币经济学、金融史和经济思想史都有着浓厚的兴趣。[44]

在他的博士论文中（包括正文和附表在内，其打字稿共有 161 页），赫希曼将"庞加莱法郎"的货币史与法国的政治和经济史，以及相关的理论辩论（例如，关于需求弹性与汇率的关系的争论）很好地结合起来进行了深入的讨论。[45] 赫希曼的分析在风格和结构上都是紧贴最本质的问题的：整篇博士论文没有涉及任何与要讨论的主题没有直接关系的信息，并且各个部分都是紧密地相互交织在一起的。此外，赫希曼还通过描述法国 20 世纪 20 年代和 30 年代之间的货币历史，抽丝剥茧地逐步揭示了法国经济和政治形势的复杂性。

在这篇博士论文中，赫希曼讨论了法国 1926—1928 年的外汇冲销、1930—1931 年的银行危机、1934—1935 年的通货紧缩和 1936—1937 年的通货再膨胀，以及预算政策的变化、公共债务的增长和变幻莫测的贴现率政策的演变。而且，他是从它们与历届法国政府的执政需要、受到的约束和意识形态的关系入手进行分析的。在那十年间，法国巴黎"城头变换大王旗"，从 1926 至 1928 年执政的雷蒙德·庞加莱（Raymonde Poincairé）政府，到 1938 年由莱昂·布鲁姆（Léon Blum）领导的最后一个"人民阵线执政联盟"（Front Populaire coalition），政府更替就像走马灯一样。赫希曼这篇博士论文的整体风格非常简洁，但是他还是表达了自己对某些具体理论观点和政策的看法——例如，他揭穿了英国对 20 世纪 20 年代后期法国的货币政策的批评的要害，还指出了通过让工资自动调整来应对通货膨胀的政策的局限性：

> 将工资与（物价）指数挂钩的政策有一个问题，那就是……政策当局预测并接受价格上涨，工人则对此漠不关心，因为他们知道自己不会受到影响，同时卖家则觉得自己有权去实施它，因为他们还知道需求不会减少。这样一来，这种机制就会变成一种非常重要的有利于价格持续上涨的心理因素，尽管价格水平本应该保持在由进口产品价格设定的"自然范围"内。[46]

总的来说，这篇论文极其清晰地表明了赫希曼的"政治经济学"方法——他用这种方法分析货币事件和经济事件以及意外事件和不可预测的变化在政治和经济发展过程中的作用。赫希曼经常强调作为货币危机根源的政治因素；同时，他又有足够高的警觉性，能够避免仅仅从政治主体的角度来解释这个复杂的故事。在一个极有说服力的段落中，赫希曼对法国的立场表示认可，理由是他认为"经济体系中货币因素的作用，以及政府能够对经济系统施加的影响"的重要性都相当有限。[47]正如他在随后的一章中指出的，"大家不应该忘记，公共财政状况的恶化、收入的下降，也都不只是后果而已，其根源在于经济危机"[48]。有鉴于此，赫希曼用了相当多的篇幅阐明了法国当时实体经济面临的困境，特别是农业和工业部门的具体变化。正如马塞洛·德塞科（Marcello De Cecco）正确地指出的，赫希曼这篇博士论文是以政府关于货币问题的报告的风格撰写的。事实上，就其风格和内容而言，它自然而然地成了赫希曼一年后为国际联盟下设的国际知识合作研究所（International Institute of Intellectual Co-operation of the League of Nations）撰写的关于意大利外汇管制问题的实地报告的先声。[49]

在的里雅斯特大学，除了完成博士学位论文答辩之外，赫希曼还发表了他的第一篇学术论文。[50]从当时刚公布的两个结婚率表（nuptiality table）之间的差异入手，赫希曼讨论了这些差异的理论含义以及应该如何将不同的公式应用于不同的目的。虽然这篇论文只是针对一个比较狭窄的主题进行的严格的统计学研究，但是作为一个早期的例子，它充分说明了赫希曼在统计分析上的天赋，同时也反映了他作为一位年轻的经济学家的学术激情。

赫希曼在同一时期还撰写了一篇关于婚姻和生育问题的更具一般性的研究论文，他在该文中证明，在意大利，孩子的存活率相对于每名妇女的生育数量是下降的。例如，他指出，平均来说，一个生了六个孩子的妇女会有四个孩子存活下来，而一个生了七个孩子的妇女则只能有三个孩子存活下来。换句话说，随着每名妇女生育的数量增加，幸存的孩子数量偏向于减少。著名的人口学家和统计学家、业内地位很高的经济学期刊《经济学家杂志》（*Giornale degli*

Economisti）的主编乔治·莫塔拉（Giorgio Mortara）接受了前一篇论文（即，那项更正统的关于结婚率表的研究），但是建议赫希曼不要发表后一篇论文（尽管后者更具想象力也更具趣味性）。很显然，这是因为赫希曼这项统计学研究得出的结论贬低了以提高生育率、优待大家庭为目标的意大利法西斯政府的人口政策，莫塔拉深知这种观点在当时的环境下很难公开发表。事实上，就在前一年，意大利最重要的统计学家之一、赫希曼 1938 年论文的指导老师皮耶尔保罗·卢扎托-费吉兹（Pierpaolo Luzzatto-Fegiz）就已经觉得，有必要隐瞒法西斯政府采取的促进婚姻和推动生育的激励措施在人口统计学上的影响微不足道的结论——方法是，放出一个"烟幕弹"，声称科学分析结果有其固有的局限性，因而与"领袖的政治天才"的远见卓识会有所不同。[51]

然而，仅仅是在圈内传播这种观点，就立即导致赫希曼遭到了最重要的意大利报纸《意大利晚邮报》（*Corriere della Sera*）发文攻击，然后，意大利最主要的种族主义杂志《保卫种族》（*La difesa della razza*）马上转载了该报纸的文章。《保卫种族》杂志对 1938 年 9 月上旬科洛尔尼和其他反法西斯主义者被捕的事件发表评论时，还对科洛尔尼的妻弟大加"揭批"，说他"潜入了大学，最近通过了学位论文答辩，他的论文声称生育了四个以上孩子的母亲将会生下容易死亡或生病的孩子"，尽管正如我们已经看到的，赫希曼的博士论文的主题其实是讨论法国的货币政策的。不过，对赫希曼的学位论文的主题和他的期刊文章的主题的这种混淆，反而大大助长了对大学内犹太裔教授攻击的势头。事实上，那篇"揭批"文章继续写道："这个犹太人奥托·阿尔伯特·赫希曼，能这么熟练地写出这样的学位论文，我们并不觉得非常意外。但是我们确实很想知道，当初同意他选择这个论文题目的那些教授到底是谁。"[52]话锋所及，显然指的是富比尼和卢扎托-费吉兹，这对任何一个了解一定内情的人来说都是显而易见的。卢扎托-费吉兹出身于一个早已皈依天主教的前犹太人家庭，他最终还是留在了的里雅斯特大学，尽管他被某些同事指控与富比尼和赫希曼都是"犹太复国主义者国际联盟"的成员。[53]在 1938 年 8 月分发给大学教职员工填写的种族定性问卷中，富比尼没有隐藏他的犹太人身份，结果于

10 月被大学开除。[54]后来，富比尼在 1944 年 2 月被捕并被送进了奥斯威辛集中营，同年秋天在那里去世。[55]

除了在人口统计学方面的研究之外，赫希曼对意大利的整体经济和金融形势也非常熟悉，他撰写了一份报告，题为"意大利金融与经济——现状与展望"（Les finances et l'économie italiennes—Situation actuelle et perspectives），以不署名的方式发表在了由总部位于巴黎的经济信息研究所（Société d'Études et d'Informations Économiques）主办的《每日公报》（Bulletin Quotidien）上。赫希曼后来还为同一本期刊撰写了一篇关于"意大利的纺织工业及其自给自足型经济"（L'Industrie textile italienne et l'autarcie）的报告。[56]正如赫希曼后来回忆的那样，第一份报告在巴黎引起了相当大的关注，因为它描述了官方有意保密的意大利经济和金融状况。由此，除了通过传播法西斯政权不想为外人所知的信息从而享受到了"智胜法西斯当局"的乐趣之外，赫希曼还被人称许为"意大利经济专家"，很显然，他在 1938 年年中不得不搬回巴黎之后之所以马上就找到了他的第一份工作，这种声誉发挥了极大的助力。[57]

在意大利期间，赫希曼与他的姐夫欧金尼奥·科洛尔尼的关系越来越亲密。[58]在欧金尼奥的指导下，奥托·阿尔伯特不断地扩大了他的阅读范围，从福楼拜（Flauert）到拉克洛斯（Laclos），从克罗齐（Croce）到莱奥帕尔迪（Leopardi），尤其是蒙田（Montaigne）。这个时期的广泛阅读，"为赫希曼打下了基础，使他特别关注隐藏在个人和群体行为背后的心理过程，"阿德尔曼这样写道。蒙田的"极具个人风格的小品文和随想录令他爱不释手，他的冥想和道德反思震撼了赫希曼的心灵……蒙田非常喜爱各种各样的格言，他一生都在收集名人名言，这种爱好立即获得了赫希曼的共鸣。赫希曼也马上着手建立自己的名人名言库"[59]。这些阅读对赫希曼的影响，在他的第一本专著《国家实力与世界贸易的结构》中是显而易见的；不过更加突出的表现是在作为"散文家"的赫希曼身上，在他后来的作品中，如《激情与利益》（The Passions and the Interests）、《转变参与》（Shifting Involvements）和《反动的修辞》（The Rhetoric of Reaction），都可以看出他这个时期阅读的作品的风格留下的鲜明印记。

在的里雅斯特大学的两年期间，赫希曼仍然继续参与反法西斯活动。他积极为地下抵抗组织工作，其中之一是经常将文件带出边境，偷运到法国。他使用了一只有假底的手提箱——或者更确切地说，那是一只"有假盖的手提箱。因为赫希曼知道，海关官员也不是傻子……他们很快就会知道有人用假底行李箱偷运文件。所以他就换成了有假盖的手提箱。他们从没想过要去看一看手提箱的顶部"[60]。埃米利奥·塞雷尼（Emilio Sereni）是一位农业经济史学家，他是科洛尔尼的堂兄弟，也是意大利共产党（Italian Communist Party，PCI）的领导人之一（该党在当时是非法组织），是他请赫希曼担任情报递送员的。然而，在那些年间，这种地下活动不仅危险，而且抵抗运动内部派系林立，到处弥漫着怀疑的气氛，因此即便是塞留尼这个非常正统、绝对用不着怀疑的熟人，也不足以保证年轻的奥托·阿尔伯特不会受到意大利共产党内的其他人的怀疑。意大利共产党的一份备忘录声称，"有一个家伙，名字叫赫希曼（Hirschmann）或克尔希曼（Kirschmann）"，他将一只装满了党内文件的手提箱带到了科洛尔尼那里，而科洛尔尼是一个众所周知的托洛茨基社会主义者，因此这个家伙非常可疑。这份备忘录声称，"这个名叫赫希曼的家伙，自己也是一个信奉托洛茨基主义的坏分子……他曾经宣扬过托洛茨基主义思想，公开表示反对共产国际的政治路线，声称这条路线会毁掉工人运动，特别是，他还攻击了斯大林"。这份备忘录还继续写道："让这个坏分子混进来显然是一个极其严重的错误，他甚至从来没有隐藏过自己的反动观点。直到 1932 年，这个坏分子一直是德国社会主义青年团（German socialist youth）的成员；他自称是由于亲共产主义倾向而被开除出德国社会主义青年团的。然后他在西班牙呆了两三个月——具体原因不清楚——接着搬到了巴黎……他一直使用普通德国护照，最后来到了意大利，并在那里呆了很长时间。"[61]

1938 年 9 月 8 日，科洛尔尼被捕，然后被判处了国内流放，服刑地点是文托泰内岛（Ventotene）。乌尔苏拉也随着科洛尔尼来到了文托泰内岛，她当时正怀着第二个女儿。就在科洛尔尼被捕几天前，乔治·莫塔拉（Giorgio

Mortara）就催促奥托·阿尔伯特尽快离开意大利。乔治·莫塔拉也是在《经济学家杂志》(*Giornale degli Economisti*)上发表了自己的第一篇论文的（莫塔拉后来也被大学开除了，并于 1939 年移居巴西）。于是，奥托·阿尔伯特搬回到了巴黎——按照他本人的说法，这是他的"第二次移民"[62]。与此同时，他的妹妹伊娃则设法移居到了英国，并在多佛定居下来，成了一名护士。在"水晶之夜"之后，赫希曼的母亲海达也决定离开德国，最终于 1939 年 7 月来到了英国，与伊娃居住在一起。1938 年 11 月 9 日至 10 日，纳粹暴民和准军事部队发动了针对犹太人的袭击，最后导致数百名犹太人死亡，数千所犹太房屋、医院和犹太教堂被毁，数万犹太人被监禁。

两次世界大战期间的货币和贸易

赫希曼是带着"意大利经济专家"的美名来到巴黎的。《经济活动》季刊(*L'Activité Économique*)的执行主编罗伯特·马若兰（Robert Marjolin）邀请他定期为该刊撰文关于意大利经济状况的报道。这份工作对赫希曼来说很不错，不仅让他获得了一定的收入，还帮助他扩展了自己的人脉。《经济活动》季刊是巴黎大学统计研究所（Institut de statistique de l'Université de Paris）和经济与社会科学研究所（Institut scientifique de recherches économiques et sociales）联合主办的一个出版物，后者由夏尔·利斯特担任主席。[63] 马若兰后来成了赫希曼的一个重要的"贵人"。1948 年，马若兰担任了欧洲经济合作组织的第一任秘书长，而赫希曼则在马歇尔计划期间受聘在美国联邦储备委员会的研究部门任职。

在 20 世纪 30 年代后期，马若兰和利斯特还主持着一份重要的政论性周刊《新欧洲》(*L'Europe Nouvelle*)。1938 年 11 月 12 日，一个署名让·阿尔伯特

（Jean Albert）的作者在《新欧洲》上发表了一篇讨论意大利在东非的殖民危机的文章。这个作者不是别人，正是奥托·阿尔伯特·赫希曼，当他阐明了意大利在非洲殖民的"帝国计划"必将崩溃的结局时，欢欣的心情跃然纸上。赫希曼有点幸灾乐祸地指出，在意大利入侵三年之后，不但这个地区的动荡局势完全没有任何平息下来的迹象，意大利当局通过开发当地资源来富国强兵的计划也仍然只是一个空想。尽管意大利纳粹政权声称那里是"阳光照耀下的福地"（place au soleil），但是意大利工人完全不相信：1937 年 3 月，东非有 115 000 名意大利工人；1938 年 3 月，这个数字就骤然下降到了 36 000 人，四个月后又进一步减少为 21 000 人。"因此，从意大利这块新殖民地的现状来看，这绝对称不上一个乐观的图景，"让·阿尔伯特／阿尔伯特·赫希曼这样写道，"从原本就相当严重的增长极其缓慢的危机，整个经济几乎没有喘息的机会就过渡到了负增长的更加严重的危机，我们根本看不到危机结束的任何迹象。"在此基础上，他以下面这句话结束了整篇文章："而且，这种发展趋势的最具启发性的一面是，在这样一个以经济活动受到了良好的管制、企业团体受到了严格的控制而沾沾自喜的国家里……必定要出现一场剧烈程度在殖民史上前所未见的经济波动。"[64] 真是"黄蜂尾后针"（in cauda venenum）！

赫希曼为《经济活动》季刊撰写了很多报告。每一篇报告的篇幅大约是五页，主要内容是对反映意大利宏观经济趋势的主要统计数据的分析，通常会讨论关于意大利的农业产出和工业产出（以及在可能的情况下，还包括纺织、冶金、化工等子行业）、就业率、进出口等方面的三个月数据、银行和货币政策，以及"自给自足"政策的演变和结果。此外还会简要提及国际形势（如德奥合并、入侵埃塞俄比亚、国际贸易形势的变化等），间或也会涉及其他问题，如天气对农作物的影响等。任何一个认真读过这些报告的人都可以看出，撰稿人必定对意大利经济情况了如指掌，特别是，他应该有能力看穿意大利政府不透明的声明，并找到有用的资料来源将该国真实的经济趋势推断出来。例如，1938 年底，赫希曼发现，意大利经济出现了严重的疲软：

意大利经济……目前的水平远低于 1937 年曾经达到过的最高水平。由于国家对经济的控制以及目前正在推进中的许多计划，意大利经济出现了一个本来似乎不太可能出现的更加明显的下降；而且，尽管三年来在各个领域都付出了相当可观的努力，目前的停滞注定会持续很长时间，除非某种外部事件发生使得意大利本土及其非洲领土的经济获得大幅增长。[65]

这些都是基于坚实的理论分析的经济评论作品。尽管他的研究显得有点零碎、很不完整，但是这位年轻的经济学家在严肃的经济分析方面表现得非常出色。赫希曼不仅拥有特别强的积累数据的能力，而且更加重要的是，他还能够讨论数据背后的趋势。

如果说，结识马若兰为赫希曼带来了一份工作，那么事实将证明，他与另一个人的认识更加重要。也是在巴黎期间，赫希曼遇到了来自新西兰的经济学家约翰·贝尔·康德利夫（John Bell Condliffe，也译为"约翰·贝尔·孔利弗"）。毕业于剑桥大学的康德利夫在应用经济学和统计学领域有非常深的造诣，特别是，他以专家身份，为国际联盟经济情报局撰写了第一至第六版《世界经济概览》（*World Economic Survey*）——从 1931—1932 年直到 1936—1937 年。[66] 在 1938 年的时候，康德利夫仍然是伦敦政治经济学院的商学教授，不过到 1939 年，他接受了加州大学伯克利分校的一个职位——我们也许可以说，康德利夫职业上的这个变化对赫希曼的影响甚至比对他本人还要更加重要。[67]

康德利夫和赫希曼等人要一起为将于 1939 年 8 月在挪威卑尔根市举行的一个国际会议准备一些初步文件。那个会议是由国际知识合作研究所（International Institute of Intellectual Co-operation of the League of Nations）主办的，康德利夫是大会报告的总起草人和执行委员会首席学者。国际知识合作研究所其实是更加著名（但是基本上没有发挥过多少实际作用的）的国际知识合作委员会——即联合国教科文组织的前身——的巴黎分会。在 20 世纪 30 年代，国际知识合作研究所举办了许多关于国际问题的两年一度的会议（其中包括："国家和经济生活"国际会议，米兰，1931 年，伦敦，1933 年；"集体安全"国际会议，哥本哈根，1935 年；"和平变革"国际会议，巴黎，1937 年）。将于 1939 年举行的卑尔根国际会议则重点讨论与世界和平有关的国家经济政策。

为大会准备的报告讨论了二十多个因为在经济和政治上比较重要而被选中的国家的贸易政策，包括西半球的加拿大、美国、墨西哥、巴西和阿根廷；西欧、北欧和东欧的一些国家；澳大利亚；以及作为亚洲唯一代表的日本。当然也有一些值得注意的缺漏（这也不值得过于惊奇），例如，没有一个来自非洲的国家。[68] 会议组织者希望，这种比较研究能够提供一种可以用来分析当代世界日益加剧的经济和政治冲突的新思路。[69]

这个会议还有一个更加具体但是非常雄心勃勃的目标，那就是，提交一系列关于欧洲和西半球一些国家的外汇管制措施的研究报告。在这些国家里，经过此前十多年不断强化的管制，已经不能继续将它们视为"紧急措施"了，而应该接受新的货币体系实际上已经取代了金本位制的事实。[70] 相关的研究作为即将召开的国际会议的"重大项目"是在 1937 年末就启动了，希望为制定一个更加有效的国际贸易协定打好基础，进而为放松外汇限制政策的出台做好准备——总而言之，推进这类研究可以说是加强国际经济合作的第一步。尽管这个政策目标在国际紧张局势日益加剧的情况下早就显得越来越不切实际了，但是它所涉及的问题仍然是至关重要的，正如卑尔根国际会议的一份纲领性文件所指出的："必须了解各国的外汇管制政策是如何发展起来的、如何发挥作用的，最近又做出了怎么样的修正，以及进一步修正和引入更大的灵活性的可能性。"[71]

在 1938 年 5 月于布拉格举行的筹备会议上，康德利夫坚持认为，提交至卑尔根国际会议的各份报告都应该是"简洁的、真实的和描述性的"，他要求每个国家小组委员会都准备好一份对该国的对外经济政策及其主动动机、执行机制和管理机构的综合分析。[72] 除了在简洁性这一点上有所欠缺之外（他的报告长达 93 页，是篇幅最长的报告之一），赫希曼提交的关于意大利外汇管制的备忘录完美地达到了这些要求。

　　与他为《经济活动》期刊和《新欧洲》杂志撰写报告和文章时一样，赫希曼决定隐藏自己的身份。他提交给卑尔根国际会议的备忘录是唯一一份未署名的备忘录。他对意大利经济和人口政策的批评主题的研究已经被纳粹政权的暴徒注意到了，他对意大利及其殖民地摇摇欲坠的经济，以及该国多项很成问题的经济政策的分析传播了许多敏感信息。意大利法西斯政权已经做好了一切准备，开始在国外追捕和杀害政治对手了，1937 年在诺曼底刺杀"正义与自由"运动领袖卡罗（Carlo）和内洛·罗塞利（Nello Rosselli）的行动说明了一切。赫希曼虽然只是一个不太出名的反法西斯主义者，但是意大利政权还是对他进行了严格的监视。1938 年 9 月 8 日，也就是科洛尔尼被捕的当天，的里雅斯特警察局长向意大利内政部政治警察司发出了一份"非常机密"的照会，将"德国犹太人赫希曼·奥托"在巴黎的新地址——图雷纳街 4 号（rue de Turenne no. 4）——报告了上去。[73] 在随后的报告中，意大利内政部因赫希曼的一系列"阴谋活动"而将他描述为一个"极其危险的家伙"，要求意大利边境当局和意大利北部地区各警察局禁止赫希曼重新进入意大利。内政部的一份紧急通知还补充称："万一他仍然设法进入了［意大利］王国并在［你们］的任何司法管辖区内被发现，特别是如果政府首脑阁下还在你们那里巡视的话，请立即逮捕他并通知内政部部长。"[74] 在那几个星期里，墨索里尼正在意大利东北部地区视察，经常公开露面，很显然意大利内政部认为赫希曼会对"领袖"的安全造成严重的威胁。当然，赫希曼在当时不可能了解前面提到的警方文件。尽管如此，当他为卑尔根国际会议撰写关于意大利报告的时候，他一定已经感觉到了风险，认为不必要的高调宣扬是不明智的。[75]

　　赫希曼为卑尔根国际会议准备的报告细致地重构了意大利外汇管制体系形成的过程，同时还描述了与之相关的行政管理组织，以及银行系统、中央银行和支付系统在其中发挥的作用。赫希曼指出，与其他国家相比，意大利在通过外汇管制法律方面其实是一个后来者——始于 1934 年中，而不是像其他国家那样始于 1931 年。这一点当然不值得太过惊奇，因为意大利属于所谓黄金集团（gold bloc），而且意大利里拉并没有表现出迫使英镑贬值和中欧国家进行外汇管制的那种特殊的弱点。[76]

事实上，赫希曼在他的备忘录开头部分就加以强调的第一个主要论点是，人们不应错误地认为意大利的外汇管制政策是意大利政府的专制性和侵略性的自然结果，特别是不应认为它是意大利入侵阿比西尼亚之路的第一步。正如他所强调的："这样一种'追溯解释'太过轻率了，甚至可能是完全错误的。"[77]更直接地说，意大利的外汇管制是对国际收支恶化的反应，而且意大利法西斯政府是"不情愿地"采用这种政策。[78]不过，给定意大利法西斯政府的通货紧缩倾向和1929年美国股市崩盘后的世界危机的共同影响，尽管是不情愿地采用了这种政策，但是这种政策确实是不可避免的。1934年出现的进一步通货紧缩严重破坏了工业增长。因此，可选的方案就只剩下了货币贬值和外汇管制了。

不过在赫希曼看来，这些并不是新出现的政治困境。事实上，他在撰写博士论文时，就研究过许多类似的问题了，因为法国经历了1934—1935年的通货紧缩和1936年的货币贬值。[79]意大利选择了外汇管制政策，但这只是达到与贬值相同结果的另一种方式。正如赫希曼所指出的，这两种策略都是通过消除货币障碍来保障经济复苏的——通过贬值是直接途径，而通过外汇管制则是间接途径。因此，从一定意义上说，外汇管制就像是"一种间接的、隐蔽的、碎片化的贬值"[80]。然而，在庞加莱法郎贬值一个月之后，里拉最终在1936年10月贬值了。[81]这是意大利经济的脆弱性的又一个迹象；不过，似乎还需要另一个迹象。

赫希曼还分析了不断膨胀的外汇管制体制是如何与贸易政策相互作用的。特别是，他阐明了实体经济是如何不可避免地影响货币部门的。尽管在1937年，里拉出现了大幅度贬值，但是由于工业部门对原材料的需求和农产品需求一直非常强劲（后者是由于前一年收成特别糟糕所导致的），所以进口的增长仍然高于出口。"了解这些不同的'真实'因素，对于解释外贸的动态变化至关重要。"[82]赫希曼的分析之所以如此"有力"，不仅是因为他对意大利的外汇管制有着非常深入的了解，还因为他拥有极强的能力，能够很好地掌握统计、司法、制度、政治和经济等各个方面的纷繁复杂的知识，而这正是分析外汇管制这种对研究者要求极高的课题所需要的。相比之下，美国经济学家霍华德·S. 埃利斯（Howard S. Ellis）对德国货币问题的研究虽然也被认为是一项优秀的学术成果，但是他对德国外汇政策的讨论却远远不如赫希曼这么深刻。[83]

除了关于意大利的外汇体系的备忘录之外，赫希曼还为 1939 年卑尔根国际会议准备了另一个研究报告：关于国际贸易中的均衡和双边主义趋势的统计分析。[84] 在这个简短的研究报告中，赫希曼首先强调了，虽然人们经常将世界贸易的均衡趋势和双边主义化趋势视为同一枚硬币的两面，但是它们实际上往往是两个不相关的结果。对此，他这样写道，"趋于均衡的趋势并不一定意味着必须放弃三边交易"，同时另一方面，"双边主义也并不一定意味着各方的贸易差额能够达至均衡水平"。[85]

赫希曼的经济统计研究在许多方面都是非常新颖的。正如皮埃尔·弗朗切斯科·阿索（Pier Francesco Asso）在对 20 世纪 30 年代的双边主义文献的精湛分析中所表明的那样，赫希曼这篇论文是对 1929 年金融危机后达成的数百项双边协议进行综合阐述的最早的尝试之一。[86] 此外，赫希曼这项研究还阐明了萧条时期的重新调整过程的两个惊人的事实。第一个事实是，就构建全新的、比较稳定的国际贸易关系体系这个目标而言，急切的双边主义努力并没有取得太大的成功。第二个事实是，无论政治制度如何，各国双边贸易关系的调整过程都非常相似。换句话说，双边主义并不是"政治流氓"国家与自由民主国家相反的另一个负面属性。对此，阿索这样总结道：

极权主义的德国……虽然经常被认为实行了双边主义政策，但是在赫希曼的"双边主义国际排名表中"，德国不仅没有脱颖而出，而且在整个十年中一直系统性地落后于它的欧洲竞争对手。另外相当重要的一点是，英国——它是多边主义的最大的拥护者——其实已经在欧洲走向双边主义的道路上处于领先位置了。也正是英国这个国家，在不少于三年前曾经傲慢地回答了国际联盟的问询，说它不能提供任何关于双边主义的有用信息，因为"女王陛下政府（H. M. Government）没有签订过任何清算协议"[87]。

有鉴于此，阿索总结道，赫希曼的统计报告证实了一个越来越得到公认的观点，即英国的对外贸易具有强烈的双边主义"风味"。[88]特别是，从 1929 年到 1937 年，英国在对外贸易关系上一直走在一条不断滑向双边主义的道路上。其他一些国家，如德国、荷兰和瑞典，则与英国不同，多边主义倾向在那几年里先是有所上升，随后又有所下降。[89]具体对德国而言，正如赫希曼总结的那样，"尽管德国将双边主义作为其商业政策的基本教条，但是它并未能比其他国家更加有效地降低其［远离多边主义的］指数"[90]。

卑尔根国际会议原定于 1939 年 8 月 27 日召开，但是国际政治局势迅速恶化，许多国家的参会代表团无法按期抵达。不过，由于这些报告都是提前就准备好的，所以它们仍然构成了少数与会者之间非正式交流思想时的基础，并产生了相当持久的影响，从而也为一年后康德利夫出版的关于世界贸易困境的研究著作提供了材料。[91]事实证明，康德利夫这本书对于理解赫希曼的第一本著作《国家实力与世界贸易的结构》的知识坐标至关重要。

救援行动

国际知识合作研究所国际会议在卑尔根市开幕仅仅五天后，德国就悍然入侵了波兰，第二次世界大战正式爆发。赫希曼也是许多无法前往挪威的人中的一个，他立即决定加入法国军队。正如他在军训期间告诉一位熟人的，这是他第三次中断科学研究工作——第一次是在德国，第二次是在意大利，这一次是在法国，而且"基本上都是出于同样的原因"[92]。然而，赫希曼这一次其实并没有发现自己的学术研究与反纳粹法西斯的军事活动之间有任何"真正意义上的连续性的中断"。正如他在写给康德利夫的信中所说的那样："我强烈地感觉到，我们现在的'工作'（métier）对于我们未来的事业是绝对必要的。"[93]

在德国的闪电战的打击下，赫希曼所在的连队被迫解散（他的连队的大部分成员都是流亡在法国的来自德国和意大利的志愿者）。1940 年 6 月 14 日，德军占领了巴黎，法国于 22 日正式宣告沦陷。一个深明大义的官员召集了这些外国志愿者，让他们自行选择填在复员文件上的名字，以免被德国或意大利军队抓住时被认定为叛徒而遭到枪决。赫希曼决定使用阿尔伯特·赫尔曼（Albert Hermant）这个假名。然后，他前往尚未被德国占领的法国地区——即维希傀儡政府统治下的法国。他先在尼姆（Nîmes）停留了一下，最后来到了马赛。在那里，赫希曼／赫尔曼加入了美国记者瓦里安·弗莱（Varian Fry）领导的一个地下营救组织，并作为营救行动的主要组织者之一，前后花了六个月时间，帮助许多犹太人和左翼难民逃离了纳粹法西斯统治下的欧洲。[94]

根据法德停战协定（Franco-German Armistice）第十九条的规定，维希政府承诺，"在纳粹提出要求后立即移交"所有居住在法国及其领地上的德国人（以及波兰人、匈牙利人、捷克人、奥地利人和意大利人）。与此同时，贝当政府关闭了边界。在法国寻求庇护的各国流亡者发现自己被困住了、面临随时被监禁的风险，而且很可能会在纳粹"心血来潮"时被送入德国的集中营。

在纽约，一小群记者、宗教领袖、知识分子、艺术家和社会活动家成立了一个紧急救援委员会（Emergency Rescue Committee，ERC），目的是帮助被困在法国的难民。瓦里安·弗莱是一名记者兼杂志和图书编辑，他没有任何外交经验——更不用说地下活动的经验了——但他是唯一一个自愿前往法国并开始着手实施紧急救援委员会救援行动的人。实际上，欧洲大陆唯一仍有船只驶往美国的港口是里斯本。弗莱要完成的工作包括在经济上给难民必要的援助，当然最重要的是帮助他们获得旅行所需的签证。虽然西班牙和葡萄牙的过境签证相对容易获得，但是通常无法获得出境签证，因此必须以非法方式离开法国。

而且悖谬的是，最主要的问题往往出现在整个旅途结束时。难民到美国需要入境签证，但是美国的移民政策对移民限制很大且执行非常严格，要获得入境签证非常困难。在法国被占领的头几个月里，一百份申请中大约只有七份能够得到美国移民当局的积极回应；而且后来这个数字居然还进一步下降了。[95] 美国之所以不积极支持弗莱的营救行动，主要原因之一是美国驻马赛领事馆的态度。反犹太主义倾向、对难民的苦难满不在意（甚至不能容忍难民）的倾向，在美国舆论和政府办公室中普遍存在，而且美国驻马赛总领事就是弗莱的营救行动的积极反对者。事实上，在国务院，助理国务卿布雷肯里奇·朗（Breckinridge Long）也曾就移民签证的发放问题指示他的工作人员："推迟、推迟、再推迟。"[96]

弗莱于 8 月中旬抵达马赛并成立了一个"掩护办公室"，名为"美国救援中心"，他假装只是致力于帮助难民解决在当地生活所需的必需品，例如食物和衣服。[97] 当然，这份工作最重要的那些部分全都隐藏在了水面之下：寻找安全离开法国的非法路线、为那些被偷运到西班牙的人"创造"新的身份（许多人都曾在西班牙内战中为共和政府一方作战，因而他们的生命安全很令人担心）、购买护照和其他黑市上的文件或直接伪造文件、将美元兑换成法郎（再一次，在黑市上）、向领事馆官员行贿、与所有参与进来的外围人员保持联系（包括走私者、线人、偶尔还有密探甚至科西嘉岛黑帮成员）——总而言之，这项任务要求其工作人员让自己成为马赛这个地中海大型港口城市中的一个典型的"风月达人"。正如弗莱后来回忆的那样，当时"在马赛，处处是各色人等的环环相扣的组合，歹徒与警察，警察与盖世太保，盖世太保与歹徒，等等，极其令人困惑。我从来不能肯定，我到底是在和一个朋友还是一个敌人交谈"[98]。

赫希曼／赫尔曼在抵达马赛后不久就被弗莱招募了，而且很快就成了弗莱的副手，负责筛选左翼难民，因为他熟悉他们的生活环境和社交网络。不过，他最重要的工作是执行秘密行动。正如弗莱后来说的，赫希曼／赫尔曼成了他的"非法行动专家"[99]。赫希曼／赫尔曼那时刚刚 25 岁，懂多门语言，拥有不少秘密反法西斯行动的实践经验，熟悉德国和意大利的流亡者以及法国的反法西斯运动圈子，并且在政治上有非常高的警惕性。弗莱清楚地记得，赫希曼／赫尔曼"有一对顽皮的眼睛，常年微微噘着嘴，但是在一瞬间就会变成灿烂的笑容"，这为他赢得了"乐天"（Beamish）的绰号。[100]拥有"甜美的、孩子般的微笑"，"乐天"不仅是"女性无法抗拒的……而且对男性来说也极具魅力"，但是他也"有点难以捉摸，且总能比别人领先一步"。[101]美国救援中心的一位女同事将"乐天"描述为"一个英俊的家伙，眼神颇为深邃……啊，他是个带着顽皮微笑的机智的恶魔"[102]。总而言之，"乐天"是一个迷死人不偿命的"有办法的机灵人"（débrouillard），"一个知道如何躲过法网、逃脱控制并且可以很好地照顾自己的人"——这正是营救行动负责人的完美形象。[103]

赫希曼发现，沿着边界，有几个地点可以过境而且似乎风险不大。他很快与愿意提供帮助的当地人建立起了联系。[104]其中一条路线是从马达姆镇（Bourg-Madame）到巴塞罗那，另一条路线则是从佩皮尼昂（Perpignan）或滨海班纽尔斯（Banyuls-sur-Mer）到波特布（Portbou）。他甚至还尝试过用船来转运，尽管在最初的几个月里这被证明是不可行的。而且令人沮丧的是，新路线很快就会变得"过时"，这不仅是因为边防警察会发现它们，还因为难民自己也经常透露他们以往的或未来的逃离行动的细节。"很多风言风语［在］咖啡馆里或'旧港'里（Vieux Port）流传，而那些地方也正是告密者聚集的地方"，弗莱的一位合作者这样感叹道。[105]

赫希曼还说服波兰和立陶宛两国驻马赛领事向他出售了一些护照（他自己最终会用到其中一个护照）。赫希曼甚至还被认为是"软管电报"（"tubogram"）的发明人。这是一种用来进行秘密通信的工具，用它可以跨越大西洋发送非法报告，它的外壳是一只牙膏管，里面装着一张用避孕套包裹好的纸条。[106]简而言之，正如一份报告总结的那样："各种各样的非法手段都尝试过了。"[107]

当然，这种救险活动的冒险性质，不应掩盖时刻压迫着流亡者的恐惧感和绝望感。瓦里安·弗莱（Varian Fry）在1940年9月写的一封关于戴维·施奈德（David Schneider）、他的妻子和他们的两个孩子的曲折经历的信中，生动地描绘了这种普通人难以想象的痛苦：

他们持有四五年前在巴黎获得的有效波兰护照。经过几个星期的等待之后，他们终于获得了美国的旅游签证；然后他们又获得了葡萄牙和西班牙的过境签证。因为他们出生在被俄罗斯占领的波兰地区，他们还设法获得了法国的"出境"签证（"sortie" visas）。他们一路行来，先到达了塞尔贝尔（Cerbere），接着沿着隧道来到了波特布（Portbou）。在那里，他们先后四次被西班牙有关当局"驳回"（refoulés）。然后，他们前往马达姆镇（Bourg-Madame）再次碰运气，然而也是被"驳回"。又经过了几个星期的努力之后，他们还是未能获得所有必需的签证，于是他们一直处于一种接近于完全绝望的状态当中。我们的另一位客户本杰明·沃尔特（Benjamin Walter）[原文如此；但是弗莱在这里指的显然是沃尔特·本杰明（Walter Benjamin）]，几天前在经历了与施耐德相同的磨难后终于自杀了。这是我们的自杀名单上的第三个自杀者——另外两个人是[沃尔特·]哈森克莱弗（[Walter] Hasenclever）和[恩斯特·]韦斯（[Ernst] Weiss）。[108]

当然，自杀名单并没有就此告终。还有其他许多的失败案例。例如，弗莱未能帮助魏玛共和国最著名的政治家中的两位——鲁道夫·布莱沙伊德（Rudolf Breitscheid）和鲁道夫·希法亭（Rudolf Hilferding）——安全逃脱。布莱沙伊德曾担任德国社会民主党主席和议会议员，被公认为是"希特勒上台之前德国外交事务中最著名的人物之一"[109]。希法亭是布莱沙伊德赫尔曼·穆勒内阁中的财政部长、议会议员，也是经典著作《金融资本》（Finanzkapital）的作者。为了获得出境签证，布莱沙伊德和希法亭尝试了所有可能的合法途径，但是不幸的是，他们拒绝通过非法途径出境。在巴黎、马赛和阿尔勒（Arles）之间辗转了将近一年之后，他们最终被捕，然后被关入维希当局的监狱中，并于1941年2月10日被移交给德国当局。[110]希法亭不久之后就在巴黎自杀了；布莱沙伊德则被送入了布痕瓦尔德集中营，再也没有出来。

1940年12月，警察到美国救援中心搜捕"赫尔曼"。赫希曼当时不在城内，侥幸逃过了一劫，但是很明显，他已经不能继续在马赛呆下去了。沿着他非常熟悉的其中一条出境路线，赫希曼越过比利牛斯山脉到达了波特布（Portbou），然后经由巴塞罗那和马德里到达了里斯本。从那里，他凭借由约翰·B.康德利夫（John B. Condliffe）担保、依托于洛克菲勒基金会奖学金的一张美国入境签证，登上了美国出口航运公司（American Export Lines）的"SS神剑号"班轮（SS Excalibur），前往纽约。[111]这一年，赫希曼25岁，来到美国，标志着他一个全新的人生阶段的开始。"我已经经历过了如此多的失败，"他后来这样写道，"我非常高兴终于能站在胜利者这一边了！"[112]在移民入境窗口外，奥托·阿尔伯特·赫希曼（Otto Albert Hirschmann）变成了阿尔伯特·O.赫希曼（Albert O. Hirschman）。

赫希曼的离去，对弗莱触动至深。"赫希曼是我最亲密的朋友，"弗莱在写给他妻子的信中这样说道，"他是他们所有人〔即弗莱的合作者〕中最好的一个，我一直非常喜欢他并且非常依赖他。"[113]在他写于1945年的回忆录中，弗莱又这样写道："我是多么完全地依赖他啊！不仅是因为他能够解决最困难的那些问题，而且是因为他是我最亲密的同伴。因为他是法国唯一一个确切知道我在做什么以及为什么要这么做的人，所以他也是唯一一个我可以一直完全放松地相处的人……与'乐天'在一起的时候（也只有在与'乐天'在一起的时候），我就可以变得非常坦率、非常自然了。"[114]

事实证明，那年春季的这几个月是"美国救援中心"的工作非常有效的一段时间，但是弗莱在马赛的行动已经越来越困难了。美国国务院向紧急救援委员会施加了巨大的压力，要求它终止对弗莱的任命，美国总领事也公然破坏他的工作。弗莱本人于1941年8月29日被捕，并于9月初被递解出境。[115]在那之后，美国救援中心又坚持了一年，直到1942年6月上旬被法国警方关闭。[116]

据不完全统计，在持续两年的救援活动中，美国救援中心处理了大约2 000个"业务"，帮助的难民总计超过了4 000人。美国救援中心设法为1 000多人找到了离开法国的出路，要么去美国，要么去拉丁美洲国家，要么去法属非洲。另外，它还以其他方式帮助了3 000多人：或者是从经济上给予援助，或者帮助他们出狱并躲藏起来，或者为他们提供虚假文件。在弗莱及其团队帮助过的这些人中，包括了马克·夏加尔（Marc Chagall）、亚瑟·克斯特勒（Arthur Koestler）、马塞尔·杜尚（Marcel Duchamp）、苏菲·托伊伯（Sophie Taeuber）、阿尔贝托·马涅利（Alberto Magnelli）、马克斯·恩斯特（Max Ernst）、万达·兰多夫斯卡（Wanda Landowska）、汉娜·阿伦特（Hannah Arendt）、罗伯托·马塔（Roberto Matta）、安德烈·布雷顿（André Breton）、戈洛·曼（Golo Mann）和海因里希·曼（Heinrich Mann）、赫塔·保利（Hertha Pauli）、雅克·希弗林（Jacques Chiffrin）、弗朗茨·韦费尔（Franz Werfel）、奥托·迈耶霍夫（Otto Meyerhof）、马克斯·奥菲尔斯（Max Ophüls）、让·阿尔普（Jean Arp）、奥托·克莱珀（Otto Klepper），以及奥托·阿尔伯特在柏林时的导师海因里希·埃尔曼（Heinrich Ehrmann）。[117] 瓦里安·弗莱在历史上被遗忘了很长一段时间，直到 1991 年才得到了美国大屠杀纪念委员会（United States Holocaust Memorial Council）的追思和纪念，并于 1996 年在耶路撒冷的犹太大屠杀纪念馆被选为国际义士。

注释

　　[1] U. Hirschmann 1993, 37. 除非另有说明，本书中所有来自非英语文献的引语都是本书作者（米歇尔·阿拉切维奇）翻译的。

　　[2] 这些都是阿尔伯特·赫希曼自己的描述，转引自 Adelman 2013, 31. 另请参见乌尔苏拉的回忆录，U. Hirschmann 1993, 77—93。

　　[3] Adelman 2013, 21—25。

　　[4] U. Hirschmann 1993, 66。

　　[5] 关于格蒂·西蒙，最近重新发现了一批材料，请参见 Mark Brown, "UK Show Revives Lost Work of Photographer Who Fled Nazis," Guardian, May 26, 2019, https://www.theguardian.com/artanddesign/2019/may/26/gerty-simon-uk-show-revives-lost-work-of-photographer-who-fled-nazis。

　　[6] Adelman 2013, 46。

　　[7] Adelman 2013, 18。

　　[8] U. Hirschmann 1993, 81。

　　[9] Adelman 2013, 67。

　　[10] Adelman 2013, 60。

　　[11] 这是厄纳·冯·普斯托（Erna von Pustau）与赛珍珠（Pearl Buch）的对话，Pearl S. Buck, How It Happens: Talk About the German People, 1914—1933（New York: John Day, 1947），以下著作也引用了这段话：Overy 2017, 130。

　　[12] 关于魏玛共和国的危机，参见 Evans 2004. 我从这本书中引用了不少关于这段历史的事实和数据。另外也请参见 Calvocoressi, Wint, and Pritchard 1989。

　　[13] 有关德国两次世界大战之间的脆弱性和大崩盘的一个简洁但非常清晰的讨论，请参见 Clavin

2000, 88—109。

［14］ Feinstein, Temin, and Toniolo 1997, 106.

［15］ 转引自 Mazower 2000, 114。

［16］ Evans 2004, 237.

［17］ Adelman 2013, 49.

［18］ Evans 2004, 264.

［19］ Hirschman 1994a; Adelman 2013, 65.

［20］ Hirschman 1994a, 67.

［21］ Hirschman 1994a, 53.

［22］ Hirschman 1994a, 51—52；直接引语在第 55 页。

［23］ Adelman 2013, 76.

［24］ Evans 2004, 354.

［25］ 赫希曼的话转引自 Adelman 2013, 80。

［26］ Adelman 2013, 87.

［27］ Hirschman 1989a, 113.

［28］ Adelman 2013, 88.

［29］ Adelman 2013, 90.

［30］ Adelman 2013, 90.

［31］ Adelman 2013, 90.

［32］ Adelman 2013, 90.

［33］ 转引自 Quoted in Mouré 1991, 27。

［34］ Mouré 1991, 31—38.

［35］ Mouré 1991, 31—38.

［36］ "Hans Landsberg, 88: Economist, Expert in Energy Data Analysis," *Los Angeles Times*, October 23, 2001, https://www.latimes.com/archives/la-xpm-2001-oct-23-me-60629-story.html; Carson 1993.

［37］ Hirschman 1988b, 102.

［38］ 例如，请参见 Hirschman 1988b, 102。以下著作也引用了这段话：Adelman 2013, 133。

［39］ Hirschman 1988b, 102.

［40］ Hirschman 1988b, 102.

［41］ Adelman 2013, 134.

［42］ 阿尔伯特·O. 赫希曼的简历，1942 年最后更新，哈佛大学档案，经济学系，通信与论文，Box 5, Folder "H," published online by Irwin Collier, accessed on September 29, 2019, http://www.irwincollier.com/harvard-curriculum-vitae-submitted-by-albert-o-hirschman-ca-1942/。

［43］ 阿尔伯特·赫希曼 1983 年 4 月 22 日写给皮尔保罗·卢扎托·费吉兹（Pierpaolo Luzzatto Fegiz）的信，AOHP（强调标记是原文就有的）。请参见美国国防部，阿尔伯特·O. 赫希曼于 1957 年 7 月 1 日提交的个人安全问卷，AOHP，在那里，赫希曼对自己的大学学位的描述为 "Doctorate"（"博士学位"）。也请参见：Hirschman 1994a, 60; Adelman 2013, 142—143。

［44］ 关于伦佐·富比尼（Renzo Fubini），Da Empoli 1998; Fubini 2014。

［45］ Hirschmann 1938a［2004］, 89.

［46］ Hirschmann 1938a［2004］, 85.

［47］ Hirschmann 1938a［2004］, 10.

［48］ Hirschmann 1938a［2004］, 63.

［49］ De Cecco 2004; Hirschmann 1939a［1987b］.

［50］ De Cecco 2004; Hirschmann 1939a［1987b］.

［51］ De Cecco 2004; Hirschmann 1939a［1987b］.

［52］ "La trama giudaico-antifascista stroncata dalla vigile azione della polizia," *Corriere della Sera*,

October 18, 1938, 5. *La difesa della razza* reported an extract from the article published in *Corriere della Sera*, adding comments on the dangers that Jewish culture posed to the Italian academic system, "Eredità ebraica," *La difesa della razza*, Anno 2, no. 1, 5 November XVII（1938）, 46.

〔53〕 "Dal diario di Pierpaolo Luzzatto Fegiz," 31 ottobre 1937, attached to Pierpaolo Luzzatto Fegiz to Albert O. Hirshman〔*sic*〕, 11 marzo 1983, AOHP.

〔54〕 Fubini 2014, 38—39, 174—175. 莫塔拉也被开除了，后来移民到了巴西。请参见 Baffigi and Magnani 2009。

〔55〕 1939 年，富比尼向洛克菲勒基金会申请了资助，但最终因为无法证明自己能够重回合适的工作岗位而遭到了拒绝。当时，富比尼申请的研究课题的主题与赫希曼的博士论文一样，也是"庞加莱法郎"。请参见 Fubini 2014, 50, 178—181。

〔56〕 Hirschmann 1938c, 1938d.

〔57〕 Hirschman 1987a, 118.

〔58〕 Hirschman 1987a, 118.

〔59〕 Adelman 2013, 144—145.

〔60〕 Marino 1999, 78.

〔61〕 Giuseppe Berti, "Elementi di un'inchiesta sul lavoro dei quadri negli anni 1935—38," mimeo, Arch. PCI, posiz. 1496；转引自 Finzi 2004, 115—116。芬齐（Finzi）查阅了的里雅斯特大学历史档案中与赫希曼有关的资料，给出了许多关于他在那些年间的情况的有趣信息。

〔62〕 Hirschman 1994a, 68; 1997, 36.

〔63〕 O. Albert Hirschmann, "Curriculum Vitae"; Hirschman 1987a, 118; 1997, 36—37. 关于经济与社会科学研究所，请参见 Rist 1934。与牛津统计研究所一样，经济与社会科学研究所也是由洛克菲勒基金会资助的，请参见 Craver 1986。

〔64〕 Jean Albert〔Otto Albert Hirschmann〕1938e, 1236.

〔65〕 Hirschmann 1938f, 255.

〔66〕 也请参见 J. B. Condliffe, "Memorandum on a Programme of International Economic Research," 这原本是一份为日内瓦研究中心准备的机密备忘录，传阅稿（日期不明，年份不是 1937 年，就是 1938 年）; J. B. Condliffe, "A Survey of International Research in Europe," 机密备忘录，传阅稿（日期不明，年份不是 1937 年，就是 1938 年）。

〔67〕 Fleming 1998.

〔68〕 "Memoranda Submitted to the Twelfth Session of the International Studies Conference," 1939 年国际知识合作研究所大会（International Studies Conference）开幕时。

〔69〕 Condliffe 1940, 395—396.

〔70〕 Piatier 1939, 1.

〔71〕 International Studies Conference 1938, 46.

〔72〕 International Studies Conference 1938, 10—11.

〔73〕 Questore di Trieste, Antonio Gorgoni, all'On.le Ministero dell'Interno, Direzione Generale della P.S.—Divisione Polizia Politica, Roma, "Oggetto: Movimento socialista," Assicurata Riservatissima, doppia busta, 8 settembre 1938, AOHP.

〔74〕 Urgentissimo Espresso, Questori, Padova-Vicenza-Verona-Belluno-Alessandria-Aosta-Cuneo-Novara-Torino-Vercelli, 23 settembre 1938, 500.31475, AOHP.

〔75〕 不仅是赫希曼撰写的关于意大利的备忘录没有签名，安德烈·皮亚捷（André Piatier）执笔的大会简报（Piatier 1939, i），给出了除这份关于意大利的备忘录之外的所有备忘录的作者。此外，这份简要还给出了各国的报告的作者姓名，但是从未提到赫希曼；请参见 Piatier 1939。康德利夫的著作也列出了这份关于意大利的报告，并注明作者是 O.A. 赫希曼（Condliffe 1940, 398. 一直要等到 50 年后，在赫希曼与皮埃尔·弗朗西斯科·阿索（Pier Francesco Asso）、马塞洛·德·切科（Marcello De Cecco）合编的早期论文集中，才第一次正式发表了这份报告，德·切科还为它写了一篇引言。请参见 Hirschman

1987b。

［76］ Hirschmann 1939a, 2—3.

［77］ Hirschmann 1939a, 4.

［78］ Hirschmann 1939a, 9.

［79］ Hirschman 1938b.

［80］ Hirschmann 1939a, 71.

［81］ Hirschmann 1939a, 73.

［82］ Hirschmann 1939a, 62.

［83］ Ellis 1934.

［84］ Hirschmann 1939b.

［85］ Hirschmann 1939b, 1；由翻译皮尔·弗朗切斯科·阿索（Pier Francesco Asso）翻译。

［86］ Asso 1988.

［87］ Asso 1988, 85.

［88］ Asso 1988；也请参见 Condliffe 1940, 282—283。

［89］ Hirschmann 1939b, 14 and table II.

［90］ Hirschmann 1939b, 15；皮尔·弗朗切斯科·阿索（Pier Francesco Asso）译，第 122 页。

［91］ Condliffe 1940.

［92］ 奥托·O. 赫希曼于 1940 年 2 月 28 日写给康德利夫教授的信，JBCP。

［93］ 奥托·O. 赫希曼于 1939 年 10 月 7 日写给康德利夫教授的信，JBCP。

［94］ 关于这个故事，请参见 Fry 1945; Marino 1999; Isenberg 2001; McClafferty 2008。2001 年，电影《弗莱的战争》上映，由莱昂内尔·切特温德（Lionel Chetwynd）执导，威廉·赫特（William Hurt）和茱莉亚·奥蒙德（Julia Ormond）联袂出演。弗莱的这本书在 1993 年再版，赫希曼为它撰写了序言，请参见 Hirschman 1993a。

［95］ Isenberg 2001, 26.

［96］ Marino 1999, 115.

［97］ "The Emergency Rescue Committee in France" 一文，节选自 1940 年 9 月底至 12 月初这个时期，紧急救援委员会驻马赛代表写给纽约办事处的信件，VFC。

［98］ 瓦里安·弗莱于 1941 年 11 月 30 日写给奥托·阿尔伯特·赫希曼，VFC。

［99］ Fry 1945, 26.

［100］ Fry 1945, 24.

［101］ Isenberg 2001, 71; Marino 1999, 122.

［102］ Gold 1980, 160, 158.

［103］ 这是赫希曼自己的描述，请参见 Gold 1980, 160, 158。

［104］ 奥托·阿尔伯特·赫希曼于 1941 年 1 月 17 日写给惠勒-贝内特先生（Mr. Wheeler-Bennett）的信，纽约市洛克菲勒广场 30 号英国新闻社，VFC。请参见 Fittko 1991。

［105］ "Auxiliary Services," undated but second half of 1941, VFC；也请参见 Isenberg 2001; Marino 1999。

［106］ Marino 1999, 211.

［107］ "Auxiliary Services".

［108］ 瓦里安·弗莱于 1940 年 9 月写给米尔德里德·亚当斯（Mildred Adams）的信，VFC。

［109］ 摘自一份关于他们的曲折经历的未署名报告，时间为 1941 年 2 月 14 日，VFC。

［110］ 摘自一份关于他们的曲折经历的未署名报告，时间为 1941 年 2 月 14 日，VFC。

［111］ Hirschman 1993b；也请参见：奥托·O. 赫希曼于 1941 年 1 月 14 日写给康德利夫教授的信，JBCP。

［112］ Hirschman 1994a, 77.

［113］ 瓦里安·弗莱于 1941 年 2 月 9 日写给艾琳·弗莱（Eileen Fry）的信，VFC。

〔114〕 Fry 1945, 151.

〔115〕 这些事件的记载见于以下地方：小阿尔弗雷德·汉密尔顿·巴尔（Alfred Hamilton Barr Jr.）于 1941 年 5 月 9 日写给阿奇博尔德·麦克利什（Archibald MacLeish）的信；美国驻法国总领事休·S. 富勒顿（Hugh S. Fullerton）于 1941 年 6 月 23 日写给瓦里安·弗莱的信；美国驻法国总领事休·S. 富勒顿于 1941 年 6 月 23 日写给瓦里安·弗莱的信的附件 "Paraphrase of Telegram Sent to Department of State through Embassy in Vichy by American Consulate at Marseille on or about June 13, 1941"；瓦里安·弗莱于 1941 年 6 月 24 日写给弗兰克金登（Frank Kingdon）的信。以上资料全部源于 VFC。

〔116〕 "Memorandum," September 25, 1942, VFC.

〔117〕 Gold 1980, 398—400.

第二章　"强国"政治学

1941 年 1 月 14 日，"SS 神剑号"班轮停靠在了纽约港。"明天，"赫希曼写道，"我就会——非常可能——踏上美国的土地了。"[1] 离船上岸之后，由于要向紧急救援委员会报告在马赛的救援行动，赫希曼在纽约耽搁了不到两个星期。在那段时间里，他就已经非常渴望恢复自己的研究工作了。他梦想着自己可以"立即乘坐……飞往旧金山的横贯大陆的飞机"，他给康德利夫写信，列出了他希望开展的研究项目的清单，其中包括对世界贸易趋势的统计分析、一篇关于封闭经济体之间资本流动的论文，以及继续推进他所专长的对意大利人口问题的研究。事实上，具体的课题其实并没有那么重要；正如他自己后来说过的，"最重要的是尽快回去工作"[2]。

赫希曼在 1941 年（乘火车）到达伯克利后，进入了杰克·康德利夫的圈子，结果发现那里有一个非常活跃、非常有生产力的知识环境。康德利夫几年前曾邀请赫希曼参加卑尔根国际会议的筹备工作，现在他担任了加州大学伯克利分校新任命的商业和经济研究局主任，并发起了"贸易管制研究"项目（由洛克菲勒基金会提供资助）。这其实是当初为筹备卑尔根国际会议而启动但后来被迫中断的一个项目的延续，目的是研究国际贸易中断的影响。赫希曼和其他一些研究人员的计划是，撰写一系列报告，并在机会成熟时公开出版。这件事对赫希曼最大的好处是，他认识了一群非常有创造力的学者。

其中有一位是出生于乌克兰的亚历山大·格申克龙（Alexander Gerschenkron），他比赫希曼大十岁，曾经在维也纳大学修读过经济学，后来又在一家比利时摩托车公司担任过商务代表，并与奥地利社会民主党人一起进入过政界闯荡。在德奥合并（Anschluss）之后，格申克龙移居美国，在那里，他将成长为 20 世纪下半叶最重要的经济史学家之一。在加州大学伯克利分校的那段时间里，格申克龙正在撰写一份以"国家垄断贸易，或国家作为贸易活动的主体"为题的大型报告。这份报告的其中一章，后来演变成了格申克龙的第一本专著《德国的面包与民主》(Bread and Democracy in Germany)。[3]

还有一位是诺尼·赖特（Nonny Wright），她当时 31 岁，负责撰写关于国家在国际贸易中的作用的第二份报告，它有一个一口气读不下来的超长标题："论国际贸易的国家哲学，包括由强权政治引起的冲突以及国家贸易垄断对商业组织的影响"。诺尼·赖特曾经先后在巴黎、哥本哈根和牛津等地学习政治学和经济学，后来又在丹麦国家银行、丹麦外交部就职，在货币和商业问题等领域有独到见解，并且曾经担任布鲁金斯学会派驻日内瓦的金融通讯员。日后，诺尼·赖特还将会成为丹麦历史上第二位女大使，而且她很可能是世界历史上第一位职业女外交官。[4]

这个小组的另一名成员是捷克经济学家安东宁·巴施（Antonín Basch），他曾在布拉格大学、维也纳大学和柏林大学从事经济学研究，后来又相继在捷克斯洛伐克商会、商务部和国家银行任职。在担任了八年捷克斯洛伐克国家银行研究部主任（从 1926 年至 1934 年）之后，巴施成了捷克斯洛伐克最大的重工业企业之一联合化学和冶金公司的总经理。[5]1939 年，巴施离开欧洲来到了美国，先后加入布朗大学和哥伦比亚大学。在康德利夫的项目中，巴施撰写了一份以"德国和中欧的经济关系"为题的报告，该报告后来演变成了他于 1943 年出版的著作《多瑙河盆地和德国经济圈》(The Danube Basin and the German Economic Sphere)。赫希曼 20 世纪 20 年代在柏林时的老朋友彼得·弗兰克（Peter Franck）当时也在伯克利。最后，还有亚历山大·史蒂文森（Alexander Stevenson），他在战后加入了世界银行，并在 20 世纪 70 年代初担任了世界银行发展经济学部主任。

当然，对于赫希曼自己来说，还有一个人比所有这些人都更加重要，那就是莎拉·夏皮罗（Sarah Shapiro）。莎拉当时是一个主修文学和哲学专业的学

资料来源：由卡蒂娅·所罗门提供。

图 2.1　阿尔伯特·赫希曼和莎拉·赫希曼，1941 年 6 月

生，比赫希曼小 6 岁。赫希曼是在宿舍自助餐厅排队吃午饭时遇到她的。莎拉出身于一个归化的立陶宛犹太富裕资产阶级家庭，一直住在巴黎，比阿尔伯特早几个月逃离欧洲来到了美国。"在莎拉身上，阿尔伯特发现了许多志趣相投、心心相印的东西，"阿德尔曼这样写道。[6] 是的，他们有共同的文化背景和类似的兴趣（他们都热爱小说、诗歌和音乐），而且都对遭受了毁灭性打击的欧洲忧心不已。他们在一起时讲法语（他们都将法语作为第二母语）。几个星期以后，他们就订婚了，并于 1941 年 6 月 22 日结婚。他们的第一所房子，位于在加州大学伯克利分校的校区和山丘的交界处，只是一个小平房，但是对他们来说就够了。"有了大自然、莎拉和书，"阿尔伯特在写给乌尔苏拉的一封信中这样写道，"我就觉得完全满足了。"[7]

赫希曼是康德利夫的研究小组中最年轻的两名成员之一（另一个年轻人是亚历山大·史蒂文森），他完成了多项关于世界贸易的统计分析，并在这些分析的基础上撰写了一份题为"关于世界贸易趋势（尤其是双边化趋势）的定量分析"的报告。这份报告可以说是一个中间步骤，介于他为卑尔根国际会议准备的报告"关于国际贸易中的均衡和双边主义趋势的统计分析"（Étude statistique sur la endance du commerce extérieur vers l'equilibre et le bilateralism）与他于 1945 年出版的著作《国家实力与国际贸易的结构》的第二部分的统计分析之间。[8] 同时，赫希曼还选修了匈牙利经济学家威廉·费尔纳（William Fellner）和霍华德·埃利斯（Howard S. Ellis）的课程。威廉·费尔纳是一位匈牙利经济学家，曾经在布达佩斯经营家族制造业公司 10 年，最近才来到了伯克利。霍华德·埃利斯是哈佛大学博士，专长货币问题和国际经济学。赫希曼还继续进行应用统计学研究，而且他来到美国后发表的前两篇英文论文都是属于这个领域的：第一篇讨论对整个分布的离散度量与对该分布的子系列的离散度量之间的关系；第二篇讨论世界贸易的商品结构。[9] 第二篇论文尤其重要，因为它试图更好地描述真实的世界贸易流——赫希曼指出，这是在更坚实的基础上重建战后国际经济秩序的必不可少的一个步骤。这篇论文后来扩展成了他的《国家实力与国际贸易的结构》一书第三部分的统计研究。

第二章 "强国"政治学

《国家实力与国际贸易的结构》

赫希曼在加州大学伯克利分校期间的主要工作是撰写他的第一部专著《国家实力与国际贸易的结构》。这本书的主要内容写于 1941 年至 1942 年，并于 1945 年出版。通过这本著作，赫希曼参加了围绕着两次世界大战期间的危机成因和战后国际秩序重建计划的激烈辩论。[10] 在这场辩论中，参与者特别关注的问题是如何避免各国在第一次世界大战后所犯的错误，因为这些错误最终导致了第二次世界大战的爆发。例如，格申克龙就坚持认为，应该把重点放在国家层面上，他强调在易北河以东的领土上拥有大型农业庄园的德国容克贵族应该对德国民主制度的崩溃和德国对邻国的侵略负责。他认为，在战争结束后，德国要想发展民主，唯一的可能途径是"彻底摧毁容克阶级"[11]。与格申克龙不同，赫希曼更关注经济侵略的国际维度。正如他在撰写《国家实力与国际贸易的结构》的过程中写给康德利夫的一封信中所指出的那样，"我对第一次世界大战期间提出的战后经济规划的深入研究，大大增强了我对我们正在进行的研究工作的作用的信心。几乎所有后期的灾难，都可以从战争期间的错误计划或缺乏计划中推断出来"[12]。

《国家实力与国际贸易的结构》一书体现了年轻人写的第一本书的几乎所有局限性，也反映了他写作时的具体条件的限制。它的结构有点松散；由一篇长达 80 页的论文（该书的第一部分）和三篇关于世界贸易的某个特定方面的统计分析（该书的第二部分）组成。第一部分的论文为全书的标题"国家实力与世界贸易的结构"提供了依据，它依次分为四章，不过前面的两章其实都只是相当粗略的历史介绍，是为接下来的两章的更具实质性的分析"垫场"用的。第一章讨论了 18 、19 世纪的政治哲学家如何看待对外贸易与国家权力之间的关系，第二章则基于当代经济学文献对这种关系进行了更一般的理论考察。第三章描述在第一次世界大战之前和第一次世界大战期间人们是如何讨论经济侵略问题的，第四章给出了在第二次世界大战结束后如何限制经济侵略的

45

解决方案。

赫希曼在他的第一本书中的努力的结果是"苦乐不均"的。到后来，全书只有少数几章经受住了时间流逝的考验，最突出的是构成该书第二部分的那几项统计分析——尤其是，其中一个统计指数在 20 世纪 60 年代初期变得非常流行。另外，该书第一部分的核心章节在 20 世纪 70 年代初又被重新"发现"了，并构成了当时新兴的一门经济学学科——国际政治经济学（international political economy，IPE）——的分析基础。尽管有其局限性，这本书的如此"长寿"这个事实本身就足以说明它是一个不小的成就；而且哪怕是到了今天，它的最有力的一些章节所提供的分析也仍然具有不可忽视的影响力。而且，即便是这本书中不太引人注目的那些章节，也包含着许多非常有"后劲"的直觉，其中一些将在几十年后开花结果。此外，这本书已经初步体现了后来被公认为赫希曼学术标志的文学风格和学术探究方法。

康德利夫的研究，对于我们理解赫希曼的第一本书至关重要。在他出版于1940 年、以卑尔根国际会议资料为基础的著作中，康德利夫指出，在现代世界里，除了存在着政治因素与经济因素之间的根本性冲突之外，国家与日益超越国界的经济活动之间也存在着根本性的冲突。"曾经在很长一段时间里，"康德利夫这样写道，"民族主义和工业主义似乎是可以并驾齐驱的。"[13] 是的，在19 世纪，这两种力量确实是齐头并进的，政府并不会对私人经济活动进行过多的干预。"然而，在现代世界里，工业主义和民族主义却处于尖锐冲突当中"，这是因为民族国家开始对世界经济日益增长的跨国性做出反应，并着手利用经济国际关系来追求（提升）国家实力的目标。[14] 康德利夫将英国历史学家阿诺德·J. 汤因比（Arnold J. Toynbee）对民族主义和强权政治复兴的分析与美国经济学家尤金·斯塔利（Eugene Staley）提出的"世界缩小论"和"经济全球化论"结合起来，讨论了经济的"政治化"以及经济对民族主义政治目标的"从属性"（subordination）。[15] 康德利夫是政治动力学与经济动态之间的互动关系的敏锐观察者，他不仅从军事扩张主义角度，而且从经济帝国主义的角度正确地解释了纳粹对东欧国家的入侵。正如他在 1943 年所指出的那样："第二次世界大战就是在这样一个经济战线上开始的。"[16]

赫希曼以几乎与康德利夫完全相同的语调写下了《国家实力与国际贸易的结构》一书的开篇之句:"广泛地将国际经济关系作为国家权力政策的工具来运用……成了这一次世界大战爆发前的那个时期的主要特征之一。"[17]在以往对这种相互联系进行考察的大量文献的基础上,赫希曼试图增加的是对如下这个特定的基本问题的分析:国际贸易体系的内在弱点,使它非常容易受到政治操纵。换句话说,赫希曼并没有把考察的焦点放在经济侵略和经济帝国主义的政治动机上,他感兴趣的是,探究使得这种经济侵略成为可能的具体机制,因此他系统地分析了"国际贸易为什么会成为、又是怎样成为了……用来(增强)国家实力的政策工具的"[18]。他这本书的很大一部分独创性,恰恰就在于他在分析时努力地运用了国际经济分析的典型工具,但是却不是用来讨论通常的经济问题的(例如,贸易可以带来的收益以及相关的福利问题),而是用来分析高度政治化的"国家实力"问题的。正如我们将会看到的,经济和政治的不可分割性一直是赫希曼的思想的核心。赫希曼将自己的探索有意识地限制在一个因果向量上:贸易关系是如何为一国对另一国的政治支配创造经济条件的。尽管赫希曼非常清楚相反方向上的因果关系也很重要——权力分配的不平衡会影响贸易关系并产生累积效应——但是他的兴趣一直集中在了那些使得国际贸易成为一种潜在的支配工具的因素上。从某种意义上说,这是一种超前于他的时代的(ante litteram)"结构主义"方法,而且也正是后世学者,尤其是拉丁美洲学者解读赫希曼的著作和应用他的理论的方法。

对外贸易可以通过增加商品供给来增强一国的军事实力,从而可以对该国实力起到促进作用。这是很久以前就众所周知的。赫希曼将这种关系称为对外贸易的供给效应(supply effect)。然而,对赫希曼的分析而言,更加重要的是它的影响效应(influence effect)——即贸易的"政治化"(politicalization),这是他通过翻译德文术语"*Politisierung*"而创造的一个英文术语(这个德文术语也让我们想起赫希曼的导师在20世纪40年代的研究)。[19]通过对用国家之间不同的讨价还价不平衡来刻画的一系列典型案例的分析,赫希曼在他这本书的核心章节中提供了对这种影响效应的详细论证。

举例来说，赫希曼讨论了一个国家为了增加自身作为另一个国家的贸易伙伴的重要性而操纵贸易条件的做法（如通过降低本国在国际市场上的购买力），是如何对该国自身的供给效应产生负面影响的。这种权衡的存在，使得其他策略也具有一定重要性，例如，寻求增强自身实力的国家可以考虑与那些可能迫切需要本国特定出口商品的伙伴发展贸易关系，而这往往不仅会转化为强国加强与穷国和小国的贸易关系（使其经济与强国的经济高度互补），并严格地追求双边贸易关系；而且它还为更强大的国家的如下做法提供了一个强有力的理由，即防止较贫穷和较小的国家实现工业化或实现内部生产和对外贸易关系的多样化。[20]

特别是，赫希曼研究了一个国家通过操纵国际贸易秩序来提升自己的国家实力的行动序列：先与其他国家建立起某种严格的贸易关系，然后逐步改变总体政治和经济收益并使之对自己有利，同时使得贸易伙伴放弃对外贸易或转向其他市场显得为时已晚。因此，贸易的地理位置因素就变得非常重要了，因为它可能决定了那些旨在提升国家实力的国家让邻国成为受害者的方式。[21]作为一个例子，赫希曼分析了德国与保加利亚之间的贸易：1938年，与德国的贸易占到了保加利亚进口总额的52%和出口总额的59%；而另一方面，与保加利亚的贸易则分别仅占德国进出口总额的1.5%和1.1%。[22]很明显，德国占了绝对的上风，而且利用了这种优势。事实上，赫希曼认为，纳粹德国的贸易政策，可以作为他所讨论的所有理论类型的教科书式范例。

这当然很明显是一项案例研究，而且也是非常突出的一项。雅各布·瓦伊纳（Jacob Viner）是20世纪国际经济关系的杰出学者之一，他是这样描述德国在两次世界大战之间的对外贸易策略的：

> 德国最初向巴尔干国家提出的以外汇管制或易货贸易为基础的特殊贸易安排，对巴尔干国家来说是非常有吸引力。在第一年或最早那两三年内，大多数巴尔干国家总体上对他们与德国的贸易安排的结果感到非常满

意……但是逐渐地，当德国通过越来越多地接受这些国家的出口产品，使得这些国家越来越依赖于德国的出口市场之后，它就变成了一个越来越强大的讨价还价者了。[23]

瓦伊纳据此总结道，德国"对自己的国家实力的运用是谨慎而巧妙的，但是同时也可谓毫无顾忌"[24]。瓦伊纳也参加了国际知识合作研究所卑尔根国际会议，他后来回忆了当时讨论的基调：

在去年8月在挪威卑尔根举行的国际知识合作研究所会议上，一件特别有意思的事情是，一个又一个欧洲小国的代表诉说了大体相同的故事。虽然这些国家在最初谈判时是带着疑虑和恐惧的心情与德国进行讨价还价的，但是在建立了贸易关系的最初的两三年内，它们对结果普遍感到满意。然而逐渐地，德国向它们施加了越来越大的压力，而且很快地，这种压力就不仅只限于经济上的压力，也不仅体现为德国为了改善贸易条件而向它们施加的压力……而且还包括要求各国接受德国对其国内政策的一定程度的控制，包括对生产方向的决定权……即从向德国提供工业制成品转向提供德国最迫切需要的食品和原材料。[25]

赫希曼也同意这个判断。在《国家实力与国际贸易的结构》中，他通过一张"概要表"，清楚地说明了德国是如何利用几乎所有可用的策略来加强对它的中欧、东欧和东南欧各国的控制的。[26]在概括了供给效应和影响效应的所有可能变化之后，赫希曼带着强烈的学术自豪感总结了他的主要分析："一个非常自然的结论是……在对这两种通过对外贸易来提升国家实力的来源的发展过程进行总体性的考察的时候，我们应该同时描述一个将国家实力作为其主要行动目标的国家在各个领域中的实际政策。"[27]然而，正如赫希曼在为卑尔根国际会议准备的关于双边主义的统计分析所表明的那样，在双边贸易协定的基础上出现的日益严重的贸易失衡"本质上并不是'条顿式'的"，而是一个总体性系统变革的一部分，不仅涉及极权国家，也涉及民主国家。[28]

在描述了将对外贸易转变为提高国家实力的工具的各种途径之后，赫希曼接下来要着手解决的问题是，怎样才能化解战后因各国相互猜疑、对国际贸易的限制措施增加和经济民族主义倾向强化所带来的一系列困难。他将这个问题表述为："我们要怎么做，才能摆脱那个会导致上一场战争直接引出另一场战争的因果链条？"在赫希曼看来，自由贸易的所谓优点和有益结果不仅是不切实际的，而且"完全是异想天开的"[29]。只有当世界上存在着许多个对全球经济的重要性相似、对外贸易量和国内生产多样化程度相近的国家，并且每个国家都不能行使任何垄断性权力时，整个世界才有可能免受对外贸易的不良影响。但是，现实世界充满了不平衡性。而且赫希曼指出，只要出现了依附性，那么依附性就往往是累积型的，即，依附性会产生越来越深的依附性。

赫希曼提出的解决方案是，一定要在全世界范围内实现彻底的系统性转变，也就是说，必须将现在这个由主权国家组成的世界，转变为一个全部经济主权交由某个超国家机构行使的世界。他给出的解决方案的逻辑就像亚里士多德的三段论一样无懈可击：既然贸易的"政治化"主要源于国家通过贸易政策支配其他较弱的贸易伙伴的权力，既然这种权力是国家主权的一种属性，那么要想避免某些国家为了壮大国际政治权力而操纵贸易，唯一的方法就是遏制国家经济主权。正如赫希曼在撰写这一章的过程中给友人的一封信中提到的，他的目的是阐明"国际经济关系管理去国家化（denationalizing）的必要性"[30]。（在这里，我们或许可以看到科洛尔尼和阿尔提艾罗·斯皮内利[Altiero Spinelli]关于成立"欧洲联邦"的设想的影响。）赫希曼对这样一个政治计划的呼吁，充分说明了他的紧迫感和远见性——在那些年里，这些因素对这类分析的影响非常大：

　　纳粹的"成功"，只是向我们展示了国际经济关系所固有的极其巨大的增强"国家实力"的潜力，正如也是它们第一次向我们展示了宣传的巨大力量一样。决不能忽视或取消这些相对较新的人支配人的权力形式；对我们来说唯一的选择是防止将它们用于战争和奴役的目的，并让它们服务于我们自己的和平和福利目的。

而且，这只能通过对国家经济主权制度发起正面攻击来实现，因为它是利用国际经济关系来实现提升国家实力的目标的基础。[31]

正如我们将会看到的，若干年后，赫希曼将对"正面攻击"和全面的、"横扫一切"的革命性解决方案持批评态度——尽管在现在讨论的这种情况下，革命将仅仅发生在制度层面。与此同时，在另一方面，即便是到了晚年，赫希曼也永远不曾放弃这样的观念，即提出有远见的政策建议可能确实是"合时宜"的，甚至可能是完全可行的。例如，在1968年，赫希曼和他的合著者理查德·伯德（Richard Bird）全力推动一项重组外援机构的提案。他们在强调其提议的新援助机制的可行性时丝毫没有遮遮掩掩，"不管它们乍一看时可能显得多么地不切实际"[32]。

无论如何，在赫希曼看来，应该将组织和管理国际贸易的权力从民族国家手中夺走，并移交给一个可以提供某种作为国际贸易基础的基本机制的国际组织。赫希曼认为，只有这样，这种超国家权威才能对国际贸易关系行使实际控制和"非民族主义"的权力。

赫希曼对于"压服"国家主权的可能性有很强的信念，这乍一看似乎相当牵强，但是实际上并非如此。例如，康德利夫在他出版于1940年的著作中就已经指出过，导致两次世界大战的民族主义倾向不能通过简单地恢复自由放任政策来消除，因为那样做只能恢复民族主义经济侵略的条件。对此，康德利夫是这样强调的，"基于自由放任思想，倡导国际经济合作这个思路，是与政府监管牢牢扎根于国内市场这个不可避免的事实相悖的。因此，由各个国家独立推行的经济政策在实践中必然会导致紧张的国际经济关系，进而导致诉诸经济民族主义的政策措施"[33]。在他看来，现代民族国家体系，显然无法成为构建真正的国际贸易合作机制的基础。"目前这个世界，"康德利夫继续写道，"是一个奇怪的混合物，由许多大国和许多小国组成，这些国家的经济发展状况在几乎所有方面都不同，但是在声称行使不受约束的主权方面却极其相似"——在《国家实力与国际贸易的结构》一书中，赫希曼几乎逐字逐句地重复了这个观点。[34]

康德利夫还写道，在对战后时期的国际贸易进行规划时，我们要进行"艰难的政治思考"，发挥"政治想象力"，"发明"和创造新的政治机制。他那本书的最后一章的所有篇幅，都是用来讨论如何重新反思国家主权概念的。康德利夫认为这是一个具有根本性意义的问题。无论最终是德国还是英国赢得了世界大战——康德利夫是在 1939 年至 1940 年间写成那本书的，当时战争的最终结果仍不明朗——在康德利夫看来，有一件事情都是再清楚不过的："要想组织有效的国际合作，我们就必须朝着'世界国家'的方向大步迈进。而这就意味着，必须将经济主权的许多方面移交给某个国际权威机构。"[35] 大约在同一时期，芝加哥大学政治学系主任沃尔特·拉夫斯（Walter Laves）也在大声疾呼，"各国要自愿限制国家的传统主权"。几乎同时，爱德华·霍列特·卡尔（E. H. Carr），国际关系学中现实主义流派的大力鼓吹者和盲目支持者，也认为建立"欧洲规划局"（European Planning Authority）是避免"过去二十年里一直肆虐的经济民族主义卷土重来的唯一选择"[36]。

由此可见，赫希曼关于创建一个超国家权威机构的提议并不是一个孤立的想法。尽管赫希曼等人提出的最激进的建议（放弃国家主权）很快就被遗忘了，但是他们试图解决的问题确实一直存在着；而且到了日后，在有了适当的时机的情况下，他们又提出过一些与这些早期的设想至少具有一定的"家族相似性"的解决方案（尽管通常规模都要小得多）。如果在自己的早期职业经历中从来没有构想过这种全新的战后机构，赫希曼在 1949 年至 1950 年间设计欧洲支付联盟的工作将会困难得多。

事实上，几乎每一位重要的社会科学家都处理过这类问题。1940 年，英国经济学家、未来的诺贝尔奖获得者詹姆斯·米德（James Meade）提出了一项非常详尽的建议，即建立一个国际银行，并授予该银行充当全球中央银行的权力——即由它来发行一种国际货币，控制每个成员国的货币供应，同时进行公开市场操作。他还建议，要让这个银行与一个国际组织协同工作，该组织不仅有权控制各民族国家的对外贸易政策（包括确保"门户开放"原则适用于所有殖民地领土，以消除那些不拥有殖民地的国家可能的不满，这也是米德所说的"公正有效的国际经济关系体系"的一个组成部分），同时也有权监督各个国家国内市场的生产、销售和价格。[37] 米德这个建议的预设前提及其公理化风格都呼应了赫希曼的立场："如果没有某种形式的国际组织，就不可能对经济事务进行国际监管，"米德这样写道，并进一步补充称："除非组成这个国际组织的各成员国限制自身在经济领域采取国家行动的自由，并将相应的经济决定权转移给该国际组织的特定机构，否则这个国际组织的经济基础能不能牢固地奠定下来就是很令人怀疑的。"[38]

毫无疑问，这些都是相当激进的立场，但是即便是那些更愿意看到国际关系由霸权国家来监管而不认同把主权移交给超国家国际机构的人，也都强调了国际合作的必要性。"在1914年之前盛行的世界经济的自动运行，"巴施写道，"必须用有组织的合作来取代。国际合作涉及的范围包括信贷和国际金融、落后地区的发展、原材料的控制，等等。所有这一切都必须以世界经济中所有重要因素的真正'团结'为前提，而美国则必须承担与其经济和政治实力相称的责任。"[39] 辩论迅速发展。然而，正如哈里·D. 怀特（Harry D. White）和约翰·M. 凯恩斯（John M. Keynes）等人主导的战后多边主义机制的谈判进程所表明的那样，在贸易和经济问题上全面放弃主权的主张很快就被认为是不切实际的。但是，一些更有限的目标，例如成立多边组织对汇率进行协调和控制，则得到了广泛的认同。[40] 事实上，在战后世界，占主导地位的其实就是这种愿景。

《国家实力与国际贸易的结构》的第二部分包括了三项关于特定的贸易动力学的统计研究。第一项研究描述了那些寻求提升国家实力的国家对与贸易规模较小的国家进行贸易的偏好指数。换句话说，这个偏好指数可以用来检验赫希曼的假说，即那些寻求提升国家实力的国家倾向于将对外贸易导向较小和较贫穷的国家。与此同时，那些小国或弱国的反应则由第二个指数来度量。这是一个集中指数；它衡量一个国家与其他国家之间的贸易集中度。当一个国家的贸易完全被另一个国家垄断时，集中度是最高的（并且该指数取其最大值 100）。相反，如果无限多个国家分别占据了所考虑的国家的极小一个贸易份额，那么该指数将取理论最低值零（实际上，这个指数的取值将始终高于零）。如前所述，这个指数在 20 世纪 60 年代初重新流行一时。[41]

第三项，也是最后一项统计研究的重点则不是贸易的地理分布，而是贸易的部门分布——也就是说，世界贸易是主要发生在原材料生产国（不发达国家）与制成品生产国（工业化国家）之间，还是主要发生在工业化国家之间。[42]近几十年来，经济学家和经济史学家已经对这个问题进行了广泛深入的讨论，但是在 20 世纪 40 年代，赫希曼的这项研究是最早可用的主要统计分析成果之一。赫希曼得到的结果还为人们思考这个问题增加了一个新的视角。根据他的计算，原材料生产国对制成品生产国的贸易只占了世界贸易总额的不到三分之一；然而另一方面，相反的论点，即制成品生产国主要与制成品生产国进行贸易，也没有得到证实，因为这种贸易实际上大约只占世界贸易总额的五分之一。相反，赫希曼发现世界贸易的最大的组成部分是另一类很少有人研究的贸易，即食品和原材料对食品和原材料的贸易。因此他强调指出："世界贸易主要基于制成品与食品和原材料之间交换这种传统观点，连大体上正确也说不上。"[43]

这个结论驳斥了工业国和农业国之间的国际分工是扩大世界贸易的唯一可能基础的观点。正如赫希曼的结论所表明的，从原则上说，贸易不一定是一种支配工具。此外，赫希曼的结论也是不久之后就会变得非常流行的对于"核心"国家和"外围"国家之间不断恶化的贸易条件的分析的先声。[44]

赫希曼的结论为强国与弱国之间的贸易关系的研究增加了一定程度的复杂性，这也有助于解释赫希曼和那些主张"依附理论"的学者之间的矛盾关系。根据后者的理论（"依附理论"是在 20 世纪 50 年代和 60 年代蔚为时尚的），国际贸易将会形成一个由"核心"国家和"外围"国家构成的结构，其特点是以牺牲"外围"经济体的利益为代价来让"核心"工业化国家变得更加富强，同时使得"外围"经济体依附于发达经济体。这些依附理论家应该会同意赫希曼对国际贸易中权力关系的不对称性的分析;但是在另一方面,赫希曼却会认为他们的结论实在过于悲观、决定论色彩过于浓厚了。因为在赫希曼的研究中,最有意思的一个组成部分就在于,他一直在致力于证明,多种不同的均衡都是有可能出现的,而这也就意味着,通过经济政策来实现强权政治绝不是一个"确定性博弈"(deterministic game),因为弱者也能找到捍卫自己的利益的方法。[45]

赫希曼对时间维度的分析也很有价值。他认为,同样是中止或减少与某个国家的贸易的威胁,如果是在不同时候的做出的,就可能带来截然不同的结果,具体则取决于寻求提升国家实力的大国所针对的那个国家在新的形势做出的调整的性质。赫希曼指出,研究国际贸易的古典经济学家虽然已经意识到了国内生产体系的短期重组与长期重组之间的区别,但是他们实际上只研究了长期重组。但是,如果考虑到外贸中断会产生重大的社会和政治影响,同时政治家考虑问题时通常采取短期视角,那么短期维度就变得比通常想象的要重要得多。"因此,一个国家通过国际贸易对另一个国家施加的影响,"赫希曼总结道,"很可能是这样的:中断贸易对另一个国家造成的直接损失越大,影响就越大",在现代民主国家和"那些实施旨在实现充分就业的国家政策的国家中",尤其是这样(这里提到的以充分就业为目标的国内政策的重要性值得加以强调,它充分表明赫希曼有特别强大的先见之明,因为这类政策要等到第二次世界大战结束后的那个时期才会增多)。[46]

除了有一位评论家认为赫希曼在《国家实力与国际贸易的结构》一书中的讨论"令人失望"并且缺乏独创性之外,对这本书的反应从总体上来说是相当不错的。[47]许多评论家称它"发人深省""可读性非常强",并且对国际贸易关系研究做出了"有价值的"和"非常难得"的贡献。[48]例如,伯特·霍塞利茨(Bert Hoselitz)认为这本书"很优秀";曼努埃尔·戈特利布(Manuel Gottlieb)则认为它是一项"了不起的成就"。[49]

除了对这本书"结构略显得有些杂乱"有些不满意之外,评论家们不太信服的还有一点，那就是赫希曼在给出分析结论和挑选支持它的参考文献时表现出来的高度选择性倾向。赫希曼这种倾向给人留下的印象是，他的论点可能看起来比实际更有说服力，而且可能牺牲了分析的完整性。[50] 不过另一方面，人们也承认，赫希曼对内容和风格的这种选择，也有助于他以一种非常清晰的方式打开新的论域。这种矛盾的反应也适用于赫希曼随后的著作。分析缺乏全面性且过于线性化地遵循特定的思路，以及对于资料的非常有选择性的运用，将成为对赫希曼的研究风格持怀疑态度的读者的标准批评。事实上，赫希曼本人也承认这一点。但是真正的要点在于，在随后的著作中，如同在《国家实力与国际贸易的结构》这本书中一样，赫希曼一贯地对从所有可能的角度讨论一个话题没有什么兴趣，他只是希望选择一个可以为重要问题提供新思路的特定视角来展开讨论。赫希曼对社会变迁分析的许多极具思想性和启迪性的贡献，都源于他这种态度。他个人的天才恰恰就表现在他能够以特别清醒和敏锐的方式完成这些极不容易的研究。

评论家们一致认为，《国家实力与国际贸易的结构》这本书最薄弱的环节是它的第一部分给出的那些结论。有些读者认为它们是不切实际的、过于幼稚的。例如，有一位评论家明确认为，赫希曼提出的关于建立超国家经济权威机构的提议，"在任何可预测的未来都根本不可能被付诸实施"[51]。另一位评论家则指出，"当然，废除国家经济主权意味着，我们要在那之前或同时通过建立一个'世界国家'实现世界和平"，但是这要怎样做才能真正成为现实呢？[52] 大约 25 年后，赫希曼承认，他的提议回想起来确实显得"非常天真"。他坦承："我召唤了一个'机械降神'（deus ex machina）；我希望快速摆脱我发现的令人不快的现实，而没有进一步审视它以探寻某些可能存在的内置的'改进器'或补救措施。"[53] 此外，他的提议也不能保证那个"机械降神"，即超国家主权者，不会利用其特权地位在政治上为自己谋利。在这本书刚出版时，一位清醒的评论家就强调指出了这个问题："当贸易受到高度操纵和严密控制时……'政治'考虑几乎肯定会影响控制者的许多决定。在很大程度上，当由一个国际权威机构行使控制权时，这仍然是正确的。"[54] 无论如何，仅仅几年之后，正如一位评论员所指出的，"转向国家控制对外贸易的趋势"就变得不可逆转了。[55]
1949 年，拟议中的国际贸易组织（International Trade Organization）流产了，尽
管它的权威比赫希曼最初设想的已经要弱得多了。

终成经典

正如阿德尔曼指出的那样，《国家实力与国际贸易的结构》这本书很快就
被遗忘了，这令赫希曼相当失望。然而，这本书的一些特征和直觉性结论仍然
非常值得重视，它们也解释了为什么虽然它有一定的局限性，但是仍然不失为
一项很有价值的研究，因而也是赫希曼职业生涯中值得注意的第一部专著。

在这些特征中，读者首先注意到的应该是赫希曼对 16 世纪至 19 世纪的道
德哲学家和古典经济学家的思想的熟悉，以及他的研究对经济思想史的依赖。
一方面，这是研究国际贸易关系的一个不同寻常的起点；另一方面，它也可以
说是一个完全自然的举动，因为古典政治经济学家习惯于将权力和经济问题放
在一起讨论。政治加经济的视角，一直是赫希曼的理论分析的核心，也是他对
狭隘的经济学方法缺乏兴趣的根本原因。"纯粹的经济关系"或"纯粹的'经
济人'"，赫希曼在《国家实力与国际贸易的结构》中写道，诸如此类的抽象
可能对经济研究有用，但是"在现实生活中极少会遇到，尤其是在主权国家之
间的互动中"[56]。在他漫长的学术生涯中，他一次又一次地坚持了这一点。

赫希曼还强调，古典经济学家之所以认为贸易是有益的，与其说是因为人
类本质上是爱好和平的，不如说是因为贸易的本质在于它所建立的相互关系网
络是如此广泛和复杂，以至于国家越来越无法在不严重损害自身利益权力的情
况下去追求权力野心。正如赫希曼在《国家实力与国际贸易的结构》一书中指
出的，从孟德斯鸠（Montesquieu）到约翰·斯图亚特·穆勒（John Stuart Mill）

的一长串思想家都强调了贸易的这种有益效果。这个想法后来发展成了赫希曼一生最高学术成就之一的核心观念，那就是他于 1977 年出版的《激情与利益》（*The Passions and the Interests*）一书。

赫希曼讨论的不平衡贸易关系的一个特别重要的特征是它们的累积效应。世界分为大国和小国、富国和穷国、工业国和农业国，这不仅可以用来解释贸易失衡的原因，而且造成了日益加剧的权力不平衡。正如赫希曼所证明的那样，"对一个或几个市场的依赖，以及对一个或几个产品的依赖通常是累积性的。这样一来，对外贸易给某些国家带来的最大程度的依赖，并不总是其他国家自觉地采用的政策的结果"[57]。通过这种分析，赫希曼开创了一些思想，这些思想将在发展经济学以及后来的经济地理学等新领域获得广泛传播。

最后，撰写这本书的过程本身还强化了赫希曼的如下信念：探索也许不那么可能但仍然可能发生的社会变革过程是有价值的，而不能只关注对很可能发生的事情的分析。后一种路径瞄准的是"大目标"——关注很可能会发生什么，即历史的大"规律"。前一种思路更困难也更少被采用，它试图揭示不那么明显且往往违反直觉的机制，但是这些机制通常有望开辟新的视角，带来新的解决方案。毕竟，正如保罗·瓦莱里（Paul Valéry）的一句著名的格言所说的（赫希曼在他这本书的第一部分的结尾处引用了它）："和平是可能的力量对非常可能的欲望的一种实质性的、无声的、持续的胜利。"[58]

《国家实力与国际贸易的结构》一书先后经历了两波"重振声名"之浪潮的洗礼。第一波是在 20 世纪 60 年代初，相对来说更有限、更偏技术性。当时许多经济学家"重新发现"了赫希曼，即发现他的统计研究对经济地理学和国际贸易中的集中化机制提出了非常重要且有用的见解。[59] 最早对赫希曼指数产生兴趣的一位经济学家是沃尔夫冈·斯托尔珀（Wolfgang Stolper），他是著名的斯托尔珀—萨缪尔森定理的联合提出者。斯托尔珀在 1946 年认为，"《国家实力与国际贸易的结构》这本书的核心由三项重要的统计研究组成"[60]。他对此非常坚持，以至于他发表在《政治经济学杂志》上的书评只考虑这本书的第二部分，对第一部分则只字不提，甚至没有承认它的存在。

第二波"重振声名"则发生在 20 世纪 70 年代，当时布雷顿森林体系的崩溃、石油危机的冲击、关于新国际经济秩序的讨论，以及联合国贸易和发展会议上无休止的讨价还价，使得这本书的核心主题再一次显得重要起来。如果说，在 20 世纪 50 年代和 60 年代的国际"嵌入式自由主义"时代——这是约翰·G. 鲁杰（John G. Ruggie）首创的一种著名的说法——是对外援助政策和资本流动塑造了国际经济关系的政治话语的话，那么在 20 世纪 70 年代，"贸易以及使贸易顺利进行的制度框架又重新回到了中心舞台"[61]。在国际关系领域，一直到 20 世纪 60 年代，经济学家和政治学家一直行走在两条截然不同的道路上。用英国学者苏珊·斯特兰奇（Susan Strange）的话来说，这两个群体之间表现出了顽固的"学术像散性"[62]。《国家实力与世界贸易的结构》一书从学术辩论中迅速消失，也是缺乏经济学与政治学之间跨学科交流的一个结果。戴维·A. 鲍德温（David A. Baldwin）是 20 世纪 60 年代中期最先重新发现赫希曼这本书的人之一，他认为，在衡量国际关系教科书对"经济治国方略"的分析和理论深度时，可以把《国家实力与国际贸易的结构》有没有出现在参考书目中作为一个方便的"检验指标"。但是，他紧接着就指出，在 20 世纪 60 年代末期出版的 16 本国际关系教科书中，只有一本通过了这个"检验"。而且，从 1950 年开始直到 1970 年，国际关系领域的旗舰期刊《国际组织》上发表的全部论文，没有一篇引用过这本书的任何内容。[63]

然而，在 20 世纪 60 年代末和 70 年代，经济学家与政治学家之间的鸿沟开始缩小了，这尤其要归功于政治学家，他们开始关注以前"专属"经济学家的一系列问题。结果，国际经济和世界政治在新兴的国际政治经济学（international political economy，IPE）领域重新结合起来了。用它的创始人之一的话来说，国际政治经济学要专注研究的就是"国际关系中追求财富的行动和追求权力的行动之间的对等动态互动"[64]。于是，赫希曼的这本书又被重新发掘出来了，并且被尊奉为这个方向上的研究的早期代表作。特别是，《国家实力与国际贸易的结构》为国际政治经济学的现代研究打开了大门——这些研究的关注焦点是国际金融关系的结构性失衡、思想观念对现实的影响，以及国家和国际行动者塑造偏好的能力（例如，通过"影响效应"）。当然，同样不出所料的是，对于国际政治经济领域采用了通常所称的"开放经济政治学"方法的那些学者，这本书的影响则要小得多，因为他们仍然没有偏离更标准的新古典经济学框架。但是无论如何，正如国际政治经济学最近的发展历史所表明的，《国家实力与国际贸易的结构》已经"被正确地视为经典了"[65]。赫希曼所关注的不对称相互依存关系，已经成了新国际政治经济学最基础的教科书之一、罗伯特·基欧汉（Robert Keohane）和约瑟夫·奈（Joseph Nye）的《跨国关系与世界政治》的主题。[66] 学界重新评价《国家实力与国际贸易的结构》并将之奉为经典的势头是如此明显，以至于另一位国际政治经济学先驱斯蒂芬·克拉斯纳（Stephen Krasner）将他对霸权与贸易之间关系的经典研究直接模仿赫希曼此书，命名为"国家权力与国际贸易的结构"（State Power and the Structure of International Trade）。[67]

然而有意思的是，新国际政治经济学领域的另一本基础性的教科书、查尔斯·金德尔伯格（Charles Kindleberger）的《萧条中的世界》（The World in Depression）也讨论了 20 世纪 30 年代的那场危机——当然，它不像赫希曼在 1941 年至 1942 年时写作《国家实力与国际贸易的结构》一书时那样是对最近发生的事情进行分析，而是从历史的角度加以总结。[68] 金德尔伯格关于两次世界大战间的萧条的开创性研究，强调了霸权对国际稳定的重要性。由于拥有"事后诸葛亮"的优势，在美国实际拥有世界霸权三十年之后，金德尔伯格试图在他的著作中为赫希曼三十年前面临的困境提供一个解决方案：怎样才能让国际贸易体系的运行不受任何国家的强力政治的非正当行为的影响。与赫希曼所设想的成立一个超国家主权机构的不切实际的解决方案不同，金德尔伯格强调的是某个国家主权可以利用其霸权地位在稳定国际秩序方面发挥重大作用。

国际政治经济学学者对《国家实力与国际贸易的结构》的重新发现，还引发了对赫希曼对国际经济关系的结构主义研究与另一组"结构主义者"，即拉美依附理论家的分析之间的联系和差异的反思。相似之处主要在于三个相互关联的元素。第一个元素不难想见，那就是权力问题是国际经济关系所内在固有的。第二个元素是，赫希曼和依附理论家对权力问题都很重视；在赫希曼和拉美结构主义者的分析中，对外贸易的政治后果都不仅是一种副作用，而是核心特征。第三个元素是双方都认为不同国家之间的关系是不对称的。

然而，从赫希曼的论述中，也明显可以看出两者之间存在着一些重要的差异——如果说，依附理论家与年轻的赫希曼之间的差异还不十分突出的话，那么在依附理论家与成熟的赫希曼之间就肯定非常突出了。依附理论家认为不对称关系是不可改变的，而且只对强大的国家有利，但是赫希曼则指出，收益虽然是不对称的，但是较弱的国家也可能获益。正如我们将在本书第八章中看到的那样，赫希曼后来在强调他自己的分析与依附理论家的分析之间的差异时，曾经相当夸张地声称，后者根本不属于发展经济学领域。[69] 无论如何，最重要的是，赫希曼指出，依附理论家坚持结构是不可改变且无法变革的，因此重复了他自己当年作为一个年轻学者所犯的错误：试图通过召唤一个"机械降神"来解决不对称问题。在赫希曼那里，"机械降神"是指将国家主权交给超国家组织。而对于依附论的理论家来说，"机械降神"通常意味着革命。[70] 但是，怎样才能找到可以破解不对称关系的内在的变化机制呢？赫希曼举出了一些例子。在他的例子中，初始的依赖性可以激活某种内置机制，使之朝着更加独立的方向发展。例如，一个自然资源丰富的穷国与计划开发该国自然资源的外国公司谈判时，讨价还价的能力往往很小。但是，一旦外国公司在穷国建成了它们的工厂，那么从某种意义上说，它们就会成为穷国的"俘虏"，这样也就提高了穷国的讨价还价能力。[71]

更一般地，赫希曼指出，不对称关系通常意味着更强大的国家在这种关系中的归属感较少——因为这种关系对强国的经济重要性比对弱国低得多（例如，请记住，德国与保加利亚之间的不对称关系的例子）。因此，"经济差异会导致不同国家受关注的程度上的差异"，而这一次，差异将有利于依附国，因此，依附国"寻求脱离这种支配—被支配关系的积极性和主动性，将大大高于支配国防止依附国脱离的积极性和主动性"[72]。当然赫希曼也承认，这些结果只是"一种可能性而不是确定性"，但是也恰恰正是他一贯强调的核心要点；

用他自己的话来说，依附理论有一种"反可能主义"的智识取向，而这也就意味着，它的"智识回报必定是递减的"[73]。

戴维·鲍德温则强调了赫希曼和依附理论家关于贸易依附性的讨论之间的另一个重要区别。赫希曼的分析有一个强有力的含义，那就是，依附性与贸易收益直接正相关，而不是负相关。因此，依附理论家关于依附国从来没有从贸易中获得收益（或收益为负）的说法是不能成立的。正如鲍德温总结的那样："赫希曼关于依附性与贸易收益之间关系的讨论肯定不会是这个主题的最终定论。但是，如果完全不考虑他的观点，就很难看出明智的讨论到底能走多远。"[74]

无论怎么说，对当时的赫希曼而言，这些辩论都是未来之事。1941年12月7日，一个星期天的早上，日本袭击了珍珠港的美国海军基地和其他美国及盟国领土。不到两个月后，赫希曼就应征入伍了。在等待军队的召唤时，他分别在哈佛大学、普林斯顿大学和芝加哥大学的研讨会上报告了他的研究。他还在芝加哥大学遇到了瓦伊纳。与此同时，康德利夫正在游说，帮助赫希曼获得一个大学职位。他向加州大学伯克利分校校长罗伯特·戈登·斯普鲁尔（Robert Gordon Sproul）推荐了赫希曼。斯普鲁尔是加州大学多校区系统的设计师（也是该校的第一任校长）。然而，斯普鲁尔不可能直接雇用赫希曼，因为赫希曼虽然持有立陶宛护照，但是仍然面临着被视为敌方外国人的风险。但是斯普鲁尔与康德利夫一起努力，争取让赫希曼在加州大学洛杉矶分校经济系任职。经过一连串的磨难，赫希曼确实已经非常接近这个他梦寐以求的工作了。当然，这一切主要归功于康德利夫的帮助。于是赫希曼写信给康德利夫："我能再跟你说一遍，我有多么感谢你为我所做的一切吗？"他还说："成为一名大学教授是我很久以前做过的一个旧梦，我本来可能已经放弃了这个梦想，尽管我从来没有完全将它彻底埋葬过。我记得，似乎曾经有人说过，拯救我们的梦想比拯救我们的生命更加重要。但是我敢肯定地说，你几乎差不多拯救了我的两个梦想了。"[75]

然而，所有这些努力最终并没有带来他们想要得到的结果。赫希曼转而参加了康德利夫组织的另一个项目，他的主要任务是研究关于中国货币政策的文

资料来源：由卡蒂娅·所罗门提供。

图 2.2 阿尔伯特·赫希曼在加州大学伯克利分校，1943 年

献和期刊文章，最终形成了一份 40 页的报告。[76] 但是到了 1943 年 4 月，如赫希曼自己所说，他的工作问题"突然就解决了"，因为他被征入伍，加入了美国陆军。[77] 由于他突出的语言能力，赫希曼被分配到了战略服务办公室（Office of Strategic Services，OSS）。1944 年 2 月，赫希曼被派往阿尔及尔，在那里苦苦煎熬了几个月之后，他又前往意大利，在那里担任军队翻译。

还在阿尔及尔时，赫希曼就了已经了解到了，当时已经与乌尔苏拉分手的科洛尔尼于 1944 年 5 月 30 日在罗马被一帮纳粹分子杀害了，离美国军队解放这座城市还不到一个星期。这个事件对赫希曼来说是一个可怕的打击。他说自己"彻底崩溃了"。赫希曼这样向乌尔苏拉哀叹科洛尔尼之死："欧金尼奥至今仍然代表着我的希望之源——我曾经拥有过一个多么好的榜样、一个多么好的偶像啊。"[78] 尽管他们相识的时间不算太久，但是科洛尔尼确实一直是奥托·阿尔伯特（Otto Albert）最崇敬且最敬业的真正的导师，在他身上，通过榜样的力量、情感的投入以及共同的政治和知识热情，证实了赫希曼最深刻和最珍视的那些价值观。25 年后，在成为顶级学术名人之后，赫希曼将他最著名的一本书献给了欧金尼奥，因为是"他教会了我关于小想法以及它们如何成长起来的知识"[79]。

然而，这个时期也并非一无所获。1944 年 10 月，阿尔伯特和莎拉的女儿凯瑟琳·简（Catherine Jane，昵称卡蒂娅）在圣莫尼卡（Santa Monica）出生。在赫希曼因科洛尔尼去世和被迫困在北非无所事事而深感沮丧几个月后，卡蒂娅出生的消息终于让他振作起来。第二次世界大战结束后，赫希曼设法取道巴黎，前往伦敦看望他的母亲，那是他们分离将近十三年后第一次见面（她和她的女儿伊娃后来搬到了罗马）。回到罗马后，赫希曼又与乌尔苏拉重新联系上了。最后，赫希曼终于回到了美国。他是 1946 年 2 月才第一次见到了女儿卡蒂娅的。九个月后，也就是 1946 年 10 月，卡蒂娅的妹妹伊丽莎白·妮可（Elisabeth Nicole）出生了，小名叫丽莎。

在联邦储备委员会的岁月

回到美国后，赫希曼发现自己很难找到一份工作。尽管政府规模不断膨胀并出现了很多新的组织机构，但是赫希曼的申请总是被拒绝。[80]正如阿德尔曼所描述的，赫希曼当时不知道的是，他的经历——先是作为德国社会民主党青年运动的积极分子，后来又成了西班牙共和军的战士，然后又在意大利作为反法西斯抵抗运动的"信使"——让美国当局怀疑他可能是共产主义的同情者。阿德尔曼获得的一份解密的联邦调查局文件报告称，负责审查的美国政府官员认为，"无法……证明 [赫希曼的] 主要忠诚是对美国政府的忠诚"[81]。

幸运的是，尽管受到了一些怀疑，赫希曼的个人关系最终还是发挥了作用。在商务部对外交易清算办公室短暂工作一段时间后，赫希曼在华盛顿特区的美国联邦储备委员会获得了一个更有意思的职位。赫希曼在加州大学伯克利分校工作的同事亚历山大·格申克龙此前加入了联邦储备委员会，并且很快就成为了该署下设的研究与统计司国际处的负责人。研究与统计司的主管是 J. 伯克·纳普（J. Burke Knapp），他后来到世界银行担任要职并成了赫希曼的重要"保护人"。格申克龙有权雇佣自己的员工，并且对"莫须有"的忠诚问题没有耐心。于是他让赫希曼负责西欧组。

赫希曼拥有的关于意大利和法国的专业知识对他在联邦储备委员会的工作特别有用。最初，他提交的报告主要关注这两个国家的货币政策，但是很快地，他就将关注点扩展到了其他国家和与马歇尔计划相关的其他问题，包括更重要的欧洲一体化问题。[82]我们在前面已经提到过，赫希曼在第二次世界大战前的分析中，就对意大利经济有了非常深入的了解。赫希曼为联邦储备委员会提供的报告中也体现了同样高的专业水平，而且由于他已经具备了更坚实的分析能力和更加明确的问题意识，所以报告质量得到了进一步的提高。在20世纪40年代末，赫希曼与在20世纪30年代末一样，依然是一位非常精明的经济数据"侦探"，同时他也已经成长为一个更全面、更成熟的学者了。

阿尔伯特·赫希曼：一部思想传记

特别是，由于他对最重要的那几个欧洲经济体都有着长期的、直接的了解，这就使得他对它们在战后的那几年间遇到的具体问题特别敏感。此外，他在 1938 年至 1942 年间对外汇管制、对外贸易和双边主义的研究，为他讨论如何促进国际贸易复苏提供了一个强有力的概念框架。他的创造性、灵活性和不受教条主义羁绊，也是解决这些问题所需的重要品质。

赫希曼对 1946 年至 1947 年间意大利外汇管制的演变的研究，就是他的分析方法的一个完美例子。[83] 意大利的外汇管制是一个特别难以分析的对象。[84] 数据要么不可得，要么不可信，而且收集起来也非常困难。同时，意大利还是一个地理上分裂的国家，在发生通货膨胀时，它的南部、中部和北部地区所经历的动态演变过程是非常不同的，在这样一个国家里，各个地区之间的区域特性会使得问题更加复杂化。此外，与外汇管制和汇率有关的立法变化也非常快。意大利直到 1946 年 1 月才重新获得管理对外贸易的主权。不到两个月后，即 1946 年 3 月，又出台了一项法令，授权意大利出口商保留 50% 的外汇收入，而它们以前有义务将全部外汇收入都上交给意大利的外汇管制机构。很显然，颁布这项法令的目标是促进对外贸易并纠正以往过于严厉的法规造成的一些重大扭曲。然而，这种部分自由化改革，在实践中如何落实，则是一件完全不同的事情。这项法令不得不在强化或放松限制上进行多次调整，才最终得以生效，后来还成了重新谈判意大利货币与美元的官方汇率的基础。

因为非常清晰地总结了意大利这个所谓"50% 体系"的主要系统特征，赫希曼的分析能力得到了称道。他的分析为人们讨论意大利的外汇管制体系的目标和结果提供了全新的视角。赫希曼强调指出，这个体系的出现有其偶然性。它与其说是政策制定过程的结果，不如说是诸多缺陷的"加总"结果——从非常低效的国家外汇管制，到不受意大利政府控制的进口（意大利最重要的进口不由意大利政府管理，而是由联合国救济和重建机构［United Nations Relief and Rehabilitation Agency］负责的）。然而，赫希曼断定，这个体系一旦就位，就可以运行得非常好。而且最重要的是，它能够将进口商的超额利润转移到出口商手中，从而推动资源向有利于出口、不利于国内消费的方向重新配置，因此只会带来有限的通货膨胀压力。尽管很显然，这只是对资源配置的小幅调整，但是在那个以长期的、普遍的美元短缺著称的时代，这就已经称得上是一个非常重要的结果了。

赫希曼还指出，这个体系有许多反对者，它们各有不同的反对理由，包括："意大利本国的官僚"和"主张实现'总体计划'的人"（他们天然地厌恶任何形式的经济自由）；与意大利有清算协议的各个国家；英国和使用英镑的国家；以及至少在原则上表示反对的、意大利很快就会加入的国际货币基金组织。[85] 不过赫希曼则认为，这是一个既非正统又极具灵活性的成功战略，他是这样驳斥来自这些反对者的批评的："虽然一个国家的货币体系确实不能无限期地保持'半奴役半自由'的状态，但是当唯一可能的替代选项是回归全面监管体制时，最好还是让它暂且继续处于这种状态，静待完全自由的体系奠定根基。"[86] 在随后的几个月里，赫希曼还称赞了意大利将里拉贬值 20% 以上的措施，认为这对改善该国的国际收支状况特别有利。对此，他是这样写的："关于战后意大利的汇率和外汇管制政策，至少可以说，它们表现出了非凡的创造力。"[87]

类似地，赫希曼对意大利的货币政策和产业政策也提出了一个极具创新性的解释。当时许多观察家都批评意大利预算部长路易吉·埃诺迪（Luigi Einaudi）于 1947 年 8 月宣布的信贷限制政策，理由是这种限制将导致现金严重短缺，从而会对工业复苏产生负面影响。而且事实上，意大利工业生产突然崩溃的风险，已经迫使政府启动了一项工业补贴计划。赫希曼承认，这种信贷限制政策确实导致了一些矛盾——意大利政府不得不让"工业部长去给预算部长'顶锅'"[88]。但是，他马上就补充道："在经历了剧烈的通货膨胀之后，将通货紧缩政策与特定工业领域的扩张措施相结合，本来就是意大利理应采取的合乎逻辑的经济政策。"[89] 与完全偏向于这一种或那一种政策路径不同（传统上，或者支持赤字支出政策，或者支持正统的货币稳定政策，两者只能取其一），赫希曼认为这两种政策分别适用于意大利重建过程的不同阶段。首先，战后公开的通货膨胀使得经济能够快速复苏，尽管这要以货币不稳定为代价。

然后，随着通货膨胀加速和投资变得越来越"浪费"，限制信贷的政策就变得"更容易实施了，而且也可能更吸引人"[90]。

此外，赫希曼指出，暂时的衰退从长远来看其实是有益的，因为它的一个积极作用是，将意大利工业中的深层结构性问题暴露出来，而之前的通货膨胀压力则隐藏了这些问题。正如他在好几份报告中都讨论过的那样，这种情况为这些欧洲国家提供了对产业结构进行必要调整的意料之外的机会。[91]事实上，赫希曼认为，传统经济理论推崇的某些标准目标，例如抑制通货膨胀和保持国际收支的实质平衡，可能实现得"过早了，也就是说，它们在更基本的经济和社会条件得到改善（即符合欧洲复苏计划的更广泛的目标）之前就实现了"[92]。

由此，在联邦储备委员会从事战后欧洲重建工作的这些年间，赫希曼对经济发展战略的内在不确定性的信念，以及他识别货币政策和产业政策的前后倒置或特定的非正统序列的能力，都得到了很好的磨炼。赫希曼对计划体制的所谓优点也持怀疑态度。例如，他指出："即便某个国家的国民账户的数字非常接近真实情况，也很难指明'正确'的投资金额是多少……先验的推导虽然有一定的指导意义，但是最多只能得出极其粗略的猜测，仍然不能取代试错的方法。"[93]既然寻找"正确"的投资总量只是一种"徒劳的搜索"，那么我们就"应该集中精力去确定那些可以打破重要瓶颈的投资，它们不仅能够带来产出的增加，而且能够导致绩效远大于投资本身的比例的提高"[94]。总而言之，在这些报告中，赫希曼预见到了许多日后将会成为不平衡增长理论核心的主题；十年之后，他对这些主题进行的研究，使他成了一位著名发展经济学家。[95]

两个相互关联的问题共同导致了战后早期经济复苏缓慢：一是普遍的美元短缺（即缺乏硬通货进口所需的商品和原材料），二是货币不可兑换（这使得贸易只能在准易货的层次上进行）。欧洲各国政府都无比爱惜本国拥有非常有限的外汇储备，因此只愿意从其他国家进口那些能够用本国出口货物去支付的商品。[96]然而这样一来，也就没有一个国家能够提高自己的外汇储备了，而且由于货币是不可兑换的，与一国贸易获得的货币，在与另一国的贸易中毫无用处。[97] 在主要货币区之间也是如此。正如国际货币基金组织的一位欧洲执行董事正确地指出的："我们有的是英镑，我们需要的是美元，但是我们不能把英镑换成美元。"[98] 由是之故，欧洲内部贸易变成了一个包含了 200 多个双边协议的硕大无朋的"意大利面碗"，它实际上是一个庞大的、缓慢的且效率极低的易货市场。[99]

这种经济和社会困境，还与两个超级大国之间不断恶化的关系以及冷战的爆发混杂到了一起。美国对此的回应是启动马歇尔计划——这是一个非常庞大的计划，它将在 1948 年至 1952 年间，为欧洲带来超过 120 亿美元的援助。马歇尔计划的目的，应该是为了克服一个典型的"第二十二条军规"式的困境——欧洲各国必须通过出口商品来建立本国的储备，但是如果不能进口原材料和机械的话，它们就无法生产商品以供出口。正如赫希曼指出的那样，预算赤字是"战后所有问题中最顽固的一个问题"[100]。在所有国家，预算水平都很低，财政系统处于混乱当中，同时重建支出却很高。因此，欧洲各国政府最终都不得不借助通货膨胀来融资——即大印钞票——也就不足为奇了。而且，还有另一个同样紧迫的问题，即美元短缺。[101] 由于出口能力和出口机会都减少了，人道主义求助和生产需求导致的巨额进口盈余，只能通过美国的大量外援来融资。

提供材料和机械是马歇尔计划帮助启动欧洲经济的第一个渠道。不过，根据许多评论家的说法，第二个渠道才是最重要的，那就是帮助欧洲建立内部合作机制，具体的形式是欧洲经济合作组织（Organisation for European Economic Cooperation，OEEC）和 1950 年欧洲支付联盟（European Payments Union，EPU）。赫希曼虽然身在联邦储备委员会的办公室内，但是他一直是欧洲内部合作的坚定而成熟的支持者，尤其是对欧洲支付联盟，因为他对双边主义在经济上和政治上的局限性有非常深刻的了解。这个认识源于他为筹备 1939 年卑尔根国际会议的研究，并且在他最近出版的《国家实力与国际贸易的结构》一书中得到了进一步的强调。

正如管理马歇尔计划的经济合作署（ECA）的二把手理查德·比斯尔

（Richard Bissell）后来写道的，马歇尔计划的主要成就"是在参与国内部和参与国之间恢复了能够正常地运行的市场经济"[102]。到了 20 世纪 40 年代后期，经济合作署的官员们越来越警觉地一再警告说，欧洲经济一体化的失败将危及国际安全。多边主义的重组将克服欧洲各经济体之间的严格区隔。而为了实现这一目标，非常有必要创建一种制度性机制，它能够"通过其正常运行"在欧洲各国政府之间建立起更紧密的联系。而各国在此之前对欧洲内部合作的冷淡态度着实令人不安。[103]

欧洲支付联盟成立于 1950 年，这是重建欧洲多边贸易的进程中的重要一步。事实上，欧洲经济合作组织负责人罗伯特·马若兰（Robert Marjolin）认为，欧洲支付联盟是马歇尔计划最重要的成就，因为它"使各国之间有了强大的联系并形成了合作的习惯"[104]。马若兰有很多强大的盟友，包括经济合作署负责人保罗·霍夫曼（Paul Hoffman）及其合作者理查德·比斯尔、哈罗德·范布伦克利夫兰（Harold Van Buren Cleveland）、罗伯特·特里芬（Robert Triffin）和西奥多·盖格（Theodore Geiger）。马若兰也是赫希曼的"老熟人"。赫希曼观点和马若兰以及经济合作署的其他新同事完全一致——有时甚至超过了他的直接雇主联邦储备委员会。[105]

1949 年 12 月，赫希曼草拟了一份"关于成立欧洲金融管理局的提案"，在小圈子里散发。组建这个货币管理机构的目的是，在各个国家行使的主权权力的"夹缝"中，对欧洲各国的货币政策和信贷政策进行道德劝诫、并行使否决权，同时集中管理欧洲各国的外汇储备、并负责确定欧洲地区与其他地区之间的汇率。赫希曼当时已经意识到，这样一个权力机构的权力其实是有限的，如果没有财政联盟，统一的欧洲货币就只是完全不切实际的空想。尽管如此，他仍然毫不讳言地指出，这是朝着欧洲政治统一的明确目标迈出的重要一步。他强调，即便这个货币管理机构最终可能失败，也能够带来积极的溢出效应，即，它的失败将会使欧洲各国政府看清事实，认识到毫不含混的政治行动是经济一体化的必要先决条件。[106]

赫希曼这份文件中有两个思想元素值得在此加以强调。第一，它是对欧洲联邦主义愿景的一个明确无误的回响。赫希曼对欧洲联邦主义思想非常熟悉。他是直接从源头了解、吸收这种思想的，首先是从科洛尔尼和乌尔苏拉那里，然后是从乌尔苏拉的新伴侣阿尔蒂罗·斯皮内利（Altiero Spinelli）那里。第二，从这份文件可以看出，赫希曼对于倒转的发展次序的兴趣，以及他对于这种发展为什么是可能的和可取的（而不仅是容易出现的）的论证，当时都已经开始形成了。在这个提案的最后，赫希曼指出，无论最终是成功还是失败，成立欧洲金融管理局的尝试都是很有益的。如果取得了成功，那么它将会成为欧洲朝着政治联盟方向迈出的直接的一步；如果未能取得成功，那么它也可以证明欧洲成立政治联盟的重要性。

当然，欧洲金融管理局没有成为现实。不过，随着欧洲支付联盟的创建，欧洲各国朝着多边贸易关系的方向迈出了具有根本性意义的一步。在赫希曼看来，它是、同时又不仅是一项"激进的创新"，因为它一举从欧洲抹去了双边主义带来的主要限制。[107] 欧洲支付联盟之所以能够得以问世，关键是美国经济合作署的大力支持，特别是它的副主任理查德·比斯尔的鼎力相助。经济合作署向欧洲经济合作组织各成员国提出的草案就称为比斯尔计划（Bissell Plan），它允许各国用与一个贸易伙伴的贸易顺差来抵消与另一个伙伴的贸易逆差，并为多边贸易的净余额提供了一个清算机制。[108]

欧洲支付联盟诞生后，赫希曼与经济合作署工作小组的同事的主要任务是，评估欧洲各国之间货币政策和经济政策的协调情况。赫希曼采取一个非常"折中化"的立场（这很能体现他的特点）。在货币问题上，虽然一般来说赫希曼并不惧怕通货膨胀压力，但是他也相当看重正统的谨慎态度。在其中一些报告中，赫希曼一再敦促避免"即便看上去显得相当温和的通货膨胀风险"。在制度层面上，他警告不要试图去过度"协调"欧洲的内部政策，以免将支付联盟转变为一个过于僵化的工具。[109] 但是他同时也承认，只有当欧洲支付联盟的所有成员国都采取了相同的反通货膨胀政策之后，支付机制才能真正发挥作用；因此，他赞成采取一定的刚性措施，迫使所有国家采取反通货膨胀的财政和信贷政策，并放弃直接管制。当时存在着多种推动力，它们不但彼此相异而且部分地相互冲突，很难达至均衡，这就需要政策和持续重新调整的折中性组合。[110]

尽管取得了很大成功，但是欧洲支付联盟的组建和投入运行，还是在美国的某些部门受到了高度质疑，特别是因为它只是恢复了欧洲各国货币之间的可兑换性，而没有能重建欧洲各国货币对美元的可兑换性，这就导致欧洲市场上美国产品受到了事实上的歧视。不出所料，美国农业部和商务部、财政部以及联邦储备委员会等美国机构都表示反对这个计划。[111]国际货币基金也表示反对，不过与其说是反对欧洲支付联盟本身，还不如说是反对它的歧视性做法。正如威廉·迪博尔德（William Diebold）指出的："欧洲支付联盟的成立，对于国际货币基金组织来说是一个潜在的挑战，因为国际货币基金机构致力于实现所有成员国之间的可兑换性并消除……对成员国之间的当前支付的任何控制。"[112]与此不同，欧洲支付联盟对美元是歧视的，因此只提供了有限的可兑换性。因此，美国财政部官员会"被激怒"也就不足为奇了。[113]

欧洲支付联盟的成立和欧洲一体化程度的提高，是欧洲复苏的基本条件。到了1950年之后，复苏的根基越来越稳固了。正如赫希曼在1951年3月提交给联邦储备委员理事会的一份内部备忘录中指出的那样，欧洲支付联盟在履行清算职能方面非常成功。尽管仍然存在着许多技术性难题，但是由国际清算银行管理的清算业务进行得非常顺利，很快就几乎变成了一项轻松的常规任务。相比之下，贸易和支付的自由化则落后了。然而，在赫希曼看来，考虑到当时不断变化的经济气候、重新武装的动力、价格上涨趋势，以及因朝鲜战争爆发而导致的对于原材料会开始变得短缺的担忧，这一点也不难理解。[114]

欧洲支付联盟的成立，是经济合作署工作小组的最高成就。保罗·霍夫曼在1950年就离开了，比斯尔和其他人也于1952年初抽身而去。联邦储备委员会和经济合作署之间的跨部门合作，已经变得越来越困难了。与此同时，冷战也愈演愈烈，美国国内的反共气氛也日益浓厚。美国公务员委员会下属的忠诚度审查委员会（Loyalty Review Board of the Civil Service Commission）也开始将审查的矛头对准了赫希曼，他很快明白自己可能会失去工作和在战争结束时获得的美国公民身份。他开始寻找其他出路。

在与赫希曼保持联系的众多熟人中，农业经济学家曼利奥·罗西·多里亚（Manlio Rossi Doria）是其中一位，他是科洛尔尼的密友。罗西·多里亚与科洛尔尼曾经并肩战斗在反法西斯运动的最前线，并且曾经一起被监禁过很长时间。[115] 从赫希曼写给罗西·多里亚的信中可以看出，在他人生中的这段时间里，他对自己的工作前景有很深的不确定感和焦虑感。赫希曼在信中大量使用了表示强调的副词和表示敬意的礼节写法——例如，称对方为"您"——并非常积极地"推销"自己：

> 您从此信所附的简历中可以看到，我在货币政策和国际经济等领域有很强的专业能力。在过去的四年半的时间里，我在联邦储备委员会工作，深度参与了美国对欧洲经济援助的许多工作；我与经济合作署有过非常密切的工作联系；我还是建议创办欧洲支付联盟的先驱之一，等等。与此同时，我还发表了很多篇论文，我相信自己已经拥有了相当不错的"专业"声誉。[116]

最后，赫希曼总结道："在联邦储备委员会，我拥有一个很不错且很稳固的职位，我也许会一直干下去，直到我生命的尽头。"[117]

然而，这显然言不由衷。赫希曼当时真正的计划是，用"这个职位"去交换另一个为期仅一年的职位，那就是，利用富布赖特学者计划的资助，到那不勒斯大学土地经济学和政策研究所去工作，当时罗西·多里亚正是该研究所的主任。他还补充说，希望在那一年里，"我可以发挥所长，就国际政治经济问题提供一些政策建议；我甚至有可能成为世界银行的顾问（我与罗森斯坦-罗丹和史蒂文森都很熟悉）"[118]。很显然，尽管赫希曼尽量让自己的证据显得乐观一些，但是确实已经意识到自己在联邦储备委员会的处境越来越困难了。这给他带来了很难承受的压力。

赫希曼还列出了他做出这个决定背后的原因：

> 首先，我想在意大利生活一段时间。其次，我想研究一些比国际收支更有意思的问题。再次，我想了解一下"落后地区"的经济发展这个大课题，我认为在这个领域，在华盛顿一个人暗自琢磨，或者参加一些名声很大但只持续两三个星期的所谓专家组，是学不到什么东西的。最后，我想变得比现在更独立于这个世界的大型官僚机构。[119]

新的、蓬勃发展的研究领域对他的吸引力，当然是一个重要的动机，但是正如我们上面已经看到的，其他原因也很重要。也许是因为对越来越乏味的工作不满，也许是因为政治气候的日益恶化令他担忧，也许是因为新的研究领域有莫大的吸引力，总之，赫希曼已然下定决心要离开华盛顿。正如他在 45 年后回忆的那样："最后，当……机会终于来临，可以离开华盛顿时，我大大松了一口气。"[120]

注释

[1] 奥托·O. 赫希曼于 1941 年 1 月 14 日写给康德利夫教授的信，JBCP。
[2] 奥托·O. 赫希曼于 1941 年 1 月 26 日写给康德利夫教授的信，JBCP。
[3] Gerschenkron 1943. 关于格申克龙的生平和著作，请参见 Dawidoff 2002，以及 McCloskey 1992。
[4] Lind Olsen 2003.
[5] "Antonin Basch, World Bank Aide," *New York Times*, March 19, 1971, 43.
[6] Adelman 2013, 193.
[7] 阿尔伯特·赫希曼于 1941 年 7 月 21 日写给乌尔苏拉的信，转引自 Adelman 2013, 195。
[8] 关于当时正在为贸易管制项目编写的报告的信息，来自同盟国信息中心下属的战后重建研究信息科，*Research and Postwar Planning in the U.S.A. List of Agencies. Bibliography*, New York。（出版社与出版时间不明，很可能是在 1942 年出版的。）
[9] Hirschman 1943a, 1943b.
[10] 关于这场争论，Rosenboim 2017。
[11] Gerschenkron 1943, 173.
[12] 阿尔伯特·O. 赫希曼于 1942 年 7 月 6 日写给康德利夫教授的信，JBCP。
[13] Condliffe 1940, 16.
[14] Condliffe 1940, 16—17.
[15] Toynbee 1939; Staley 1939; Condliffe 1940, 56.

〔16〕 Condliffe 1943a, xi.

〔17〕 Hirschman 1945, ix.

〔18〕 Hirschman 1945, 12.

〔19〕 Hirschman 1945, 16. 莱昂内尔·罗宾斯（Lionel Robbins）也使用过"政治化"（politicalization）这个术语，并强调说它是"一个非常丑陋的术语，是从一个在这个方向上比绝大多数其他民族都走得更远的民族那里"借来的。Robbins 1937, 91.

〔20〕 Hirschman 1945, 18—29.

〔21〕 也请参见康德利夫在国际知识合作研究所大会上的反思，Condliffe 1938, 23。

〔22〕 Hirschman 1945, 30—31.

〔23〕 Viner 1940, 52.

〔24〕 Viner 1940, 52—53.

〔25〕 Viner 1940, 53.

〔26〕 Hirschman 1945, 34—40. 另一篇讨论"纳粹德国在多瑙河盆地和巴尔干地区的经济渗透"的论文是 Einzig 1938（在第 17 页引用），也请参见 Royal Institute of International Affairs 1939, 1940。

〔27〕 Hirschman 1945, 39.

〔28〕 Asso 1988, 109.

〔29〕 Hirschman 1945, 75.

〔30〕 阿尔伯特·O. 赫希曼于 1942 年 8 月 18 日写给康德利夫教授的信，JBCP。

〔31〕 Hirschman 1945, 79.

〔32〕 Hirschman and Bird 1968, 14.

〔33〕 Condliffe 1940, 39.

〔34〕 Condliffe 1940, 44; Hirschman 1945, 75.

〔35〕 Condliffe 1940, 392.

〔36〕 Laves 1940, 174; Carr 1942, 259.

〔37〕 Meade 1940, 179.

〔38〕 Meade 1940, 179.

〔39〕 Basch 1941, 182.

〔40〕 例如，请参见康德利夫的建议的演变，Condliffe 1940, 1942, 1943b, 1946。

〔41〕 关于这个指数的"身世"的简洁的讨论，请参见 Hirschman 1964。

〔42〕 如前所述，这一章以前已经以报告形式提交过了，请参见 Hirschman 1943b。

〔43〕 Hirschman 1945, 146.

〔44〕 请参见 Prebisch 1950 and Singer 1950。

〔45〕 Hirschman 1978.

〔46〕 Hirschman 1945, 27（强调标记是原文就有的）。

〔47〕 Oliver 1946, 304.

〔48〕 Mann 1946, 91; Brown 1947, 91; Buck 1946, 223; Weiller 1954, 119.

〔49〕 Hoselitz 1948, 269; Gottlieb 1949, 159.

〔50〕 Brown 1947, 91; Buck 1946; Mann 1946.

〔51〕 Florinsky 1946, 274.

〔52〕 Oliver 1946, 304.

〔53〕 Hirschman 1978, 46.

〔54〕 Stinebower 1946, 420.

〔55〕 Bidwell 1945, 19.

〔56〕 Hirschman 1945, 78.

〔57〕 Hirschman 1945, 75.

〔58〕 Paul Valéry, *Regards sur le monde actuel*（Paris: Librairie Stock, 1931）, 55, in Hirschman 1945, 80.

［59］ 例如，请参见 Michaely 1960, 1962; Kindleberger 1962; Murphy 1961; Spiegelglas 1961; Kuznets 1964。

［60］ Stolper 1946, 562.

［61］ Hirschman 1979a, v—vi.

［62］ 转引自 Cohen 1990, 263。

［63］ Baldwin 1985, 53.

［64］ 转引自 Cohen 2007, 197。

［65］ Cohen 2008, 21.

［66］ Keohane and Nye 1972.

［67］ Krasner 1976；请参见 Cohen 2008 的参考文献，第 74 页。

［68］ Kindleberger 1973.

［69］ Hirschman 1981b.

［70］ Hirschman 1978.

［71］ Hirschman 1978, 49.

［72］ Hirschman 1978, 47.

［73］ Hirschman 1978, 49—50.

［74］ Baldwin 1985, 212.

［75］ 阿尔伯特·O.赫希曼于 1941 年 12 月 22 日写给康德利夫教授的信，JBCP。

［76］ 阿尔伯特·O.赫希曼于 1943 年 4 月 29 日写给康德利夫教授的信；阿尔伯特·O.赫希曼于 1943 年 5 月 29 日写给康德利夫教授的信，JBCP。

［77］ 阿尔伯特·O.赫希曼于 1943 年 4 月 7 日写给康德利夫教授的信，JBCP。

［78］ 阿尔伯特·O.赫希曼于 1844 年 6 月 25 日写给莎拉的信，以及赫希曼的私人日记，这两者都见于阿德尔曼的赫希曼传，Adelman 2013, 231。

［79］ Hirschman 1970a, v.

［80］ 为了维持生计，1946 年春天，赫希曼在华盛顿特区的美利坚大学担任兼职教授，讲授一门关于当代世界政治的课程。请参见阿尔伯特·O.赫希曼于 1946 年 4 月 15 日写给康德利夫教授的信，JBCP。

［81］ 转引自 Adelman 2013, 288。

［82］ 例如，Hirschman 1947a, 1949a, 1950a, 1950b。

［83］ Hirschman 1947b, 1947c；最早发表于 Hirschman 1987b。

［84］ 例如，请参见赫希曼等人对有关欧洲贸易模式的数据的不可信性的详细分析：Hirschman 1947d，以及 Hirschman and Roberts 1947。

［85］ Hirschman 1947b, 15.

［86］ Hirschman 1947b, 15.

［87］ Hirschman 1947a, 6.

［88］ Hirschman 1948a, 8. 这份报告的扩展版后来发表了，Hirschman 1948b。

［89］ Hirschman 1948a, 8.

［90］ Hirschman 1948a, 8（强调标记是原文就有的）。

［91］ Hirschman 1948c. 这份报告后来与 Hirschman 1948f 合在一起发表了，即 Hirschman 1948d。关于这些方面的更正式阐述，Hirschman 1949b。

［92］ Hirschman 1948e, 16（强调标记是原文就有的）。

［93］ Hirschman 1948e, 3.

［94］ Hirschman 1948e, 13.

［95］ 也请参见 Asso and De Cecco 1987; Meldolesi 1990。

［96］ 然而，也考虑了一些差额。正如迪博尔德（Diebold）所报告的那样，"为了避免僵化……在精确的双边平衡中，每个国家通常同意将对方的货币保持在一定的水平上。但是为了防止贸易变得过于

一边倒，协定通常还会规定，如果一国对另一国的贸易债务超过了一定数额，其差额应以美元或黄金支付"（Diebold 1952, 20）。

［97］ Diebold 1952, 15.

［98］ Diebold 1952, 15.

［99］ Diebold 1952, 15. 这一段和下一段是对阿拉切维奇的论文（Alacevich 2014）的第 3—5 节的综合。

［100］ Hirschman 1947e, 358.

［101］ Hirschman 1947e.

［102］ Bissell 1996, 31（强调标记是原文就有的）。

［103］ Milward 1984, 285.

［104］ 马若兰的话转引自 Bissell 1996, 57。关于欧洲支付联盟，相关的分析请参见 Diebold 1952, 87—136; Eichengreen 1993, 1995; Kaplan and Schleiminger 1989。

［105］ Hirschman 1997; Theodore Geiger, "Marshall Plan Experiences of Theodore Geiger". 这是为纪念马歇尔计划五十周年的重聚和会议准备的备忘录（1997 年 6 月 2 日，星期一，在乔治华盛顿大学艾略特国际事务学院举行），AOHP。关于美国经济合作署的这个工作小组对欧洲支付联盟的创立发挥的作用的讨论，请参见 Milward 1984, 282—298; Hogan 1987, esp. 271—273; Bissell 1996。

［106］ Albert O. Hirschman, "Proposal for the Establishment of a European Monetary Authority," AOHP.

［107］ Hirschman 1950b, 1.

［108］ Hirschman 1950b; Flexner 1955.

［109］ Albert O. Hirschman, "Harmonization of Economic Policies," October 16, 1950, AOHP.

［110］ Hirschman, "Harmonization of Economic Policies."

［111］ Flexner 1955, 61.

［112］ Diebold 1952, 410.

［113］ Bissell 1996, 65.

［114］ 阿尔伯特·O. 赫希曼于 1951 年 3 月 21 日写给西姆恰克理事（Governor Szymczak）的信，"对欧洲支付联盟的中期评估"，AOHP。也请参见 AOH, "O.E.E.C. Memorandum on 'Urgent Economic Problems,'" October 9, 1950, AOHP。

［115］ 关于曼利奥·罗西·多利亚，请参见 Bernardi 2010; Misiani 2010。

［116］ 阿尔伯特·O. 赫希曼于 1951 年 7 月 13 日写给曼利奥·罗西·多利亚的信，Rossi-Doria 2011, 64。

［117］ 阿尔伯特·O. 赫希曼于 1951 年 7 月 13 日写给曼利奥·罗西·多利亚的信。

［118］ 阿尔伯特·O. 赫希曼于 1951 年 7 月 13 日写给曼利奥·罗西·多利亚的信。

［119］ 阿尔伯特·O. 赫希曼于 1951 年 7 月 13 日写给曼利奥·罗西·多利亚的信。

［120］ Hirschman 1997, 42—43.

第三章　发展经济学的先驱

　　就像阿尔伯特·赫希曼职业生涯中的许多其他事情一样，成为一位发展经济学家并不是他有意识的计划的结果。尽管在为联邦储备委员会工作时，他提出了许多想法，这些想法日后将会成为他在发展经济学领域的研究的核心，但是发展经济学问题本身并不属于他当时的工作范围，当然那时他也无法预测它们将会出现。在离开联邦储备委员会之前，赫希曼只在 1950 年的一份报告中提到过一次不发达国家（次年他在芝加哥的一次会议上发表了这份报告）。赫希曼后来将那份报告描述为他与发展经济学的"第一次接触"，但是实际上它关注的唯一重点是，欠发达国家的全面工业化对世界贸易的结构的影响以及对工业国家的市场和出口能力的影响。[1] 赫希曼与罗伯特·所罗门合写的另一份报告也间接涉及了欠发达国家，但是它的重点也在于经济强国（美国）对欠发达国家的对外贸易的影响。这份报告完全采用了《国家实力与国际贸易的结构》的视角，试图分析"美国作为世界第一大生产和消费国的主导地位"以及"世界其他地区同时高度依赖于美国的市场和供给"的后果。[2]

　　赫希曼后来对他人生中的这个阶段的回忆非常淡漠。赫希曼写道，哥伦比亚当时"根据世界银行的建议成立了一个新的规划委员会……但是哥伦比亚人说，'如果你们想让我们成立一个新的规划委员会，就请派一位能够为我们提供建议的经济学家来。'世界银行于是开始寻找适当的人选，有人提到了我的名字，同时我也很愿意过来——现在，我真的来到了这里"[3]。赫希曼在世界银行的联系人是他在加州大学伯克利分校从事研究时的老同事亚历山大·史蒂文森，他是于 1947 年入职世界银行经济部的。史蒂文森告诉赫希曼世界银行与哥伦比亚合作的消息，并建议赫希曼马上与同样身在华盛顿特区的哥伦比亚大使取得联系。面谈之后，哥伦比亚大使当场就决定聘请赫希曼。

在哥伦比亚的使命

对于 21 世纪的观察者来说，20 世纪 50 年代初期的哥伦比亚似乎是一个相当边缘的地方，它在发展中国家当中的地位也远不如印度或印度尼西亚等其他国家重要。但是在战后初期，哥伦比亚却是以一个自然资源丰富且充满潜力的国家呈现在世人面前的。哥伦比亚政府坚定地承诺要推动国家的现代化，并于 1949 年承接了世界银行向发展中国家派出的第一个"普查任务"。当时，哥伦比亚政府和世界银行确定了两个雄心勃勃的目标：一是要制定"一个以提高哥伦比亚人民的生活水平为宗旨的发展计划"，二是要为世界银行帮助欠发达国家发展的未来行动确立一个模板。[4]总之，哥伦比亚被视为制定发展政策的"实验室"。

世界银行 1949 年派往哥伦比亚的工作小组由劳克林·柯里（Lauchlin Currie）率领。劳克林·柯里是一位著名的新政拥护者，他在 20 世纪 30 年代曾经担任过美国联邦储备委员会的高级官员，后来又相继出任富兰克林·D. 罗斯福（Franklin D. Roosevelt）的总统经济顾问和中国特使。在柯里的领导下，世界银行工作小组对哥伦比亚的社会和经济状况进行了深入的调查研究，并发表了很多报告，构想了一个庞大的综合投资计划。[5]哥伦比亚当时的状况，正如柯里在华盛顿的一次会议上所陈述的那样，"经济、政治和社会现象是相互关联和交织着，几乎不可能在让另一个部门不受影响的情况下，使得经济的某个部门得到显著和持久的改善；另一方面，……贫穷、健康状况不佳、没有知识、缺乏雄心、生产率低下，所有这些问题不仅是相伴丛生的——它们实际上也是相互加强和相互延展的"[6]。事实上，除了这些问题之外，还应该加上一点：在 1949 年 4 月反对派领导人曼努埃尔·盖坦（Manuel Gaitán）被刺杀身亡后，严重的政治和社会暴力困扰了哥伦比亚整整十年之久——那十年被称为哥伦比亚的"暴力时期"（*la violencia*），实际上它就是一场低强度内战。

1950 年，哥伦比亚成立了经济发展委员会（Comité de Desarrollo Económico），以便将世界银行工作小组的建议转化为政策。柯里获委任为经济发展委员会的经济顾问，同时出任技术秘书一职，这标志着世界银行工作小组的研究阶段与建议实施阶段之间的连续性。根据世界银行的建议，赫希曼被聘为哥伦比亚政府的经济顾问。于是，从 1952 年到 1956 年，他和他的家人在哥伦比亚渡过了四年时光。

在为哥伦比亚政府提供政策咨询这个任务中，赫希曼最初是打算代替柯里的——至少，世界银行一开始的设想确实是这样。但是，在柯里成为经济发展委员会的新政府顾问之后，赫希曼和柯里的职位之间出现了重叠，不久之后这两位经济学家的关系就发展到了无法相互容忍的地步。柯里和赫希曼之间的分歧最初主要表现在哥伦比亚 1953 年预算案有没有导致通货膨胀的可能这个问题上，但是，他们两人的冲突很快就变得更加常见了，因为这两位经济学家都认定，他们对于经济发展过程和政策制定动态的观点是水火不容的。不过事实上，这场冲突与其说是源于理论上的分歧，还不如说是源于实际操作上的分歧。他们之间的争论也没有涉及个人层面，因为当时每个人都在为影响力和知名度而奋斗。

赫希曼在写给华盛顿特区世界银行总部的信件中生动地描绘了他的挫败感。正如他在抵达哥伦比亚几个月后写的一封信中描述的那样，工作的进展"不仅很缓慢，而且很多时候也非常不稳定……由于我们并不总是能达成一致，我们在经济发展委员会举行会议期间就财政和货币政策等问题进行了几次公开的争论。不用说，这不仅令人不快……而且会使经济发展委员会的其他成员感到困惑"[7]。赫希曼最初的主要任务是分析货币趋势，但是他对这项工作越来越不耐烦。"我之所以放弃我在美国联邦储备委员会的职位，并不是为了到哥伦比亚来为提高或降低准备金要求提供建议的,"他在写给他在联邦储备委员会时的前老板 J. 伯克·纳普(J. Burke Knapp)的信中难掩落寞之情。当时,纳普是世界银行在西半球的负责人,因此再一次成了赫希曼的直接上级。[8]

冲突不仅是令人不快的。正如赫希曼所说,这些冲突还使他的(以及柯里的)的工作效率低下。"我认为,"他写信给纳普说,"我们的哥伦比亚朋友不会非常介意经济发展委员会内部的工作人员之间存在冲突这个问题。他们可能非常喜欢制造出一位外国专家与另一位专家相互较量的局面……因为这让他们有机会臧否外国专家的意见,同时还为他们提供了他们没有完全按照自己的意愿行事的不在场证明。"[9]这当然是对组织社会学机制的一个有趣洞见,但是它实在提供不了多少安慰;赫希曼有一种被操纵的不愉快感觉。

相比之下,赫希曼与世界银行之间的关系则非常稳固,这可能得益于赫希曼之前在加州大学伯克利分校时与亚历山大·史蒂文森,以及在联邦储备委员会时与伯克·纳普之间建立的非常积极的工作关系。后者非常同情赫希曼:"阿尔伯特,我写这封信的主要目的是让你知道,我们在世界银行的同行都觉得……你的际遇很糟糕,我们理解并同情你不得不面对的巨大困难。我现在想知道的是,你的这些经历在多大程度上让你对哥伦比亚的总体情况感到厌恶,以及你自己对于能不能在那里拥有一份令人满意的工作的未来前景有多担心。"[10]事实上,作为世界银行的一个有权有势的理事,纳普很乐意让赫希曼回华盛顿工作:"我想让你知道,如果你决定离开哥伦比亚,我很想让你成为世界银行新近成立的西半球部的正式工作人员。"[11]在加州大学伯克利分校的康德利夫也写信给赫希曼,说可以为他提供教职职位(这已经是他第一次尝试十年之后了),但是赫希曼也婉拒了这个机会。只要他有合理的理由预计自己有机会研究实际问题(他认为这种研究更加有意思),赫希曼就乐于远离大学教学事务;正如阿德尔曼告诉我们的那样,对于赫希曼来说,教学是一个"会带来创伤的""令人厌恶的任务""是他永远无法消除的焦虑之源",并且"完全不熟悉"。也正如赫希曼在哈佛大学任教时的一位非常钦佩他的学生后来告诉阿德尔曼的那样,赫希曼一直是"一个非常差劲的坏老师"。1956 年和 1957 年,他又拒绝了康德利夫和霍华德·埃利斯（Howard Ellis）提供的正式教职，宁愿选择在耶鲁大学担任临时职位，因为它没有教学任务。[12]

在担任经济发展委员会顾问两年后，赫希曼发现自己实在受够了，决定辞职。作为哥伦比亚政府顾问的最后声明，他发表了一篇讨论自己的工作的性质的短文。他使用了一个公认的"陈腐"的比喻——"货币医生"（money doctor）——它至少自 20 世纪 20 年代普林斯顿大学经济学家埃德温·凯默勒（Edwin Kemmerer）在拉丁美洲执行任务以来就一直在流传了。但是，与凯默勒不同——凯默勒以永远只会开出同一个"处方"而出名：严格遵守金本位制、利用预算自动稳定机制并强调中央银行的独立性——赫希曼强调，"来自直觉和经验的'临床敏感性'"才是制定负责经济政策的政府顾问不可或缺的技能。正如他所指出的，仅仅依靠统计数据和经济信息，并不能生成任何有意义的经济发展策略。"归根结底，"赫希曼这样写道，"总会有一个无知的领域，一个对事实有不同的可能解释以及可能会出现犹豫、需要讨论的领域，在这样的领域中，经济学家必须依赖自己的良好判断力来解决相关的问题。"[13]

这篇短文虽然非常不起眼，但是赫希曼却通过它揭示了对他而言最有价值的方法论信念之一，那就是，对于某个问题的诊断和处方，尽管需要尽可能地基于对"客观"数据的收集和分析，但是真正的关键却依赖于对正在发生的事情和必须做的事情的一种也许无法准确描述但肯定不可或缺的"感觉"和"敏感性"。我们已经在赫希曼对战后欧洲政策制定的分析中看到了这种态度，我们还将会发现，它同样适用于经济发展问题、民主化进程、货币和财政政策以及其他领域。哥伦比亚的经历深深地强化了赫希曼对决策过程性质的看法。

辞去政府顾问一职后，赫希曼没有如伯克·纳普提议的那样，回到华盛顿特区加入世界银行，而是决定留在哥伦比亚波哥大，以私人执业的形式从事经济和金融咨询工作，为那些希望获得公共资金资助的银行、公司和公用事业企业提供服务。[14]赫希曼当时与另一位同样为哥伦比亚经济发展委员会提供过咨询服务的美国经济学家乔治·卡尔曼诺夫（George Kalmanoff）合作经营这个咨询公司。就这样，他开始以经济分析师的身份提供咨询服务，完成的业务

资料来源：照片由卡蒂娅·所罗门提供。

图 3.1　阿尔伯特·赫希曼、莎拉·赫希曼与联合国的伊夫·萨伦（Yves Salaün）在哥伦比亚利亚诺斯，1953 年

包括卡利市市政设施公司扩张的财务前景、卡利和考卡谷地区天然气市场的分析、哥伦比亚的纸和纸浆市场，以及各个层次的私营企业的管理职位的薪酬水平，等等。（后来，卡尔曼诺夫和赫希曼在 20 世纪 50 年代末和 60 年代初再次相逢，当时他们都加入了哥伦比亚大学；赫希曼认为卡尔曼诺夫是一个"非常乐观、非常聪明的人，掌握了很多批判性的常识性知识，［并且］很主动"。赫希曼还在卡尔曼诺夫申请世界银行的一个职位时提供了帮助，后来，卡尔曼诺夫成了世界银行工业项目部的副主任。）[15]

我们有理由怀疑，赫希曼之所以放弃了纳普提供的职位并留在了波哥大担任一名私人咨询师，是因为回到处于歇斯底里的麦卡锡主义蹂躏之下的美国工作的前景，对他来说并没有太大的吸引力。虽然说到了 1954 年中期，麦卡锡本人也因为他的所作所为受到了一定的抨击，但是他仍然代表了一股不可忽视的力量。赫希曼肯定清楚地记得，仅仅在两年前，他在联邦储备委员会的处境在几个月内就变得困难重重。另一方面，哥伦比亚对赫希曼一家来说是一个美丽的邂逅。他们结交了许多新朋友，过上了一种趣味横生的生活。此外，由于他有过在像联邦储备委员会这样的大型组织工作的经验，赫希曼很可能真的喜欢更有独立性的工作和生活。事实上在那之前，他在军队中的经历就已经让他确信了：自己"不喜欢各种巨型组织，而更欣赏私人的主动性和责任感"[16]。

当然啦，觉得越来越失望也是他决定离开哥伦比亚经济发展委员会（当时已经更名为规划办公室了）的重要原因之一。正如赫希曼在写给纳普的信中所说的，规划办公室没能正常运转。由于未能与其他相关部委建立起任何有效的工作关系，规划办公室经常被忽视并被排除在决策圈子之外。赫希曼在信中描述的场景，道出了一个无足轻重甚至纯属浪费的机构最糟糕的情况：

> 这个办公室在工作上采取了一个阻力最小的路径，即几乎将所有时间都花在了区域性项目上。因为这样做会轻松得多：会有很多的旅行机会，可以享受地方政府的迎来送往（虽然外国专家的魅力在首都已经逐渐褪色了，但是地方官员仍然对他们敬若神明，会因为见到他们而感到兴奋不

资料来源：照片由卡蒂娅·所罗门（Katia Salomon）提供。

图 3.2 阿尔伯特·O.赫希曼和他的两个女儿丽莎和卡蒂娅（穿着雨披，从左到右）以
及几个孩子在一起，1953 年

已），而且可以逃避如何与各部部长合作的棘手问题。然后，在几个星期
内拼凑出一份报告，说明某个省份在未来五年内将需要建造多少公里的道
路、多少千瓦的电厂、多少间学校、医院和家庭用房，等等，并告诉那些
不了解外界情况的人，他们早就应该从山区搬到热带平原安家了。报告会
提交给总统，然后出版。

但是，所有这一切其实是完全无足轻重的。整个流程建立在如下这种不切实际
的想法的基础上：规划办公室的"呼吁"能够影响总统。但是，总统所做的，
"最多也不过是将他从未读过的报告批转给主管部长"，而主管部长则马上就会
毫不犹豫地将它丢到垃圾篓中。赫希曼总结道："整个过程带来了巨大的希望，
但是一切很快就烟消云散，只留下非常苦涩的滋味。"[17]

赫希曼对哥伦比亚政府发展规划机构的无效工作感到失望，但是这种失望感是相互的，至少对某些人而言肯定是这样。或许就是因为他与一位已经赢得了哥伦比亚政府信任的经济学家不断发生冲突，赫希曼显然一直未能让他的哥伦比亚同行相信他的工作有很高的价值。世界银行负责拉美地区的执行理事、哥伦比亚经济发展委员会主席埃米利奥·托罗（Emilio Toro）对赫希曼尤为失望。1952 年底，他向世界银行副行长罗伯特·加纳（Robert Garner）说的一番话，很好地代表哥伦比亚高级官员的观点：

> 赫希曼在他所擅长的范围有限的货币事务领域是一个行家里手，但是作为整个项目的主管，要规划一个国家的所有方面的发展事务，他实在力有未逮，而且差距不是一点点。他的思想观念不够宽广，他也缺乏领导力、主动性和个人魅力，而且他在阐述和反思自己的想法时也有不足。当我对［世界银行］哥伦比亚经济工作小组（Economic Mission）在四个月内完成的研究、行政工作小组（Administrative Mission）在五个月内完成的工作、经济发展委员会在九个月内提供的服务（所有这些都是在柯里的领导下完成的），与规划办公室在赫希曼的领导下在七个月内完成的工作进行了比较之后，我感到非常震惊。[18]

这简直是一笔抹杀了赫希曼所做的一切努力和获得的所有成果。对于一个人的工作，很难想象还会有比这更加粗暴的否定了。波哥大和华盛顿之间在判断上出现了如此之大的差异，这个事实表明，赫希曼和经济发展委员会从一开始就没有协调好，然后事情又随时间流逝而变得越来越糟了。

然而，这种强烈的反应，也体现了两种截然不同的关于政策制定的观点之间的冲突。一方面，柯里和世界银行的其他一些经济学家提倡的是广泛的、平衡导向的干预政策，这需要多部门联动，并要求政府机构拥有强大的规划技能。另一方面，赫希曼则强调要对一些特定的项目进行重点投资——因为这些项目反过来会通过他后来所称的"后向关联"（backward linkages）和"前向关联"（forward linkage）的激发而引致进一步的投资。

后向关联和前向关联这两个概念，提供了一个解释性的视角，可以用来观察投资决策中的不可预测的"一系列相互关联的事件"，而那正是经济发展过程的特征。赫希曼的出发点是强烈反对"总体计划"这种修辞，而后者正是 20世纪 40 年代和 50 年代的发展经济学的主要特征。赫希曼第一次发表对那种发展经济学的批评意见是在 1954 年的一篇论文中，在那里，他将全面的发展计划描述为一种"神话"和徒劳之举，因为它必须根据异质性的、试探性的和不精确的预算数字来编制。赫希曼看得很清楚，这种总体性计划的"修辞"，与实际实施的政策几乎没有任何关系，而且在很多时候，这种修辞就是用来掩饰缺乏远见和彻底的混乱的："总体性的、综合的经济计划，确实可以而且常常'相当友好'地与投资项目的实际经营和实施中无法重现的完全即兴的行为共存，并且可以用来掩盖这些行为。"[19] 当然，赫希曼也不是完全不会说不好听的话。

在赫希曼看来，柯里设想的"总体计划"方法与那些年间占主导的发展经济学理论存在着同样的缺陷。赫希曼对这些理论的批判在他的著作《经济发展的战略》一书中得到了充分的体现。这本书是赫希曼和他的家人从哥伦比亚回到了美国之后写成的，那是在 1956 年至 1957 年学年（当时他正在耶鲁大学担任经济学客座研究教授）和 1957 年至 1958 年学年（在洛克菲勒基金会的资助下），并于 1958 年由耶鲁大学出版社出版。[20]

然而，如本章的最后一节将会阐明的，只讨论各方基于相互冲突的理论立场而进行的理论辩论，是不足以完全公正地评价以赫希曼、柯里以及许多其他人为先驱的关于经济发展政策的制定的观点的。理论上看似截然相反的学说之间的冲突，在实践中往往会表现为关于特定的、有限的政策选择的更加细致、更加微妙的讨论。

发展理论的"盛期"：《经济发展的战略》

关于他处理发展经济学问题的方法，赫希曼曾在多个不同的场合给出过不少提示。在《经济发展的战略》(*The Strategy of Economic Development*) 一书的序言中，赫希曼表明，他写作这本书的主要目标是"试图阐发我自己在一个通常所称的不发达国家得到的直接经验"——即"反思我在哥伦比亚的经历"。[21] 后来，赫希曼在 20 世纪 80 年代又写道，他在哥伦比亚工作和生活期间所作的观察，"是我三年之后在《经济发展的战略》一书阐述的概念结构的关键元素"[22]。无论如何，可以肯定的是，这本书有一个漫长的酝酿过程。早在 1953 年春天，在思考自己离开哥伦比亚经济发展委员会之后要做些什么研究时，他就写出了一个研究计划，打算对欠发达国家中成功的工业、农业和金融项目进行案例研究，从而为欠发达国家的发展政策"总结出一些有一般意义的经验教训"[23]。由此可见，更宽泛的一般化分析必须以特定的发展项目的历史为基础，尽管是在赫希曼日后发表的一系列关于经济发展的论著中才正式确立为一个明确的前提的，但是在他的早期论文和《经济发展的战略》中，就已经是一个基本假设了。也许更加重要的是，赫希曼很早就构想出了一个与标准的发展经济学理论截然不同的研究进路："通过这些研究，人们将有机会发现更多关于经济发展过程的信息，而且这些信息不是那种只处理'总量'的经济学理论所能给出的，也不是通过用国民收入去除所有可能的经济变量进行统计操纵可以得到的。"[24]

发展经济学当时占主导地位的学说（以这一种或那一种方式）强调，欠发达国家的各个部门的发展必须保持同步，这样才能避免因供给或需求方面的结构性失衡而造成的各种困难。宽泛地说，所有这类分析都可以归入"平衡增长"发展经济学的旗帜下。正如赫希曼在再一次提到他在哥伦比亚的经历时所强调的那样，"我'本能地'发现自己的想法与这种理论大相径庭，正是这种经历，让我意识到自己对发展问题有了独特的看法"[25]。因此毫无疑问，他反对他认为有缺陷的正统发展经济学观念；也正因为如此，赫希曼才将他自己的理论称为"不平衡增长"理论。

1943 年，波兰经济学家保罗·罗森斯坦–罗丹（Paul Rosenstein-Rodan）发表了一篇关于东欧和东南欧的工业化问题的开创性论文，提出了后来所称的"平衡增长"发展经济学理论。这是对平衡发展"愿景"的最早的全面阐述。在这篇写于第二次世界大战期间的论文中，罗森斯坦–罗丹的目标是为东欧和东南欧地区提供一张发展蓝图，因为这个地区在政治、社会和经济上的各种弱点，已经两度破坏了整个欧洲大陆的稳定并激发了纳粹德国的帝国主义扩张胃口；他在这篇论文中讨论的许多概念，都将成为战后的发展经济学理论的标准元素。

第二次世界大战结束后，欧洲重新安定下来了，但是它的政治经济问题引起了盟国许多学者的关注。赫希曼在《国家实力与国际贸易的结构》中着重研究了德国与它较弱的邻国之间的贸易关系。格申克龙则集中讨论了应该在德国内部推进哪些社会经济变革以化解其结构性的侵略倾向，并在此基础上建议根除东部的容克地主集团。罗森斯坦–罗丹则把注意力放到了如何让曾经是德国帝国主义向东侵略目标的那些地区发展起来这一问题上。由于罗森斯坦–罗丹的论文本来就是对在他协调下完成的伦敦皇家国际事务研究所——也称为查塔姆研究所（Chatham House）——的一个研究项目成果的综合，因此他关注东欧和东南欧地区也就不足为奇了。当时，许多欧洲国家的流亡政府都以伦敦为根据地，因此伦敦地区形成了一个庞大的学者和外交官网络，进而变成了有关这些地区的信息的一个主要集散地。更加重要的是，英国也很想在东欧战后重建过程中将自己打造成一个"霸权国"，这对英国有着直接的好处。虽然苏联对该地区的接管挫败了英国的计划，但是在 1941 年至 1943 年间，即在罗森斯坦–罗丹进行他的上述研究的那个时期，这种设想变成现实的可能性仍然存在。

罗森斯坦–罗丹强调了中欧和东南欧典型的"农业过剩人口"问题，以及农业部门广泛存在的"变相失业"状况（这使得农业过剩人口的生产率等于或接近于零）。[26] 在罗森斯坦-罗丹看来，解决这些问题的出路在于将过剩人口转移到新成立的工业部门；而为了避免供需失衡危及新建工厂的盈利能力，整个工业部门都必须被"像对待一个巨大的公司或托拉斯信托"一样对待。[27]

尽管罗森斯坦-罗丹没有明确提及"平衡增长"政策，但是他建议将整个工业部门视为一个不可分割的"企业"时，实际上就是在提出这样的建议。为了说明他的观点，罗森斯坦-罗丹举了一家鞋厂的例子。如果单独分开来考虑，只有这样一家工厂，它很快就会因为需求不足而倒闭，因为农民没有收入可以用来在市场上购买鞋子，鞋厂工人也不可能提供足够大的市场来消化全部产品。然而，在微观层面上注定失败的事情却可能在宏观层面上取得成功。对此，罗森斯坦-罗丹是这样说的："相反，如果让 100 万没有工作的农民离开土地，不过不是只进入一个行业，而是进入一系列行业，这样一来，这些行业生产的大部分商品都将由这些工人用工资买走。这就是说，在只有一家鞋厂的情况下不可能成为现实的事情，在整个行业系统的情况下却会成为现实，即它将会创造出自己的额外市场。"[28]

罗森斯坦-罗丹还坚持认为，必须把这个新的工业部门在有限的时间内通过巨额投资快速地建立起来，以免它死在"摇篮"中。这种观念后来被称为"大推动"（big push），也就是说，在惯性和收益递减使发展计划受到致命的损害之前，必须集中一切力量将它推进到能够自我维持增长的阶段。

罗森斯坦-罗丹这篇论文只是一大批同类研究中的第一篇。在早期发展经济学中最具影响力的论文当中，有一篇出自 W. 阿瑟·刘易斯（W. Arthur Lewiss）之手，他在与罗森斯坦-罗丹相同的前提下，构建了一个两部门经济模型——第一个部门是停滞部门（主要包括农业，不过在刘易斯的模型中，还包括了城市中的临时性工作、小额零售贸易和家政服务），第二个部门是新成立的工业部门；来自停滞部门的生产性劳动力将向工业部门迁移。用刘易斯自己的术语来说，经济发展是通过将过剩人口从以低生产率为特征的"生存部门"（subsistence sector）转移到运用可再生资本并以高生产率为特征的"资本主义部门"（capitalist sector）来实现的。[29] 在刘易斯看来，同样根本的还有资本主义增长的加速性。他有一句话后来被人们广泛引用:"经济发展理论的核心问题是,理解一个国民收入中只有 4% 至 5%(或者甚至更少)用于储蓄和投资的地区,转变为一个自愿储蓄占到了国民收入的大约 12% 至 15%(或者甚至更高比例)的经济体。"[30]储蓄率和投资率从低到高的这种转变,是欠发达国家经济"起飞"的主要特征。[31]

任教于哥伦比亚大学的经济学家拉格纳·纳克斯(Ragnar Nurkse)详细阐述了最早由罗斯斯坦-罗丹提出的互补性概念,并再次强调了对全部工业行业进行同步投资的重要性:"这是摆脱僵局的唯一方法,其结果是市场的全面扩大。"[32]纳克斯得出的结论是,"正面总攻……即在许多不同行业里同时掀起资本投资浪潮"是有利可图的,即便单个行业的投资无法在有限的市场中幸存下来。[33]无疑,这是一种与标准的自由放任经济政策相去甚远的思路。但是,正如赫希曼指出的那样,这些思想"虽然本身是新奇的、异端性的,但是在20世纪50年代就迅速变成了一种新的正统观念"[34]。

在 20 世纪 50 年代初期,赫希曼"实时"目睹了这种正统观念的形成。纳克斯关于欠发达国家资本形成问题的著作在 1953 年问世时曾在该领域引起了不小的轰动,一年后刘易斯的论文发表时轰动更甚。正当赫希曼试图找到如何触发哥伦比亚工业发展和经济增长的时候,这些学者正在通过对经济发展的基本机制和打破恶性循环的方法进行一般化分析塑造着这个领域。如果说发展经济学的文献确实提供了重要的精神食粮,那么通常也是宽泛的一般化结论的形式提供的。

赫希曼发现,自己在从非常本地化的特定环境中学到的东西是与这些文献相对立的。然而毫无疑问,刘易斯、纳克斯和罗森斯坦-罗丹等人也有同样的用自己的经验去与文献所述的理论相对照的经验,他们也都认真对待他们在实地研究中获得的经验并在此基础上详细阐明了他们的分析。赫希曼将这些发展经济学专家称为舒舒服服地坐在华盛顿的办公桌前空想的人(他在写给罗西-多里亚的信中就是这样描述的),这种说法对这些执着、狂热地探索"这个领域"的从业者和学者来说是不公平的——至少,它对早期的第一代发展经济学家来说是不公平的。但是，在哥伦比亚的这段岁月里，赫希曼一定深切地感受到了，那些旨在解决经济落后问题的早期尝试肯定过分强调了某些过程，而忽略了由各种不同的可能性组成的整个光谱。事实上，赫希曼后来将他自己的立场总结为"对可能（possible）的热情"，这与被他视为自我设限且通常过度关注"很可能"（probable）的选项的那些分析形成了鲜明的对比。[35]

也许，在这个时期赫希曼也正在将他写于 1945 年的著作《国家实力与国际贸易的结构》中的一些缺失点联结起来。那本书的历史背景是纳粹对东欧和东南欧国家采取的经济帝国主义政策。当他在 1942 年撰写那本书的初稿时，赫希曼分析了纳粹德国与它的弱邻国之间的政策互动，进而探讨了如何在战后重组国际贸易政策，以保证它不会给某些国家的政治操纵提供便利。同样是在那段时间里，保罗·罗森斯坦-罗丹也正在研究同一主题，而且是出于同样的原因——也就是说，如何构建一个更强大的国际均衡体系，保证某一国家对其邻国的经济侵略不再可行。赫希曼研究的新颖之处在于利用传统的国际贸易理论来理解国家之间的累积性的不对称权力关系。与此相反，罗森斯坦-罗丹和查塔姆研究所的工作小组则参照了一个非常不同的思想传统，它深深植根于中欧经济学家的研究工作当中。这些中欧经济学家首先关注的是如何改善本国的经济落后和不发达状况，例如德国的弗里德里希·李斯特（Friedrich List，他的主要著作于 1841 年出版）和罗马尼亚的米哈伊尔·马诺伊诺斯库（Mihail Manoilescu，它的主要著作问世于 1929 年至 1942 年之间）。[36]当然，最重要的是，他们完全颠覆了标准的自由放任理论。由于中欧各国在工业生产方面不存在任何比较优势，所以自由放任的支持者认为，这些国家的繁荣之路只能是扩大农产品出口。相反，罗森斯坦-罗丹则声称，这些国家需要的是由国家资助的全盘工业化，而这恰恰是因为它们的农业经济水平过于落后。或者换句话说，对于东欧国家的发展，罗森斯坦-罗丹完全抛开了对外贸易问题，只关注内部发展问题。罗森斯坦-罗丹的重要论文就是以这种创新转变为基础的。因此，在所有人中，赫希曼应该是最能理解罗森斯坦-罗丹 1943 年非正统研究的强大力量的一个了——它为一个全新的研究领域奠定了基调。

因此，第一代发展经济学家的分析的共同特点是，坚持认为必须打破导致一个国家陷入贫困和落后状态的相互依存的机制。当时经常有人提议以多管齐下的方式消除阻碍了欠发达国家经济发展的各种障碍。持续的、平衡的努力成了打破恶性循环的标准策略。1957年，在里约热内卢举行的一次会议上，罗森斯坦-罗丹用"大推动"的比喻总结了这个发展战略，在会议上非常活跃的纳克斯则将这个比喻描述为一个"非常有趣的新术语"[37]。那时，赫希曼正在耶鲁大学撰写他的《经济发展的战略》一书的初稿，不过他也抽出时间参加了里约热内卢会议，正如阿德尔曼所说的，这个会议让他"大开眼界"，因为拉丁美洲的社会科学家通常强调结构失衡和不平衡是促进增长的机会。[38]当时还有一些研究人员对罗森斯坦-罗丹和纳克斯的正统观念提出了反驳，认为经济发展过程实质上是不平衡的。然而一年之后，"不平衡增长"理论的主要支持者就只剩下两个了，一是阿尔伯特·O.赫希曼，二是出生于奥地利的英国经济学家保罗·P.斯特里滕（Paul P. Streeten）。

在《经济发展的战略》一书中，赫希曼对平衡增长理论的基本原理提出了质疑，他这样写道：

> 我的主要观点是，这种理论是不能作为一种**发展**理论的。发展通常意味着从某种经济形态转变为另一种更加先进的形态的变化过程。但是，平衡增长理论却认为这个过程毫无希望而放弃了它，它觉得"不发达均衡"在任何一点上被突破都是无法想象的……平衡增长理论得出的结论是，必须把一个全新的、自成体系的现代工业经济，叠加到停滞不前、同样成体系的传统经济部门之上。[39]

与此相反，赫希曼指出，不平衡增长是基于这样一种假设，即由于经济的不同部门和子部门之间的投入和产出是相互依存的，一个部门的增长领先于其他部门的情况将会触发再平衡机制，例如相对价格的变化或更直接的公共政策。下面的图3.3粗略地描述了这两种发展战略。

　　然而，赫希曼后来也认识到，某一个部门的不平衡增长，在公认普遍存在的电力和交通设施产能不足的情况下，可能会使其他部门受到剥夺，从而在实际上出现倒退。赫希曼将这种可能性定义为拮抗性增长（antagonistic growth）。不过，这种增长与零和博弈并不一样：经济仍然在进步，只不过在一个部门前进两步，而在另一个部门则后退一步，如图 3.4 所示。

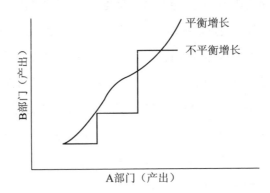

资料来源：Hirschman 1984a，107。

图 3.3　平衡增长和不平衡增长

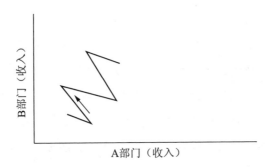

资料来源：Hirschman 1984a，107。

图 3.4　拮抗性增长

　　赫希曼之所以提出拮抗性增长的概念，是用来描述一种资源有限的情况的。正如戴尔德丽·麦克洛斯基（Deirdre McCloskey）后来指出的那样，在这种情况下，生产可能性曲线的移动速度不够快，因而导致沿着该曲线的需求发生了巨大的变化（见图 3.5）。

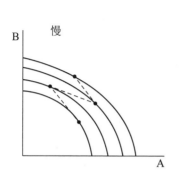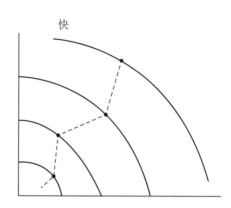

资料来源：D. 麦克洛斯基写给阿尔伯特·［赫希曼］的信，1982 年或 1983 年 11 月 9 日，AOHP。

图 3.5　麦克洛斯基提供的示意图

不过，赫希曼支持不平衡增长的理据，虽然很明显与资源的可用性有关（正如对拮抗性增长的讨论已经表明的），但是同时还依赖于另一个不同的视角。事实上，赫希曼强调的核心要点是，以资源不足（主要是指资本不足）的形式提出问题本身就是一种误导。赫希曼认为，发展所必需的资源和要素都是潜在的、隐藏的，但是确实一直存在。在一篇著名的文章中，赫希曼断言："发展与其说是寻找给定资源和生产要素的最佳组合，还不如说是为实现发展目标而去召唤、利用隐藏的、分散的或未被充分利用的资源和能力。"[40] 因此，问题不在于缺少有人声称的发展所必需的要素，而在于把"召集"和组合现有要素所必需的方法付诸实施。对此，正如斯特里滕后来写道："不平衡发展的一个理由是它突显出了最需要采取行动的地方，从而能够更好地利用通常供不应求的一种资源，即，做出决定的权力。"[41] 赫希曼对此的表述与斯特里滕只有极其细微的差异，他指出，不平衡增长理论家给出的诊断的特点是，他们不关心一个或多个要素是不是匮乏的，而是关心"组合过程本身是不是无效率的"[42]。赫希曼与斯特里滕的观点非常合拍，他又补充道，欠发达国家终究会"发现，很难以所需的数量和所需的速度做出发展所需的决定"[43]。这样一来，不同生产要素或各种有利于经济增长的因素的稀缺性（它们通常会被发展经济学家认定为发展的关键障碍而被强调），也就全都可以归结为"一种最基本的稀缺性"，即做出发展决策的能力的不足了。[44]

这种"归约法"（reductio ad unum）的运用以及它所赋予发展决策机制的"特权地位"意味着，人们对据称困扰着落后地区的某些发展障碍的强调往往是过度的。在《经济发展的战略》一书中，赫希曼要否定的，恰恰是那个时代大多数发展经济学文献所强调的各种发展"障碍"的重要性，他认为，这种强调传达了一个错误的观念，即消除一个或几个发展障碍就足以释放出以前一直被压抑的巨大能量——就能让发展"像起跑门开启后的赛马"一样快速启动。[45]事实上，在后来的一篇论文中，赫希曼还指出，把落后归因于发展领域的障碍，这是一种在概念上非常薄弱的思想。很多人口中所称的"障碍"，实际上完全有可能重新显示为有利的资产。这方面一个很好的例子是大家庭。西方经济学家通常认为大家庭是发展的障碍，因为据称大家庭会抑制个人创业的动力——用赫希曼的话来说，西方经济学家假设"没有人真正关心他的第三代堂兄弟的福利"[46]。"但是，假设'他们'关心，又会怎样？"赫希曼反驳道。在这种情况下，大家庭也许可以为合作创业活动提供必需的资源，或者促进交易，而核心家庭*（nuclear economic units）是无法获得这些资源的。当然，大家庭也不一定会促进创业。是的，大家庭仍然可能成为发展的障碍。但是赫希曼的反对，已经足以让大家庭走下那个非历史的、无情境的祭坛了，从而为大家庭促进发展的各种不同的"可能情况"打开了空间。

当然，并非所有障碍都会成为有利的资产。有许多障碍，无论从哪个角度考察，都只能认定为障碍。然而，移除它们也并不像有些人想象的那样势在必行；相反，在许多情况下，它们可以简单地通过采取替代路线来克服。资本积累就是一个很好的例子。绝大多数经济学家、经济史学家和发展经济学家都认为，资本积累是工业化和经济增长的先决条件。但是 亚历山大·格申克龙在

---

* 核心家庭指一对夫妇及其未婚子女组成的家庭。——译者注

20 世纪 50 年代发表的一系列研究中证明——其中最重要的一项研究是在 1952 年由霍塞利茨组织的一个会议上发表的，赫希曼也参加了这次会议——许多缺乏原始资本积累的国家在很多情况下都已经找到了通过利用他所称的"替代要素"来绕过这个障碍的方法。[47] 推动工业革命的，在英国是长期的资本积累，在德国则是银行，而在俄罗斯则是国家，而且在后面两个国家，工业革命都是在更短的时间内完成的。障碍可能仍然矗立在那里，但是它们被绕过去了，而不是被移除了。最后，赫希曼指出，即便是那些仍然不利于发展且无法转化为有利的资产或直接绕过它们的障碍，通常也至少可以推迟一段时间再来解决它们。赫希曼认为，在某个障碍仍然存在的情况下推动经济向前发展，要么能够引发更强有力的努力去消除它（如果事实证明它确实是一个障碍的话），要么最终将证明推迟对它发动正面攻击是正确的（如果该障碍说到底似乎不那么重要的话）。[48]

回到不发达的核心问题上来——主要不是资源缺乏或存在无法克服的障碍，而是做出发展决策的能力的更根本的稀缺——我们还必须认识到，这种特定的资源，即做出发展决策的能力，是绝不能"省"的。每一项发展举措（私人投资、贸易协定、管理战略，等等）都需要一个决策来"告知"它。因此，赫希曼这本书主要关注的是能够触发尽可能多的决策能力的各种各样的"诱导机制"[49]。

对各种"发展诱因"或压力机制的不懈探索，使得赫希曼对有助于投资决策的一切可能事件序列都特别敏感，而不管它们是不是早就显示出了明显的"不太可能性"。这也正是为什么在赫希曼的词汇表中，诸如"隐藏的理性"（hidden rationalities）、"倒转的序列"（inverted sequences）或"不合次序的序列"（disorderly sequences）或"本末倒置的序列"（cart-before-the-horse sequences）之类的术语会变得如此突出的原因。[50] 它们全都指向了他的目标，即如何制定一个能够扩展触发发展决策的可能性的发展战略。由于这些概念本身的性质，以及它们作为主题"变奏"的构造特点，我在这里的简要评述无法让读者充分感受到赫希曼这本书的丰富性。尽管如此，我认为还是值得多说几句，讨论一下赫希曼是如何推理诱导投资序列的有效方法——他通过"后向关联"（backward linkages）和"前向关联"（forward linkage）等概念对投资序列进行了充分的阐述。在赫希曼这里，关联（linkage）这个概念直接意味着，要摒弃对于工业化问题的"同步解决方案"，并用"顺序解决方案"取而代之；由于发展中国家的决策能力有限，这种解决方案更加现实；同时风险也更小，这不仅是因为它们是通过一个顺序过程来分配财政和行政资源的，而不是像在一个全面的计划中那样将所有财富和行政资源一次性地全部押上去的，同时还因为它们可以在这个过程中留下充分的调整空间。[51] 应该指出的是，赫希曼在这里称发展国家的决策能力有限并不包含着任何居高临下的含义，也没有暗示着对个人、政治精英、企业家或草根合作组合的决策能力的任何判断；相反，它只是强调，体制层面和经济层面的限制可能会使决策过程更加困难。而且，正如我们将在下一章中看到的那样，赫希曼本人就是第一个承认这个思路过于简单化的人，因此他特意在下一本著作中专门研究拉丁美洲的决策过程。

赫希曼对各种关联效应（linkage effects）阐述本身并不是一个全新的创见。它们只是对如下想法的一种"理性化"——大多数经济活动要么会刺激这些活动所需的投入品的生产，要么会刺激其他经济活动所需的投入品的生产。前一种关系被称为后向关联，因为它强调某种经济活动如何引发新的经济活动的出现（以便生产出对前者有用的投入品）。因此，后向关联会触发生产链上游的新的经济活动。后一种关系被称为前向关联，因为它说明了某种经济活动是如何引致下游新的经济活动出现的。

赫希曼分析的强大力量就在于，他只需使用这些简单的概念，就开发出了一个分析框架，可以用来解释发展过程，并有可能告知人们应该如何做出投资决策。正如赫希曼后来在总结"关联效应"在发展战略中的作用时所指出的，"发展本质上就是一个事物如何导致另一个事物的记录，而'关联'就给出了这种记录"[52]。

然而事实证明，要从定量的角度衡量关联度是非常困难的。利用投入—产出分析，也许是一个可行的思路，但是即便是像霍利斯·钱纳里（Hollis

Chenery）和渡边常彦（Tsunehiko Watanabe）等人完成的前沿研究，也只是提供了对某些部门间关联的粗粒度分析。[53]因此，关联这个概念，作为一个思考发展战略问题的总体框架，要比将它作为规划发展投资的精确工具更加有用。特别是，关联效应法能够将人们在评估投资决策的价值时，将关注点从它们对产出的直接贡献，转移到一个更空泛的评估框架上来，即不仅要考虑它们对产出的直接贡献，还要考虑它们诱致进一步的投资决策的潜力。[54]

利用关联效应框架，我们可以识别欠发达国家实现工业化的某些典型模式，例如，在早期专业化阶段，是从进口半制成品向最终产品的转变；然后只有在到了更后的发展阶段之后，这些国家才会冒险进入中间产品的国内生产，最后才是资本品的生产。在这个方面，关联效应框架能够为我们理解进口对工业化的作用提供宝贵的见解。

正如赫希曼强调的那样，特定部门产品的进口的存在，本身就表明了对这些特定产品的需求。如果进口增长足够大，那么在国内生产那些进口商品就会变得很方便。在赫希曼那里，与通常的分析相反，进口与其说是国内生产的替代品，还不如说是为国内经济决策过程提供重要信息的初级阶段。从这个角度来看，进口不仅是贸易国之间比较优势静态分配的结果（国际贸易的标准理论则认为是这样），同时也不能把它们解释为工业强国"殖民"外国市场的工具（反对自由贸易的理论家就是这样坚持的）。

关联效应法给出的是一个更加多样化的故事：进口可以发挥根本性的信号作用，为进口国提供有关可能的工业化战略的重要信息。一旦越过了国内生产的盈亏平衡门槛，进口品的国内生产就会真正启动，到了那个时候，而且只有到那个时候，保护主义政策才能帮助防止国际竞争对幼稚产业造成破坏。对此，赫希曼以一种带有明显的悖论性质的语言指出："各国都倾向于在它们进口的产品上形成比较优势。"[55]保护主义政策应根据它们所触发或抑制的诱导机制分阶段地付诸实施：如果说"幼稚产业"的"婴儿阶段"所要求的是保护主义政策，那么其"产前阶段"所要求的反而恰恰是开放国内市场的政策。[56]

对后向关联动力机制的追求，是一个从进口最终产品到自行生产资本品的分阶段、按顺序推进的路径，也就是通常所称的进口替代工业化政策（import-substituting industrialization，简写为"ISI"），保护主义政策在各个阶段的发展要发挥不同的作用。在 20 世纪 50 年代和 60 年代，这种政策在许多欠发达国家中发挥了重要作用，尤其是在拉丁美洲。此外，正如从它的名称马上可以看出的那样，这种政策也显示了对工业部门的偏向性。

在这方面，我们还应该考虑一下农业发展在赫希曼的分析中的作用。正如他所承认的，一般性的农业，尤其是自给自足型农业，特点是在结构上缺乏关联效应。除了现代大型庄园的化学产品和机械设备等投入物外，农业基本上不存在后向关联。同时前向关联通常也仅限于某些加工业，但是大部分产品都用于国内消费或出口。[57] 在农业部门中唯一容易观察到的关联机制是赫希曼后来所称的"消费关联"（consumption linkage）——他是在加拿大经济学家梅尔维尔·H. 沃特金斯（Melville H. Watkins）的细致分析基础上创造了这个术语的。在"消费关联"的情况下——尤其是在贫穷国家——初级农业产品出口繁荣所带来的收入增长将主要用于国内对食品和其他初级产品的进一步消费，从而会引致更大规模的食品生产。[58]

虽然在《经济发展的战略》中，赫希曼讨论的主要是工业部门的关联效应，但是后来这个概念很快就得到了扩展，包含了更多的变化，例如消费关联、财政关联、内部关联、外部关联，等等。[59] 赫希曼还提到了可能会出现并破坏发展过程的消极的关联效应，但是他决定不详细阐述这方面的问题。关联效应概念是考察赫希曼在他的《经济发展的战略》一书中所用分析方法的一个重要方面的适当切入点，更一般地，它也是考察他贯穿整个学术生涯始终的个人态度——即他对研究以改革为导向的民主政策制定的坚定承诺——的一个适当切入点。

赫希曼认为，有潜在破坏性的关联和张力都是不可避免的。他指出，发展过程甚至可能会表现为影响整个社会的"全面的紧张局势"。然而，人们通常不了解的是，新的优势也可能会从发展过程造成的紧张局势当中涌现出来。因此他认为，自己的任务就是要解释这些优势和有利于发展的序列的重要性，并在关联效应和诱导机制的类别体系下分析它们。他预料这种努力可以带来的其中一个成果是，人们分析对外援助实践的视野将因此而大大拓宽。他满怀希望地写道：

> 经济顾问将会更少（比现在少得多）地从外部决定发展的优先事项……相反，他们将会转而致力于探索人们是在什么样的压力下工作的，以及他们在推动下采取了哪些向前进发的步骤。他们将不会再去制定关于什么是"第一要务"的规则，而将会试图去了解，在很多情况下，进步女神必须先以某种奇异的、蜿蜒曲折的方式穿过许多外围区域，然后才能够将落后因素从它们顽固地盘踞着的中心位置驱逐出去。[60]

这个洞见本身就完全称得上发展经济学领域的最大成果之一。但是赫希曼还有更深层次的担忧。他担心的是，如果不能完善对不发达原因的分析并使发展政策更加有效，就有可能为那些有潜在灾难性后果的解决方案打开大门。"经济政策完全可能比全然无效更加糟糕，"赫希曼这样写道，"无效可能会被野蛮残暴猝然取代，即被对人类痛苦、已经享有的权利、合法程序和传统价值观的完全无视所取代，或者简而言之，无效会被对人类文明的'单薄且不坚固的外壳'完全无视所取代。"[61] 在哥伦比亚的"暴力时期"（*la violencia*），身在现场的赫希曼耳闻目睹了很多这样的事情。从某种意义上说，可以将无效性（futility）和残暴性（brutality）视为同一种"不适应"的两张面孔：如果不能接受变革的渐进性质，那么就只能导致两种结果：要么会导致宏伟但终究归于无效的全面发展计划，要么会导致暴力革命和反民主的独裁政权。

赫希曼的目标是，通过讨论推进变革过程的各种可能机制——有时是通过倒转的顺序、非线性的顺序或者其他非正统的方式——来拓宽发展经济学的研究空间并强化用于发展的"第三条道路"的分析工具，即介于前述两种极端之间的中间道路式的、深度改革主义的发展议程。

我们在前面已经提到过了赫希曼作为一个改革主义者（reformist）的一面：

他将道德和政治维度嵌入到了他的学术研究中，这是他对发展经济学和社会科学的贡献的一个关键因素。事实上，这一点对赫希曼来说确实非常重要，因为他自己后来在对《经济发展的战略》一书进行重新评估时也特意进行了强调。在《经济发展的战略》出版20年后，赫希曼在一篇进一步讨论关联效应进路的文章中指出了一个明显的悖论：关联效应这个概念一方面与"主产品论"（staple thesis）存在着很大的相似性（根据"主产品论"，不发达国家的发展深受它们出口的初级产品的具体特征的影响）；另一方面也在很大程度上与"没有发展的发展论"（development-of-underdevelopment thesis）相符（根据这种论点，正是初级产品出口的大获成功，才使得许多外围国家的不发达成了一个如此可怕的问题）。

确实，很难找到两个更加对立的论点了。如果说，"主产品论"描述了初级产品出口如何使发展成为可能，那么"没有发展的发展论"则强调了初级产品出口对发展的阻碍作用。赫希曼认为，他的关联效应进路能够很好地克服这种对立，而且更加重要的是，它突显了改革主义印记。虽然关联效应进路承认发展过程中也可能会出错，但是它仍然证明了它们的积极潜力。因此，赫希曼认为，关联效应进路"有理由声称自己比'没有发展的发展论'更具真正意义上的辩证性，因为后者完全忽略了本应该被理解为动态过程的各个阶段之间的密切联系"[62]。当然，赫希曼真正感兴趣的并不是讨论哪种研究进路有更大的"辩证"潜力；相反，在赫希曼看来，"辩证"潜力只是对这个特定的分析框架的改革主义本色的一个考验（它不是革命性的）。

《经济发展的战略》一书的出版，使得赫希曼牢牢地占据了发展经济学大辩论的中心位置。他在这本书中首创的一系列术语，首先是各种关联概念，立即进入了发展经济学的标准词汇表。[63]而且同样重要的是，由于从严格的专业角度来看确实非常出色，这本书确保赫希曼在哥伦比亚大学获得了终身教职。事实上，《经济发展的战略》出版后，评论者不仅包括经济学家，还包括政治学家和社会学家，这也是赫希曼的分析视野的开阔性和他所利用的资源的广泛性的明证。例如，有评论者强调指出，赫希曼这本书中"随处可见看待经济现象的新颖的观点和全新的视角",而且它的"可读性很强……[因此]非常值得该专业领域的人士的密切关注"。还有评论者认为,这本书"给出一个具有高度的原创性和思想性的发人深省的新方法……[并且表现出了]健康的怀疑态度"。[64] 不过,最重要的是,评论者盛赞,赫希曼的分析"是对正在发展中的发展经济学理论的有力贡献",是一个真正"动态"的理论。[65]

雅克·波拉克(Jacques Polak)是国际货币基金组织资历最深的经济学家之一,他宣称自己"对这本书从头到尾都非常着迷"。许多人都给赫希曼写来了祝贺信,其中有些人还附上了长长的评论,他们包括弗朗索瓦·佩鲁(François Perroux)、古斯塔夫·拉尼斯(Gustav Ranis)、约翰·E. 索耶(John E. Sawyer,时为耶鲁大学经济学教授,后来还担任过威廉姆斯学院院长和安德鲁·W. 梅隆基金会主席)、杰克·康德利夫、汉斯·辛格(Hans Singer)和沃尔夫冈·斯托尔珀,等等。[66] 罗伊·哈罗德(Roy Harrod)的祝贺虽然来得较晚,但是同样热情洋溢。1963 年,他写信给赫希曼,说他终于读完了《经济发展的战略》一书,结果发现它"是我多年来读过的最有意思的一本经济学著作,它很可能是我很长一段时间以来读过的所有书当中最发人深思的一本"。哈罗德最后写道:"我现在已经把它放进'必读之作'(Legenda)那个书柜了,我还将读第二遍,这样我就可以更深入地研究你的思想体系了。"[67]

不过,并不是所有人的反应都是如此热情的。如果说,每个读者都承认赫希曼提出了新的视角,那么肯定有不止一位读者对赫希曼提出了质疑,他们认为这本书中有一种放大了的片面性。"他是不是有时候走得太远了?"一位评论者这样问道。[68] 加拿大政治经济学家梅尔维尔·沃特金斯也表达了同样的疑惑:"打破偶像本身不失为一种有用的纠正措施,但是赫希曼可能将它推得太远了。"[69] 如果说,大多数读者都认为赫希曼对过度静态的平衡增长观的批评是有效的和令人耳目一新的,那么他对投资诱导机制对发展的作用(而不是要素的短缺)的坚持却无法令许多人信服。斯坦福大学发展经济学家霍利斯·钱纳里在这一点上对赫希曼的批评尤其严厉:

赫希曼对做出投资决策（或发展决策）的能力的强调，导致了这样一种发展理论，它更像是应用心理学而不是经济学。由于在这种观点中资本和其他投入品受到的约束都是虚幻的，所以经济学家除了那难以捉摸的决策质量之外，再也没有什么可以去节省的了……无论在经济发展理论中包含激励因素有什么好处，赫希曼肯定过分夸大了这种好处。即便他对投资者、经理和官僚的反应的所有猜测都是正确的，决策能力的稀缺性也不可能比资本的稀缺性或者他拒斥的其他标准更适合作为发展政策的唯一指南。[70]

最后，钱纳里总结道："即便是一个最大化诱致投资的决策者，也必定会遇到外汇、储蓄或熟练劳动力的短缺问题，除非他在确定优先事项时已经将这些全考虑好了。"[71]

事实上，赫希曼并未排除资本资源短缺等更常见的短缺的可能性。恰恰相反，赫希曼的要点只是，不要将那种短缺作为唯一的焦点来强调。钱纳里在阅读《经济发展的战略》一书时显然不够宽容，不过赫希曼在这本书中所用的语气无疑经常带有一定的挑衅性。正如一位评论者所指出的："从风格上看，它似乎是有意写成论辩式的……赫希曼以一种非常李嘉图式的形式论证了一个相当极端的立场，并且几乎只是在最后才提出了一些警告。"[72]

赫希曼这本书几乎完全不包含任何定量分析的内容，因此他提出的许多问题最终都没有得到解决，这一点当然不会增加那些批评者的好感。对此，一位评论者打趣道："在不发达国家和地区，比资本更稀缺的是检验［赫希曼在书中提出的］假说所需的数据。"[73] 本杰明·希金斯（Benjamin Higgins）虽然在其他所有方面都高度赞赏这本书，但他还是这样写道，这本书"是印象派式的、富有想象力和直觉性的，而不是严谨和系统性的"[74]。但是这很难说是赫希曼的错。正如我们在前面已经看到的，赫希曼是一个训练有素的学者，他其实非常擅长统计分析。从他在的里雅斯特大学求学的那些年以来，在他对意大利经济的研究中、为卑尔根国际会议起草的报告中，还有在他的前一本书《国家实力与国际贸易的结构》中，统计分析一直是他作为一名学者的强项。但是，欠发达国家的统计数据往往缺失或很难获得。哥伦比亚的有关数据尤其如此。哥伦比亚的国民收入和资本形成的统计数据序列以及各个经济部门的基本数据，都是柯里工作小组于 1949 年才第一次开始收集的。赫希曼根本无法得到所需的数据来为他的研究提供定量基础，而极少数可用的数据的内容又过于集中，无法用于赫希曼对关联效应和诱导机制的阐述。

发展规划的政治经济学

平衡发展战略和不平衡发展战略的支持者之间的主要理论冲突，与关于对外援助组织的贷款政策的更具现实操作性的争论有一定的重叠之处。后面这个争论主要集中在如下这个具体问题上：有必要为综合投资计划提供资助吗？或者相反，应该只针对特定的、有直接的生产性项目发放贷款吗？

平衡发展战略的支持者更偏向于制定更全面的计划型政策。正如我们在本书前面已经看到的，罗森斯坦-罗丹建议将整个工业部门"视为一家大公司或一个托拉斯"。刘易斯和其他一些经济学家在理论上对资本积累的强调，同样会导致计划视角的应用。尽管刘易斯拒斥那种"巨细无遗的中央计划"，认为它"不民主、官僚、僵化、容易出错和混乱"，但是他仍然强烈支持他所说的"零敲碎打式的计划"。然而，无论何种计划，都意味着必须要对一系列"重要"的宏观经济变量加以控制和操纵，如资本形成、出口水平和工业产出总量等。[75] 此外，刘易斯还认为要让国家干预在经济中发挥主要作用，对此他这样写道："个人可以改造自家的房子，或者改良自己的小农场，"但是，"规模最大的投资必定是用于公共工程和公共事业的"，尤其是公路、铁路、港口和电力等基础设施。[76]

当然，计划化并不是一个特别新颖的论点。至少从 20 世纪 30 年代开始，就有很多人不断地鼓吹计划是一切成熟社会的必要政策——无论是在独裁国家还是在民主国家。计划的承诺是，会给社会组织带来巨大的进步。例如，在两次世界大战之间，卡尔·曼海姆（Karl Mannheim）试图说明"社会技术的协调"将如何使社会资源和机会成倍增加。[77] 虽然对大多数人来说，苏联的社会实验无疑是非常严格的计划最明显的反面例子，但还是有不少持自由主义立场的学者大力鼓吹计划，比如说尤金·斯塔利（Eugene Staley）倡议将计划作为"对经济活动的有意识的控制"的同义词。[78]

在战后年代，特别是对欠发达国家来言，支持计划的那些发展经济学家强调的主要是必须增加投资和提高劳动生产率；他们还认为，由于会导致投资的减少，因此消费增长是非常危险的。[79] 约翰·K.加尔布雷思（John K. Galbraith）认为，在那些私人创业活动死气沉沉、市场机制薄弱不堪的国家里，计划是唯一可用的政策："也许——仅仅是也许——如果完全依靠市场激励，那么也可能发展得像在得到了公共资助的情况下一样迅速，或者甚至更快。但是，现在不妨先假设没有这种激励机制，假设私人缺乏远见和企业家精神，又或者缺乏资本，那么又有谁能如此肯定呢？……到了那个时候，指望自由企业将会成为一个可怕的风险。"[80]

因此，从计划的视角来看，向落后经济体注入资本是必要的［条件］，但是决不是充分的［条件］。给定市场的扭曲和弱点，计划当局应负责资源分配和关于国家经济未来增长路径的战略决策。用罗森斯坦-罗丹的话来说，计划是必不可少的，因为它提供了"确定公共投资数量、构成和时间安排的指导方针或原则"，同时也界定了"引导私营部门的投资金额和投资构成所必需的激励和抑制系统"。最后，他这样总结道："需要给出哪个部门应该以什么速度增长的具体愿景。如果只讨论了关于何为'健全的'经济政策的一般原则，那么任何政策建议都最多只能算是一篇不合语法的散文。"[81]

毫不奇怪，赫希曼是这种方法最强烈的反对者之一。他撰写的一系列关于发展问题的论著自始至终都显示了他对"计划的种种承诺"的一贯怀疑态度。

他在《经济发展的战略》一书出版十年后发表的一篇论文中对这些疑虑进行了总结，并系统化了他自己从 20 世纪 50 年代中期以来一直在阐述的一系列想法。[82]赫希曼首先担心的是，那些旨在为"总体计划"提供资金的外国援助可能带有过强的侵扰性。由于必须解决诸如投资与消费之间的关系或汇率与价格水平之间的关系这样的宏观经济问题，计划将会直接使某些群体受益并损害其他群体。因此，整体性计划可能会在单个项目（即便是非常重要的项目）不会激起反对的某些层面上激起强烈的内部反对。

其次，赫希曼认为，援助计划本身通常就存在着变得多余或无用的风险。有的政府以执行某些宏观经济政策的承诺为条件接受了一揽子援助，但是它们实际上可能已经在执行承诺的政策了，而不管援助承诺是否在兑现。在这种情况下，外援似乎只起到了"在美德自行出现的情况下……去奖励美德"的作用。[83]尽管这种考虑是明智的，但是应该指出的是，它并不能保证特定项目不会受到同样的批评。[84]

赫希曼认为，另一个选择是，利用财政援助推动政府去推行如果没有外援就不会被列入政府议程的那些宏观经济政策。在这种情况下，任务将变得"更加困难"，因为它不仅需要奖励现有的美德，还需要"将美德带入世界"，这种努力是非常崇高的，但是通常注定会归于失败。[85]正如阿诺德·哈伯格（Arnold Harberger）在谈到美国对外援助机构国际开发署（Agency for International Development，简写为"AID"）时所指出的那样："摩擦是计划和部门贷款的自然伴生物……援助卷入受援国认为是它自己的内部事务的那些事务越深，这种摩擦就可能越大。"[86]为了避免援助者和受援国之间的关系公开恶化，"持续的不情不愿的容忍"往往会成为每天必玩的游戏，从而导致一系列令人筋疲力尽的谈判和不断推迟的最后期限，这样也就几乎无休止地延长了援助计划的期限。[87]

赫希曼在哥伦比亚的那些年间就已经注意到了所有这些"危险"因素，这也正是他转而关注"怎样才能不依赖于计划"的原因。[88]在他看来，特定项目贷款的优势在于，它能够聚焦于当地的需要，在技术评估的时候受政治偏见的影响较少，而且最重要的是，这种贷款尊重受援国的战略决策。正如赫希曼和许多项目贷款倡导者所坚持的那样，以特定的投资项目为中心的援助政策，虽然在目标和手段上显得没有那么雄心勃勃，但恰恰因为这些原因，它们也更加可行、更加有效。这一点对于像世界银行这样新近成立的援助组织来说尤为重要。世界银行需要赢得北美投资者的信任——因为那实际上是它开展国际业务所需的财务资源的唯一来源。赫希曼及其同道认为，只有在那些处于良好的监控之下的特定项目中，才能保证美国投资者的贷款是根据尽责的经济管理的适当标准进行管理的。

然而，其他一些学者则认为，将贷款与有明确界定的特定单个项目联系起来只是一种一厢情愿的想法。罗森斯坦-罗丹在离开查塔姆研究所之后，就成了世界银行经济学家，一直到赫希曼前往哥伦比亚担任经济顾问之前才刚刚离开。罗森斯坦-罗丹辩称，特定项目贷款所资助的，并不是正式发放贷款的项目，而只是受援国的"边际项目"——所谓边际项目是指，如果受援国没有从世界银行获得信贷额度就会放弃的项目。由于世界银行不想为有风险的事务提供资金资助，因此它会致力于将援助定向到足够稳健且在受援国的议程上相当重要的项目上。换句话说，世界银行的资金将会被用于资助一个该国无论如何都可能用本国的预算资助的项目。这与赫希曼所说的"奖励现有的美德"的观点相对应。但是这也就意味着，世界银行——通过资助一个不管世界银行有什么举措，受援国本来也会自筹资金建设的项目——只是为以前被排除在了受援国原先的资助范围之外的其他项目腾出了国内资源而已（"其他项目"的风险，通常比世界银行愿意资助的项目更高）。换言之，特定项目贷款非常容易受到资金"可互换性"（fungibility）问题的影响——可互换性是指资金被从一个项目转移到另一个项目。正如罗森斯坦-罗丹在有一次接受采访时所指出的，世界银行可能以为自己是在资助一座大坝，但是实际上它是在资助一家妓院。[89]确实，如果出现了这种结果，那么就不仅是未能将"美德带入世界"的问题了（这是赫希曼对一揽子援助计划所能导致的最坏情况的批评），而且是"成功"地引入了邪恶！

即便是一揽子全面援助计划的批评者，如赫希曼和哈伯格，也承认资金可互换性确实是一个严重的问题。[90]但是他们依然认为，不可以回到全面的计划中去找解决方案，而只能寄希望于显著提高监控项目执行的能力。然而这种观念太超前了，十多年之后，项目评估才会成为对外援助领域的重要课题。正如我们在下一章中将会看到的，赫希曼在这方面也是一个重要的先驱。

用一位参与者和观察者的话来说，平衡增长理论与不平衡增长理论之间的争论，在实践中就对应着一揽子全面贷款计划与特定项目贷款的分野，这在事实上成了"20世纪50年代发展经济学文献中最突出的一个问题"[91]。在发展经济学的历史、相关读物和百科全书中，这场争论都被称为该学科奠基年代的里程碑。[92]唯一在重要性上具有可比性的，可能是 W. 阿瑟·刘易斯在1954年详细阐述的两部门模型。事实上，保罗·克鲁格曼（Paul Krugman）后来也将这些开创性的辩论展开的时期称为"发展理论的辉煌盛期"，而且特别指出了两个时间点，一是1943年保罗·罗森斯坦-罗丹发表了他的经典论文，开启了平衡增长的文献；二是1958年赫希曼出版了他的《经济发展的战略》，发起了对平衡增长理论的攻击。[93]

理论与实践中的发展经济学

《经济发展的战略》的概念结构是以赫希曼在哥伦比亚的经验为基础的。在哥伦比亚，赫希曼发现自己与该国政府聘请的其他经济顾问，尤其是劳克林·柯里存在着非常大的分歧。正如赫希曼在他这本书的序言中所说的，在哥伦比亚，他对发展中国家现有的增长理论越来越感到强烈不满；与此同时，他开始发现自己的各种反思"越来越像一个共同的主旋律的不同变奏"——换言之，它们都是一种内在一致的新方法的元素。[94]

需要注意的是，我在这里对平衡增长理论与不平衡增长理论之间的争论以及计划方法与项目方法之间的冲突的描述，依据的主要是已发表的论著，因此这两种立场看上去似乎是完全不可调和的。然而，只要我们仔细观察下分别秉持这两种"不可调和"方法的人的实际决策经历，就会发现两者之间的区别其实不那么清晰。事实上，即便是那些从原则上看指向完全相反方向的分析之间，也存在诸多重叠和一致之处。这也就是说，这种冲突的性质和实际范围往往会被过分强调。

而且，这种现象并不像看上去那么令人费解。可以肯定的是，差异确实存在。但是，要想更加完整地说明实际发生的事情，我们还必须认识到，从对自己在实地获得的经验的描述，到整全的理论阐述，存在着一个逻辑上的和修辞上的飞跃，这就使得实践中的显著趋同和理论上的深刻分歧会同时出现。部分原因在于，在理论上将自己的立场与他人的立场严格地区分开来，能够产生一定"溢价"。然而，更加重要的是，这也是抽象思维的固有特征。为了更好地理解这种实践—理论动力学，我们下面就来仔细地观察一下，同样身在哥伦比亚的赫希曼和柯里是如何研究该国的钢铁工业的（不要忘记，钢铁工业的出现是一个国家经济工业化的标准标志之一）。

在国内建立钢铁工业，是许多经常被视为压倒一切的国家战略利益所在，战后的哥伦比亚也不例外。由柯里率领的世界银行工作小组也特别关注这个问题。1949年，当工作小组抵达哥伦比亚时，哥伦比亚打算在贝伦西托内陆地区的帕斯德尔里奥市（Paz del Río）兴建一家联合钢铁厂的筹建工作已经开始进入收尾阶段了。对于这家筹建中的联合钢铁厂，世界银行工作小组给出了负面的评估结论，认为它本来就是不应该兴建的：它所采用的资本密集型解决方案不对路（即只有在实现了非常高产量的情况下才能达到收支平衡点）；它的选址也不好（位于该国内陆地区，尽管当地有煤层存在）。技术和地理方面的各种因素——特别是原材料质量低下、缺乏能够为冷却系统提供水源的河流以及过高的海拔（这会使燃烧变得特别困难）——都将导致这个项目的实施变得不合算。此外，贝伦西托地区还远离哥伦比亚的主要交通线路，将产品运送到最终目的地既费力又昂贵。世界银行工作小组声称，由于受地理位置所限，帕斯德尔里奥市永远不会成为一个对其他重型工业企业有吸引力的城市，因而该市不可能成为哥伦比亚的经济"增长点"，钢铁生产过程中得到的副产品也将无法得到有效利用。[95]

既然在内陆地区兴建一家联合钢铁企业是不经济的，因此世界银行工作小组建议，改在哥伦比亚北部沿海的巴兰基亚市（Barranquill）建造一家规模较小的、以加工进口的废金属为主业的钢铁厂，它具有良好的经济意义。由于不需要配套焦化厂和高炉，这家钢铁厂造价更低、也更容易建成。此外，它位于哥伦比亚一条主要铁路线的终点所在的加勒比海岸，无论是向国内还是国际市场销售产品都非常便利。[96]但是，在当时的政治经济环境下，这样的解决方案对于哥伦比亚政府是"在政治上"不可接受的，因此世界银行工作小组提出了一个妥协方案。帕斯德尔里奥联合钢铁企业仍将继续兴建，但是规模将比最初设想的更小、采用的技术路线也将更简单，因此所需设备可以由哥伦比亚本国公司提供。[97]这样一来，哥伦比亚就可以在不依赖来自外国供应的废金属的情况下生产出钢铁这种战略产品了，同时也无需进行巨额投资，而且经济上也更可靠。此外，由于所需的大部分机器都可以在国内生产，因此外汇支出也会大幅减少。最后，一个规模更小、技术更简单的工厂也将有助于管理层和当地工人学得相关专业知识（且不会发生重大错误）。"干中学"的原则是渐进战略的基础，即从小到大、从相对基础的技术到更加复杂的技术。[98]

赫希曼在 1954 年发表的一篇论文中提出了他自己对围绕帕斯德尔里奥钢铁厂而展开的争议的反思。[99]赫希曼对热衷于"总体计划"的普遍趋势和柯里工作小组不支持兴建联合钢铁企业的具体决定都提出了批评，他写道：

尽管他们一直坚持"总体"计划，但是我还没有看到，任何一个按照这种原则［原文如此］精心构思的项目……被基于如下理由而遭到否决……考虑到货币稳定和"平衡"发展的需要，项目所需的投资额太高了。在哥伦比亚，据我所知，到现在为止，认真考虑过这种理由的唯一案例是帕斯德尔里奥钢铁厂。[100]

赫希曼认为，由于存在"后向关联"和"前向关联"效应，对于新产业的发展必须以动态的眼光加以审视，同时还要考虑到由于"主厂"的建立而出现的各种"卫星产业"和"非卫星产业"带来的有益影响。

然而，柯里工作小组的报告对技术和地理特征的考虑，就是在强调，对帕斯德尔里奥钢铁厂的投资只能对其他工业部门产生非常微弱的刺激作用。如前所述，要形成一个经济"增长点"是非常困难的——柯里和赫希曼都认为，能够形成经济"增长点"是最理想的结果；赫希曼在《经济发展的战略》中用了整整一章的篇幅专门讨论了这个概念。[101]后来，当在帕斯德尔里奥市建造一家钢铁厂这件事情已经板上钉钉不容再议之后，人们开始构想如何兴建一家能够渐进发展的钢铁厂。这可以减少选址不理想带来的缺陷，同时使得企业可以避过最初的障碍成长起来——他们希望，在管理者和工人学到了更高的技术和能力、工厂获得了更大的市场份额之后，工厂规模将会逐渐扩大。

这种推理，相比于赫希曼在试图揭示发展过程的"隐藏的合理性"时的推理，其实并无太大的不同。柯里工作小组在政治—意识形态需求（或者说，游说团体的需求）与技术和经济要求之间扮演了一个调解人的角色。换句话说，工作小组已经成功地把自己置于结构化决策过程的中心位置了——这正是斯特里滕和赫希曼反复强调的在落后国家触发发展序列的最必要（也是最稀有）的要素。

总之，世界银行工作小组与赫希曼的基本方法之间的相似性，要比发展经济学家在辩论时进行的事后重建可能暗示的更大。当然，两者显然不是完全一致的，但是不同的立场之间的相互对立程度，其实并没有那么尖锐和明显。特别是关于发展的基本愿景的相似性，要比他们各自的拥护者愿意承认的大得多。例如，柯里工作小组的报告在决定支持许多其他项目时，采用的理据实质上与关联效应和集聚过程等概念基本相同（尽管关联效应和集聚过程等概念是不平衡增长理论的倡导者广泛使用的，并且表现为对特定项目的强烈关注）。

一般而言，从计划方法的角度来看，各个项目之间的相关性表现在，在计划实施时，它们本身直接构成了计划的基石。例如，在印度，高级计划报告都必须提供详细的工业项目清单。[102]因此，通过对理论思考如何与经济咨询实践融合和交织进行分析，我们揭示出了，看似明显不可调和的方法之间的对立远非那么清晰。在考虑哥伦比亚的钢铁工业问题时，柯里和赫希曼都反思过产业增长极机制、诱导机制和前向后向关联等问题，只不过，其中一个人将它们定义为"平衡"的发展计划的要素，而另一个人则强调它们在经济上的"不平衡"作用。然而，在实践中，他们两人看到的东西则是几乎完全相同的，而且他们两人在"重音"上的差异要比在语言上的差异更大。

科学社会学家罗伯特·K. 默顿（Robert K. Merton）认为，社会科学家之间的许多冲突都与实质性的、相互排斥的假设无关，而更多地与特定的、有相当明确的限定的议题有关，亦即智力资源是否应该用于这一个或另一个问题。一种经常会发生的情况是，当冲突公开之后，它就会转变为地位之争。"随之而来的将是立场的极化，"默顿指出，"从而导致每个群体……在很大程度上都只是对关于对方正在做的事情的刻板印象来做出反应。"[103]当然，这些刻板印象在现实中都有一定的基础，但是它们可能会被放大为无法辨认出原形的漫画。默顿这样写道，每一个阵营的社会科学家

　　都会对另一个阵营的实际情况形成某种有选择性的感知。他们在对方的作品中看到的，主要是敌对的刻板印象提醒他们需要看的东西，然后就迅速地将部分误认为是整体。在这个过程中，每一个阵营的成员都……越来越没有动力去深入研究另一个阵营的成员的著作，因为这样做显然没有什么意义。他们只是快速地扫描另一个阵营的成员的著作，一旦找到了下一轮连续炮击所需的弹药就马上停止。[104]

平衡增长理论的支持者与不平衡增长理论的支持者之间的辩论，就是默顿所说的这种模式的一个很好的例子。当然，两者之间确实存在差异。然而，双

方的立场很快就变得激进起来，于是对各自对手的理论主张的理解就转变成了刻板印象。有一位发展经济学家曾经说过这样一句话："一个学者不可避免的命运是，人们能够记住的，只是他们的核心结论，而不是他们非常小心地插入的'限制条款'。"[105]然而事实上，第一个忘记"限制条款"的其实正是他们这个学科的某个同事。因此，关于在这一种或那一种情况下可能遵循的政策的辩论——通常是依赖于具体情境的、并且范围是严格限定的——就变成了更宽泛的理论立场的基础，而且似乎是截然相反的。对于理解发展经济学这个学科的第一代先驱的立场，这一点可能特别重要。当时，这个全新的学科领域仍在形成当中，因此正如默顿所说的，这些先驱们对知识合法性的主张，特别容易被认为是"相互排斥且不一致的"[106]。事实上，赫希曼确实对平衡增长理论的合法性提出了挑战。读者们应该都还记得，他认为平衡理论"作为一种发展理论已经失败了"——并试图据此剥夺它为发展经济学这个学科做出贡献的基本权利。[107]赫希曼的同时代读者也注意到了这一点。例如，在对《经济发展的战略》的一篇尖锐的书评中，阿马蒂亚·森（Amartya K. Sen）坦然承认，自己对平衡增长理论与不平衡增长理论之间的争论"很有些困惑不解"。"把它们的原始形式放在一起再看，"阿马蒂亚·森这样写道，"这两个学说看起来都是正确的；然而从对方的角度来检验，每一个看上去都是完全不适当的。"然而，他的总体印象依然是，这两种学说有"相当多的共同点"[108]。事实上，森也强调了默顿详细分析过的其中一种策略："读者……肯定会觉得，赫希曼教授夸大了他的理由……当然我丝毫不怀疑经济思想就是这样发展起来的：我们发现了某个问题以前一直被隐藏的一个方面，并认定那就是这个问题的本质（如果不说那就是全部问题的话）。"[109]

在《经济发展的战略》第二版的序言中，赫希曼其实已经基本上接受了上述批评了，他也将这两种理论作为分析发展过程的互补性观点而不是相互对立的理论。他这样写道："我绝不否认各种经济活动之间的相互关联性，那也是平衡增长理论非常强调的。""恰恰相反，我建议我们利用这种关联性，并深入探索把这些相互关联的活动结合在一起的结构。"如果说，平衡增长理论以这种方式提供了考察动态的发展过程的宏观视角，那么"着眼于不平衡增长意味着……从细处考察发展过程的动态机制"[110]。

因此，很显然，时间和距离已经证明森的解读是正确的。赫希曼在20世纪80年代发表过一篇论文，重新审视了他的不平衡增长理论，与赫希曼相识数十年的威廉·迪博尔德（William Diebold）对此评论道："鉴于您过去与劳克林·柯里的巨大分歧，我对您在这篇文章中陈述的事实大为震惊……您说你的许多观点与劳赫在他的一本著作中提出的观点非常相似。"[111]迪博尔德提到的柯里的著作是他那时刚刚出版的一本回顾自己在发展中国家担任经济顾问经验的书。迪博尔德最后建议道，"你们两人之间应该进一步交换意见，并与很久以前的情况进行一些比较，这肯定对我们所有人都很有启发。"[112]然而，赫希曼和柯里都没有理会迪博尔德的建议。

即便是赫希曼在不平衡增长理论阵营中最重要的盟友之一保罗·斯特里滕，对20世纪50年代作为发展经济学的特征的激烈争论的理论意义也看得很淡了。他是在纪念他的好盟友阿尔伯特·赫希曼的文章中（后来收入了赫希曼纪念文集），从他特别关注的政策制定和理论化之间的重要差异入手谈及这一点的。"我们的观念和政策，"斯特里滕这样写道，"源于实践和经验"，而"宏大的理论只是对这些实践经验的提炼，甚或将神学置于真实的日常工作、错误和成就之上。"[113]斯特里滕还进一步强调了"真实世界"里的实际操作者和"学术世界"里的发展经济学家之间在各自所持有的策略上的一些差异。在实际制定政策的过程中，通常需要通过"模糊化差异和回避微妙分歧"来就特定的行动方针达成一致，尤其是在价值观前提上。与此相反，经济理论的目的本来就不在于就行动方针达成某种实际可行的一致意见。因此，对于不同的理论，"澄清概念"和"给出更精细、更清晰的区别"在理论探讨中是尤其重要的——但是在实践领域却几乎不可能。[114]

许多发展经济学家同时属于上述两个世界，即他们既是实际工作者又是学者，所以他们的著作难免会受到上述不同且有时相互冲突的动机的影响。正如任何一名警觉的经济学家都熟知的那样，这种冲突本来就是他们工作性质的一部分。只有当观察者未能认识到发展经济学家的工作的理论和实践双重维度时，才会将发展经济学描述为互不相容的理论之间的激烈角斗场。但是，当我们同时考虑这些理论和它们在现实中的对应物时，我们就会发现它们以某种复杂的方式共同定义了发展经济学领域。在这一点上，保罗·斯特里滕说得非常好："回首当年往事，我现在觉得，平衡增长理论与不平衡增长理论之间的争论似乎是一场虚假的争论……通常，在实践中达成的共识比在理论上要多得多。"[115] 他这个洞见也可以用来帮助我们理解当代发展经济学中正在进行的辩论。

注释

[1] 阿尔伯特·O.赫希曼于 1982 年 3 月 29 日写给 H. W.辛格（H. W. Singer）的信，AOHP; Hirschman 1950c and 1952。

[2] Hirschman and Solomon 1950, 1.

[3] Hirschman 1994a, 81.

[4] International Bank for Reconstruction and Development（IBRD; the World Bank）1950a, xv. 关于世界银行 1949 年派往哥伦比亚的专家工作小组以及赫希曼在哥伦比亚的经历的讨论，请参见 Alacevich 2009, 2011。

[5] IBRD 1950a, 1950b. 关于劳克林·柯里，请参见 Sandilands 1990。

[6] Currie 1950, 5.

[7] 阿尔伯特·O.赫希曼于 1952 年 8 月 23 日写给理查德·H.德穆斯先生（Mr. Richard H. Demuth）的信，WBGA。

[8] 阿尔伯特·O.赫希曼于 1952 年 9 月 20 日写给 J.伯克·纳普先生（Mr. J. Burke Knapp）的信，WBGA。

[9] 阿尔伯特·O.赫希曼于 1952 年 9 月 20 日写给 J.伯克·纳普先生（Mr. J. Burke Knapp）的信，WBGA。

[10] J.伯克·纳普于 1952 年 11 月 7 日写给阿尔伯特·O.赫希曼的信，WBGA。

[11] J.伯克·纳普于 1952 年 11 月 7 日写给阿尔伯特·O.赫希曼的信，WBGA。

[12] 请参见阿尔伯特·O.赫希曼写给康德利夫教授的多封信件，日期分别为 1952 年 6 月 30 日、1953 年 6 月 30 日和 1956 年 5 月 3 日；以及阿尔伯特于 1957 年 4 月 7 日写给杰克 [即康德利夫] 的信，JBCP。转引自阿特尔曼的赫希曼传的几处分别在第 336、363 和 419 页。

[13] Hirschman 1954a, 540.

[14] Hirschman 1994a, 81—82.

[15] Hirschman and Kalmanoff 1956；阿尔伯特·O.赫希曼于 1954 年 5 月 19 日写给 J.伯克·纳普的信，AOHP. 也请参见阿尔伯特·赫希曼和乔治·卡尔曼诺夫（乔治·卡尔曼诺夫）撰写的多份报告："Present and Prospect Financial Position of the Empresas Municipales de Cali," February 25, 1955; "La demanda para gas en Cali y en el Valle del Cauca," February 1956; "Situacion financiera actual y prospective de las Empresas Municipales de Cali," March 1956; "The Market for Paper and Pulp in Colombia," June 1956; "El nivel de remuneraciones para posiciones directivas en la empresa privada en Colombia," August 1956, 均收录于 AOHP。

［16］ 阿尔伯特·赫希曼于 1945 年 12 月 18 日写给康德利夫教授的信，JBCP。

［17］ 阿尔伯特·O. 赫希曼于 1954 年 5 月 1 日写给 J. 伯克·纳普的信，"Personal"，AOHP（强调标记是原文就有的）。

［18］ 埃米利奥·托罗（Emilio Toro）于 1952 年 11 月 28 日写给罗伯特·L. 加纳先生（Mr. Robert L. Garner）的信，WBGA。

［19］ Hirschman 1954b, 47.

［20］ 劳埃德·G. 雷诺兹（Lloyd G. Reynolds）于 1956 年 8 月 21 日写给阿尔伯特·O. 赫希曼的信；弗洛拉·M. 瑞德（Flora M. Rhind）于 1957 年 4 月 12 日写给普罗沃斯特·E.S. 弗尼斯（Provost E. S. Furniss）的信；Secretary of Yale Corporation, June 10, 1957；以上均收录于 AOHP。

［21］ Hirschman 1958, v, vi.

［22］ Hirschman 1958, v, vi.

［23］ Albert O. Hirschman, "Case Studies of Instances of Successful Economic Development in Colombia," March 8, 1954, AOHP；也请参见阿尔伯特·O. 赫希曼于 1953 年 4 月 18 日写给康德利夫教授的信，JBCP。

［24］ 阿尔伯特·O. 赫希曼于 1953 年 4 月 18 日写给康德利夫教授的信，JBCP。

［25］ Hirschman 1958, 50.

［26］ Rosenstein-Rodan 1943, 202.

［27］ Rosenstein-Rodan 1943, 204.

［28］ Rosenstein-Rodan 1943, 206.

［29］ Lewis 1954, 140—142, 146—147.

［30］ Lewis 1954, 155.

［31］ 对"起飞"这个隐喻的流行做出了最大贡献的学者应该是沃尔特·W. 罗斯托（Rostow 1960）。

［32］ Nurkse［1953］1962, 11.

［33］ Nurkse［1953］1962, 13.

［34］ Hirschman 1984a, 87.

［35］ 请参见 Hirschman 1971a, 1971b。关于赫希曼对作为外国顾问的经济学家对欠发达国家经济发展的作用的观点的评价，请参见 Bianchi 2011。

［36］ 关于查塔姆研究所（Chatham House）的工作对全球发展事业的作用的分析，请参见 Alacevich 2018。关于战后中欧各国就如何发展问题展开的争论，尤其是米哈伊尔·马诺莱斯库在这场争论中的作用，请参见 Love 1996。

［37］ Rosenstein-Rodan 1957, 1961; Nurkse 1961, 74.

［38］ Rosenstein-Rodan 1957, 1961; Nurkse 1961, 74.

［39］ Hirschman 1958, 51—52（强调标记是原文就有的）。

［40］ Hirschman 1958, 5. 当然，并不是一个全新的概念，赫希曼批评过的一些学者也曾经在他们的著作中使用过它。例如，罗森斯坦—罗丹（Rosenstein-Rodan）和奈克斯（Nurkse）对农业领域"伪装的失业"这个问题的关注，显然是试图揭示隐藏着的或未得到充分利用的资源的存在。

［41］ Streeten 1959, 182—183.

［42］ Hirschman 1958, 25.

［43］ Hirschman 1958, 25. 赫希曼提到过，他这本书和斯特里滕的论文都是独立撰写的，但是斯特里滕表示，在完成了论文的初稿后，读了赫希曼的书，最终稿也从赫希曼的思想中受益；请参见 Hirschman 1984a, 87 n. 1，以及保罗·P. 斯特里腾（Paul P. Streeten）于 1982 年 11 月 4 日写给阿尔伯特·赫希曼的信，AOHP。

［44］ Hirschman 1958, 25.

［45］ Hirschman 1958, 25.

［46］ Hirschman 1965, 386.

［47］ Gershenkron 1962；这本文集收录了几篇写于 1952 年和 1957 年的重要论文。

［48］ Hirschman 1965.

［49］ Hirschman 1958, 28.

［50］ Hirschman 1965, 391. 也请参见 Hirschman 1984a, 91—94。

［51］ 我要感谢艾琳·格拉贝尔（Ilene Grabel），是她建议我强调这一点。

［52］ Hirschman 1977a, 80.

［53］ Hirschman 1958, 105—108; Chenery and Watanabe 1958.

［54］ Hirschman 1985a；那里给出了对"关联法"的总结。

［55］ Hirschman 1958, 122（强调标记是原文就有的）。

［56］ Hirschman 1958, 124.

［57］ Hirschman 1958, 109.

［58］ Hirschman 1977a; 1985a, 64—66; Watkins 1963.

［59］ Hirschman 1977a.

［60］ Hirschman 1958, 209.

［61］ Hirschman 1958, 210.

［62］ Hirschman 1977a, 90—91.

［63］ 例如，请参见 Higgins, Kafka, and Britnell 1959。

［64］ Mukherji 1959, 85; Goodman 1959, 468; Hill 1959, 72.

［65］ Reubens 1959, 462; Frank 1960.

［66］ 雅克·J. 波拉克（Jacques J. Polak）于 1959 年 8 月 10 日写给阿尔伯特·O. 赫希曼的信，AOHP；以及正文提到的那些学者写给阿尔伯特·O. 赫希曼的信。

［67］ 罗伊·哈罗德（Roy Harrod）于 1963 年 9 月 8 日写给阿尔伯特·O. 赫希曼的信，AOHP。*Legenda* 是一个拉丁动名词，意思是"有待阅读"。

［68］ Knox 1960, 99.

［69］ Watkins 1961, 111.

［70］ Chenery 1959, 1064.

［71］ Chenery 1959, 1064—1065.

［72］ Goodman 1959, 468. 关于钱纳里对赫希曼的《经济发展的战略》的解读的讨论，请参见 De Marchi 2016。

［73］ Shannon 1959, 125.

［74］ Higgins 1960, 114.

［75］ Lewis 1955, 384.

［76］ Lewis 1955, 264—265.

［77］ Mannheim 1936, 265.

［78］ Staley 1939, 149.

［79］ Dasgupta 1965.

［80］ Galbraith 1958, 591.

［81］ Rosenstein-Rodan 1963, 1.

［82］ Hirschman and Bird 1968.

［83］ Hirschman and Bird 1968, 8.

［84］ Singer 1965.

［85］ Hirschman and Bird 1968, 9.

［86］ Harberger 1972, 637.

［87］ Harberger 1972, 637.

［88］ Hirschman 1994a, 81.

［89］ 保罗·罗森斯坦-罗丹于 1961 年 8 月 14 日接受口述历史项目访谈的记录稿，口述历史项目，

WBGA。

［90］ Harberger 1972; Singer 1965; Hirschman 1968b.

［91］ Little 1982, 44.

［92］ 最近的一个例子是：Meier 2005 and Clark 2006，例如，请参见由奥斯瓦尔德·费恩斯坦（Osvaldo Feinstein）撰写的关于阿尔伯特·赫希曼的条目。

［93］ Krugman 1994, 40；也请参见 Krugman 1993。

［94］ Hirschman 1958, v.关于赫希曼和柯里在哥伦比亚期间的冲突的重新评价，请参见 Álvarez, Guiot-Isaac, and Hurtado 2020。

［95］ IBRD 1950a, 423—425.

［96］ IBRD 1950a, 427.

［97］ Comité de Desarrollo Comité de Desarrollo Economico, *Informe de la mision para el Comité. Fomento de una industria colombiana de acero*, draft, December 15, 1950, LBCP.

［98］ Comité de Desarrollo Economico, *Informe preliminar sobre el establecimiento de una planta siderurgica*, Bogotá, Diciembre 14 de 1950, LBCP.

［99］ Hirschman 1954b.

［100］ Hirschman 1954b, 49.

［101］ Hirschman 1958, chap. 10.

［102］ George Rosen, "The Plan for Industry," Center for International Studies, MIT, Economic Development, India Project, A/56—36, September 1956.

［103］ Merton［1961］1973, 56.

［104］ Merton［1961］1973, 56.

［105］ Killick 1978, 19.

［106］ Merton［1961］1973, 51.

［107］ Hirschman 1958, 51.

［108］ Sen 1960, 591.

［109］ Sen 1960, 592（强调标记是原文就有的）。

［110］ Hirschman 1958, ix（强调标记是原文就有的）。

［111］ 小威廉·迪博尔德（William Diebold Jr.）于1983年8月17日写给阿尔伯特·O.赫希曼的信，AOHP。

［112］ 小威廉·迪博尔德（William Diebold Jr.）于1983年8月17日写给阿尔伯特·O.赫希曼的信；并请参见，Currie 1981。

［113］ Streeten 1986, 240.

［114］ Streeten 1986, 243.

［115］ 这段话是保罗·斯特里腾在2004年10月15日发给我的私人电子邮件中说的。

第四章　重塑发展经济学

战后早期的发展经济学理论是高度抽象的。它们讨论了（一个国家）欠发达的一系列典型"条件"，并试图提供一个一般性框架来解决经济落后问题。然而，到了 20 世纪 60 年代中期，发展经济学领域就开始发生了深刻的变化。宽泛的、总体性的发展经济学理论，逐渐让位于更细致的、针对特定国家和特定时期的发展的分析。[1]

到那个时候，发展经济学已经超越了奠基阶段。新的一波研究浪潮的出现，使得分析领域变得更加复杂了。发展经济学家普遍认为，宽泛的概括性讨论不足以解决特定国家的发展瓶颈问题；需要有更具体的、更有针对性的分析，才能成功解决不发达问题。此外，由于考虑了营养、公共卫生、教育和住房等其他因素，人均收入作为发展指标的中心地位也开始减弱了。[2]

发展研究的新方法

在发展经济学的这个"新赛季"，赫希曼依然是主要领军人物之一。与他作为"老一代"发展经济学中持不同政见者的形象一致的是，赫希曼在"新赛季"中也是最早提出新假设来构建和检验发展过程以及经济和社会落后原因的学者之一。我们在上一章中提到过的亚历山大·格申克龙对欧洲资本积累的历史研究令人信服地证明，不同国家的经济增长过程并不一定遵循相同的模式，而可能以不同的方式展开。赫希曼针对发展问题进行的研究"纲领"与此有类似之处，而且他越来越相信彻底的历史重建，才是解开发展机制之谜的唯一途径。赫希曼为朱迪思·滕德勒（Judith Tendler）探讨巴西电力部门技术选择的经济和政治后果的著作撰写的序言中非常清晰地提到了这个观点：

> 不发达已经被诊断为一个包含着很多方面、极其错综复杂且根深蒂固的问题，以至于人们经常会得出这样的结论：必须通过革命、通过将财富和权力从富国大规模重新分配给穷国才能解决这个问题，或者至少必须有一个特别有能力的中央计划当局来协调，才能有效地改变普遍存在的落后状况。

> 但是，如果所有这些"机械降神"中没有任何一个可以妥善地解决问题呢？要是不发达的"堡垒"实在太坚固了，无论怎么发起正面攻击都无法攻克，那又怎么办？不幸的是，这种情况是非常常见的。因此，我们需要更多地了解对不发达堡垒进行包围、渗透，然后逐步削弱堡垒，直到攻克堡垒的方法和途径，以及各种类似的间接策略和过程。我认为，现在，对我们经济发展的知识的主要贡献，必定只能来自对这些过程的细致深入的研究。[3]

朱迪思·滕德勒 1968 年出版的书，是她在赫希曼的指导下在哥伦比亚大学进行的博士研究的最终成果，这是又一项对发展经济学的新方法有开创性贡献的研究。在这本书中，滕德勒讨论了水力发电站和火力发电厂及配电系统建设，是如何影响 20 世纪 50 年代至 60 年代之间的巴西经济发展的。在赫希曼的指导下，滕德勒对巴西电力部门的发展进行了历史分析，同时考虑了技术选择和机会、职业激励和政治行为。[4]

赫希曼这种关注发展过程的细节的新研究方法的第一个主要成果是《通往进步之旅》（*Journeys Toward Progress*），这本著作出版于 1963 年。在这本书中，赫希曼用全书三分之二的篇幅对三个不同国家的三个具体经济政策问题在一个很长的时期内的演变进行了详尽细致的历史分析。赫希曼研究的这三个问题是：巴西东北部的干旱、哥伦比亚的土地改革和智利的通货膨胀。用他自己的话来说："整本书的精髓全都体现在这三个故事的展开中了。"[5] 赫希曼认为，对于一个试图理解拉丁美洲经济政策制定者面临的问题的研究者来说，"寻找答案的最佳方法是仔细地、深入地研究几个特定的、有详细资料的、持续时间旷日持久的重大政策问题的记录"[6]。这种以历史为基础进行分析的倾向，甚至重拾以往备受鄙视的历史事件描述法（histoire éveénemetielle）的倾向，将一直都会成为赫希曼的研究方法的一个重要特征。正如他在 1980 年的一次会议上向与会者建议的：

> 详尽深入地跟踪革命的过程，可以让我们对历史上各种有可能发生的事情、对那些被思路狭隘的人灾难性地错失了的机会，以及从灾难中幸运而出人意料的逃脱的事件产生非常强烈的感受，这是结构主义的方法不可能做到的。因此，与社会学家相比，深具事件感的历史学家更不可能宣称，给定如此这般的结构条件，结果早就注定了。对革命过程的［这种］强调……实际上将使我们有机会恢复结构主义者所错失的一些自由度。[7]

赫希曼随后于 1967 年出版的著作《发展项目述评》（Development Projects Observed）中的研究也遵循了同样的方法。尽管这本书不包含他分析过的各个项目的全部历史故事，但是这项研究依然保持了"对'案例'的强烈的关注"，而且书中所考察的项目，都是因为它们具有"悠久的历史"而入选的。"事实证明……沉浸在事物的具体细节中，"赫希曼这样总结道，"对于刻画任何事物的一般性质都至关重要。"[8]

在当时，"特殊（具体）"与"普遍（一般）"之间存在着很大的张力，原因是实际工作者和研究者普遍对关于"发展"的知识的状态迷失了方向。经过了将近二十年的发展援助之后，得到的结果却很不一致。而且，战后早期的发展经济学，要想继续作为一种有效的分析工具并充当援助政策的理论基础，也亟须加以改进。或许，更根本的是，关于已经完成的工作以及已经取得的结果，相关的记录仍然非常不清晰。

在历史转弯处的《通往进步之旅》

在《通往进步之旅》这本书中，赫希曼的研究兴趣集中在了：拉丁美洲公用事业部门解决问题的能力是如何发展起来并发挥作用的？从某种意义上说，这是他对发展过程的反思的自然演化结果。在《经济发展的战略》一书中，赫希曼关注的焦点是诱导机制以及后向关联和前向关联（它们可以替代做出投资决策的能力）。而在《通往进步之旅》这本书中，他的注意力从经济领域转向了政治领域。在解决社会经济问题时，政治决策如何发挥作用？

为此，赫希曼着手详细分析了智利、哥伦比亚和巴西的三个重大政策问题。无论每个具体问题的历史记录可能呈现出多么大的特异性，赫希曼都只是对寻找能够提高未来政策变革有效性的因素很感兴趣。虽然他不相信有任何"铁律"支配着社会、经济和政治的动态变化，但是他的研究的宗旨仍然在于了解他在国别研究中详细分析的政策制定过程背后的特征。

赫希曼选择的术语本身就足以表明，他意识到了从具体案例中概括出一般性结论的困难。他预测自己的分析只能得到一些"暂时的"和"分散的"发现，并声明自己的目标不是给出一个关于政策制定的一般理论，而是描绘"一种处理、学习和得出关于大规模政策问题的解决方案的拉丁美洲'风格'"[9]。对这样一种"拉丁美洲风格"的探索，与对某个大陆的性质的一般性推测全然不同。在赫希曼看来，这种风格是这个大陆特有的问题和社会的深层结构的。赫希曼认为："这样一种'风格'……应该让它尽可能地从问题的特征和解决问题的过程中生成。"[10]因此，赫希曼的分析集中在，什么样的问题通常会占据政策议程的首位，以及针对这些问题的政策制定过程有什么特点。

赫希曼指出，不发达社会的特点是公众与政府之间的沟通非常不完善，甚至往往是全然无效的。在这种情况下，暴力和大规模抗议在很多情况下就成了让长期被忽视的问题引起执政精英关注的唯一途径。如果一个特定的问题没有引起过公众的抗议，它就很可能根本不会被考虑。这种自下而上的二元状况的唯一例外当然是自上而下的倡议，当以前未解决的和被遗忘的问题在政策制定者的直接倡议下引起了普遍关注时，要么因为解决这些问题似乎是解决已经引发了公众抗议的其他问题的关键，要么因为新的政治形势使得政策制定者可以很方便地解决以前这些被认为是次要的问题（即政策制定者在以前很容易就可推迟解决这些问题，而不会产生政治上适得其反的后果）。

让这些问题引起全国关注的模式，也会影响这些问题的解决方式。被认为很"紧迫"的那些问题（或者因为它们是导致社会和政治动荡的原因，或者是因为它们被认为是国家实现现代化的主要障碍），往往会带来一些反响和解决它们的尝试，不过这种尝试不一定都是以对问题根源的真正了解为基础的。换句话说，正如赫希曼所总结的那样，"动机"往往比"理解"更加重要。这种"问题解决动力学"的影响在不发达国家非常明显，其表现包括：在正面解决重大问题的宏大志向的裹胁下，人们往往倾向于无视更有限但可能更易于管理的目标；推出"总体计划"，试图一次性解决所有问题；频繁成立新组织，致力于一劳永逸地解决根深蒂固的问题；过度依赖于外来的解决方案，这些解决方案似乎只是因为它们是来自"外国"的就成了救命稻草；最后还有巨大的、突然的政策转变和重大的意识形态冲突。

特别是意识形态，在赫希曼看来，它是理解拉丁美洲的发展争论以及拉丁美洲人解决问题和制定政策的方式的基本镜头。赫希曼在他1961年主编的论文集《拉丁美洲诸问题》(Latin American Issues)的导论那一章中也专门讨论了意识形态在拉丁美洲的作用。[11]这本书收集了一系列关于拉丁美洲通货膨胀、区域贸易和土地改革问题的论文。有趣的是，尽管这些都是非常"实际"的问题，但是赫希曼这本论文集写的导论却集中分析了意识形态在塑造拉丁美洲的（发展）争论方面所发挥的作用。正如杰里米·阿德尔曼所指出的："如果说，以往经济学家习惯于把自己想象为一个外部观察者（就像一个检查病人的医生一样），那么，赫希曼则把经济学家自身也变成了被观察的对象。"[12]

赫希曼在《通往进步之旅》中分析意识形态和影响政策制定的其他因素的过程中，发现它们呈现出了几个有趣且令人觉得"很有希望"的特征。显然，拉丁美洲政策制定中的"功能失调"特征远远不是只有令人绝望的消极一面，实际上，它们作为一种"旁路"，确保这些缺乏正常政治制度的国家也能够存在公众和政策制定者之间的对话，从而意识到某些问题，并承诺致力于解决这些问题（尽管过程可能很坎坷）。例如，就在《通往进步之旅》出版前几个月，在里约热内卢举行的一次会议上，赫希曼根据货币主义者和结构主义学者在过去几年里在各自特定的社会政治背景下发展起来的解决问题的具体方法，对这两组学者关于通货膨胀的不同看法给出了一个解释。货币主义者的观点主要来自几乎每一个利益群体都有与政策制定者有一定沟通渠道的国家，而结构主义者的观点则来自那些被忽视的问题只有在以某种方式与政策制定者关注的问题关联起来时才有望得到考虑的国家。因此，前者建议用严格的货币主义和财政政策来应对通货膨胀，而后者则坚持通货膨胀与供给无弹性、制度刚性和结构性瓶颈之间的联系。[13]赫希曼这样说似乎在暗示，他们之间的差异与其说是源于理论上的区别，而不如说是源于他们各自在不同的制度环境中形成的意识形态框架。

从这个角度来看，"总体计划"在将被忽视的问题与已经受到关注的紧迫问题联系起来这方面特别有用。因此，在赫希曼看来，"总体计划"——即，除非以协调的方式解决全部问题，否则无法解决任何特定问题的观念——就成了一种"间接推动人们注意到以往受到冷落的问题的通用工具"[14]。在这次里约热内卢会议上，赫希曼还强调了"总体计划"的另一个优势，不过与刚刚提到的那个优势似乎有点相反：由于涉及对大额资金的承诺，"总体计划"可能会被证明是政策制定者用来阻止额外压力的一个有用的"战术武器"。[15]换句话说，一个全面的计划，能够帮助政策制定者划定一个界限，将两大类政策和问题分开——即现在就必须解决的政策和问题（在计划范围内的），以及必须推迟一些时日再来考虑的政策和问题（在计划范围之外的）。

与他五年前的立场相比，赫希曼在《通往进步之旅》中对"总体计划"的称赞着实令人震惊。读者肯定还记得，赫希曼对全面的发展计划的厌恶促使他在《经济发展的战略》中对平衡增长理论提出了严厉的批评，并提出了替代理论，即不平衡增长理论。但是不要忘记，在那本书中，赫希曼是在参加关于欠发达国家工业发展机制的理论辩论，而在《通往进步之旅》中，他要讨论的则是一组非常不同的问题。"总体计划"在经济上是低效的（即便不是完全无用的），但是从政策制定的角度来看，"总体计划"却是一个重要的战略手段。当核心问题是如何诱导经济创业活动时，"总体计划"似乎毫无意义且过于僵化，但是当核心问题是如何推进政治决策时，"总体计划"却是一个丰富而灵活的工具。

类似地，"拉丁美洲风格"的其他特征也自有其用处。赫希曼认为，夸张的改革主义承诺通常会带来令人失望的结果。然而，"政策制定的乌托邦阶段"的一个优点是，通常能够完成立法过程，尽管制定的法律最初可能很难付诸实施，但是至少可以在"纸面上"存在。然后，在随后一轮的改革努力中，这种处于休眠状态的法律可能会结出果实，为原本被认为不切实际的政策举措提供立法基础。例如，赫希曼指出，哥伦比亚在第二次世界大战后的土地改革运动，幸运地得到了1936年宪法的一个早就被人们遗忘的条款的意想不到的支持——该条款允许在某些情况下无偿征用土地。尽管那个条款在当初获得批准时可能是乌托邦式的，但是事实证明它为几十年后的土地征收（有补偿的）提供了坚实的基础。[16]

类似地，在许多拉丁美洲国家，对先前政策的彻底批评与对当前举措的盲目信念的奇怪组合，也会呈现出许多意想不到的积极方面。首先，人们已经养成了认定政府的所有改革尝试最终都注定失败的习惯，不过正是这种习惯使得对改革的反对没有本来应该有的那么强烈。不但如此，这种"改革必败论"还为实际的改革开辟了空间。与此同时，伴随新政策出台而来的夸夸其谈，即便是不切实际的，也可以对政策制定者产生激励作用；对先前失败的选择性失忆则使得开始新的尝试更加可能。

在这里，赫希曼似乎在听任自己的乐观主义情绪尽情流露。因为失败的修辞与成功的修辞形成这种"积极组合"，只是其中一种可能的结果。从原则上说，完全有可能产生彻底"反动"的结果。为了让这种修辞共同产生有利于改革的效果，失败的修辞必须主要适用于改革的反对者，而成功的修辞则必须适用于那些负责制定改革政策的人。但是，如果改革的反对者确信新的政策建议实际上可能会像他们的支持者所承诺的那样实现，同时改革的支持者只是异口同声地夸夸其谈，但是实际上却确信没有任何东西会真正有所改变，那又会怎么样呢？在这种情况下，人们有理由预期捍卫现状的那些人会做出强烈的先发制人的反应。

然而，赫希曼的乐观主义态度仍然是有理有据的。对于《通往进步之旅》，我们必须这样来解读：赫希曼试图用它来解释没有革命事件的经济和社会改革机制。我们不应忘记，在 20 世纪 60 年代初期的拉丁美洲，革命是一个相当流行的概念（最成功的革命的例子是人们记忆犹新的古巴革命）。然而，赫希曼并不是一个革命者。他认为革命不仅在现实中没有必要，而且在理论上也是一种有缺陷的东西。革命从来不是对社会变革问题的理解和解决，而是"两个静态社会之间的灾难性插曲"，因为革命者通常会误以为，革命前社会腐坏糜烂、到处是不公正现象且对改革反应迟钝，而革命后的社会则公正和谐且再也不需要进一步的改进。

在批评平衡增长理论时，赫希曼指出，这种理论直接把发达社会的梦想叠加到了落后社会的现实之上，但是却完全没有说明如何从这一个社会转变为另一个社会；与此类似，赫希曼发现革命视角无法解释一个真正有意义的问题——即社会和政治变革是如何发生的。赫希曼的研究目的是，为编纂一本"改革贩子手册"（"reformmonger's manual"）——即为坚定、不懈的改革者准备的指南——提供必要的材料。用他自己的话来说："现在，也许是时候写出这样一本手册，以便与诸多关于革命、政变和游击战技术的手册相竞争了。"[17]从这个意义上说，《通往进步之旅》一书是赫希曼五年前在《经济发展的战略》一书中启动的研究的自然后续。在这本书中，赫希曼都在维持现状和发动革命之间采取了中间立场——用《经济发展的战略》一书的术语来说，他的立场介于无效性（futility）和残暴性（brutality）之间。在《经济发展的战略》中，赫希曼讨论的重点是经济发展的过程；而在《通往进步之旅》中，焦点则放在了政治改革的过程上。

不过，赫希曼并没有回避对某些形式的暴力的分析，而且他还发现，在某些决策序列中，同时存在着"改革的元素和革命的元素"[18]。很显然，在某些情况下，暴力本身也可能成为改革的一个组成部分。例如，哥伦比亚农民经常会占领未开垦的土地。但是，这类暴力的爆发却远远不是革命性的，反而会使得改革派政府有可能借机立法重新分配土地（如果不是农民通过暴力夺取土地而引发了改革进程，这种情况是无法想象的）。赫希曼甚至被哥伦比亚人发明的"高度无序化的序列"逗乐了。哥伦比亚农民没有遵循先革命、然后在革命后建立新秩序的框架内进行土地再分配这种可预测的顺序，而是先进行了分散的、非法的再分配，后来再通过改革派政府的干预而合法化。[19]更一般地说，赫希曼强调的是拉丁美洲国家的改革行动的巨大复杂性和改革政策的"混杂性"等特征，这些特征似乎由非对抗性和对抗性动态地构成的。

《通往进步之旅》整本书以及作为它的基础的研究，可以说是将公共政策分析引入发展经济学领域的一次毫不妥协的尝试。为了撰写这本书，赫希曼与他的妻子莎拉以及他的同事和朋友、政治学家查尔斯·E. 林德布洛姆（Charles E.Lindblom）多次前往拉丁美洲实地考察。由于坚决不认同将一直发挥作用的公共决策机制降级为经济增长的"先决条件"的简单角色，在《通往进步之旅》一书中，赫希曼决心阐明政策制定和解决问题的过程，并强调尽管它们可能是无序和违反直觉的，但是仍然能够发挥作用，并在发展的各个阶段都起着决定性的作用。赫希曼明确地将这个目标与他之前的《经济发展的战略》一书联系起来（在那本书中，他研究了各种能够调动创业资源以促进经济发展的诱导机制)。尽管在《经济发展的战略》中,他批评了政府从"总体计划"的角度来构建决策过程的倾向,但是赫希曼并没有排除公共决策对发展过程的贡献。正如他在《经济发展的战略》中所写的那样:"有人断言,非市场力量,例如公共当局对电力短缺的反应,不一定不如,或并不是在本质上不如私人企业家对他们的产品的价格上涨的反应那么'自动'。"[20]*检验这一断言的愿望,将赫希曼《通往进步之旅》一书的核心问题带到了赫希曼的面前——即"考察公共决策在解决问题的情境下的行为"[21]。

赫希曼试图将经济分析与政治分析联系起来的这种努力,受到的赞赏主要来自政治学家,而许多经济学家则从不同角度提出了批评。这种反应其实并不出人意料。曼瑟尔·奥尔森(Mancur Olson)认为,《通往进步之旅》可能是那些年来出版的关于经济发展和政治进程之间的双向关系这个主题的最好的一本著作。正如奥尔森所指出的,这种联系非常重要,但是却很少有人研究。[22]然而,一些经济学家则批评道,赫希曼依据仅有的三个案例研究进行的经济分析还缺了很多东西,有时难以令人信服,而且在任何情况下都显然太过有限了。对此,达德利·西尔斯(Dudley Seers)在一篇其他方面的评价都很正面的书评中是这样说的:"《通往进步之旅》一方面说经济理论需要考虑政治因素,但另一方面却在很大程度上将经济学排除在外了。"[23]

在他这篇敏锐的书评中,西尔斯高度赞扬了赫希曼所用的研究方法的新颖性、他将政治和经济问题结合起来分析的决心,以及他对政治和社会进程的复杂演变及其经常违反直觉的模式的敏感度。简而言之,西尔斯认为,赫希曼这本书是"一本对改革者非常有用的手册——是马基雅维利的《君主论》的'进步主义'版"[24]。不过与此同时,西尔斯也指出,赫希曼对于破译拉丁美洲政治经济中出乎意料和违反直觉的序列的有用性的信心,则可能是有问题的。从某种意义上说,西尔斯想知道的是,赫希曼做出的预测"不可预测性"的尝试,是不是会给他带来如下这种风险:他说的这些在实践层面最终是不相关的

---

* 这里的《经济发展的战略》,原文如此,但是查阅原书发现,这句话原本是《通往进步之旅》一书中的。——译者注

无关紧要之事。

正如我们将在对《发展项目述评》一书的讨论中看到的那样，赫希曼对不可预测、不确定和出人意料的事物的迷恋，常常使他容易受到"所论之物并不相关的批评"（critique of irrelevance）。西尔斯观察到：

> 也许赫希曼对社会变化方式的描述也是简单化的；进步的主要动力之一恰恰是相信某个政治议程将会带来预料中的那些变化，相信这将会是一个比实际上更容易和更快速的过程。如果要取得重大进展，公众和政治领导人都需要一种有点天真的世界观（正如哥伦布如果不"相信"亚洲位于大西洋，就不可能"发现"美洲一样）。如果去除了人们的幻想，那么可能不仅不能使这些幻想成为现实，而且哪怕是改善一下条件都将变得不再可能。[25]

然而，饶具讽刺意味的是，西尔斯对赫希曼的社会变革愿景的批评所依据的思想，恰恰正是后来赫希曼提出的"隐藏的手"原则背后的主要思想。

《通往进步之旅》一书的出版，进一步确立了赫希曼作为发展经济学领域最具洞察力和最令人着迷的学者之一的地位。甚至在书评开始出现之前，哈佛大学经济系就通过非正式的途径询问赫希曼是否有兴趣成为其一员。格申克龙是赫希曼在加州大学伯克利分校和联邦储备委员会时期的老同事，也是20世纪60年代中期哈佛大学经济系最有影响力和最受尊敬的教授之一，他一力主张要从哥伦比亚大学"挖走"赫希曼。[26]尽管哥伦比亚大学也很愿意为赫希曼提供与哈佛大学同样的条件，但是1964年3月，赫希曼正式接受了哈佛大学的邀请，决定前往马萨诸塞州剑桥市担任政治经济学教授一职。由于赫希曼此前已经与世界银行和布鲁金斯学会就前往世界各地考察发展项目的长途旅行做出了安排，哈佛大学给了赫希曼一个非常有"软着陆"色彩的机会：在1964—1965学年他可以休一年学术假，然后到第二年再前往剑桥市，而且在那一年里也只需在一个研究生研讨班上讲授自己的研究、撰写自己的著作，然后直到1966—1967学年才正式开始承担常规教学任务。[27]

资料来源：照片由卡蒂娅·所罗门提供。

图 4.1　阿尔伯特·O.赫希曼，1962 年。由埃尔南·迪亚兹（Hernan Diaz）摄影

马萨诸塞州剑桥市也是莎拉开始实施一个小型试点项目的地方。她创办了一个读书小组，目标是向波多黎各成年女性介绍并引导她们阅读文学作品。莎拉先向妇女们大声朗读一个短篇小说，然后让她们照着自己的副本跟读，接着进行讨论。这个阅读项目取名为"人与故事"（Gente y Cuentos），第一次活动按计划于 1972 年在马萨诸塞州的一个公用住房项目中首次以西班牙语进行。随着时间的推移，这个项目逐渐扩展到了新泽西州、布宜诺斯艾利斯郊区的基尔梅斯市、佛罗里达州、得克萨斯州、纽约州和波多黎各；而且，从 20 世纪 80 年代中期开始，它开始以西班牙语和英语两种语言进行，正式定名为"人与故事"（People & Stories/Gente y Cuentos）。[28] 此后，这个项目发展成了一个全球性的青年行动项目，进一步扩展到了越来越多的地方，为广泛的监狱囚犯、性交易受害者、寄居于收容所的人和低收入成年人提供服务。

项目重点

《通往进步之旅》刚下印刷机，赫希曼就已经开始着手为他的下一个研究项目制定计划了。1963 年春天，他联系了当时担任世界银行副行长一职的伯克·纳普，建议在全球范围内对世界银行资助发展中国家建设的若干项目进行深入的实地调查，以便检验《经济发展的战略》和《通往进步之旅》中阐述的假说。赫希曼的计划是，进行广泛的实地调查，关注"项目本身的维护情况和实际绩效，它们对经济活动的刺激（或破坏？）作用，以及各项目产生的更广泛的经济、社会以及政治后果，例如教育效果及其对于新的地方层面或全国层面精英涌现的贡献"。赫希曼的另一个目的是，在基于大量拉丁美洲的案例的《经济发展的战略》和《通往进步之旅》这两本专著之外，通过全球范围内的实地考察，熟悉亚洲和非洲的情况，从而进一步扩展自己在发展问题方面的专业知识。[29] 从 1964 年的头几个月开始，赫希曼这个研究项目被纳入了布鲁金斯学会的计划，同时得到了世界银行的支持，并由卡内基公司和福特基金会提供资助。

用赫希曼自己的话来说，这项研究的主要目的是，"详细探讨特定的项目对经济和社会的直接影响和更广泛的影响"，以此来"改进项目评估和项目选择过程"。[30]这也就是说，要深入细致地了解项目在规划阶段和建成后的运营阶段的所有具有凸显性的特征。赫希曼决定以世界银行资助的项目为分析对象并不出人意料。世界银行20年来的经验构成了"这个领域最丰富、最多样和最详细的信息和文件来源"[31]。此外，所有选定的项目在开发过程中都曾经遇到过严重的问题。因此，这个样本虽然规模有限，但是业已证明有助于对项目贷款中出现的问题进行一般化概括。更具根本性意义的是，对不同项目加以比较，能够突出特定项目的经验的异同，从而发现它们是否可以"追溯到……那些可以被称为它们的'结构性特征'的东西"[32]。这些结构性特征包括经济、技术、行政和组织特征，它们都与更广泛的社会政治环境密切相关。

赫希曼确定了三个问题暨项目有效性分析重点领域。第一个重点领域是受援国的决策过程。谁是某个项目的发起者？哪些政治和利益集团支持或反对它？这些团体中的某一个是否改变了自己对于项目可取性的最初立场？第二个重点领域是世界银行内部的决策过程。在这里，赫希曼也强调了将银行的初始立场与事后考虑进行比较的重要性。更具体地说，他的目标是构造出一种方法，使得项目规划者可以通过这种方法来应对项目绩效的内在不确定性并预测可能的行为路线。

第三个重点领域是项目回顾。相关问题包括审查施工阶段产生的影响（从对突发事件的描述到对于当地工程、管理和规划能力的直接和间接的能力建设效应），以及项目对受援国当地社会和经济的最终影响。当然，赫希曼的好奇心主要集中在可能源于项目建设或运营的关联效应上。例如，一个项目的建设或运营是否引发了其他经济活动的建立？最后，赫希曼建议，还要分析最深远的后果，例如：项目对受援国财富、收入和权力分配的影响；项目是否在私营部门和公共部门促发了新的创业能力和行政管理能力；以及项目是否引入了

"根本性的结构变化"[33]。

　　要成为赫希曼研究的候选项目必须满足三个基本标准：第一，它们必须在部门和地理区域上具有多样性；第二，它们必须运营了好几年，这样才能重建其历史演变过程（正如我们已经看到的，赫希曼认为详细的历史分析至关重要）；第三，它们必须构成了某种"可识别的活动"，即需要持续进行维护并带来了可识别的关联效应。水电项目、某些高速公路建设项目或工业项目是自然的候选者，而一般的公路重建和维护项目、购买农业机械或用于收支目的的贷款项目则不合适。[34]在世界银行官员的帮助下，赫希曼选定了一些项目，将它们列成了一张表。

　　来自世界银行内部的反馈总体上看是非常积极的。德高望重的资深经济学家德拉戈斯拉夫·阿夫拉莫维奇（Dragoslav Avramovic）对这个研究计划评论道："基础设施项目评价的当代理论和实践，将在广泛的实地调查的基础上受到系统的事后审查，这可能是有史以来第一次。"[35]正因为期望如此之高，世界银行异常积极地参与了这项研究，特别是考虑到这项研究是由一个外部人士进行的，这尤其难得。布鲁金斯学会负责与世界银行合作协调这个研究项目的一位主要官员罗伯特·阿舍尔（Robert Asher）指出："世界银行向外部研究人员开放内部项目文件、为外部研究人员配备助手、要求相关成员国政府予以配合，此外还做了许多其他工作。这实在是一件非同寻常的事情。"[36]

　　然而，世界银行内部也有一些官员表示怀疑，因为他们认为赫希曼打算考察的样本规模很小且异质性很高，没有什么代表性可言。"如果这样做都能成功，那肯定是一个奇迹，"一位世界银行官员这样写道，"无论是从世界银行的种类繁多的项目来看，还是从世界银行各成员国迥然不同的经济和政治背景来看……人们都不能不怀疑，从大约300个项目中抽取12个项目作为样本，真的就足以得出有效的一般性结论了吗？"[37]基于同样的思路，经济学家罗伯特·F.斯基林斯（Robert F. Skillings）也建议只重点关注某个特定的部门（例如电力或道路），并对世界银行在该特定部门资助的所有项目进行全面的分析。[38]虽然这个建议当时没有被采纳，但是也并未被遗忘：后来在20世纪70年代初期，世界银行新成立的运营评估部（Operation Evaluation Division）发起的首批研究中，其中一个重点就是对世界银行在电力领域的援助成果进行全面的分析评估。[39]

世界银行和赫希曼在布鲁金斯学会出面组织的这个研究项目中的合作，可谓正逢其时。在当时，与其他几个国际机构类似，世界银行已经越来越深刻地认识到，必须构建并完善一套体系可以用来评估自己的援助政策对欠发达国家的影响。早期的项目评估，都以对于被评估事项的详细描述为基础，通常带有浓郁的叙事性格调。"在以往，"一位后来担任世界银行评估部门负责人的研究者回忆道，世界银行官员们"会写出一本关于世界银行与某个国家关系的历史的书来。那往往是一段美丽的历史，这样的书实际上也可以成为一部非常扎实的作品。"[40]然而，问题在于，这种形式的评估不能对信息进行任何形式的概括或组合，而且只能为比较分析提供非常有限的基础。

从1964年7月至1965年8月，阿尔伯特·赫希曼和莎拉·赫希曼花了一年多的时间在全世界四个大洲考察了多个项目。莎拉绝不仅是一个随行的家属，相反，就像在阿尔伯特的其他工作中一样，她是这次实地研究的合作伙伴，也是阿尔伯特重要的智识对话者。在阿尔伯特写作《经济发展的战略》一书时，莎拉就已经做出过重要的贡献：她帮阿尔伯特整合了许多与发展研究特别相关的人类学文献。类似地，她于1960年夏天，也在墨西哥、哥伦比亚、智利、阿根廷和巴西等地与赫希曼一起参加了实地研究，从而为《通往进步之旅》奠定了坚实的基础。[41]在1964年至1965年间进行的这次全球考察中，莎拉再一次成了"'团队'中的重要一员"[42]。研究者在许多实地调查笔记中都可以看到她的笔迹。

结束实地考察，回到美国之后，赫希曼分发了一份备忘录，报告了一些初步观察结果，其中重点关注的是他所称的多个不同部门的发展项目的"行为特征"。"在以相当的速度连续考察了各种各样的项目后，"他在备忘录中写道，"我开始觉察到，与其他项目，比如说灌溉项目相比，电力项目有特别明显的优势或劣势。"[43]

赫希曼对这些项目的短期观察的主要目的显然是在方法论层面上的。赫希曼并没有尝试去回答诸如世界银行贷款的经济回报如何、基础设施型项目与农业（和工业）项目之间，以及人力资本与实物资本之间的传统区别是什么这样的问题，而是强调需要在视角上做出根本性的改变。因为赫希曼认为，真正影响各个项目表现的，是它们的不确定性程度："导致项目偏离最初许可'航线'的未知因素、不确定因素和意外因素，在所有项目中都是非常可观的。但是，这些因素在某些特定项目中远比在其他项目中更加重要，世界银行应该会有兴趣了解这种不确定性的主要决定因素。"[44]

表 4.1　赫希曼的旅行安排和要考察的世界银行贷款项目

萨尔瓦多	1964 年 7 月 20 日至 8 月 1 日	发电厂项目
厄瓜多尔	1964 年 8 月 3 日至 20 日	瓜亚斯省的公路项目
秘鲁	1964 年 8 月 21 日至 9 月 11 日	圣洛伦索的灌溉系统项目
乌拉圭	1964 年 9 月 24 日至 10 月 19 日	牧场改良项目
西巴基斯坦	1964 年 10 月 28 日至 11 月 8 日	戈尔诺普利（Karnaphuli）造纸厂项目
印度	1964 年 11 月 9 日至 12 月 16 日	达莫达尔河谷开发项目
东巴基斯坦	1965 年 12 月 17 日至 1 月 3 日	戈尔诺普利（Karnaphuli）造纸厂项目
泰国	1965 年 1 月 4 日至 28 日	湄南河灌溉系统项目
印度	1965 年 1 月 29 日至 2 月 25 日	迈索尔（Mysore）由印度工业信贷投资银行（ICICI）提供贷款的若干工业项目
意大利	1965 年 4 月 26 日至 5 月 28 日	意大利南部的灌溉系统项目
乌干达	1965 年 5 月 29 日至 6 月 18 日	输配电项目
埃塞俄比亚	1965 年 6 月 21 日至 7 月 9 日	电信项目
尼日利亚	1965 年 7 月 10 日至 8 月 12 日	铁路现代化和博尔努（Bornu）延伸项目

　　注释：意大利是后来才被列入考察名单的，赫希曼根据几位世界银行官员的建议做出了这个决定。他们坚持认为，世界银行向意大利南部发展基金（Cassa per il Mezzogiorno）提供的贷款不容忽视，因为在这些贷款资助下的项目对赫希曼的研究非常重要。请参见道格拉斯·J. 方丹（Douglas J. Fontein）写信加布里埃莱·佩斯卡托雷（Gabriele Pescatore）的信，1965 年 4 月 9 日，世界银行赫希曼档案，第一卷。

　　资料来源：阿尔伯特·O. 赫希曼，"对若干世界银行贷款项目的研究——关于一些观察结论的中期报告"，1965 年 8 月，世界银行赫希曼档案，第一卷。

　　在这些决定因素中，赫希曼专门列出来的有以下几个：项目启动时做出完全的规划的能力（例如，电力项目比农业改良项目更容易规划）；项目产生的新增供给与能够吸收它的实际需求之间的直接联系（一个发电站会根据其所在地区的经济发展水平呈现出不同程度的不确定性）；经济、社会和政治变化对项目实施的干扰程度（例如，劳动力成本上升会在多大程度上影响一个灌溉项目，或者，项目能够在多大程度上可以免受政治干扰）。[45] 他在实地考察期间的笔记还详细说明了计算和量化各种类型的项目收益的难度。赫希曼以电信项目为例（他指的是埃塞俄比亚）强调称："你们怎么才能计算出更便捷的通信、让稀缺的管理人才扩散到更广泛的地区的能力、更完善的市场信息等所带来的收益呢？"[46] 因此，这种类型的项目往往会被忽视——尽管很可能它们才是最具生产性的。

　　视角的这种变化，要求世界银行的行为也做出相应的改变。赫希曼写道，世界银行应该避免让各个项目的前景散发出一种"确定性气氛"，而要有意暴露项目背后的不确定性，并探索所有可能的结果。此外，世界银行还应该考虑其贷款的分配效应以及更一般的社会和政治影响。事实上，一个项目的收益分配如果过于不均衡，除了会危及政治和社会稳定之外，还可能对项目本身构成威胁。例如，建设一条新公路的项目，会为农业开发开辟出新的土地来源，在这种情况下，在赫希曼看来，世界银行就应该明确地将这些新增土地的所有权问题考虑进来，以便让项目的利益扩散给尽可能多的人口。当然，赫希曼也非常清楚，项目收益的扩散是需要一定的时间的：通常，一个项目最初只能为所在国家的最"先进"的那个部分的发展做出贡献，只有在第二阶段，它才能覆盖更多的人口和弱势地区。这种涓滴扩散机制（trickle-down mechanism）在有些项目中更加明显，例如在建造一个发电站时。通常的设想是，发电设施要先为最大的城市提供电力服务，随后一步步将电力供应扩大到较小的城市或农村。尽管如此，赫希曼仍然认为，"对于项目的第二个收益扩散阶段……要么应该提前就明确预见到，要么至少保证在它涌现出来时会仔细观察并有效把握它可能带来的机会"，这一点非常重要。[47] 赫希曼还批评了在项目分析中不充分考虑相关的社会和政治因素的倾向。在他看来，许多项目之所以会在实施过程中遇到巨大的困难，原因就在于对政治和社会背景的分析过于粗略。区域性的、部落形式的或中心—边缘型的对抗，以及特定利益集团的政治权力，都是影响特定项目成败的重要因素。

除了对社会和政治因素可能对项目产生的影响有兴趣之外，赫希曼还对相反方向上的影响感兴趣：是否有可能识别出，哪些项目有助于提高人们的政治技能、促进不同群体间形成共识？赫希曼夫妇在他们的旅途中写下的笔记中指出，灌溉项目经常能够带来新的资源，而且这种资源最初通常都被认为是数量有限的，因此几乎灌溉项目都会立即引发关于水资源分配的争议，从而使得工程师与农民之间以及不同的农民组织之间管理和协调问题突显出来，此外还涉及如何扩展服务的问题。不过与此同时，这些问题都可能会产生意想不到的、积极的溢出效应，即，灌溉项目可以成为"一所名副其实的学校，它可以让人们学会讨价还价、调整预期、协调合作等"[48]。

乌干达电气化项目的案例提供了另一个很好的例子，说明有可能通过项目管理中实现社区建设。在乌干达马萨卡市，印度人和非洲裔居民过着完全不同的生活，从事不同的经济活动，遵循不同的市镇迁移和定居模式。印度人都住在城里，可以象征性地连接到电力网络中去；而非洲裔居民则分散在农村各处，要想接入电力网络，他们需要付出的费用可能是印度人的五倍以上。因此，世界银行援建乌干达的配电工程项目极大地加剧了该国内部不同族群之间的冲突。但是，赫希曼强调指出，这个项目有很大的重组空间，例如将印度人和非洲裔人聚集到了一起来共同管理项目，或者将两个族群在不同区域的管理活动协调起来。"共同任务本身的技术性"，赫希曼夫妇大胆地希望，"应该可以帮助这两个［族群］'忘记对方的肤色'。"[49]如果重组得当，乌干达这个电力项目将会产生巨大的社会效益。

哪些项目位于这个"制度建设潜力光谱"的另一端呢？很多人应该都会马上想到高速公路。高速公路建设项目总是会为即兴而为、草率施工、偷工减料……留下充足的空间，还经常为了追求数量而牺牲质量，因而不会有任何具体发展更加结构化和有效的制度的诱因。[50] 此外，由于没有任何自然方面的或技术层面的约束会限制高速公路建设，因此特别容易受到政治压力和政治斗争对国家凝聚力的破坏性影响。火力发电厂也具有这种特性，这与水力发电厂不同。水力发电要受到自然资源可用性的限制，但是火力发电厂却几乎可以在任何地方建造。因此，对火力发电厂的投资似乎更加难以摆脱政治压力的影响。用赫希曼自己的术语来说，这是"不受地域限制的公共事业项目"（如道路和火力发电）和"资源绑定的公共事业项目"之间的对立。[51] 如果从制度建设的角度去考虑项目，灌溉项目将会产生最大的效应，高速公路项目则最低，铁路和电力项目介于两者之间。[52]

　　然而，高速公路项目仍然不失为研究社会现象与经济发展之间的联系的一个有趣的案例。赫希曼认为，高速公路的维护通常是由物理上的磨损和公众的抗议共同推动的：卡车司机因道路状况不佳而拒绝支付道路通行费，会对道路维持和修复所需的财政资源产生负面影响；同时，他们这种行动本身也表明道路的损毁已经达到了不可接受的程度，从而可能会引起必要的反应（道路维护）。[53] 在《经济发展的战略》中，赫希曼详细讨论了这样一个事实，即在欠发达国家，最缺乏的资源通常不是资本或任何其他有形资产，而是决策能力，因此他极力强调要将那些能够作为这种短缺的能力的替代品的各种"诱导机制"阐述清楚。前面描述的循环机制——（1）道路使用，（2）缺乏维护，（3）道路中断，（4）公众抗议，最后（5）道路维护——就是其中一个诱导机制。这一观察结论为赫希曼的智识之旅带来了特别丰硕的成果。正如我们将在下一章中看到的那样，它将成为赫希曼于1970年出版的《退出、呼吁与忠诚》（*Exit, Voice and Loyalty*）一书中对社会互动分析中的"呼吁"的讨论的起点。

　　在他提交给世界银行的"关于一些观察结论的中期报告"（Interim Observations）中，赫希曼认为世界银行忽略了很多重要的问题，"这些项目似乎完全是根据它们在技术层面上的优点来判断的"[54]。此外，正如莎拉在他们的笔记中写道的："盈利能力不应该是衡量投资项目是否符合社会利益的唯一标准。"[55]

赫希曼还着重考察了一些世界银行通常作为贷款先决条件的具体政策，包括：世界银行倾向于与独立于受援国政府的开发机构并只与通过国际招标程序选定的承包商打交道；它坚持政府应该可以通过运营世界银行贷款建立的公用事业工程获利；它坚持对借款国的内部管理程序进行严格的控制，等等。与此相反，赫希曼强调的则是，需要根据当地情况调整贷款程序。[56]

在他们的旅途中，赫希曼还注意到，某些原则上应该独立于受援国政府的机构，实际上在决策的有效性方面受到了组成混乱且职权分散的董事会的严重限制，相反政府部门中更精简的指挥链反而可能会更加有效。在另外一些案例中，许多拥有一定程度的自治性的管理机构似乎都开始转变成了半封建的权力中心。[57]因此，并不能直接默认发展机构的行政独立性肯定是积极的，而是必须根据具体情况进行评估。对于世界银行试图控制借款国内部行政程序的行为，赫希曼指出，这在很多情况下显然是不可能的：国内社会经济困难重重、政府内部冲突不断是借款国的共同特点，而且这些困难的第一个"受害者"往往就是与外部对象的可靠的、开放的交流。[58]

然而，在世界银行的官员们看来，赫希曼的大部分观察结论或者是过于明显、无须多说的，或者干脆是全然错误的。一些批评者强调，赫希曼在很多情况下都是直接根据对某个具体事务的局部分析就得出结论的。"至于赫希曼博士所说的世界银行'给所有项目的前景都披上一层确定性的外衣'的倾向，"有一位评论者对此这样说道，"他说的也许有一定道理，但是必须记住，我们的项目报告不是经济论文。它们必须简短，有许多考虑过的要点并不一定要包含在报告当中。"[59]

世界银行官员、麻省理工学院和哈佛大学前历史学教授邓肯·S.巴兰坦（Duncan S. Ballantine）以一种不那么尖刻的语气令人信服地描述了世界银行的许多报告都有的一种明显的偏向："向［世界银行执行］董事提出积极的行动建议的时候，报告的基调必须显得很积极……而这就需要以牺牲一些不确定性为代价。然而，在导致问题会不可避免地被简化的评估过程中，世界银行的工作人员……确实'一直在努力将不确定性可视化'。"[60]考虑到赫希曼在他的研究中，向来对决策过程和"兜售改革"很感兴趣，因此值得指出的是，世界银行官员的这种反应凸显了赫希曼的一个弱点，即他显然不理解通过听众和外界资料校准信息的必要性。

批评者指出，如果赫希曼考虑了更多的因素，他可能就会发现他的提议实际上在很大程度上是与世界银行的观点和做法相一致的，或者，用另一位世界银行官员的话来说："[赫希曼给出的]观察结论中，其实没有多少是世界银行工作人员在筹划项目的过程中没有考虑过的东西。"[61] 例如，关于世界银行与借款国之间可能会因借款国在关键人事变动之前必须与世界银行进行协商这个义务而产生的冲突的解决方法，赫希曼强调"应该努力将这种事先协商的义务限制在极少数被认定为是必须这样做的情况下"[62]。然而，评论家很容易就可以指出一些事实，说明世界银行早就已经在按照赫希曼的建议行事了："赫希曼博士不太了解世界银行在涉及这种协调义务时的做法。在过去五年提供的 253 笔贷款和信贷中……只有 40 笔贷款和信贷的协议中包含了这种协商义务……它们'确实都是被认定是必须载明这项义务的'。"[63] 世界银行技术运营部高级农业专家、负责对农业发展贷款进行评估的坎贝尔·珀西·麦克米肯（Campbell Percy McMeekan）也评论道："世界银行确实已经按照建议去做了。"[64] 交通项目评估权威汉斯·阿德勒（Hans Adler）——他像赫希曼一样，也是一位从纳粹德国逃出来的难民——总结道："赫希曼的一些建议现在已经成了我们的评估的常规部分。因此，如果他阅读一下我们最近的一些报告，可能会有所帮助。"[65]

还有批评者认为，在许多其他情况下，赫希曼设定的假设显然是错误的。在他的"关于一些观察结论的中期报告"中，赫希曼声称，世界银行的任务应该是"承担对私人资本没有吸引力的项目，因为这类项目能否成功不确定性太高"[66]。但是世界银行的一位官员尖锐地指出，事实与赫希曼所想象的恰恰相反，"世界银行的政策就是不为那些能否成功不确定性很高的项目提供贷款，原因在于如果进行这种投资，借款人的福利和发展将得到最好的服务，因而世界银行的资金的用途，仅限于那些比较稳健的项目"[67]。至于世界银行应该如何与发展机构谈判，有几位世界银行官员指出，他们在选择策略的时候并不是教条主义的，而最熟悉赫希曼所选择的例子的人则认为它们是"非常不合适的"[68]。一些官员还怀疑，世界银行在项目评估中明确考虑政治和社会因素是否有用。世界银行的工作人员认为，世界银行相对不受政治压力的影响，并主要是在技术官僚的推动下运行的，因此在项目评估中明确考虑政治和社会因素意味着世界银行将会"很容易受到成员国的各种反应的影响，并失去它原本幸运地拥有的超然地位"[69]。

赫希曼遭到批评的另一个重要原因是他对定量评估完全不感兴趣，而只是专注于定性分析，或者用他自己的话来说，只"比较不同部门的项目的'个体概况'"[70]。世界银行原本希望，赫希曼的研究能够提供衡量项目的间接经济效益的方法，并阐明对产品和生产要素应用影子价格的可行性和效果等问题，因此这是赫希曼最令这个官僚机构失望的一点。[71]此外，赫希曼声称他的研究是"严格以政策为导向的"，因此可以对世界银行的贷款政策产生直接影响，但是世界银行的许多工作人员却认为没有任何地方可以应用他的建议，因此对他的批评进一步加剧了。[72]例如，世界银行的一位工程师评论说，赫希曼"对于摆在世界银行面前的可行选择集其实并不十分了解"[73]。

如何破解发展经济学的知识难题:《发展项目述评》

尽管世界银行内部的工作人员对赫希曼的"关于一些观察结论的中期报告"进行了猛烈抨击，但是他们对赫希曼最终完成的研究成果——布鲁金斯学会于1967年出版的《发展项目述评》(*Development Projects Observed*)一书——的反应并不算特别激烈。相反，正如一位世界银行官员所说的，他们只是认为赫希曼的结论"适用性非常有限"[74]。一位高级项目经理认为这本书的

第一章给出"隐藏之手原理"（the Principle of the Hiding Hand），"显然过于单薄了，特别是当作为对那些必须决定是否启动、继续或完成拟议中的项目的人决策时的指导原则的话"。[75]布鲁金斯学会的一位高级研究员也认同这种看法，并指出赫希曼的论点"让那些希望找到更明确的确定外援项目适格性的人的标准感到很不安"[76]。在"隐藏之手原理"中，赫希曼论述道，低估困难这个问题其实是一种强大的机制，可以促使项目付诸实施，如果预见到了所有困难，那么那些项目在一开始的时候就永远不会启动。根据赫希曼的说法，项目实施时出现的问题通常会引发创造性的努力，从而引导人们找到解决方案。不同于汤因比的"挑战与反应"理论，赫希曼提出的"隐藏之手原理"声称："人们之所以会承担某些新任务不是因为受到了挑战，而是因为他们假设根本不存在挑战。"[77]根据赫希曼的说法，汤因比的命题只是一种事后合理化，"只刻画了第一印象"（per fare bella figura）[78]。

虽然在修辞上很有说服力，并且是"十足赫希曼式的"（Hirschmanesque）——这是沃尔特·萨兰特（Walter Salant）首创的一个术语——但是"隐藏之手原理"无法让更多人信服。即便是布鲁金斯学会咨询委员会的成员，比如说沃尔特·萨兰特和爱德华·梅森（Edward Mason），他们虽然更喜欢赫希曼的思路，也认为这个原理是相当片面的。[79]例如，萨兰特指出，这个原则远远不像赫希曼所暗示的那样能够提供一般性的分析框架，而只是反映了对问题难度的估计与对解决问题的能力的估计之间众多可能的关联之一：问题的难度当然可能被低估，但是也可能被正确地估计了或被高估，解决问题的能力也是如此。实际上，从成功的隐藏之手，到纯粹的灾难（当问题被低估，再加上解决问题的能力被高估时），这里存在着九种可能的结果。[80]

多年以后，赫希曼承认，他这本书的第一章的确有一点"迹近于挑衅。因为再也没有其他说法比我下面这种说法更不利于项目的'正常运行'了：低估一个项目的成本或困难，在许多情况下往往有助于激发出否则可能永远不会出现的创造性能量"[81]。然而赫希曼当时确实认为这正是要点所在。赫希曼提出的"隐藏之手原理"的基础正是行动者的无知，而且他自己也从来没有打算让它成为一个政策工具。赫希曼的目的是通过这种途径阐述将不确定性和有限理性纳入世界银行的"认识论"的必要性。虽然这个原理的最终名称与亚当·斯密著名的"看不见的手原理"相似，但是赫希曼最初拟定的原名或许更有启示意义：1965 年 1 月，正在东巴基斯坦旅行的赫希曼写信给他身在纽约的两个女儿卡蒂娅和丽莎，详细解释了他当时称之为"如有神助的无知理论"（providential ignorance）：

> 巴基斯坦戈尔诺普利（Karnaphuli）造纸厂项目也许是最有意思的，因为它很好地表明要将一个行业从一个国家"移植"到另一个国家并非易事。*初看起来似乎很简单*——既然用的都是同样的机器，为什么在东巴基斯坦就不应该运行得与在瑞典一样好呢？然而，事实是，确实存在许多差异，从原材料（用的是竹子而不是松树）到市场需求，都需要比这个国家当初预料的多得多的"创造性"适应。这种情况使得几乎所有人都觉得，如果他们一开始就知道了他们后来要面对的所有困难，他们将永远不会创建这个行业；但是既然已经创建了它，他们也就设法一个一个地解决了他们遇到的问题。创造性的秘诀就是，首先要将自己置于非得具有创造力不可的那种环境中，但是只有当人们事先不知道自己必须具有创造力时才能做到这一点。而反过来，这又是因为我们低估了我们的创造性资源；确实是这样，在我们体验到自己的创造力之前，往往不相信我们有这种创造力；也正是因为我们必然会低估我们的创造性资源，所以不会有意识地去从事我们知道需要这种资源的任务。因此，让我们的创造性资源发挥作用的唯一方法是，必须同样地低估任务的困难程度。[82]

在这里，赫希曼是在正面探讨一个不可避免的微观层面上的发展学知识难题。就其性质而言，关于发展的知识（development knowledge）不是那些致力于发展的国家和地区或企业家原本就可以利用的资本资源，更加不是能够轻易移植的东西。从自己在发展经济学领域耕耘 15 年多的经验中，赫希曼深切理解持续取得成功有多么困难。在《经济发展的战略》一书中，他之所以专注于如何触发和促进经济决策，正是因为问题不在于缺乏任何特定的生产要素，而是缺乏更基本的能力——即做出发展决策的能力。换句话说，赫希曼在《经济发展的战略》中关注的焦点是各种诱导机制，利用它们可以绕过因经济行动者无法获得的可实施的关于发展的知识而出现的障碍。而作为《通往进步之旅》一书的基础的那些研究，则是上述问题在政策制定过程中的一个变体而展开的。现在，在《发展项目述评》这本书中，赫希曼在项目最基础的层面上正面讨论如何得到关于发展的知识这个问题；他关注的不是发展序列本身，而是这种发展序列的基本构建模块——即各种创造性行动，它们可以为分散在整个发展路径中的特定问题找到解决方案。因此毫不奇怪，赫希曼认为最有意义的问题是，哪些条件更有利于触发创造性反应，以及创造性自身的本质到底是什么。

赫希曼还强调了他所称的"副作用的核心作用"（the centrality of sideeffects）。在《发展项目述评》一书中，赫希曼将项目评估描述为一种将它们"可视化"的艺术。根据他的定义，副作用不仅是"二次效应"，即不仅是项目的溢出或反响。在通常情况下，事实往往会证明副作用是"实现项目主要效果和目的的必不可少的因素"[83]。副作用之所以被称为"作用"而不是"条件"或"先决条件"，恰恰是因为它们是"最终的要求"——启动项目时不需要它们，但是它们对于项目在启动后的生存、成熟并长期存续是必不可少的。高速公路项目（而不是铁路项目）就是这样的副作用的一个很好的例子。

人们通常认为，对高速公路的投资可以促进卡车运输业的发展，从而增强创业精神。但这种次生效应还可能会产生更广泛的后果："企业家精神意味着政治权力，而这反过来又意味着能够更果断地改变交通运输行为的规则，使之更有利于高速公路的发展。"看似只是次生效应（增强企业家精神），却变成了一个决定性因素，使得发展高速公路的决定不可逆转（而铁路则不一样）。[84]与此同时，副作用还既是必要的、又是不可预测的，并且体现了赫希曼的研究进路的核心特点："如果只是作为一种启发式方法，如果只是作为确定项目是否成功的一些基本条件的一个工具，那么建议去寻找一下间接效应。"[85]

在赫希曼看来，成本收益分析以及利用这种方法对投资的次生效应进行精确计算的尝试，将这种对间接效应的探索变成了一个过于僵化的过程。这种僵化的过程必定会受到太多的任意假设的阻碍，并使得寻找一个唯一的排序的努力变成徒劳的数字游戏。"怎么可以有这样的期望呢！"赫希曼对此大声抗议道，"当然，只要将所有不同的维度合并成某个单一的指数，就可以按照一个单一的尺度对各种发展项目进行排名了。但是不要忘记，即便是简单得多的日常决策，也都要求个人或集体做出判断来辨析不同的可选目标的相对重要性并且必须在不同的目标之间做出权衡取舍。"尤其糟糕的是，在有的时候，成本—收益分析的目的似乎完全不是为了促进决策者的明智判断，而只是试图让他们完全放弃这种判断。[86]下面这段文字很好地描述了赫希曼采取的非系统方法，他认为不可能找到一套统一适用于所有项目的标准：

> 在考察中，我们发现，每一个项目都代表了一个独特的由特定的经验和后果从集而成的"星座"（constellation），包括了各种各样的直接效应和间接效应。这种独特性反过来又源于项目的结构特征及其与社会和政治环境之间的各种相互作用。为了促进对这种相互作用的理解，我将重点放在了……不同项目的各种特征上——主要是不同的不确定性（uncertainties）和回旋余地（latitudes）——这些特征决定了它们的整体"行为"和"职业前途"……我完全无意将项目的"行为"的多个维度合并起来，确立一个用于所有项目的成熟标准；相反，我只是努力尝试为项目规划者和运营者提供一整套"眼镜"，用来辨识项目的"行为"的各种可能路线。我期望，本书已经展示出了，对每一个单独的项目进行分析时所需要的全套眼镜中的不同的、相当有限的特定的眼镜"子集"。[87]

在赫希曼动手撰写《发展项目述评》这本书的初稿时，很明显他的研究议程是与世界银行完全不同的。世界银行的一位高级官员指出，赫希曼这本书没有包含"任何对实际操作有用的分析",他还以一条渗透了非常失望的情绪的注记总结道:"关于项目准备和评估过程,我没有从这本书中获得任何重要的新见解。"[88]

赫希曼给出的项目评估方法是他之前的研究"自然演化"的结果,同时也标志着他的观点与早期的发展经济学理论争论之间的距离正变得越来越大。正如托尼·基利克(Tony Killick)指出的,"早期的一些想法作为政策解决方案在实践中遭到了失败",促使赫希曼进一步深入探索经济政策制定的机制,并对世界银行在20世纪60年代进行的早期评估进行反思。世界银行和赫希曼一致认为需要开发一套更加系统化的评估方法。[89]不过,世界银行和赫希曼之间虽然在"需要做什么"这个问题上有共同的观点,但是并未能就如何满足这种需求达成共识。

赫希曼的初衷是,改变世界银行的世界观(*Weltanschauung*)及其设计、管理和评估项目的方法。因此,在这项研究中,他并没有专注于构建一般性的评估程序,相反,他进一步提出了许多含义更丰富且更具战略性意义的问题。此外,虽然他的很多洞见都具有开创性和创新性,例如需要仔细考虑可能影响项目的各种社会和政治因素,但是其他一些思考则似乎显得有些过于学究气了——例如,他对区域性发展机构独立于政治的程度的讨论。

最后,赫希曼忽视了一系列非常实际的需求,而那才是世界银行之所以愿意坐下来探讨评估的程序的基础。世界银行希望赫希曼在分析不同项目时视角不会发生任何转变,希望他的帮助能够使得项目设计和管理变得更加可度量、可预测和可复制。例如,赫尔曼·范德塔克(Herman van der Tak)建议赫希曼,"将各类项目的积极和消极方面"总结为"更具操作性的'总结和结论'……以便为实际工作者提供指导"。[90]最后,世界银行经济部确实尝试着编写了一本操作指南,它是一个杂交体,结合了赫尔曼·范德塔克提议的以实际工作者为对象的"总结和结论"与一系列相关的"带注释的问题"(比如,赫希曼提出的那些)。然而,赫希曼本人的研究"操作版"则从未面世。

正当世界银行因赫希曼的研究成果似乎完全不适用而苦恼的时候,其他一些多边组织开展的研究却已经将成本—收益分析向前推进了极大的一步。成本—收益分析是在 20 世纪 20 年代和 30 年代形成的，最初是用于水资源开发的一种技术，主要由工程师提出，目的是在公共投资决策中纳入经济分析，并以公共"效用"最大化为原则来对各备选项目进行评估。然而，量化项目效果天生有非常大的内在困难，再加上美国有权管理水资源的不同官僚机构之间观点各异，因此在 20 世纪 60 年代之前，人们始终无法就成本—收益分析的标准化方法达成一致。[91]

此外，正如斯蒂芬·马格林（Stephen Marglin）观察到的："收益—成本分析法，通常是作为给项目'论证'（即证明既定项目的合理性）的一种手段而被引入的……而不是作为项目规划的一种工具而被引入的；在美国的实践中（与在理论上不同），这种方法往往被用来装饰项目的门面，在那之前，这些项目的计划早就已经在几乎完全没有参考任何经济标准的情况下制定好了。"[92]直到 20 世纪 40 年代后期，尤其是从 20 世纪 50 年代开始，成本—收益分析的标准化和统一化才被正式提上议事日程，因为人们试图将它作为克服不同机构之间的冲突的一个途径，同时也因为经济学家对成本—收益分析的兴趣越来越浓厚了。第二次世界大战后，新福利经济学的发展还给成本—收益法赋予了智识上的合法性，正如一位评论家所指出的，它从"一种用来对特定项目的前景进行粗略的评估，或用来对项目实施的各种方式加以比较的实用方法"，变成了"一个实现总体经济效率的精密工具"。[93]

在 20 世纪 60 年代末期与 70 年代初期之间，又出现了一股新的研究成本—收益法的浪潮。1968 年，经济合作与发展组织（OECD）发展中心出版了煌煌两大卷的《发展中国家工业项目分析手册》（*Manual of Industrial Project Analysis in Developing Countries*）。第一卷主要从企业的视角关注工业投资项目的盈利能力，而由伊恩·M. D. 利特尔（Ian M. D. Little）、詹姆斯·A. 米尔利斯（James A. Mirrlees）撰写的第二卷则侧重于社会成本—收益分析。利特尔和米尔利斯主编的这一卷，经过全面修订后又于 1974 年重新出版，立即就被认定为对发展中国家项目评估的一项开创性贡献，特别是在影子价格的使用这个方面——影子价格是用来反映项目的社会影响的，它取代了项目的"私人"盈利能力指标。[94] 在短短几年的时间里，就形成了以这种方法为基础的"学派"，它对"发展中国家从事规划的经济学家的思想"有非常直接的影响。[95] 1972 年，联合国工业发展组织（UNIDO）又出版了另一本里程碑式的项目评估著作，它的作者是帕塔·达斯古普塔（Partha Dasgupta）、斯蒂芬·马格林和阿玛蒂亚·森（Amartya Sen）。[96] 尽管这本著作提出的方法与利特尔—米尔利斯方法之间存在着一定差异，但是这两种方法仍然拥有足够多的共同点，完全可以被视为"在某种直接意义上是［非常］相似的"或具有"相似的精神的"。[97] 当然可以肯定的是，这两种方法都讨论了不确定性在项目设计和评估中的作用。但是在实际操作的层面上，它们实际上都将这个术语与通常所指的"风险"——那是一种需要衡量的东西——混为一谈了。赫希曼遵循了奈特式的（以及凯恩斯式的和哈耶克式的）对"风险"和"不确定性"的二分法，即认为不确定性是一种无法衡量的性质。在 20 世纪 60 年代初期与政治学家查尔斯·林德布洛姆合著的一篇论文中，赫希曼在更一般的意义上深入阐述了政策制定中不可避免的"不可知性"："很显然，不可能事先指定……不同情况下各种政策的最佳'剂量'。因此，促进经济发展的艺术……恰恰在于如何培养出对这种'剂量'的感觉。"[98]

当然，除了赫希曼之外，还有许多其他学者或机构也对成本—收益分析的局限性进行了反思。例如，联合国教科文组织（UNESCO）的一个专家会议的最终报告，不仅强调了将社会选择的所有因素还原为单一指标的局限性，而且指出了，将实际上不适合"营销"的社会目标还原为财务指标在实践中也是不可行的，例如新的价值观的获得和社会关系的强化。特别是，联合国教科文组织的报告也支持了赫希曼对成本—收益分析法的主要批评，即认为这是一种严重"反政治"的方法："将所有因素归结为一个共同的指标，导致的结果只能是听任技术官僚的任意平衡和武断衡量代替了复杂的政治和社会辩论过程。这个看似理性的工具，似乎是用来逃避政治选择的手段。"[99] 苏塞克斯大学发展研究所的伯纳德·谢弗（Bernard Schaffer）和杰夫·兰姆（Geoff Lamb）也进一步阐述了成本—收益分析的局限性，例如无法衡量发展项目的再分配效应等。[100] 城市和区域规划专家彼得·霍尔（Peter Hall），更是在他那本振聋发聩的著作《大计划的灾难》(*Great Planning Disasters*) 的第一章中专门讨论了不确定性的作用，强调项目规划者设想发展前景时必须将赫希曼所说的项目评估中的不确定性工作考虑进来。[101] 然而说到底，这些都是"少数派立场"，对发展辩论的影响其实相当有限。

到了 20 世纪 70 年代初期，赫希曼这本《发展项目述评》就已经被完全遗忘了。1974 年，利特尔—米尔利斯的手册再版时，将《发展项目述评》近乎不屑一顾地称为"一本有意耸人听闻的著作，它只关注任何评估都会忽略的那些主题"，而其余文献更是几乎完全对它视而不见。[102] 1975 年，世界银行也发布了自己的项目评估"参考指南"，它完全遵循了利特尔—米尔利斯的传统，也只字未提赫希曼为世界银行所做的这项研究。[103] 英国政府海外发展署评估部的负责人虽然将《发展项目述评》描述为一本"有趣的书，读起来相当引人入胜"，但是却把整本书与讨论"隐藏之手原理"的第一章混为一谈，并认为这个原理只是一个毫无根据的推测，声称"通常情况下，项目最初的概念或设计中存在的基本错误才会削弱它后续成功的机会"[104]。

因此很显然，将"隐藏之手原理"放在全书第一章是一个适得其反的策略。这一章关注的是出人意料的问题的有益作用，而这是不可能引入组织惯例的，因此也无法说服读者。还有另外一个可能的原因——如果不能说它是赫希曼这本书完全被遗忘的原因的话，那么至少可以说是它之所以会在世界银行内部引起的那种反应的原因——则更多地与"组织社会学"因素有关，而不是与发展经济学的历史有关。许多世界银行官员之所以有意贬低赫希曼的研究，可能是因为他是这个机构的局外人，而且还对它的核心活动及其员工理解和解释发展模式的能力进行了评论（主要是批评）。这种不信任首先表现在对赫希曼内部传阅的"关于一些观察结论的中期报告"的反应上。在某个场合中，一名世界银行工作人员严辞驳斥了赫希曼对世界银行的政策的观点，认为赫希曼所说的一切，只不过是"我们听到过的一些最频繁地重复出现的抱怨的回声，这种抱怨来自圈外人，而且不一定来自其代表人物，"并指责赫希曼对世界银行的看法既非常片面，又完全无关痛痒。[105]另一名世界银行工作人员则评论道：

> ［赫希曼］试图做的事情是，提醒我们注意项目运营中固有的一些陷阱……当然，有一个局外人来提醒我们、发挥他作为一个局外人的视角优势，对我们无疑是有益的。但是在完成他的著作之前，我们应该确保赫希曼先生先了解所有事实和所有观点。在学术界和文学界，批评的得分似乎比赞美高，赫希曼先生虽然知识渊博，也很能干，但是可能也难免会屈服于这种诱惑。[106]

即便没有人怀疑赫希曼可能会通过不加区别的批评来寻找赞扬，许多人仍然担心他的学术观点会导致他付出的努力对像世界银行这样的发展机构的运作来说毫无意义。世界银行官员、以前的学界中人邓肯·巴兰坦指出，赫希曼试图"将两种本质上水火不相容的观点结合起来——政策制定者的观点和学者（或真理探索者）的观点"[107]。虽然巴兰坦承认这种做法自有其价值，但是他认为在赫希曼那里，学术观点完全占了主导地位，从而使他的研究面临着对世界银行全然无关紧要的高风险。普遍的看法是，世界银行的局外人不具备了解该银行业务的能力。

除了这些可以归类为对于来自一个"局外人"的评论的反应的批评之外，世界银行官员提出的大部分批评似乎都是有一定道理的：毫无疑问，无论赫希曼的观点是多么有见地、多么发人深省，他终究未能提供任何具体的项目运营评估工具。与此同时，如何对待来自"局外人"的评论、批评和建议的"合法性"，始终是评估工作的最核心的敏感问题，而不独赫希曼此项研究为然；世界银行官员的反应突出地表明，反馈机制对于大多数组织来说确实都是一个软肋。即便是对于世界银行内设的（但独立的）业务评估部（现更名为独立评估组）而言，如何维持平衡，即在让运营人员和评估人员保持良好的协作和沟通的同时，确保评估的独立性和客观性，仍然是一项重大挑战。这种平衡非常不稳定，并且会反复波动。在有的时候，内部的评估似乎远远称不上独立和可信。正如一位世界银行官员在 2003 年强调指出的那样，如果缺乏独立性，就会削弱评估工作在原则上和实践中的可信度："世界银行质量保证小组（Quality Assurance Group）的最新审查结果表明，在去年进入投资组合的世界银行项目中，多达 93% 的项目都是'令人满意'的。如果你发布了一个报告，声称你投资的项目有 93% 都'令人满意'，那么你敢说你不存在可信度问题吗？"[108] 而在其他一些时候，独立性则是以对抗性反应为代价才获得的。正如世界银行运营评估部（OED）的一位主管写道的，运营人员对他们的评估报告的典型反应是，"对事实细节提出异议，质疑调查结果的有用性，并攻击运营评估部所采取的方法论"[109]。因此毫不奇怪，阿尔伯特·赫希曼当年受到了类似的批评。

布鲁金斯学会出版社在 2015 年出版了新一版《发展项目述评》，重新引发了各界对这本书的关注，尽管这种关注似乎有点"过热了"。在为新版《发展项目述评》撰写的热情洋溢的前言中，哈佛大学教授卡斯·桑斯坦（Cass Sunstein）强调了"隐藏之手原理"与行为经济学的最新洞见之间的相似之处，例如"乐观偏差"和"计划谬误"。根据卡斯·桑斯坦的说法，似乎应该把赫希曼"归类为一个早期的行为经济学家"，而且《发展项目述评》一书则"可以合乎理性地算作行为经济学方面的开拓性著作"[110]。虽然请桑斯坦来为新版《发展项目述评》撰写前言很有意义——桑斯坦在《纽约书评》中对杰里米·阿德尔曼撰写的赫希曼传记也给予了非常积极的评价——但是考虑到桑斯坦自己长期从事现代监管领域的成本—收益分析，这也着实有点自相矛盾。[111]回想当年，赫希曼之所以撰写《发展项目述评》一书，就是试图用它来对抗当时将成本—收益分析法作为项目评估的标准方法的潮流的。当然众所周知，他的尝试以失败而告终了。而到了今天，却由一个成本—收益分析的长期倡导者和主要支持者来将这本书奉上了经典之作的圣龛。

不过实际上，在他的著作中，桑斯坦提供的是一个复杂版本的成本收益分析，因为他意识到了介入于其中的价值判断的争议性，以及我们对许多关键变量的了解的有限性。桑斯坦还强调，监管的影响不可能都以货币形式表达出来，因此应该认为对相关影响的定性描述仍然是最重要的。[112] 然而，正如桑斯坦在他最近出版的一本毫不含糊地称之为《成本—收益革命》（*The Cost-Benefit Revolution*）的书中所说的那样，根据他在奥巴马政府中担任信息和监管事务办公室主任时的经验："成本—收益分析反映了对技术官僚的民主观（technocratic conception of democracy）的坚定（而自豪）的承诺。"[113] 尽管赫希曼也看重技术官僚的能力，但是任何明眼人都应该可以注意到，赫希曼向来认为，这种技术官僚的自尊心过高了且极具误导性。

最近关于这本书的争论仍然是围绕着"隐藏之手原理"而展开的。主要的批评者包括牛津大学管理学教授和大型项目专家本特·弗莱夫比约格（Bent Flyvbjerg），他用一个包含了全球两千多个发展项目的大型数据集来检验赫希曼的"隐藏之手原理"（相比之下，赫希曼当年只考察了 11 个发展项目）。在他发表的多篇论文中，弗莱夫比约格声称，赫希曼所说"隐藏之手"在历史上引发的消极效应远远多于积极效应。

当然这种批评并不新鲜。因为很多其他学者也在很早以前就强调过"隐藏之手原理"可能以灾难性后果（而不是以创造性的有益反应）结束的可能性。例如，早在 1984 年，保罗·斯特里滕就提出了这样一种看法，"'隐藏之手的原理'是与墨菲定律有关的。根据这个原理，'如果有什么事情可能会出错，那么肯定就会出错'"；另外，罗伯特·皮乔托（Robert Picciotto）也指出过，在某些情况下，"隐藏之手"会变成"寻租者和'发展骗子'们所用的'攫取之手'"[114]。对此，皮乔托似乎颇明事理地评论道，"发展道路上散布着由领导者发起的失败计划的残骸，他们高估了自己解决问题的能力并低估了项目的风险和成本"——这就是桑斯坦在给《发展项目述评》一书撰写的前言中提到过的"乐观偏差"，而且早在 1967 年就已经由萨兰特强调过了。萨兰特还警告说，在评估"隐藏之手"的可能影响时，"至关重要的是要辨析清楚……什么被隐藏了，什么人在隐藏以及为什么隐藏"[115]。桑斯坦还提到了"恶意的隐藏之手"（Malevolent Hiding Hand）原理，那是赫希曼所说的"隐藏之手原理"的邪恶的孪生兄弟，"它也隐藏了障碍和困难，只不过是在创造力没有出现或出现得太晚又或无法挽救局面的情况下"。而罗杰·桑迪兰兹（Roger Sandilands），斯特拉斯克莱德大学教授、赫希曼担任哥伦比亚政府经济顾问时的老对手劳克林·柯里的传记作者，则称《发展项目述评》一书"不仅在经济学上非常糟糕，而且在道德的层面上还要更加恶劣"[116]。很显然，桑迪兰兹是把赫希曼给出的这个主要是描述性的原则与严格的规范性原则等同起来了；与桑迪兰兹类似，皮乔托也犯了这个错误，并据此对发展项目中是否真的存在使用"隐藏之手"的机会提出了质疑："从短期来看，利用过度乐观的目标设定来获得对项目的支持，可能不失为一个权宜之计。但是要想长期持久地保持活力，就必须将社会挫折保持在最低限度，并通过现实的目标以及对风险和成本的透明阐述来维持信任。"[117]

弗莱夫比约格对赫希曼的"隐藏之手原理"的攻击引起了不小的轰动，有不少学者在回应中反驳了弗莱夫比约格的前提和结论。在这场争论中，最具"艺术大师效应"的还是要数桑斯坦，他在为赫希曼这本著作写的序言中高度赞扬了"隐藏之手原理"，同时又在与弗莱夫比约格合著的一篇论文中批评了它——那篇论文最后重申，这个"原理"至多是一个特例，而不能适用于通常情况。[118]

可能确实如此。但是还有一些人则将整个争论视为一场"茶壶中的风暴"。1986年，当时还是东英吉利大学的一位博士候选人的德·加斯珀（Des Gasper）提出了一个更加温和的思路，他这样写道，应该将"隐藏之手"仅仅视为"讨论项目现实的一个切入点"。根据加斯坦的说法。赫希曼本人的主要意图应该是"利用项目的经验来更好地理解项目流程，从而改进项目设计、决策和管理"[119]。

而从更一般的层面上看，2015年的这场辩论错过了一个更广泛的问题。显然，所有讨论者都认为"隐藏之手原理"是赫希曼对项目评估做出的最重要的贡献。但是，这本身就是一个很成问题的看法。实际上"隐藏之手原理"只是为一个更广泛且更重要的问题提供了一个引人入胜的介绍，那就是项目设计和实施中无法消除的根深蒂固的不确定性。赫希曼对不确定性的讨论占据了非常大的篇幅，他强调不确定性在供需两侧、金融、行政、技术和研发等不同领域都普遍存在。秉承类似的精神，赫希曼还详细讨论了项目的哪些具体特征可以帮助减少不确定性并增强项目设计和实施中的可控性——因此他讨论了不同项目在空间上、时间上和制度上的"回旋空间"和"原则纪律"，项目设计中的"特征接受型"和"特征创造型"特点，以及项目评估中的"副作用的核心作用"。

　　当然没有任何人（哪怕是世界银行内部的对赫希曼没有多少好感的批评者），都不认为赫希曼的建议意味着他对错误的项目启动、成本的低估和危机的意外出现而欢欣鼓舞。更准确的说法应该是，他们质疑的是，是不是真的有办法可以将赫希曼对项目的解释"常规化"，因为赫希曼认为每一个项目都是"一个由特定的经验和后果构成的'星座'，包括了各种各样的直接效应和间接效应"，以及组织过程中各种意想不到的创造性反应。这是赫希曼未能解决的问题，而且直到今天仍然是世界银行官员和发展机构有待解决的重要问题。

　　今天，抛开了50年前这本书第一次出版发行时的争论中的所有意气之后，世界银行的工作人员终于可以平心静气地回过头来，将赫希曼当年的思考结果视为一片难得的回声板，反思他们的实地经验与业经世界银行组织和常规化的、源于评价和评估过程的有用知识之间的关系了。在摒弃了过度自信地将自己视为现代化推动者的傲慢态度之后，今天的发展项目的实践者们正在寻找更好地理解制度学习过程的方法。最近，世界银行的两名官员将他们的研究描述为寻求"一个结构化、累积性的实验过程，承认不确定性的存在，但是同时也强调要利用现有知识并将实验建立在现有知识的基础之上"。他们给出的结论是："在这种情况下，赫希曼式的社会学习主题仍然具有重要的意义。"[120]

注释

　　[1]　关于发展经济学，入门性的教科书和著作包括：Arndt 1987；Meier 2001，2005；Meier and Seers 1984；Oman and Wignaraja 1991；Hirschman 1981b。关于早期发展经济学领域的争论的重新评估，请参见 Alacevich 2011。最新给出的重新评价来自 Alacevich and Boianovsky 2018。

［2］ Hirschman 1981b.

［3］ Hirschman 1968a, vii—viii.

［4］ Tendler 1968.

［5］ Hirschman 1963, 1.

［6］ Hirschman 1963, 2.

［7］ Hirschman 1980a, 171—172.

［8］ Hirschman 1967a, 3.

［9］ Hirschman 1963, 227.

［10］ Hirschman 1963, 228.

［11］ Hirschman 1961a, 1961b.

［12］ Adelman 2013, 369.

［13］ Albert O. Hirschman, "Making the Best of Inflation," paper delivered at the Conference on Inflation and Growth in Latin America, Rio de Janeiro, Brazil, January 3—11, 1963, AOHP.

［14］ Hirschman 1963, 232.

［15］ Albert O. Hirschman, "Making the Best of Inflation," paper delivered at the Conference on Inflation and Growth in Latin America, Rio de Janeiro, Brazil, January 3—11, 1963, AOHP.

［16］ Hirschman 1963, 242.

［17］ Hirschman 1963, 256.

［18］ Hirschman 1963, 256.

［19］ Hirschman 1963, 260.

［20］ Hirschman 1963, 4.

［21］ Hirschman 1963, 4.

［22］ Olson 1965.

［23］ Seers 1964, 158.

［24］ Seers 1964, 159.

［25］ Seers 1964, 159—160.

［26］ Adelman 2013, 383.

［27］ 唐·K.普莱斯（Don K. Price）于 1963 年 11 月 12 日写给阿尔伯特·O.赫希曼的信；阿尔伯特·O.赫希曼于 1963 年 12 月 9 日写给迪恩·普莱斯（Dean Price）的信；哈罗德·巴格（Harold Barger）于 1963 年 12 月 30 日写给阿尔伯特·O.赫希曼的信；唐·K.普莱斯于 1964 年 3 月 9 日写给阿尔伯特·O.赫希曼的信；哈佛大学新闻办公室，Morning Papers of Thursday, March 19, 1964。以上均收录于 AOHP。

［28］ 请参见 Feijoó and Hirschman 1984；以及该项目的网站（这个项目现在已经变成了一家非营利性公司了）：https：//peopleandstories.org。

［29］ 阿尔伯特·O.赫希曼于 1963 年 3 月 14 日写给 J.伯克·纳普的信，AOHP。

［30］ Albert O. Hirschman, "A Study of Completed Investment Projects Which Have Received Financial Support from the World Bank," June 1963, WBGA.

［31］ Hirschman 1967a, 1.

［32］ Hirschman 1967a, 4.

［33］ Albert O. Hirschman, "A Study of Completed Investment Projects Which Have Received Financial Support from the World Bank," June 5, 1963, WBGA.

［34］ Hirschman 1967a, 3.

［35］ 德拉戈斯拉夫·阿夫拉莫维奇（Dragoslav Avramovic）于 1964 年 2 月 18 日写给 IBRD 和 IFC 的部门主管的信，"Investment in Developing Countries—Effects, Expectations and Reality," WBGA。

［36］ 罗伯特·E.阿舍（Robert E. Asher）于 1964 年 4 月 8 日写给罗伯特·D.卡尔金斯（Robert D. Calkins），"Hirschman Project", AOHP。

［37］ P. M. Mathew to William Diamond, "Investment in Developing Countries—Effects, Expectations and Reality," February 24, 1964, WBGA.

［38］ 罗伯特·F. 斯基林斯（Robert F. Skillings）于 1964 年 2 月 26 日写给赛义德·侯赛因（Syed S. Husain）的信，"Professor Hirschman's Forthcoming Study," WBGA。

［39］ IBRD 1972. 40.

［40］ 罗伯特·皮乔托（Robert Picciotto）于 2000 年 11 月 1 日接受口述历史项目访谈的记录稿，访谈者是威廉·H. 贝克尔（William H. Becker）和玛丽·T. 泽尼（Marie T. Zenni），口述历史项目，WBGA。

［41］ Hirschman 1958, vi; 1963, ix.

［42］ 阿尔伯特·O. 赫希曼于 1964 年 10 月 19 日写给唐·K. 普莱斯（Don K. Price）的信，AOHP。

［43］ Albert O. Hirschman, "A Study of Selected World Bank Projects—Some Interim Observations," August 1965, WBGA.

［44］ Hirschman, "A Study of Selected World Bank Projects."

［45］ Hirschman, "A Study of Selected World Bank Projects."

［46］ "Ideas—Miscellaneous," 无日期，AOHP。

［47］ Hirschman, "A Study of Selected World Bank Projects."

［48］ "Ideas—Miscellaneous," 无日期，AOHP。

［49］ "Uganda," 无日期，AOHP。

［50］ Sarah Hirschman, "Latin America," April 19, 1965, AOHP.

［51］ Sarah Hirschman, "Nigeria," August 18, 1965, AOHP.

［52］ "Ideas—Miscellaneous," 无日期，AOHP。

［53］ Sarah Hirschman, "Latin America," April 19, 1965, AOHP.

［54］ Hirschman, "A Study of Selected World Bank Projects."

［55］ Sarah Hirschman, "Ethiopia," August 19, 1965, AOHP.

［56］ Hirschman, "A Study of Selected World Bank Projects."

［57］ Sarah Hirschman, "Ethiopia," August 19, 1965, AOHP.

［58］ "Ideas—Miscellaneous," 无日期，AOHP。

［59］ A. D. Spottswood to Bernard Chadenet, "Comments on Dr. Hirschman's 'Interim Observations,'" September 8, 1965, WBGA.

［60］ D. S. Ballantine to B. Chadenet, "Comment on Interim Observations by A. O. Hirschman," September 15, 1965, WBGA.

［61］ P. A. Reid to L. J. C. Evans, November 16, 1965, WBGA.

［62］ Hirschman, "A Study of Selected World Bank Projects."

［63］ A. D. Spottswood to Bernard Chadenet, "Comments on Dr. Hirschman's 'Interim Observations,'" September 8, 1965, WBGA.

［64］ C. P. McMeekan to H. B. Ripman, "Project Study—A. O. Hirschman," September 22, 1965, WBGA.

［65］ Hans A. Adler to Warren C. Baum, "Comments on Professor Hirschman's 'Study of Selected World Bank Projects—Some Interim Observations,'" September 22, 1965, WBGA.

［66］ Hirschman, "A Study of Selected World Bank Projects."

［67］ A. D. Spottswood to Bernard Chadenet, "Comments on Dr. Hirschman's 'Interim Observations,'" September 8, 1965, WBGA (emphasis original).

［68］ C. P. McMeekan to H. B. Ripman, "Project Study—A. O. Hirschman," September 22, 1965, WBGA.

［69］ D. S. Ballantine to B. Chadenet, "Comment on Interim Observations by A. O. Hirschman," September 15, 1965, WBGA.

［70］ Hirschman, "A Study of Selected World Bank Projects."

［71］ Dragoslav Avramovic to Department Heads, IBRD and IFC, "Investment in Developing Countries—Effects, Expectations and Reality," February 18, 1964, WBGA.

［72］ Hirschman, "A Study of Selected World Bank Projects."

［73］ A. D. Spottswood to Bernard Chadenet, "Comments on Dr. Hirschman's 'Interim Observations,'" September 8, 1965, WBGA.

［74］ Hans A. Adler to Warren C. Baum, "Comments on Professor Hirschman's 'Study of Selected World Bank Projects—Some Interim Observations,'" September 22, 1965, WBGA.

［75］ Reported in Robert E. Asher to Albert O. Hirschman, May 27, 1966, WBGA.

［76］ Asher 1962, 217.

［77］ 阿尔伯特·O. 赫希曼于 1965 年 4 月 4 日写给他的女儿卡蒂娅和丽莎的信, AOHP（强调标记是原文就有的）。

［78］ 阿尔伯特·O. 赫希曼于 1965 年 4 月 4 日写给他的女儿卡蒂娅和丽莎的信, AOHP（原文为意大利文）。

［79］ "Advisory Committee for Development Projects Observed by Albert O. Hirschman," September 21, 1966, AOHP; "The Principle of the Hiding Hand" was also published as a stand-alone piece in The Public Interest, Hirschman 1967b.

［80］ 沃尔特·萨兰特（Walter Salant）于 1967 年 1 月 26 日写给阿尔伯特·O. 赫希曼的信, "More on 'The Hiding Hand' and other comments on Development Projects Observed," AOHP。

［81］ Hirschman 1994b, ix.

［82］ 阿尔伯特·O. 赫希曼于 1965 年 1 月 1 日写给他的女儿卡蒂娅和丽莎的信, AOHP（强调标记是原文就有的）。

［83］ Hirschman 1967a, 161.

［84］ Hirschman 1967a, 162.

［85］ Hirschman 1967a, 169.

［86］ Hirschman 1967a, 179.

［87］ Hirschman 1967a, 186.

［88］ 理查德·H. 德穆斯（Richard H. Demuth）于 1966 年 9 月 13 日写给罗伯特·E. 阿舍（Robert E. Asher）的信, WBGA。

［89］ Killick 1978, 27（强调标记是原文就有的）。

［90］ 赫尔曼·范德塔克（Herman van der Tak）于 1966 年 12 月 20 日写给阿尔伯特·O. 赫希曼的信, WBGA。

［91］ Porter 1995, 148—189.

［92］ Marglin 1967, 18; 也请参见 Porter 1995。

［93］ Hammond 1966, 222.

［94］ Little and Mirrlees 1968, 1974.

［95］ Kornai 1979, 76.

［96］ Dasgupta, Marglin, and Sen 1972.

［97］ Dasgupta 1972, 41; Kornai 1979, 76. 关于这两种方法之间的区别, 请参见（例如）, 达斯古普塔对 OECD 和 UNIDO 的方法的比较（Dasgupta 1972）, 以及弗朗西斯·斯图尔特和保罗·斯特里滕（Frances Stewart and Paul Streeten 1972）对 OECD 所用的方法的批评。

［98］ Hirschman and Lindblom 1962, 83—84.

［99］ UNESCO 1978, 124.

［100］ Schaffer and Lamb 1978, esp. 70—79.

［101］ Hall 1980, 8.

［102］ Little and Mirrlees 1974, 379.

［103］ Squire and Van der Tak 1975.

［104］Cracknell 1984，17—18.

［105］Mario Piccagli to H. B. Ripman，"Comments on Mr. Hirschman's Observations,"September 22，1965，AOHP.

［106］Warren C. Baum to B. Chadenet，"Comments on Mr. Hirschman's Paper,"September 17，1965，WBGA.

［107］D. S. Ballantine to B. Chadenet，"Comment on Interim Observations by A. O. Hirschman,"September 15，1965，WBGA.

［108］Grasso，Wasty，and Weaving 2003，43.

［109］Köpp 2003，55.

［110］Sunstein 2015，xi.

［111］Sunstein 2013.

［112］例如，请参见 Sunstein 1999，23，46。

［113］Sunstein 2018，xi（强调标记是原文就有的）.

［114］Streeten 1984，116；Picciotto 1994，221—222.

［115］Picciotto 1994，222（强调标记是原文就有的）.

［116］Sunstein 2015，xii；Sandilands 2015，32.

［117］Picciotto 1994，224.

［118］更完整的讨论，请参见 Sunstein 2015；Flyvbjerg and Sunstein 2016，991；Flyvbjerg 2016，2018；Ika 2018；Lepenies 2018；Room 2018。

［119］Gasper 1986，473，470.

［120］Kenyon and Criscuolo 2017.另外，霍尼格（Honig 2018）也为考察外国援助机构如何在不确定的环境中有效实施援助项目提供了一个新的和令人振奋的视角。

第五章　跨学科的社会科学

20 世纪 60 年代的后半段是赫希曼最多产的一个时期。在出版了《发展项目述评》一书后（这是他关于发展问题的第三本专著），他又发表了好几篇对发展经济学领域有重要贡献的论文。值得注意的是，赫希曼在 1965 年至 1970 年间发表的七篇文章在时间和内容上都非常接近，因此正如他自己说过的那样："它们越来越像是一本书的各个章节了。"[1] 这七篇论文合起来大约 180 页，完全可以构成一本著作，但是最后赫希曼还是决定将它们与更早的几年间发表的关于发展问题的其他论文一起，编成一本篇幅更大的文集，这就是《对希望的偏爱：拉丁美洲发展论文集》(*A Bias for Hope*: *Essays on Development and Latin America*) 一书，它于 1971 年正式出版。[2]

不仅如此，20 世纪 60 年代后期也是赫希曼开始超越地区界限和发展经济学的学科边界，着手探索适用于各种情况的社会行动基本过程的关键年份，包括发达国家和欠发达国家、私人领域和公共领域、国家和市场，等等。赫希曼想要解决的一般问题是，个人如何应对公共服务、市场产品和组织行为中出现的不同类型的"劣化"*，以及对于不同"劣化"情况分别可能有什么样的"恢复"（recuperation）机制。面对各种"劣化"情况，个人可能聚集到一起表达他们的不满（他称之为"呼吁"）；或者，在光谱的另一端，个人也许更喜欢安静地"用脚投票"（他称之为"退出"）。当然，这只是对赫希曼在这个时期的新研

---

* 原文为 "deterioration"。"劣化"是赫希曼的《退出、呼吁与忠诚》一书作为分析出发点的一个基本观察结果，本书译者视不同语境将它分别译为"劣化""恶化""下降""衰减"或"衰败"，等等。——译者注

究项目的非常抽象的总结，但是它已经足以表明，这项研究任务覆盖的范围是非常广泛的，而且是一项真正的跨学科研究。研究结果是赫希曼于1970年出版的一本短小精悍的著作《退出、呼吁与忠诚》（*Exit，Voice，and Loyalty*），它或许可以说是赫希曼最著名和最重要的著作。[3]

这本书也标志着，赫希曼已经从一名政治经济学家转变成了一个全面的、深度跨学科的社会科学家了。自此之后，他对学术和公共辩论的贡献，虽然仍然总是与经济学学科及发展领域有联系，但是涉及的主题范围变得非常广泛；自此之后，他相继提出了一系列令人信服的新颖观点，反复证明了自己作为一名真正的跨学科学者的极大潜力和巨大能力。

由于赫希曼的新旧兴趣在时间顺序上是相互重叠的，同时他的学术生涯中这两个阶段之间又存在着明显差异，因此很难将他所有的分析放在一个连贯的章节中综合呈现。从一定意义上，赫希曼20世纪60年代后期关于发展的著作大体上属于前一个阶段，而他关于退出和呼吁的著作则是下一个阶段的第一个成果。但是，这两个阶段之间存在深刻的连续性，这与赫希曼的人格、写作和学术风格、注重形式的倾向（*forma mentis*）、好奇心、态度以及许多其他无形的元素有关，我们无法将所有这些元素一一列举出来（那种努力注定是徒劳的）。

然而，有一个明显的特征（*trait d'union*）却可以直接从《对希望的偏爱》一书的前言中看出来。赫希曼在这个前言的第一部分中讨论了经济与政治之间的关系。在这篇题为"政治经济学与可能主义"（Political Economy and Possibilism）的文章中（它写于1970年，那正是《退出、呼吁与忠诚》一书即将出版的时候），赫希曼提纲挈领地阐述了必须消解经济学和政治学之间的学科分界线的观点，实际上，这也正是他之前所有研究的一个基本元素。在文中，赫希曼提出了这样一个问题："怎样才能克服经济学家和政治学家对各自学科的'自主权'的狭隘自豪感，同时还要不止步于……将它们联系起来的那种过于原始的努力？"[4]对赫希曼来说，《退出、呼吁与忠诚》首先是一个旨在打破经济学和政治学之间"根本性的分裂状态"的新尝试，尽管它绝不是第一项这个方向上的研究。[5]

在"政治经济学与可能主义"一文中，赫希曼指出，经济和政治这两者之间虽然明显存在着联系，但是通常只在讨论某些大规模的现象时才会得到强调，例如人们经常说，当经济出现了通货膨胀和大规模失业时，在政治方面就会更加容易达成共识。但是，这种大笔细描式的分析要么太简单、太无趣，要么在分析细节上过于复杂化，以至于变得深奥难测和无法得出结论。在赫希曼看来，一个更有前景的方法是，不要去过多地分析粗略的轮廓，而是要去分析"经济景观的和各种细微特征"，同时着力关注历史细节以及各种边界清楚的社会机制的具体运行。[6]丝毫不出人意料，赫希曼认为自己对经济现象的政治影响的兴趣至少在写作于1945年出版的著作《国家实力与国际贸易的结构》时就已经出现了，而且他还指出，他对援助计划和援助项目的研究（我们在本书第三章中研究过了）、对进口替代工业化政策的讨论，以及对不断变化的经济形势与政策制定者对它的感知之间的差异（我们将在本章第一节中讨论），全都是"市场力量与非市场力量的相互作用"的例子，并且全都可以"为政治思想提供大量食粮"。[7]

因此，从赫希曼越来越迫切地想从正面明确地解决经济分析与政治分析相互割裂这个问题的心情中，就可以看出他在这个过渡时期所主张的统一原则了。赫希曼极少撰写描述关于自己的研究的纲领性文章——或者至少在20世纪70年代前后是这样。因此，对于他这一次做出的写一篇方法论论文的决定，我们可以这样来解读：它进一步证实了他对拓宽自己的研究学科界限的越来越大的渴望，同时也表明他认为明确地阐述自己的意图的时机已经成熟。本章将致力于分析赫希曼学术生涯的这个复杂的过渡时期，从他于20世纪60年代后期关于发展问题的论文开始讨论，以他出版于1970年的杰作《退出、呼吁与忠诚》结束。

坚持改革道路，反对失败情结（fracasomania）

正如我们在本书第四章中已经看到的，到了 20 世纪 60 年代中期，发展经济学领域的从业者普遍对"发展事业"的结果越来越感到沮丧。首先，关于已取得的成就，没有明确的记录。不仅是个别学者，而且所有参与进来的组织都缺乏一份清晰的"地图"（用来说明哪些政策是有效、哪些政策是无效的，哪些制度环境有利于发展、哪些则不利于发展）。即便是在个别项目的层面上（那是发展援助的基本单位），情况也远远说不上清晰无误。例如，世界银行通常根据投资回报来衡量其业务的成功程度，然而受援国政府尽管实际上总会向世界银行偿还债务，但是这本身并不能说明项目的实际运行情况如何。因此，与其说投资回报衡量了受资助项目的经济效用，还不如说它衡量了世界银行对成员国的政治权力，因为没有一个国家敢拖欠世界银行的债务。

我们在前一章中讨论的关于项目评估和评价的辩论，就是对这种明确性不足的一种反应。一个很有意思的事实是，在 20 世纪 60 年代末和 70 年代初这段时间里，许多不同的发展机构都或多或少同时地提出了评估问题。当然这绝不是偶然的。在描述联合国开发计划署的历史时，克雷格·墨菲（Craig Murphy）记录了开发计划署第一任主任保罗·霍夫曼（他也是马歇尔计划的前任负责人）的一个意味深长的声明："如果我们真的非常好地完成了我们的任务，那么在二十五年后我们就可以关张大吉了。"[8]

当然，联合国开发计划署和其他国际组织并没有做到这一点。但是，"发展理论的辉煌盛期"之所以那么有生命力，正是因为在当时看来，发展问题的解决方案似乎总是近在咫尺。或许，如果在最开始的时候就发现促进发展有非常巨大的困难，那么许多学者甚至可能在尝试解决这一任务之前就会感到完全气馁，因此最初用于考虑发展问题的智力资源就会少得多。从这个意义上说，赫希曼或许可以安慰自己，尽管他提出的"隐藏之手原理"未能成为对外援助和发展项目评估工具箱中的基本分析工具，但是它仍然有助于解释项目评估的诞生为什么会显得有点姗姗来迟——即，要等到早期的乐观情绪减弱、发展经济学经历第一次严重危机的时候。

这场危机既是一场解释危机，也是一场信心危机。从 20 世纪 40 年代后期到 60 年代，一些不发达国家被当成了各种发展政策的"实验室"或"试点地"，以为在这种试验的基础上可以描绘出全球性的更系统化的发展行动蓝图。然而不幸的是，在这些"发展实验室"里，经常会出现一些自信的诊断专家，他们提出了许多没有合理证据支持的一般性的解决方案。到最后，唯一明显且得到了广泛认同的结论是，"欠发达国家"这个名目下包含了太多的不同情况，以至于这种分类实际上几乎毫无用处。

正如赫希曼感叹的，欠发达国家已经成了"模型构建者和范式塑造者热衷追逐的猎物了，这种游戏达到了无法容忍的程度"[9]。对于这些过于自信的"发展专家"来说，所有欠发达国家都显然是很容易理解的，它们的"运动规律"是很规则的、易于预测的，而且它们面临的困境的解决方案也很容易界定清楚——事实上，如赫希曼指出的，他们认为这实在太容易了。"为什么整个拉丁美洲都会发现自己经常被一些致命的、不可避免的困境所困扰？"赫希曼大声抗议道："对于任何声称只有两种可能性——要么是灾难，要么是一条特定的救赎之路——的理论、模型或范式，都应该立即提出质疑。毕竟，至少暂时性地，确实存在着炼狱这种地方！"[10]

此外，发展政策也成了争论的焦点，这与评估发展结果的困难有关。20 世纪年代和 60 年代的辩论主要围绕着工业化政策选择和外国直接投资对欠发达国家经济发展的作用展开。赫希曼认为，公众不但没有充分认识到这些政策的局限性，而且对于它们所带来的积极结果也理解不足够，他所做的许多重要的努力，就是为了试图弥补这种信息缺陷。在整个 20 世纪 60 年代，他通过一篇接一篇的论文，在彻底的失败主义与对"发展大厦"的明显局限性视而不见这两个极端之间开拓出了一条改革主义道路。

赫希曼观察到，他的许多拉丁美洲同事都有夸大批评的倾向；在他看来，这是他所称的"急于做出宏大结论"的冲动的反映，赫希曼在这里借用了福楼拜的一句话"la rage de vouloir conclure"[11]。赫希曼指出，一旦检验结果表明，现实的复杂性和实际问题的易解决性与模型的预测大相径庭，这种急切心态就会自然而然地产生失望、沮丧和彻底的失败感等副产品。他认为，这种高度不稳定的周期性模式——先是急于看到结果，然后很快切换到彻底的失败感——在拉丁美洲和其他欠发达国家和地区是很典型的，而且往往是这些国家出现两极分化的政治周期的一个原因。近乎亢奋的热情和极度失望的沮丧反复地轮流出现，这种经历在拉丁美洲的发展进程中已经变得根深蒂固了，赫希曼最后将它命名为"失败情结"（fracasomania），或者说，这是一种"坚持认为必定会经历另一场失败的信念"[12]。

与这种"失败情结"相反，赫希曼对拉丁美洲产业政策的解读却要乐观得多。当然，他承认过去的增长政策有很大的局限性，但是他也看到了积极的一面。例如，在 20 世纪 50 年代，进口替代工业化（ISI）曾经是一个非常流行的发展战略。按照当时人们的想法，从 19 世纪中叶到大萧条时期，拉丁美洲各国经济的特点是建立在食品和初级产品的出口的基础上的长期增长。但是，两次世界大战和 1929 年开始的经济大萧条造成的国际贸易崩溃表明，严重依赖于国际原材料市场和制成品进口的经济有很多局限性。第二次世界大战结束后，劳尔·普雷维什（Raúl Prebisch）（当时任职于拉丁美洲经济委员会，ECLA）和汉斯·辛格（Hans Singer）（来自联合国）对国际市场上初级产品相对于制成品的贸易条件的长期恶化进行了研究，得出了一系列重要的结果。尽管他们的观点后来受到了经济史学家的挑战，但是在 20 世纪 50 年代，它们为以下政策主张提供了基本依据，即应该放弃出口导向型经济增长战略（crecimiento hacia afuera），转而采取由国内市场扩张带动的经济增长战略。[13]据信，后一种战略同时有助于克服国际市场贸易条件恶化问题（需求侧问题）和国内初级产品过度专业化问题（供给侧问题）。

赫希曼在 1968 年发表了一篇题为"拉丁美洲进口替代工业化的政治经济学"的长篇论文，明确反对这种过于简单化的对不同政策划分阶段的做法。他指出，首先，进口替代工业化政策的优势并不像这些评论家所描述的那样绝对，因为出口导向型增长在战后几十年也是许多国家采取的一种成功的基本战略。其次，更加重要的是，进口替代工业化政策在不同国家有着截然不同的起源。在某些情况下，它们是由国际收支问题引发的；而在其他一些情况下，它们只是收入逐渐增长的结果；还有在另一些情况下，它们却是通过政府有意的和直接的行动来促成的。不同的起源也就意味着不同的轨迹：源自政府计划的进口替代工业化政策通常更倾向于生产资本货物；而源于国际收支困难的进口替代工业化则反而倾向于支持非必需奢侈品的国内生产。一般性地对进口替代工业化政策进行泛泛而论的评论几乎毫无意义。在某些国家，这种战略确实有助于壮大工业部门并提高人们的收入；但是在其他一些国家，这种战略只会导致制造业的有限发展和收入不平等的加剧。

赫希曼还指出，进口替代工业化政策远远没有因为有些人所说的进口替代的可能性已经耗尽而变得无效了——那是巴西著名经济学家塞尔索·富尔塔多（Celso Furtado）等人所持的观点——恰恰相反，这种战略实际上培育了一系列全新的投资机会，这或者是因为不断增长的收入创造了对新的消费品的需求，或者是因为新的生产引发了后向关联（也就是说，创造了对国内现在终于可以生产的投入品的额外需求）。[14] 从这个角度来看，即便是为特定细分市场生产的"利基产品"（niche product）或奢侈品，只要它们能够带来额外的需求，为建立新的进口替代产业打开大门，那么也就能够产生有益的影响。因此，赫希曼对"瓶颈产业"或非必要生产对工业扩张（看似矛盾的）必要性的分析，是对关联概念的进一步阐发。[15]

如果说，各个国家采用进口替代工业化政策的经验真的有一个共同特征的话，那么它只能是：这种战略有一种分阶段展开的趋势。进口替代工业化，通常是从制造消费品的生产开始的，然后转向中间产品的生产，最后才是资本品的生产（不同阶段的持续时间和重要性因国家而异）。这种趋势的存在，使得整个工业化过程比英国和法国等早期工业国家显得更加连续和顺畅，因为那些先发国家必须在生产消费品的同时进行中间产品和资本品的生产（因为早期工业国家无法从其他国家进口资本品）。

　　赫希曼指出，这种依序展开的特点，不仅可以说明许多拉美国家在引入进口替代工业化政策时为什么相对容易，而且可以解释这些国家在工业化进程中受到的某些典型的限制。其中一个限制是缺乏技术创新培训，因为大部分技术都是进口的。或许更重要的限制是，一个国家内部工业部门转型与整个国家的社会和政治结构转型之间的脱节。

　　工业化国家的经济、社会和政治结构全面转型的思想，长期以来一直是现代化理论的基本原则。这种思想的基本观点是，经济发展会带来社会结构的深刻转变（例如，家庭结构从大家庭转变为核心家庭，人际交往关系从基于亲属的转变为基于契约的，价值从宗教价值观转变为世俗价值观，等等），进而导致现代政党制度和民主制度的发育和发展。但是，许多发展中国家工业增长的实际经验却无情地揭示这种所谓现代化理论的"真相"：它只是有趣的理论分析与规范偏见的结合体。对此，赫希曼一针见血地指出："现有的社会和政治环境中可以相对容易地适应进口替代工业化战略，这个事实可能正是对这种工业化过程普遍感到失望的原因。许多人信奉现代化理论，本来寄希望于工业化的推进能够改变社会秩序，但是现在它所能做的却只是供应制成品！"[16]

　　然而，在赫希曼看来，进口替代工业化战略的这种不尽如人意的特征掩盖了它带来的积极变化。[17]正如他在1968年发表的另一篇论文中所指出的那样："在拉丁美洲和其他欠发达地区，变革的障碍是与感知变革的障碍重重交织在一起的。"[18]赫希曼这个思路与他在《通往进步之旅》一书中就开始的反思有关，而他在1968年至1969年在斯坦福大学休学术假期间萌生的对社会心理学的新的兴趣则加强了这一点。在《通往进步之旅》一书中，赫希曼试图识别出拉丁美洲"型"制定政策过程的特征，类似地，在后来这些反思中，他考虑的是这样一个问题：在欠发达国家和地区，是不是存在着一种典型的感知变革的风格（或者说，是不是存在着一种结构性的变革感知无能）？

　　根据赫希曼的说法，还有一个问题会使得欠发达国家的人们比发达国家更难以感知变革。由于一般都在某种程度上"依附"于某个超级大国，欠发达国家往往需要以"小剂量渗入"或"暗地里悄悄地推动"的方式进行变革，以避免自己强大的盟友对本国内政产生过多的兴趣（如果不是直接干涉的话）。赫希曼认为，这就是依附国经常需要"掩饰已发生的变革"的原因。这些国家之所以要进行这种"偷偷摸摸式的变革"，就是为了避免领先国的干预。[19]（20年后，赫希曼还进一步指出，那些认为冷战结束对第三世界国家不利的评论家——他们的理由是，西方国家的资本、企业家精神都会分流进新开放的东欧国家中去，未能看到这种"忽视效应"的有益一面。[20]）但是，当这种掩饰过于成功时，它也会阻碍对变革机会的感知。[21]因此，从一定意义上说，成功的伪装也有可能变成自我实现的预言。

在 20 世纪 60 年代后期，赫希曼之所以要为进口替代工业化政策辩护，主要是为了反驳一些左派拉丁美洲经济学家和某些国际组织所持的观点，前者是如塞尔索·富尔塔多、玛丽亚·达康塞桑·塔瓦雷斯（Maria da Conceição Tavares）和圣地亚哥·马卡里奥（Santiago Macario），后者如拉丁美洲经济委员会（ECLA，这是一个结构主义者组建的强大的组织）。[22]然而，几年后，对进口替代工业化政策的主要批评就开始转而来自一批关注国际贸易而非国家工业化模式的经济学家了。这场辩论的开场之作是伊恩·利特尔（Ian Little）、蒂博尔·西托夫斯基（Tibor Scitovsky）和莫里斯·斯科特（Maurice Scott）于 1970 年为经济合作与发展组织撰写的一本具有里程碑意义的著作，名为《若干发展中国家的工业和贸易》（Industry and Trade in Some Developing Countries）。这本书激发了大量类似的后续研究。尽管这些研究并没有过多地批评进口替代工业化政策不再有效，但是它们的理论基础仍然在于强调这种政策对贸易和国内工业化模式的扭曲效应。[23]不过，在 20 世纪 70 年代，国际经济格局的变化非常迅速，进口替代工业化政策之所以变得可持续性不足，不仅是因为它们受到了从意识形态立场出发的攻击，更主要的是因为国际资本流动已经日益自由化了。

改革之路：新的对外援助政策

赫希曼认为，人们对于欠发达国家产业政策的通常解释过于悲观了。当然，拒绝这种解释，并不意味着他认为这些政策已经没有改进的空间了。在他的职业生涯的每一个阶段，赫希曼都提出了极富想象力的政策建议。这些建议有时具有明显挑衅意味，赫希曼的目的就是要用它们来引发讨论，进而扩大改革政策的空间。本节就来讨论赫希曼在这个时期的政策建设：他指出，主要的问题是如何发挥直接外国投资的作用以及保证外国援助机构的高效运转。

外国投资有一个颇具争议性的历史。一方面，它们对东道国经济的积极贡献是毋庸置疑的，因为它们提供了资本、企业家精神和管理能力、技术和市场联系等有利因素。在最好的情况下，外国投资甚至可以成为传播有用知识的有效载体，能够帮助东道国提高国内生产要素的质量。当然外国投资也有消极的一面，赫希曼和其他一些学者都提到了外国投资对国内创业和经营环境的负面影响，尤其是导致本地能力的错配，例如在本地企业被外国投资挤出的情况下。[24]

赫希曼对这个问题的新颖贡献有很强的政策含义。首先，利用我们现在公认的标志性的推理方式，赫希曼区分出了发展过程的不同阶段，并阐明了外国投资的负面影响是如何仅限于一个国家经济增长的某些阶段，而不是所有阶段的。赫希曼的批评并不是针对一般的外国投资的，而是针对外国投资在东道国发展过程中的特定阶段的影响的。他的第二个贡献是，他提出来的解决问题的方法实际上是深刻的制度建议。

在赫希曼看来，外国投资对东道国经济增长过程的干预的时间点位不同，会产生不同的影响。他认为，在经济发展过程的早期阶段，外国直接投资产生的通常主要是有利影响，因为它们有能力提供生产要素并带来东道国国内原有要素缺失的、或与之互补的能力。在随后的阶段，负面影响可能会压倒正面影响。与赫希曼的分析中经常会出现的情况一样，在这个问题上，他的分析的要点仍然是，要摆脱非此即彼的选择（例如，外国直接投资是积极的还是消极的？），而要专注于细致地分析发展过程的各个阶段实施各项政策的敏感性。正如我们在前面的第三章中已经看到的，赫希曼（还有他的合作者林德布洛姆）反对依赖于任何一种关于政策制定的精准且永远不变的药方："显然不可能事先指定……不同情况下各种政策的最佳'剂量'"，他们这样写道，因为"促进经济发展的艺术……以及更一般的建设性政策的制定的艺术，恰恰在于培养对各种不同的'剂量'的感觉。"[25]

类似地，赫希曼指出，外国投资"可以通过引入本国'缺失'的生产要素、补充当地原有的生产要素，在穷国发展的早期阶段发挥最大的作用。但是，在随后的阶段中，外国投资可能会起到阻碍作用——即，当这个穷国开始出现了它自己的企业家、技术人员和储蓄者的时候（尽管毫无疑问，这些事物之所以能够出现，在很大程度上就是因为在此前的阶段引入了外国投资）"[26]。换句话说，每一个阶段都会埋下带有"毁灭自身"的种子（这是赫希曼喜欢的一个马克思主义概念），同时每一个新阶段都产生于前一个阶段。困难在于培养自己对这个序列将会如何展开的感觉。对此，赫希曼的总结是："当然，很难判断外国投资会在什么时候以这种方式从促进发展的因素转变为阻碍发展的因素，特别是在后一阶段，其贡献往往从表面上看仍然是正面的。"[27]因此在赫希曼看来，外国投资的影响可以说是喜忧参半的，它对一个国家发展的贡献必须经过精心校准才能衡量出来。

无论如何，如果说，要对外国投资进行精确的微调在原则上说是很困难的，那么毫无疑问，到了20世纪60年代末的时候，要对大部分外国投资加以清算——或者，用赫希曼采用的术语来说，"剥离"——已经是一件板上钉钉的事情了。赫希曼认为，这项工作应该充分发挥人们的"制度想象力"，即应该专门设计和组建一个机构，让它发挥金融中介、仲裁员和担保人的作用，以帮助外国投资者撤资，同时等待国内投资者接替它们的位置。[28]由于赫希曼主要关注美国与中南美洲国家之间的关系，因此他提议成立一个"美洲撤资公司"（Inter-American Divestment Corporation）作为缓冲，以解决撤资者与新投资者之间的协调问题。赫希曼认为，这家公司还可以帮助政府诊断哪些部门最需要撤资："就像医生问病人哪里痛一样，该公司可以定期向各国政府询问哪家公司的外资所有权令人厌烦。"[29]

根据赫希曼的说法，成立这样一家撤资公司，有可能实现一些比简单的将所有权从外国投资者手中转移到国内投资者手中更加雄心勃勃的目标。例如，将创造扩大工业所有制基础的条件（让小投资者也可以参与购买股份）。工业所有制和财富的结构将因此而变得更加民主和平等，进而可以成功地利用全新的资本来源（在此之前，因为它们太小、太分散而无法获得）。

最后，通过对原来的外国投资企业的所有权的精心重组，"美洲撤资公司"可以在不同国家的工业部门之间建立起财务和管理联系网络，从而为真正的拉丁美洲跨国公司的发展奠定基础。对此，赫希曼展望道："将撤资行动与各种'拉丁美洲化'举措结合起来（而不仅是简单的国有化），可以为拉丁美洲一体化运动提供急需的动力。"[30]赫希曼暗示，借助于这样一家撤资公司，可以将拉丁美洲相对停滞的发展阶段转变为在国家层面上重新调整财富分配乃至整个大陆经济格局的机会。

这确实称得上是一个非常宏大的制度想象。这也是赫希曼十年来一直在进行的对于美国对拉丁美洲的外交政策的一些高度政治性批评的更超然的版本。他对美国的外交政策的较早的一次公开批评是在1958年，当时理查德·尼克松对几个拉丁美洲国家进行的"表示善意"的访问变成了一场灾难。尼克松在他的整个亲善之旅中的许多站点都遭到了示威者的愤怒挑战。例如，根据对尼克松这次出访的详细记录，"在加拉加斯，数百人尖叫着要求尼克松一行马上滚回家去，示威者从悬空的机场候机楼观景台向他们吐口水、扔垃圾"[31]。著名记者沃尔特·李普曼（Walter Lippman）把尼克松的拉美之行称为"外交珍珠港事件"，为了淡化它的影响，尼克松故意以漫不经心的口吻宣称，美国应该给拉丁美洲的"民主领袖们一个大大的拥抱（abrazo）"；另外，时任美国总统的兄弟米尔顿·S. 艾森豪威尔（Milton S. Eisenhower）、负责拉丁美洲事务的重要顾问，甚至建议将这种"拥抱"作为"与拉丁美洲各国及其领导人打交道时的官方政策"[32]。

赫希曼对这些政客们竟然会提出如此"天真"的建议而感到非常震惊。"难道真的没有人想到过，"他几乎难以置信地写道，"'民主领袖们'可能根本不会特别在意我们的'拥抱'吗?"[33] 后来，赫希曼又重申了这一点，作为对约翰·F.肯尼迪（John F. Kennedy）在1961年3月13日发表的演讲的回应。在那次演讲中，肯尼迪向拉丁美洲大使们提出了成立一个新的"进步联盟的建议……那是一个巨大的对外援助项目，无论是它的规模，还是它的崇高目标，都是前所未有的，它的宗旨是满足美洲人民对住房、工作和土地、健康和学校（techo、trabajo y tierra、salud y escuela）的基本需求"[34]。赫希曼谴责，这些提议过于冒昧了，而且更加糟糕的是，他认为它们的效果会适得其反。强调美洲内部团结的修辞，或者更糟糕的，摆出一副尽可能地仁慈的姿态，可能会激怒拉丁美洲国家的许多改革派团体，并推动他们进一步远离美国的援助和支持（或者，他们会说那些是美国直接强加给它的贫穷的南部邻国的政策）。由于一直保持着对"贩卖改革"的政治经济学的极大的兴趣，所以赫希曼对美国对拉丁美洲国家的外交政策导致的政治力量调整有非常高的敏感性。"争取社会改革的斗争，"赫希曼反思道，"需要一类特殊的支持者参与。但是这类支持者的特点是，一旦这种斗争得到了所有的权力当局的支持，其中一些人就很可能会完全失去兴趣。民族主义分子肯定会挑剔美国支持的任何改革，并且将会转向捍卫现状或倡导更激进的措施。"[35]

赫希曼认为，这些美国政客所做的，根本没能加强与拉丁美洲各国的关系、改善自身形象，反而让美国扮演了"闯进瓷器店的公牛"的角色，从而错失了采取更有意义的行动的机会——这既包括那些引人注目的行动，比如说将巴拿马运河移交给一个多边美洲组织，也包括不那么雄心勃勃的旨在解决具体问题的行动。美国应该远离所谓"拥抱"政策；相反，它需要的是一种距离感，以表示对拉丁美洲国家的尊重和愿意合作的态度。

20世纪60年代后期，赫希曼还提出过另一项旨在改革国际经济关系基本机制的建议，那是在赫希曼的老朋友、世界银行时期的旧同事亚历山大·史蒂文森的推动下，他与自己在哥伦比亚大学任教时的学生、后来在哈佛大学担任经济学讲师的理查德·M. 伯德（Richard M. Bird）一起阐述的。[36] 这项建议的出发点仍然是赫希曼当年提出的关于国家实力与国际经济关系之间的关系的理论，只不过在这一次，关注的焦点是对外援助，而不是对外贸易。"在一个由主权国家组成的世界里，"赫希曼和伯德写道，对外援助"是国家的一种政策工具，富人们可以利用它来获得影响力和增加自己的权力"[37]。他们为此而撰写的论文题为"对外援助——批评和建议"，由两个相互关联的部分组成。我们已经在前面的第三章中讨论了"批评"那一部分，即对贷款计划的攻击，而倡导针对特定项目的贷款。

赫希曼他们提出的这项建议当然也是极富智识想象力的，它的目标是革新国际外援组织。这个建议的实质是将富国对外援助支出的决定权从政府转移到个人手中。富裕国家的政府的标准做法是，利用一部分税收来为对外援助计划融资，而在赫希曼—伯德的计划中，决定权将交给个人纳税人，由他们来决定应该将他们的收入的某个比例用于哪些外国援助项目上（上限为5%，以防止富人获得过大的影响力）。反过来，作为奖励，纳税人将会从国家获得税收抵免，而且纳税人拥有的"发展份额"每年都可能会产生少量的回报。这样一来，就可以使得对外援助不再与富裕国家对国际影响力的追求挂钩了，因为资金将直接由个人纳税人提供给特定的区域性的发展公司——在赫希曼和伯德的定稿中，给出的建议是成立一系列世界发展基金（World Development Funds）。这些发展公司之间则会展开竞争，从而推动效率的提高。[38]

当然，赫希曼和伯德也承认，将对外援助资金使用的最终选择权交给个人纳税人，也可能会为一些非常不稳定的、不可预测的结果打开大门。但是他们认为，那也不可能比当时的情况更加糟糕（在当时，援助政策只不过是冷战战略的工具）。他们还指出，在那之前的25年中，按人均双边份额计算，美国对外援助最多的国家和地区是韩国、中国台湾地区、约旦和希腊。[39] 因此，很显然，对国家和地区实力的关注强烈影响了对外援助的结构。在赫希曼和伯德构想的对外援助系统中，重点将真正从增强国家和地区实力的需要转移到欠发达的地区的发展上来。

赫希曼和伯德向对外援助研究小组（Study Group on Foreign Aid）的成员分发了一份草案。这个小组定期在哈佛大学聚会讨论，它汇集了发展研究领域的一些最顶尖的人物。在 1967 年 12 月上旬的会议中，参与讨论赫希曼和伯德的论文的学者包括：爱德华·S. 梅森（Edward S. Mason，他是哈佛大学公共管理研究生院前院长，该研究生院当时已经改称为约翰·肯尼迪政府学院；他还是 1963 年成立的发展咨询服务处——现为哈佛国际发展研究所——的创始人）；古斯塔夫·帕帕内克（Gustav Papanek，他是国务院亚洲技术合作部前主任，后来又出任哈佛大学发展咨询服务处主任）；弗朗西斯·巴托（Francis Bator，他是美国总统林登·约翰逊的前副国家安全顾问和美国国际开发署的高级经济顾问，当时刚刚入职哈佛大学）；沃尔特·P. 福尔肯（Walter P. Falcon，他是国际著名农业专家，后来在哈佛大学和斯坦福大学任教）；保罗·罗森斯坦-罗丹（Paul Rosenstein-Rodan，当时任职于麻省理工学院国际研究中心）。此外还包括一群年轻的经济学家，包括负责撰写会议报告的谢尔曼·罗宾逊（Sherman Robinson，他当时还是哈佛大学的一名经济学博士生，后来在伦敦政治经济学院、普林斯顿大学和加州大学伯克利分校担任教授）。[40]

会议上的讨论一直非常热烈。正如罗宾逊在总结与会者对赫希曼他们的论文"批评"部分的讨论时所描述的："最后，当争论尘埃落定之后，赫希曼和伯德对项目计划和项目援助之间的区分似乎已经不复存在了。"他们的建议未能得到多少良好的反应，与会者在评论时甚至使用了"从政治上看完全不切实际""简直像科幻小说"和"这是脑筋急转弯式的玩意"等说法。[41]世界银行的官员强调，赫希曼和伯德的分析是"无效"的、是建立在对援助政策的严重"误解"的基础上的，并且对他们提出的新方案表示严重怀疑。比较大度的那些评论者也怀疑，"这个方案真的可以作为政治上成功的'启动器'吗？"[42]史蒂文森警告他的朋友，世界银行对这篇论文的反应"有点爆炸性"[43]。更积极的反应来自普林斯顿大学。普林斯顿大学经济系国际金融室主任、著名经济学家弗里茨·马赫卢普（Fritz Machlup），他发现读者非常欢迎这篇论文，因此他写信给赫希曼，称他"甚至在亲自读一遍之前"就决定接受它、将它出版。[44]

但是，这充其量只能带来部分的安慰。当然可以肯定的是，赫希曼和伯德从一开始就没有指望他们的建议会轻易地被任何一个捐助国采纳。然而，他们确实希望它能够引发更具建设性和想象力的讨论，而不仅是一些或者是蔑视、或者是不屑的评论。毕竟，正如赫希曼强调的，对外援助和发展经济学的危机已经摆在了所有人的眼前，因此，"适当的乌托邦思维是有可能再一次发挥作用的"[45]。对此，赫希曼在给罗伯特·海尔布罗纳（Robert Heilbroner）的一封信中解释道，他自己是将这两篇论文视为劝说性文章的。他已经有心理准备了，知道自己的大部分提议会被拒绝，但是同时也坚信"这种'幼稚'的乌托邦主义思想"还是能找到它的位置的，因为来自原有的利益群体和权力阶层的所有约束，最终都可能会变得比它们以前或现在看起来更没有约束力。因此，赫希曼引以为豪的这种乌托邦主义绝不仅是一种针对既得利益的半开玩笑式的、为辩论而辩论的姿态表示，相反，它是以赫希曼的深层信念为基础的："当那些通常的约束突然不再有效时，一系列非同一般的历史事件就会密集地发生，所以最好在那一天到来之前就准备好目前看来像是乌托邦的方案。"[46]

但是再一次，由于赫希曼坚定地秉持改革派立场，他这种乌托邦思想仍然既无法让决心维持现状的人满意，也无法让位于光谱另一个极端的革命者满意。赫希曼多年来一直在建议确立一个从欠发达国家撤资的制度性机制，但是各大型多边国际组织的反应，比如说世界银行下属的国际金融公司（IFC），最多只能说是不冷不热。[47]相比之下，他的左派同事，如年轻的萨姆·鲍尔斯（Sam Bowles）等人，则将赫希曼的改良主义主张视为强化民族资产阶级、进而强化资本主义发展的一种方式。不过，鲍尔斯又声称："另一种可能的观点是这样的，挟优势而来的外国投资会削弱民族资产阶级，但这是一件好事，因为它在实际上恰恰可以确保受援国的民族主义运动既反资本主义又反帝国主义。"[48]改革派者要想避免被夹在这两个极端之间并为自己保留一个自治的政治空间，并不是一件容易的事。正如赫希曼向他一直很看重的鲍尔斯解释的那样，他的目标与其说是排除革命，不如说是消除将革命作为"绝对的先决条件"的观念——正如他一直反对将资本主义现代化视为必要的先决条件的观念一样。赫希曼所做的，只是想"尝试增加备选项的数量"，因为如果革命也可能是一种解决方案，"不过它们不会经常发生。因此我们同时还需要考虑其他推动进步的方法"[49]。无论怎么说，赫希曼都不是一个革命者，他非常清楚，那些宏大的转型计划不仅有可能，而且确实会带来非常沉痛的人道主义成本。

尽管做出了这么多的努力，但是赫希曼在那些年间设想的美洲撤资公司、资助和管理对外援助的新计划，以及规模更小的改革措施，全都未能见到曙光。事实上，在发展经济学的演进历史中，20世纪60年代后期并不是改革的前夜，而是名副其实的"反改革"的前夜。

当然，赫希曼永远不会放弃他对发展问题的兴趣，直到他的学术生涯结束，他从来没有失去过撰写这个方面的文章的热情。但是确实，从20世纪60年代末期开始，发展问题就不再是他思考的最前沿了。20世纪60年代后期，美国及世界各地政治和社会动荡频仍，使得赫希曼对过去15年来的改革议程提出了质疑。对于赫希曼来说，尽管革命捷径仍然没有什么吸引力，但是他也承认自己的改革派立场变得越来越弱化了。阿德尔曼撰写的赫希曼传详细而令人沮丧地描述了1966年至1968年间时刻缠绕着他的不安感，以及他难以将这种感觉构建为一个易于处理的问题的困境。[50]

大约就是在那个时候，以与他的同事格申克龙就竞争与垄断、消费理论和消费者行为等问题进行的初步对话为起点，赫希曼开始转而阐述一个更宽泛的问题，那就是，在组织（不仅包括市场上的企业，也包括公共服务机构、共同体或族裔社区、政党、教会、国家和大学，等等）开始"劣化"之前，个人如何形成和表达他们的不满？[51]在他写信给他的姐姐乌尔苏拉时，赫希曼说他的思考正在"朝着一些无法预料的方向发展"，尽管他越来越清楚地意识到了必须打破学科界限，甚至断言不同学科之间的交叉融合才是解决20世纪60年代后期社会和政治动荡的基础所在。[52]1968—1969学年，赫希曼应邀前往斯坦福大学行为科学高级研究中心担任访问教授，这为他提供了一个可喜的机会，最终将这些沉思凝结成了一本"小书"，那就是《退出、呼吁与忠诚》，它甫一出版，就立即被公认为社会科学领域的经典之作。在这本著作中，赫希曼探索了更广阔的智识领域，但是切入点依然是发展问题，特别是他此前在《发展项目述评》一书中已经描述过的一个案例：尼日利亚铁路运输项目以及当地用户对它的绩效衰减的反应。

绩效不佳的问题

赫希曼认为，在一个项目规划者很容易被"隐藏之手"欺骗的世界中，改进项目设计的一个重要问题是，如何在斯库拉（Scylla）型项目与卡律布狄斯（Charybdis）型项目之间旋涡重重的狭窄航道上安全航行。斯库拉型项目完全接受其运营地区的各种导致欠发达的条件，因此本质上无法引致现状的任何改变；而卡律布狄斯型项目则完全以改变现状为导向，同时根本不考虑现有的条件限制。*赫希曼借用价格理论中的术语解释说，要想取得成功，项目应该同时是"特征接受型"和"特征创造型"的。或者换句话说，项目应该既能够纳入或采用那些通常被认为是不可改变的社会、经济特征和真实的人性（"特征接受"），同时又能够修改一些其他更具扩展性的特征（"特征创造"）。因此毫不奇怪，对于赫希曼来说，关键的问题在于，项目设计者如何培养出对哪些活动在何种条件下落在这个项目设计方程式的"特征接受侧"或"特征创造侧"的敏感性。

赫希曼指出，有一个特别隐蔽的问题值得注意，它出现在那些只是隐含地

---

* 斯库拉和卡律布狄斯是希腊神话中的两个女海妖，她们各自守护着墨西拿海峡（Strait of Messina）的一侧，其现实原型是墨西拿海峡一侧的斯库拉巨岩及其对面的卡律布狄斯漩涡。在希腊神话中，船只经过这个海峡时，如果不选择经过卡律布狄斯漩涡（那样做的结果是被卡律布狄斯吞掉），就只能选择经过斯库拉巨岩（但是斯库拉要吃掉船上的六名水手）。——译者注

具有"特征创造"性质的项目当中——这也就是说，这些项目表面上看似乎完全是"特征接受型"的，但是实际上却需要对社会经济环境进行比最初设想的更多的改变。对于这类项目赫希曼提供的一个典型案例是对尼日利亚博尔努铁路延长线（Bornu Railway Extension）的补贴；同时他用来对比的则是尼日利亚的高速公路建设项目（和卡车运输业务的发展）。赫希曼说，尼日利亚社会的许多特征，包括部落之间的激烈对抗、广泛流行的腐败以及始于 20 世纪 60 年代初期的向一个独立国家的艰难过渡，都使得对铁路扩建的新投资很容易触发冲突。这是因为，小型货车企业比那些更集中、更脆弱的大型系统（如铁路网）更能适应当地的条件（部落之间的对抗，以及普遍的腐败）。对此，赫希曼总结道："我们必须明白，要让铁路成为一所'不腐败'的学校，让不同部落之间学会和平共存，让人们的行为发生类似的根本性转变，这种机会是相当少的。"[53]

事实上，在 1966 年 1 月，也就是赫希曼夫妇结束尼日利亚之旅仅仅五个月后，尼日利亚就发生了一起军事政变，然后就进入了一个非常不稳定的、大规模杀戮不断升级的时期，最终导致了该国东南部地区比夫拉部落（Biafra）的分裂活动，以及 1967 年至 1970 年的内战。赫希曼夫妇未能预见到这场危机的来临。正如阿德尔曼在他的赫希曼传中所说的，人们或许可以指责，"赫希曼的乐观主义态度让他对正在酝酿的紧张局势视而不见……他希望看到惊喜的事物、发现正面的影响的愿望过于强烈，压倒了他的所见所闻"[54]。事实上，博尔努铁路延长线项目不但不太可能有助于不同部族之间的和平共存，而且还带来了"灾难性的后果"，直接加剧了尼日利亚不同地区和不同部族之间的冲突。[55]

尼日利亚陷入血腥内战的事实，令赫希曼非常震惊，人道主义担忧促进了他的反思，除此之外，赫希曼还反思了使得铁路在与高速公路的竞争中陷入劣势的另一个因素。特别是，赫希曼注意到，某些服务对于糟糕的绩效完全没有回旋空间，而其他一些服务则允许有更多的绩效衰退"余地"。航空运输是前者的一个很好的例子；公路运输则是后者的一个例子。如果飞机没有得到很好的维护，灾难几乎肯定会发生。相比之下，道路状况恶化会导致车辆磨损加剧、平均行驶速度降低以及小事故数量增加，但是不一定会造成重大的灾难。

完全不存在对于"劣化"的回旋空间的那类项目是强大的"特征制造者"，因为它们会将自己的特征强加于社会经济环境。对于公路路况的恶化，在公众抗议爆发之前，人们通常能够容忍相当长的时间，但是如果发生了客机坠毁这样巨大的、致命的事故，我们就有理由预测当局会立即做出反应，同时公众也会施加压力，强烈要求有关方面直面问题并解决问题。在《经济发展的战略》中，赫希曼也曾经简要讨论过特定技术的内置的"强制维护"要求，并将它作为诱导机制的一个例子。同样，在《经济发展的战略》中，他还提到，铁路相比高速公路更需要维护，"因为不维护造成的事故更严重"[56]。

然而，尼日利亚发生的事情似乎与这个结论不相符。就尼日利亚铁路网而言，由于当地的公路网络已经相当发达，而且原本就存在着许多公路运输企业，这使得铁路运输的"特征创造型"性质变得不那么引人注目了，因为现成的替代品的存在使得人们更加容易纵容铁路运输的弱点。对此，正如赫希曼所指出的："有了卡车和公共汽车运输，铁路服务恶化这个问题就显得不再像铁路完全垄断长途运输业的情况下那么严重了——人们甚至可以容忍它长期存在。"[57] 此外，由于存在国家补贴的保护，铁路本身也不怎么受到收入减少的影响。反过来，这其实意味着铁路效率的提高可以往后推迟，而不会产生任何严重后果。

这个看似微不足道的观察结论，这个小小的想法（petite idée），却是赫希曼思想重大突破的种子。在尚未明确意识到的情况下，他偶然发现了一种有强大洞察力的分析工具，它具有阐明广泛的经济、政治和社会现象的巨大潜力。对铁路服务恶化的公众抗议是赫希曼所说的"呼吁"的一个例子。用其他可选的服务替代令人失望的服务——在尼日利亚的例子中，就是用高速公路替代铁路——则被他称为"退出"。

赫希曼是在 1968—1969 年完成了《退出、呼吁与忠诚》一书的初稿的，那一年他在斯坦福大学行为科学高级研究中心休学术假。1970 年，《退出、呼呼与忠诚》一书正式出版，它的副标题是——对公司、组织和国家衰退的回应（*Responses to Decline in Firms，Organizations，and States*）——非常清晰地说明了赫希曼反思的根源。重要的是，正如我们将在下一节中看到的，铁路和公路是如何在支离破碎和冲突不断的社会环境中相互作用的，虽然这本身只是一个相当狭隘的特殊问题，但是在《退出、呼吁与忠诚》一书中却爆炸式地扩展到了更大的规模和应用范围上。

最著名的三声部：《退出、呼吁与忠诚》

正如赫希曼在他的《退出、呼吁与忠诚》一书的序言中介绍的，他的目标是提出一个"统一的方法，用来处理诸如竞争与两党制、离婚与美国人的性格、黑人权力，以及某些'不得志'的政府高官为什么没有因越战而下野等多种多样的问题"[58]。这当然是一个雄心勃勃的研究项目。

类似这样的宏大理论主张以往通常只会出自"经济学帝国主义者"之口。"经济学帝国主义者"致力于扩大新古典经济学的分析领域，将原本不属于经济学的"管辖范围"的各种领域也纳入进来，例如家庭或种族群体动力学。它本身也构成了芝加哥大学经济系在该学科的前沿研究日益转向关注经济学的微观基础时的地位的一个特别突出的例子。首功要归于加里·贝克尔（Gary Becker），他于1957年发表的讨论种族歧视问题的经济学博士论文，开创了一位热情的评论家所说的"经济学帝国主义运动"[59]。贝克尔将"歧视的口味"作为个人效用函数的一部分纳入进来，然后像分析任何其他商品一样对歧视进行了分析：理性和最大化的个人愿意付出一定代价去获得或行使歧视（权）。[60]

乍一看，赫希曼设想的大胆的"统一"方法似乎类似于经济帝国主义者的方法。其实不然。在一次接受采访时，当被问及他是否真的对经济帝国主义持"一定批判立场"时，赫希曼主动用了"更强烈的词语"来描述他的反对意见："我绝对敌视这种做法。"[61] 毕竟，在他以前的著述活动中，赫希曼就一直表现出了喜欢让不同视角相互"浸染"的倾向，他从来不愿意在单一方法论的保护伞下进行分析。因此，赫希曼的"统一"方法根本不是基于让某个学科压倒另一个学科的"帝国主义行径"的；恰恰相反，他的"统一"方法是基于真正意义上的跨学科"交叉渗透"的。他的目标是，运用退出和呼吁这两个概念，克服经济学与政治学之间的"根本分裂"。

《退出、呼吁与忠诚》这本书以这样一个观察结果开头：当一个组织的绩效令人失望时，有些人会选择离开它（或停止购买其产品）；或者，用赫希曼的话来说，这些人行使了"退出"这个选项。在典型的市场环境下，退出具有一切在市场中做出的选择的特征：它是离散性的（即要么买要么不买，要么离开要么留下）、非个人化的（即不需要向他人解释这样做的原因）和间接性的（通过退出，一个人也就向组织发出了信号，表明组织出现了某种问题）。另一个选项是呼吁，它呈现出了与退出相反的特征。它是连续的，因为呼吁可以表现为从低声抱怨到大声抗议的任何形式；它是个人化的（也就是说，要面对面地进行表达）；它也是直接的（也就是说，呼吁必定承载着一定的内容，而不仅是一个信号）。赫希曼总结说，呼吁是"一种高素质的政治行动"[62]。

但是，赫希曼马上指出，经济学家和政治学家似乎不仅没有能力同时对市场机制和非市场机制进行分析，而且似乎完全不感兴趣；或者用赫希曼创造的新概念来说，经济学家无法同时分析退出和呼吁这两个选项。经济学家只专注于如何扩大市场机制，例如，米尔顿·弗里德曼（Milton Friedman）有一个非常著名的建议，即向学龄儿童的父母提供教育券（可用于"购买"教育服务的代金券），这样他们就可以通过从某一个教育服务提供者转移到另一个教育服务提供者来表达自己的偏好，而不再需要通过"繁琐的政治渠道"去表达他们的观点。[63] 与经济学家相反，政治学家则通常倾向于强调政治冲突，把退出贬低为一种纯粹的反社会选择。赫希曼希望证明，退出和呼吁这两个视角实际上都是非常有用的。特别是，赫希曼向经济学家"喊话"，指出"在人类社会制度的全部范围之内，从国家到家庭，不管多么'繁琐'，每一个成员通常都必须跟呼吁打交道"[64]。换句话说，市场机制和非市场机制可以肩并肩地发挥作用，而不是分属于不同的学科领域。这两个不同的机制之间的相互作用必将表明"某些经济学分析工具对理解政治现象的有用性，而且反之亦然"，从而使得我们对社会变迁过程的理解比单独采用经济学或社会学的分析工具时更完整、更平衡。[65]

赫希曼的首要目标是阐明消费者和公民使用的应对组织衰退的方法。但是他显然也非常热衷于促进不同学科的真正融合——向政治学家阐明经济学概念的有用性，同时*向经济学家阐明政治学概念的有用性*。[66]值得注意的是，赫希曼在这里只用斜体形式强调了"向经济学家阐明政治学概念的有用性"，这种"选择性"表明，《退出、呼吁与忠诚》一书的另一个目的是，尝试纠正经济学帝国主义浪潮高涨造成的社会科学内部不同学科之间的不平衡关系。赫希曼写道，通过将经济学的分析框架应用于权力关系和民主进程等政治现象，经济学家已经"成功地'侵占'了政治学这个相邻学科的大片'领土'，而政治学家——他们的工具箱中的工具比经济学家少，因而在面对经济学家时有一种'自卑感'，就像经济学家们在面对物理学家时一样——则表现出了非常渴望被'殖民'的倾向"[67]。

事实已经证明，赫希曼这种描述是正确的。然而，更具争议性的是，赫希曼是不是真的实现了他为《退出、呼吁与忠诚》一书定下的重建这两个学科之间的平衡关系的目标。毫无疑问，他确实成功地将经济学和政治学这两个不同学科领域中通常被单独分析的一些元素组合到了一起。特别是，他对呼吁的分析，将这个概念提升到了政治学和经济学话语的中心位置。这一点对赫希曼来说尤其重要，因为正如他在 1973 年的一次研讨会上所指出的，他的目标是"既是实证性的，又是规范性的"：他一方面致力于阐明呼吁出现的条件，另一方面还试图证明"应调整制度激励至适当平衡，以加强退出相对于呼吁的力量"的情况也是存在的。[68]

但是，提醒经济学家注意呼吁作为一个政治概念的重要性，并不一定意味着人们真的已经对这两个学科的观点等量齐观了。在这一点上，政治学家内部也存在着分歧。布赖恩·巴里（Brian Barry），赫希曼同时代的顶尖政治哲学家之一，曾经在一篇富有洞察力的评论中指出，证明政治概念的重要性与构建真正的跨学科分析方法并不是同一回事。巴里认为，赫希曼的目标——让经济学家关注政治概念、同时让政治学家关注经济概念，并让它们交汇融合起来——实际上仍然依赖于关于市场机制和非市场机制的一些明确可识别的"经济观点"，特别是，依赖于一种关于呼吁的特有政治机制的经济学观点。[69] 与巴里不同，国际政治学协会主席斯坦因·罗坎（Stein Rokkan）则坚持认为，赫希曼这本著作"不仅是利用经济学的概念工具来分析政治过程的又一次尝试"，而且"也许是学术界第一次有效的、系统性地尝试利用政治反应模型来对经济行为进行分析"。[70]

《退出、呼吁和忠诚》一书的整个分析是从这样一个基本观察结果入手的：人类社会中普遍存在劣化（deterioration）过程，它是不可避免的，任何最大化、理性和效率的概念都无法抵消这一令人不快的事实。赫希曼在《退出、呼吁与忠诚》的导言第一页就开宗明义地阐述了这个概念：

> 在任何一个经济、社会和政治系统中，从总体上看，个人、企业和组织都具有从富有效率的、理性的、守法的、高尚的或是合意的行为模式滑向衰败的倾向。不论一个社会的基础性制度设计得如何完善，某些主体未能按人们预期的行为方式来行动，总是在所难免的；其原因可能是多种多样的，我们假定这些原由都是偶发的。每一个社会都清楚，对此类功能失调或失范行为应在一定程度上予以容忍。但是，倘若此类失范行为自我强化并蔓延开来，整个社会就会全盘腐化。为避免这种情况的发生，社会必须具备集结其内部力量的能力，"治病救人"，尽可能地使"浪子回头"……

长期以来，伦理学家和政治学家一直非常关注这样一个问题，怎样才

能让个人拒绝不仁不义，使社会远离腐化，使政府免于衰败，但是经济学家却从未考虑过经济主体的*可修复的衰减*。[71] *

经济学家为什么会忽视这个问题？可以用两个相互关联的原因来解释。第一个原因是，经济模型假设了完全的理性。根据这种假设，经济行动者的绩效的衰减或恶化是某种外生的事件的结果——根据定义，这类事件是经济学无法处理的。第二个原因是，经济学家认为，在竞争激烈的经济中，一个行动者的衰败，恰恰是为新的行动者的到来腾出了空间。换句话说，对衰败的修复并不是必要的，因为"经济总体"本身是不会衰败的。或者用约瑟夫·熊彼特的话来说，经济进步正是通过"创造性破坏"的浪潮不断涌现才得以实现的。然而，赫希曼秉持的改良主义立场和社会民主主义愿景，使得他能够从一个完全不同的视角观察市场机制。对此，他这样写道："即便是在那些竞争激烈的领域里，对暂时落后的企业恢复旧日活力的可能性持漠不关心的态度，也是没有道理的"，因为"恢复机制将在避免社会损失和人类苦难方面发挥最有用的作用。"[72]

赫希曼认为，只需要采取"绩效衰减是可修复的"这个新视角，就能够重新审视好几个方面的企业和消费者市场行为了。例如，在一个竞争性市场中，如果某个企业的产品的质量出现了下降，消费者的偏好就可以从该企业生产的产品转移到另一个企业生产的另一种产品上。那么，这种修复在什么条件下是可能的？如果消费者的需求相对于质量变化高度缺乏弹性（即，如果不管产品质量如何，总需求总是基本保持不变），那么企业管理层将没有理由对产品质量恶化做出反应。在管理层仅只依赖需求变动趋势来衡量公众对本企业产品的评价的情况下（这种评价可以作为产品质量的代表），管理层甚至可能根本不会注意到质量的下降。相反，如果需求对质量恶化的反应高度敏感（用经济学术语来说，需求是很有弹性的），那么消费者就会在管理层尚未来得及做出反

---

* 此处采用了上海人民出版社、格致出版社出版的《退出、呼吁与忠诚》中文版的译文，略有修改，卢昌荣译，2015年第一版。——译者注

应之前就转向其他产品，于是该企业将在恢复之前就被淘汰出市场。赫希曼因此得出结论称，如果我们有兴趣了解企业从暂时的下滑中恢复过来的机制，那么需求对质量恶化的弹性必须处于中间水平——既不会低到导致需求变化微不足道，也不会高到企业在有机会组织起来做出反应之前就破产。这种中间状态还可以描述为如下这种情况：一家企业拥有一个由两类不同的客户组成的混合消费者群体，其中一些消费者对质量高度敏感（质量一旦下滑，他们就会立即退出，从而为企业提供"质量需要修复"的信号），另一些消费者则对质量变化反应迟钝（在企业采取修复质量措施的时候，这些客户将提供产品不被淘汰出市场保持所需的忠诚的需求）。

赫希曼认为，正如上面这个例子所表明的，"竞争是市场有效运行的主要机制"这个常识必须加以重述。这一点很重要。完全竞争与市场效率之间不存在直接的线性相关性。恰恰相反，赫希曼认为："将竞争视为一种修复机制表明，虽然一些消费者的退出对于该机制能不能发挥作用至关重要，但是其他消费者不知道质量下降或不受质量下降影响也很重要。"[73]

当质量下降扩散到了整个工业部门的时候，竞争又会变成什么样子？在这种情况下，通常基于消费者退出的市场机制只会导致那些相互竞争的企业彼此交换不满意的消费者。在这种情况下，失望的消费者对更好的产品的追求将既疯狂又徒劳。因此，与其依靠无效的退出，消费者还不如依靠另一种不同的机制——直接施加压力要求企业提升质量。正如赫希曼指出的那样，这种情况不仅在市场上经常出现，而且在政治系统中也经常出现。在政治领域，各主要党派虽然相互竞争，但是在许多不满的公民看来，它们似乎并没有提供真正的可选项。这些思考将我们带到了赫希曼分析的第二个术语，即"呼吁"（voice）。

在广义上，呼吁应该定义为"从内部"改变令人反感的情况的任何尝试——也就是说，不求助于退出的尝试（离开组织，或者决定购买其他可替代的产品）。因此，乍一看，呼吁是退出的"残余"（residual），因为那些不退出的人会留下来表达他们的不满。但是，最好将呼吁视为退出的替代方法。为了让呼吁有合理的成功机会，组织的成员必须选择留下来并从内部争取变革，而不是简单地离开。当然，选择留下来，是人们决定忠诚于组织的另一种说法。这也是政党生活中的一个普遍经验。

赫希曼感兴趣的主要是退出和呼吁之间的复杂交互关系。在描述了这种关系之后，他还进一步阐明了，怎样才能让经济学研究和政治研究以最好的方式相互作用，并提供适用于多种不同情况的有用分析。赫希曼的分析的巨大复杂性和精细微妙之处，从他的案例研究中可见一斑。例如，他对于退出和呼吁如何帮助我们理解美国黑人获得解放的艰难过程及其动力学的讨论，或者退出如何彰显了美国意识形态中某些根深蒂固的元素（赫希曼称之为"美国人的古怪的成规"）。[74]

退出与呼吁之间的一种简单的互动关系是，退出选项的存在，实际上是加强了还是削弱了呼吁？退出的机会的存在，显然会导致一些人选择退出，因为那就不用面对所有呼吁的麻烦了。同时，当有退出选项可用时，呼吁将会变得更加可信。但是，如果我们试图描述那些倾向于退出的人或倾向于呼吁的人通常是怎样的一些人、他们通常在什么情况下会退出或呼吁，那么就必须展开更加复杂的分析。

标准的经济学分析声称，当价格上涨时，边际消费者是最先退出的。这里所说的"边际"是指消费者相对于价格的"位置"。换句话说，边际消费者是那些愿意以一定的价格购买某种产品但是不会为此多付一分钱的人。如果稍有上涨，边际消费者就会退出。在这种情况下，对产品不那么感兴趣或无法承受价格上涨的消费者就退出了。然而，当不是价格上涨而是产品质量下降时，最关心产品本身及其质量的消费者会首先离开（假设存在着替代产品，而且他们能负担得起更高的价格）。用经济学的术语来说，对于这些最在意产品质量的消费者来说，质量下降就相当于价格大幅上涨。但是，这里的重点是不同消费者群体对于价格上涨或质量下降的不同敏感性。正如随后的例子将表明的那样，赫希曼的分析也受到了社会心理学文献以及他与斯坦福大学心理学家莱昂·费斯廷格（Leon Festinger）和菲利普·津巴多（Philip Zimbardo）的交流的影响。[75]

例如，以学校教育为例。如果公立学校的教育质量下降了，如果父母对孩子上学的学校的教育质量不在意，或者无力承担私立学校的学费，那么就会继续让孩子留在公立学校。相反，决心要让孩子接受高质量教育的富裕父母，则立即就会对公立学校教育质量下降做出反应，即将自己的孩子转学到私立学校去（该私立学校的教育质量至少与公立学校教育质量下降之前的水平相当）。这种选择行动会带来好几个后果。首先，第一个后果是，公立学校的家长的呼吁的力量将会减弱，因为很多家长带着孩子离开了。此外，那些选择"退出"的人之所以要离开，就是因为他们是注重质量的，因此他们的呼吁作为对质量下降的反应是特别重要的。

赫希曼在构建他的分析的时候，试图让标准经济学观点变得"复杂化"，因为标准经济学分析只关注边际消费者对价格上涨的反应，而没有像赫希曼试图做的那样同时考虑消费者对质量下降的反应。不过，赫希曼其实没有讨论过这样一个事实，即主要对价格敏感的消费者可能对质量也敏感，尽管他们可能会发现自己无法对质量下降做出反应。换句话说，很可能有一些贫穷的"鉴赏家"有能力欣赏"鉴赏品"（connoisseur goods），但是却负担不起。当然，赫希曼非常清楚这个事实，但是没有讨论它，因为他认为这与他关于如何超越标准经济学方法的讨论无关。

第二个后果与私立学校的教育质量最终也可能下降的可能性有关。倘若真的如此，那些父母还会让孩子回到公立学校上学吗？由于两个相互关联的原因，这种情况不太可能发生。首先，公立学校的质量可能仍然没有回升。其次，公立学校必须将教育质量提高到高于私立学校的水平，因为如果没有现成的质量更好的替代品，对质量敏感的消费者将倾向于发出呼吁而不是选择直接退出。因此，一旦他们让孩子转学到了一个质量更好的私立学校之后，如果私立学校的质量也下降了，那么这些"质量驱动型"父母将会留下来并在很长一段时间内发出呼吁，直到一切希望都落空为止。这也就是说，他们的选择是不对称的：当质量下降并且有更好质量的替代选项可选时，他们会立即选择退出；如果不存在替代选项，那么他们将选择呼吁。在富裕且注重质量的家长眼中，公立学校面临着迅速恶化的风险，而且很难再度变得有竞争力。[76]

在写下这些文字的时候，赫希曼心中应该想到了资金严重不足的美国公立学校系统，以及与之相对的那些非常昂贵的、教育质量很高的私立学校。（他的女儿卡蒂娅和丽莎在上完小学后，都是在公立学校接受教育的。）在他举的例子中，公立学校在质量下降的同时还失去了作为修复机制的呼吁的力量，这种累积过程，再加上富裕的父母在回到公立学校之前对私立学校质量可能恶化的更加强烈的反应，最终导致公立学校的"惨淡命运"和私立学校的"光辉未来"之间出现了越来越大的鸿沟。赫希曼还注意到，如果能够让最注重质量的那些父母"忠诚"于公立学校系统，那么他们退出的倾向就可能会下降，同时发出呼吁的动机则可能会提高，这样就可以防止公立学校的累积性恶化；然而事实是，这些父母的忠诚度往往很低。[77]

赫希曼这个分析有非常重大的意义。因为他证明，一旦呼吁出现了，市场环境中的竞争就不一定仍然是最优解决方案了。至少对于某些以潜在普遍覆盖为特征的服务，垄断制度对于保证呼吁的力量和对管理层的强大压力以保持高质量——或者更准确地说，对潜在的失误和恶化做出有效和迅速的反应至关重要。从这个意义上说，垄断可以代替忠诚。赫希曼由此重新发挥他之前在《发展项目述评》一书中提出的一个核心概念，同时他还指出，忠诚或"被垄断了的忠诚"（monopolized loyalty）可能有助于激活必要的创造性资源，促进发现施加有效压力以纠正绩效衰减的新方法。[78]

此外，与标准经济理论不同的另一点是，赫希曼认为，少数竞争者对抗巨大的垄断者的情况，并不一定比完全不存在竞争的情况更好。由于会导致呼吁的力量降低到质量驱动型的消费者将会通过退出来对恶化做出反应的程度，即便是数量不多的小竞争者的存在，对那些有较大的绩效衰减回旋空间的准垄断企业来说也可能是弊大于利的，因为退出只会削弱呼吁的力量，而不会对大型准垄断企业的生存构成任何严重的威胁。因此，在这种情况下，竞争不但不能限制垄断，而且同时还可以让准垄断者摆脱那些会制造"麻烦"的消费者（或改革派）。或者，用赫希曼自己的话来说，垄断，再加上一点点竞争，就会导致这样一种垄断者："它们经营能力低下但却能压迫弱者，它们懒惰懈怠但却能剥削穷人，而且这种压迫和剥削更持久、更令人窒息，因为它们本身既毫无'雄心壮志'，同时有能力的那些人又可以想办法避之大吉"[79]。

一个例子是，我们经常可以观察到，在某些发展中国家，由于电力部门的供电非常不可靠，因此这些国家中对供电稳定性要求更高的那些消费者会有某个时间点上决定安装自己的独立发电机。美国的邮政系统也是"懒惰懈怠的垄断者的另一个例子"：效率更高同时成本也更高的竞争对手的存在，对于美国邮政系统来说有双重好处，一方面可以借此摆脱那些更挑剔的、要求更高的消费者，另一方面可以更好维系对那些无法退出的消费者的压迫和剥削（这些消费者转而选择另外的服务商，要么不切实际，要么成本太高）。同样的机制也适用于政治领域，比如说，拉丁美洲的独裁政权往往会鼓励政治反对派人士自愿流亡国外——名义上是饶他们一命，实际上是借此削弱国内的呼吁的力量。[80]

最后，考虑到在影响个人和家庭生活质量的所有服务中，要抗御"劣化"都需要人们发出呼吁，但是社会经济上层的呼吁往往比社会经济中下层的呼吁更加强烈、更加清晰，赫希曼得出了这样一个结论："上层和中下层的生活质量的差距往往会变得越来越明显。"[81]换句话说，不同社会群体对于退出和呼吁的不对称选择，成了一个加剧社会不平等的强大机制。

此外，赫希曼还指出，与社会分层更加固化的社会相比，在具有强大的向上社会流动性的社会中，中下层社会群体的呼吁的力量的丧失将会更加严重，因为在社会流动性很强的情况下，个人选择退出将会得到更多的成功机会。而在那些社会分层更加固化的社会中，各个阶层都有更强烈的动力诉诸呼吁。这个分析对人们通常津津乐道的"美国梦"提出了一个严肃的问题：它在社会层面上的可持续性如何，因为赫希曼证明，社会流动性和社会正义的作用可能会"南辕北辙"（cross-purposes）。对此，赫希曼这样总结道："在我们的文化中，人们长期以来理所当然地认为，机会平等与向上的社会流动性相结合，就可以确保效率和社会正义，因此要看出这一点并不容易。"[82]

　　赫希曼还讨论了双头垄断体制下呼吁对企业和政党的行为的作用，这是特别有洞察力的一章。关于双头垄断的标准经济学理论，是以哈罗德·霍特林（Harold Hotelling）于 1929 年发表在《经济学杂志》（*Economic Journal*）上的一篇论文为基础的。霍特林给出的模型预测，在某些特定假设下（例如，假设需求弹性为零，以及其他一些简化性假设），任何两个相互竞争的企业在选址决策中，最终都会定位在空间分布的左半部分和右半部分的中点上（正如霍特林所说的，"城镇的大街或横贯大陆的铁路"的中点）。通过这个途径，它们就能够最大化社会回报，因为消费者与这两个企业中的任何一个企业之间的距离都实现了最小化。[83] 霍特林讨论的是经济中的双头垄断，但是如果我们不限于考虑企业，而是考虑两个政党（这里，与政党的政治立场之间的距离或对其政治立场的"认同度"，对应于与企业之间的距离或"接近度"），那么就可以很方便地用这个模型来分析选举行为。霍特林证明，企业（或政党）为了使利润（或选票）最大化，会倾向于向分布的中点移动，因为在那个位置上，不仅能够把处在分布的端点上的消费者（或选民）"留下来"，而且还能够从竞争对手那里把消费者（或选民）"偷过来"。[84]

　　霍特林模型曾多次受到过批评，也曾多次得到过重新阐述，但是它提供的上述框架现在仍然是对政党向政治光谱中心位置移动这种趋势的基本理论描述，尽管在用事实来检验时，这个模型的预测经常被证明是错误的。赫希曼注意到，霍特林模型与现实政治事件之间的许多差异，都可以用呼吁这个概念来解释。赫希曼指出，霍特林模型最主要的误差源于，它假设被"俘获"的消费者或选民是无能为力的，因此只能"不可挽回"地与更接近的那个企业或政党联系。当然，这个想法是基于标准的市场行为提出的，即，消费者只能通过用脚投票来对一家企业施加压力——也就是说通过"退出"，不再购买这个企业的产品并转而购买另一个企业的产品。但是事实上，在政治生活中，那些"没有其他地方可去"的选民会最大限度地进行呼吁（因为他们别无选择），并且通过各种途径施加影响，不让政党改变立场。因此，向中点的移动虽然不会立即对选票造成损害（因为选民"没有其他地方可去"，至少在短期内如此），但是同样会产生从长远来看可能会变成很重要的政治成本。

　　此外，通常来说，对某个政党的"信仰"最虔诚的那些支持者往往也是最直言不讳的一批人——将呼吁概念稍稍扩展一下，也可以说他们是在"政治传教活动"中最活跃的那些人。而这也就意味着，对于一个政党来说，激励自己的积极分子是更加重要的。因此，赫希曼指出："（一个政党）如果采用了旨在吸引中位选民的选票的政治纲领，可能会得到适得其反的结果。"[85] 很显然，设计一个可信的、前后一致的和有吸引力的政治纲领是一项非常复杂的任务：一个软弱的政党领导层可能会过度屈从于持极端立场的积极分子的要求，即，做出过分的举动，提出一个会疏远所有不持极端立场的人士的政治纲领；或者，在政治光谱的那些极端位置，需求可能会变得非常有弹性，而这又意味着向中间位置的进一步移动，就可能导致极端严重的政党分裂。

　　那么，"三声部"的第三个元素——忠诚——又有什么作用呢？根据赫希曼的分析，忠诚有两大功能。首先，忠诚有助于明确某些退出和呼吁机制的条件。例如，联合抵制（bycott）经常作为忠诚的一种副产品的形式出现，特别当人们并不真的想退出而试图是从内部通过特定策略以实现改变政策的目标时。忠诚这个元素还可以帮助我们更好地理解呼吁的运用的阶段性特点——在某些情况下，呼吁可能没有得到充分利用；而在其他一些情况下，呼吁的运用可能会变得特别"有害"，例如，在那些以对加入资格有严格的要求或者需要支付高额进入费的组织中就是这样。[86]

　　其次，更加重要的是，赫希曼用忠诚这个概念讨论了一系列"社会维度"特别重要的情况。其中一个例子是，个人退出会导致产品或服务质量进一步下降，而且这恰恰正是个人决定不退出（并可能进行呼吁）的原因。另一个例子是公共物品，在这种情况下，个人实际上无法退出。然而，将忠诚作为退出／呼吁二分法的限定条件的做法，可以说是这本书的一个真正的弱点。对此，阿德尔曼正确地写道，"在《退出、呼吁和忠诚》这本极具启迪意义、拥有巨大影响力的名著中，赫希曼对忠诚的阐述无疑是一个弱项"，因为赫希曼实际上并没有真正给出任何真正关于忠诚概念本身的阐述。[87] 许多所谓忠诚是应该受到谴责的，例如政府官员即便是在面对他们完全不同意的政策时也不愿辞职，就是很好的例子。赫希曼给出的最近的一个例子是，尽管越南局势不断升级，但是约翰逊政府中的许多高级官员仍然固执地恋栈不去。他将这类情况解释为被推迟的或被拒绝的退出，又或者沉默的呼吁，但是无法从忠诚的角度讨论它们。

然而无论如何，忠诚问题对于赫希曼的思想仍然很重要，尤其是主要从公民忠诚于国家这个"共同体"的政治角度来看的时候。如果说退出和呼吁概括了对于消费者与企业、或公民与政府之间的互相冲突的视角的不同反应，那么忠诚显然是其非冲突情形的缩影。但是，赫希曼对民主问题的反思越多，他就越深入地发现，冲突并不是民主制面临的危险，恰恰相反，冲突本身就是民主制运行的基本模式之一。那么，在一个经常充斥着冲突的民主国家中，又该如何解释忠诚呢？在 1994 年的一次演讲中，赫希曼复兴了一个有悠久历史但却经常被忽视的思想传统。这些思想家拒绝将冲突与共同体精神对立起来，相反他们强调，正是这种不断重复的经历——先是冲突，然后是协商、妥协，最后勉强应付过去——产生了使社会团结在一起的"社会资本"，在西方市场社会里尤其如此。正如赫希曼对这篇文献的总结中所说的："社会冲突本身产生了将现代民主社会联结在一起的宝贵纽带，并为它们提供了所需的力量和凝聚力。"[88] 从这个视角来看，没有冲突绝不是凝聚力很强、忠诚度很高的标志，恰恰相反，那可能是表明政治和社会冷漠的信号，是忠诚度下降的一个迹象。

当然，赫希曼也非常清楚，社会冲突也可能是爆炸性的，完全有可能埋葬任何形式的民族共同体甚至公民传统。1991 年爆发的南斯拉夫内战，不仅使国家彻底分裂，而且在长达十多年的相互敌对行动中导致了大约 14 万人丧生（仅仅在萨拉热窝围城事件中，就有超过 1.4 万人不幸遇难，而斯雷布雷尼察大屠杀则夺去了 8 000 多人的生命）。这是一个任何人都无法视而不见的突出例子。赫希曼警告说，对于冲突到底是会破坏、还是会加强社会联系这个问题"不能笼统地下一个结论了事"[89]。正如他经常强调的，只有对社会内部的具体分歧进行深入细致的情境化分析，才能帮助我们辨析冲突的潜在结果。

但是赫希曼也指出，在多元的市场社会中频繁出现的冲突，通常往往与某个可以找到妥协方案的问题有关；因此，如果情况发生了变化，这种冲突也是可以通过重新谈判化解的。在这个意义上，这种冲突很可能成为民主社会的支柱，因为它对形成民主市场社会所需要的共同体精神具有决定性作用。赫希曼总结说，在面临冲突时才想到去唤起对共同体精神的需求是一种错误的做法，因为那就像试图呼唤"机械降神"一样。正如我们在其他许多案例中也会看到的，如果一个问题存在着解决方案，那么它必定存在于寻找它的过程中："要解决社会在前进道路上肯定会遇到的层出不穷的新问题，真正需要的是政治企业家精神、想象力、需要耐心时就耐心和需要急进时就急进，以及各种各样的美德（*virtù*）和机运（*fortuna*）。"[90]

退出、呼吁和社会科学

到了 20 世纪 60 年代后期，赫希曼已经是一位受人尊敬的著名发展经济学家了。《退出、呼吁与忠诚》一书的出版，不仅标志着他开始从发展经济学领域中"解放"出来，而且使他的声誉达到了一个完全不同的更高水平。在这本书中，赫希曼创造了一系列新术语，经济学家和其他社会科学家可以用它们来讨论各种各样的跨学科问题。

伊利诺伊大学的发展经济学家维尔纳·贝尔（Werner Baer）是最早对《退出、呼吁与忠诚》发表评论的人之一，他将这本书描述为"对我们如何通过修正和扩展概念框架……使理论在解释变革以及对变革的反应时更加有力的一次极富想象力的探索"[91]。另一位评论家则认为，这本书提供了过去 20 年以来——也就是说，自从肯尼斯·阿罗（Kenneth Arrow）的《社会选择和个人价值》（*Social Choice and Individual Values*）一书出版以后——政治经济学文献中

"最广泛适用的一个论证"[92]。《社会选择和个人价值》是一个新的研究领域现代社会选择理论的基本文献，它融合了经济学分析和投票理论（并为阿罗赢得了诺贝尔经济学奖）。哈佛大学政治学家卡尔·W. 多伊奇（Karl W. Deutsch）与赫希曼一样，也是一个来自中欧的政治移民，他认为《退出、呼吁与忠诚》这本书是一个很好的例子，说明一批顶尖经济学家开始更明确地思考政治问题了，他还说这本书"为政治理论做出了杰出贡献"[93]。还是用赫希曼自己的话来说吧，这并不是他第一次"跨越"学科边界的尝试，但无疑是他迄今取得的最高的跨学科成就，并且有望产生令人振奋的广泛影响。

事实正是如此。这本书不仅得到了非常高的评价，而且它给出的概念框架，立即得到了来自诸多不同学科领域的学者的广泛应用——当然，他们也进行了适当的修正，以适应他们的研究需要（正如巴里所指出的，这在美国特别明显；不过在英国有所不及）。《退出、呼吁与忠诚》一书，很快就成了相关学科领域的专业研究者和业内人士共享的一个思想宝库——它所提供的这种知识，就是那种通常被认为可以用来"将专业研究者和潜在专业研究者（高年级研究生），与业余爱好者、中途辍学者和内部预测者（inside-dopester）区分开来的知识"[94]。这就是巴里所说的"引领时尚的著作"，其特点是，"理论可以用几句话就概括出来，但是同时却具有无限广泛的应用范围"，它的名声更多是通过口耳相传获得的，而不是通过那些更"体制化"的渠道（例如期刊上发表的书评）获得的，而且每个人都认为必须读一下它，不然就不能"跟上该领域的步伐了"。[95]

1973 年，国际社会科学理事会（International Social Science Council）和国际政治科学学会（International Political Science Association）共同组织了一个关于《退出、呼吁与忠诚》的学术研讨会，与会的曼瑟尔·奥尔森（Mancur Olson）、奥利弗·威廉姆森（Oliver Williamson）、斯坦因·罗坎（Stein Rokkan）、乔瓦尼·萨托利（Giovanni Sartori）、詹姆斯·科尔曼（James Coleman）、什穆埃尔·艾森施塔特（Shmuel Eisenstadt）和杰克·古迪（Jack Goody）等人，都将它称誉为"社会科学前沿"的"开创性著作"。[96] 1975

年，经济学界也开始认识到了赫希曼这本著作的重要地位，在当年的美国经济学学会年会组织的一个讨论它的影响的分会场，与会者阐述了它给出的概念框架对劳动力市场和城市治理中工会行为的适用性，同时也强调了赫希曼这本书与威廉姆森近期分析市场和等级制的著作之间的互补性（威廉姆森的著作出版于 1975 年）。[97]

退出—呼吁二分法也立即就被不同学科领域的学者广泛地用于研究许多不同的问题。在那之前，退出和呼吁之间的选择似乎是显而易见的，但是它从未被明确地阐明过，因而也从未释放出能够解决范围广泛的不同现象的潜力。尤其是，人们现在认识到，促进退出就会削弱呼吁的力量（或减少人们发出呼吁的可能性）的洞见，是特别有解释力的。尽管在美国，这种机制在《退出、呼吁与忠诚》一书出版之前就已经有人强调过了，但那通常只考虑了美国南部黑人群体面临的一个权衡：是移民到他乡，还是不移民并争取让黑人有更大的机会在种族和政治上获得解放。正如唐纳德·R. 马修斯（Donald R. Matthews）和詹姆斯·W. 普罗思罗（James W. Prothro）在 20 世纪 60 年代中期的研究中指出的，南部黑人人口很可能已经失去了五分之一到三分之一的素质更高的成员；其结果是，那些留下来的黑人"的政治参与，将不再像以往那么频繁、那么有效了"，他们争取解放的能力将因此被削弱。[98]

到 1972 年，研究者们根据赫希曼的退出—呼吁框架重新定义了这个问题。在《退出、呼吁和忠诚》一书出版前后，两位政治学家约翰·奥贝尔（John Orbell）和宇野彻（Toru Uno），一直在研究俄亥俄州哥伦布市的城市社区的变化的动力机制，看到这本书后，他们立即重新起草了研究计划，以便利用这本书给出的那些全新的、引人入胜的术语。他们注意到，赫希曼只是顺便讨论了一下城市问题，但是他们发现他的概念框架对于描述城市环境中人们对政治激进主义的不同态度非常有用。他们的假设是，呼吁，而不是退出，才是最有利于改善城市社区的机制，但是退出选项的存在会使他们认为最需要的修复工具（即呼吁）能够发挥作用的争议领域消耗殆尽。通过对不同群体（白人和黑人、社会地位高的和社会地位低的人、城市人和郊区人、老一代人和年轻一代人）

的行为进行复杂的统计研究，奥贝尔和宇野彻最后说明了不同群体是如何倾向于退出或呼吁，或者两者的某种阶段性的组合。根据他们的样本，社会地位高的白人通常会选择呼吁而不是退出，住在郊区的社会地位高的白人更是如此；同时，同样是郊区人，社会地位低的白人通常会最先觉得自己无能为力，因此直接选择退出，而不考虑发声呼吁。与这些群体相比，黑人比生活在相似地区且具有相似地位的白人更可能使用呼吁来应对问题。[99]

退出和呼吁这个分析框架还被一些研究者用于分析巴勒斯坦人口不断变化的构成、巴勒斯坦人在以色列和被占领土上的政治斗争的动态机制，以及更一般的，世界各地的冲突和难民的行为。[100]当然，退出和呼吁这两个概念的应用范围远远不限于上面提到的这些。根据一项仅限于近期文献的、非常简单的在线调查的结果，对赫希曼的退出—呼吁框架的应用可谓无处不在，从对爱尔兰医生的工作条件的研究到对瑞典的住房改造项目的分析，从对国家与国际刑事法院之间的关系的剖析到对为什么受气候变化不利影响的人口会留在原地而不是迁移到更温和的居住环境中去的探讨，从对可口可乐公司过去一百年的市场战略的反思到对 21 世纪初一位美国商人收购曼联时球迷的反应的解释……不可尽数。

对赫希曼提出的这个"三声部"框架的一个特别雄心勃勃的应用是政治学家斯坦因·罗坎的一项研究。他的目标是将赫希曼的框架与塔尔科特·帕森斯的功能分化范式结合起来，用于探究现代西欧国家形成过程中不同政治制度之间的差异。在结合了帕森斯的功能主义方法之后，罗坎就能够用赫希曼的分析框架去分析各种自上而下的机制了，例如中央当局（在罗坎分析的案例中，指的是现代欧洲的权力中心）如何影响下级参与者（外围共同体）的退出和呼吁，而不是像赫希曼那样基本上只分析各种自下而上的动态机制（例如消费者对企业的产品质量下降、或公民对公共行政机构绩效衰减的反应）。[101]

退出和呼吁这组概念向不同领域的传播，也鼓励了一系列致力于让这个分析框架更加复杂化的尝试。例如，一些学者详细地阐述了赫希曼只是顺便提到过一下的一个命题：退出更容易被视为一种二元选择（要么退出，要么不退出，尽管这也是一种简化），而呼吁则可以区分出多种等级的，即人们能够以不同的"音量"和形式发声呼吁。类似地，不同等级的呼吁的影响，不仅在接收者的响应性高低方面会有所不同，而且在接收者的响应的"构成"方面也会有所不同（例如，对于一定等级的呼吁，既可能以很高的概率出现温和的反应，也可能以较低的概率出现更坚定的反应，或者相反；很显然，不同反应水平的可能组合及其在任何给定呼吁水平下出现的概率都是因个案而异的）。

至于绩效衰减和修复的动态机制，也可以进一步加以复杂化。例如，绩效衰减并不一定意味着肯定可以修复。在绩效衰减—修复过程的第二阶段中，取决于具体情况，呼吁既可能会更强、也可能会更变弱，或者也可能完全不存在，而且呼吁的缺失也可能不一定有利于退出（最近对气候变化以及受气候变化影响的人群的迁徙行为的研究，似乎就证明了这一点）。

对赫希曼的分析框架进行复杂化的另一个尝试是巴里的研究。巴里讨论了作为呼吁的镜像式对应物的沉默（silence），然后指出赫希曼似乎将两种截然不同的现象混为一谈了——那就是，为确保集体利益而进行群体动员的社会呼吁，以及为追求个人利益而发出的个人呼吁。在引入这种复杂性之后，巴里甚至进一步暗示，赫希曼本来可以通过将自己的分析框架与曼瑟尔·奥尔森在《集体行动的逻辑》中描述的机制融合到一起而获得更多的洞见。[102] 尽管这个评论非常有意思，但是我们有理由认为它无法真正说服赫希曼，因为赫希曼本人对奥尔森的著作持有一种片面的、还原主义的观点。原因是，赫希曼几乎本能地厌恶奥尔森所塑造的搭便车者的形象，以及奥尔森对政治团体、那些致力于从事"注定要失败的事业"的人们，甚至群众运动的众所周知的作为不幸者的刻画；奥尔森认为所有这些不仅是"非理性的或不理性的"，而且都是"异化之物"，狂热地致力于意识形态，属于社会边缘的"狂热的极端分子"。[103]

事实上，赫希曼这种"偏见"，源于他本人的一种认知偏向，即将呼吁视为一种集体努力。在后来的一次采访中，当被问及谁是他在智识上的对手时，赫希曼先这样说了一句，"人们在写作时经常会反对某个人的观点，即便当时是无意识的"，然后他就提到了曼瑟尔·奥尔森和他的搭便车概念。赫希曼还声称："我花了好几年时间去论证，特别是与经济学家争论，集体行动确实存在，而且人们确实参与其中。"[104]例如，赫希曼曾经以公共动员概念为基础，将他对非市场机制的经济学观点与公共选择理论家的观点区分了开来。不出所料，公共选择理论的创始人之一戈登·塔洛克（Gordon Tullock）并不相信赫希曼的分析。塔洛克认为，赫希曼对退出的批评是有偏见的，因为赫希曼主要讨论的是当供应商可以依赖于其他收入来源（如政府补贴）时退出无法推动供应商提高效率的情况。塔洛克也不信服赫希曼关于尼日利亚铁路的观点（那是赫希曼的全部论述的起点）。塔洛克声称，即便是在缺乏相对高效的卡车运输服务的情况下，铁路也可以通过从纳税人那里"勒索"更多钱来改善服务，或者直接转向其他形式的低效率服务。[105]对于低效率状态可能一直持续下去的观察可能是一个公平的立足点，但是塔洛克和赫希曼的观点相差得太远了，无法共同构成任何富有成效的对话的基础：塔洛克甚至根本没有考虑赫希曼最关注的东西（即公共动员得以发生的机制），而赫希曼则将自己置身于公共选择理论的传统之外。正如当时的公共选择协会主席曼瑟尔·奥尔森总结的那样："意识形态鸿沟太大了，实在无法弥合。"[106]

正如赫希曼所说的，公园或警察保护等公共物品的成本是非常明确的。然而，当人们考虑的不是公共物品而是公共政策时，情况就完全不一样了。争取提高"这种'公共利益'"或"这种'公众的幸福'"的政策的成本与对这些"物品"的占有是分不开的，因为正如赫希曼所说的："人们常常会觉得，为公众的幸福而奋斗与其说是一种成本，还不如说是一种最接近的可获得的替代品。"[107]差不多十年之后，赫希曼将在他的另一本著作《转变参与》（*Shifting Involvements*）中更加全面地阐述了这个主题——赫希曼坚持认为，在追求公共利益的过程中，成本会以某种神秘的方式转化为收益："这种突如其来的、在历史上有如此大的决定意义的流行能量的爆发，只有通过这种符号上的变化才有可能加以解释，即通过将通常被认为是需要卸掉的成本转化为利益、有益的体验和人们必须分享的'应追求的幸福'。这种突变的可能性是理解政治变革的基础，而且实现变革往往需要这样的突变。"[108]

赫希曼本人后来也曾经回过头来运用他的退出—呼吁二分框架反思过1989年柏林墙倒塌和随后的两德统一事件。无疑，这一定是一个特别令人愉快的反思。正如赫希曼指出的那样，在整个冷战期间，东德人的退出和呼吁完全符合他在1970年出版的《退出、呼吁与忠诚》一书中最初的设想——也就是说，它们作为替代力量经常是"南辕北辙"的。政治上的异议（呼吁）是不被当局容忍的，个人完全独立于东德政权的唯一途径是退出。起初，退出相当容易，但是在1961年柏林墙建成后，个人的退出就要承担相当大的风险了。1989年柏林墙倒塌事件则显示了这两种机制之间的意外结合：当年春天，（东德人通过匈牙利、波兰和捷克斯洛伐克的）退出变得不可阻挡，反过来，由于当时政权无力对退出做出反应，不仅使其软弱性暴露无遗，而且也为国内抗议——即呼吁——开辟了新的空间。[109]

但是，仅有这种概要性的简单解释是不足够的。由于对许多逃离本国的东欧人进行过多次访谈（这也是他的最后一次实地考察），赫希曼注意到了另一种更直接、更引人注目的退出和呼吁之间的联系机制。[110]它也许可以作为对"1989年事件"的真正奥秘的更间接、但更深入的解释。赫希曼指出，在当时，纯粹的私人行为（例如退出）成功地转变成了公共抗议运动。[111]赫希曼推测，尽管那些打算逃离的人原本认为那只是一件完全私人的事情，但是由于规模非常大，他们情不自禁地改变了自己的观点："太多的人都有同样的想法，而且……他们的行动太成功了，无法再保持行动的秘密性，也无法再认为那是私人行为了。"[112]突然之间，那些试图离开东德，在边境过境点、火车站和大使馆等地不期然会合的人都明白了，他们并不孤单，他们的私人计划实际上都是一项大型公共事业的一个小小的组成部分。于是私人退出变成了公共退出，而且这种新现象反过来又导致并强化了呼吁。对于赫希曼来说，这当然再好不过，但更重要的是，这确实是事实。在75岁的时候，他终于亲眼目睹了因希特勒的罪行和屠杀而变成两半的祖国重新实现了和平统一，而且"通过这个事件，我们现在明白了，在事件密集发生的某些重要时刻，退出能够与呼吁合作、呼吁可以从退出产生、退出也能够强化呼吁"[113]。

也许，《退出、呼吁与忠诚》这本书的主题的最有趣的一个变体来自吉列尔莫·奥唐奈（Guillermo O'Donnell），一位在阿根廷、巴西和美国工作过的阿根廷社会学家和民主活动家。奥唐奈对赫希曼所描述的由消费者向企业经理或由公民向政府工作人员发生的呼吁，与发生在同侪之间的另一呼吁进行了非常有趣的区分。奥唐奈把前者称为"纵向呼吁"（vertical voice），而把后者称为"横向呼吁"（horizontal voice）。奥唐奈详细阐述了这个非常简单但相当有力的区分，他认为群体身份在很多方面都是由横向呼吁所塑造的，因为相互支持或讨论"自己人"的观点可以在个人之间建立起联系。事实上，在不受政府限制、不危及个人人身安全的情况下使用横向呼吁的可能性，正是民主环境的一个"构成特征"。对此，奥唐奈指出："横向呼吁是一类非常重要的集体纵向呼吁得以存在的必要条件（这类纵向呼吁可以合理地独立于'上层'）。"[114]

例如，在独裁者豪尔赫·拉斐尔·维德拉（Jorge Rafael Videla）统治时期的阿根廷，尽管要冒一些风险且成功的机会非常小，还是有一定可能向高层发出呼吁（条件是必须以尊重当局的、非政治化的方式进行），"但是几乎可以肯定的是，任何利用横向呼吁的尝试几乎都会导致生命危险，因为当局认为个人必须相互隔离开来"[115]。因此，消除横向呼吁会对民主产生至关重要的影响，因为它本身就构成了基本隔绝纵向呼吁的充分条件，而且可以让所有只能通过集体形式表达的呼吁都自动静音。而这就意味着，仍然可行的那些呼吁都被进一步扭曲了，因而会使个人和社会各阶层的情况变得更糟。奥唐纳指出，当集体（横向）呼吁注定要变为沉默时，就会出现这样的情况，"沿着社会分层的阶梯越往下，强加的沉默就越深。因此，剩下来的纵向呼吁不仅会急剧减少，而且天生就是有偏见的"，因为只有社会金字塔上层的成员才能（谨小慎微地）行使它。[116]

奥唐奈是阿根廷独裁政权及其所采用的致命手段的敏锐观察者。但是他并没有丧失所有希望。奥唐奈以一种典型的赫希曼式的方式补充说，横向呼吁是不可能完全被静音的，因为"斜向的呼吁"（oblique voice）——也就是说，应该被"像我这样的其他人"听到、但不能被专制政权及其代理人听到的呼吁——能够继续削弱独裁政权。[117]

注释

[1] Hirschman 1971a, ix.

[2] Hirschman 1971a.

[3] Hirschman 1970a.

[4] Hirschman 1971b, 2. 5. 6. 7. 8. 9. 10. (强调标记是原文就有的). 11. 12。

[5] Hirschman 1970a, 15.

[6] Hirschman 1971b, 8.

[7] Hirschman 1971b, 24, 10.

[8] 这是霍夫曼的助理玛吉·弗尼（Marge Fonyi）说的话，Murphy 2006, 112。

[9] Hirschman 1963, 238.

[10] Hirschman 1970b, 336—337（强调标记是原文就有的）。

[11] Hirschman 1963, 238.

[12] Hirschman 1968b, 88—89. 赫希曼在更早的时候就讨论过这种失败情结（或自我归罪的倾向）了，请参见 Hirschman 1961b, 1963.

[13] ECLA 1950；Prebisch 1950；Singer 1950；Hadass and Williamson 2003.

[14] Furtado 1966.

[15] Hirschman 1968b.

[16] Hirschman 1968b, 32.

[17] Hirschman 1968b, 9.

[18] Hirschman 1968c, 926（强调标记是原文就有的）。

[19] Hirschman 1968c, 930（强调标记是原文就有的）。

[20] Hirschman 1990a.

[21] Hirschman 1968c, 932.

[22] da Conceição Tavares 1964；Macario 1964；Furtado 1966. 也请参见左派人士对进口替代工业化战略的危机的讨论，例如：Love 1996。

[23] Little, Scitovsky, and Scott 1970.

[24] 例如，约翰·纳普（John Knapp），就谈到了发展中国家一方"过度借款"问题，请参见 Knapp 1957。

[25] Hirschman and Lindblom 1962, 222.

[26] Hirschman 1969, 6.

[27] Hirschman 1969, 6.

[28] Hirschman 1969, 11.

[29] Hirschman 1969, 13.

[30] Hirschman 1969, 15.

[31] Zahniser and Weis 1989, 181.

[32] 米尔顿·S. 艾森豪威尔（Milton S. Eisenhower）提交给美国总统的报告，"United States-Latin American Relations," December 27, 1958, Department of State Publication 6764, 1959, 15。

[33] Hirschman 1960, 61.

[34] John F. Kennedy, "Address at a White House Reception for Members of Congress and for the Diplomatic Corps of the Latin American Republics," March 13, 1961, accessed November 11, 2019, https: //

www.jfklibrary.org/archives/other-resources/john-f-kennedy-speeches/latin-american-diplomats-washington-dc-19610313.

〔35〕 Hirschman 1961c, 179.

〔36〕 Adelman 2013, 413.

〔37〕 Hirschman and Bird 1968, 3.

〔38〕 "A Modest Proposal," undated, AOHP.

〔39〕 Hirschman and Bird 1968, 21.

〔40〕 从这个名单也可以非常清楚地看出，在那些年间的发展辩论中，男性学者完全占据了主导地位。

〔41〕 Sherman Robinson, Rapporteur, "Institute of Politics：Study Group on Foreign Aid," Report of the Meeting of December 4, 1967, AOHP.

〔42〕 Stanley Please to Alexander Stevenson, "Foreign Aid—A Critique and a Proposal," paper Prepared by Albert O. Hirschman and Richard M. Bird, December 26, 1967, AOHP; John A. Holsen to Alexander Stevenson, A Reaction to Hirschman and Bird ("Foreign Aid—A Critique and a Proposal"), December 26, 1967, AOHP.

〔43〕 亚历山大·史蒂文森（Alexander Stevenson）于1967年12月29日写给阿尔伯特·O. 赫希曼的信，AOHP。

〔44〕 弗里茨·马赫卢普（Fritz Machlup）于1968年2月20日写给阿尔伯特·O. 赫希曼的信，AOHP。

〔45〕 阿尔伯特·O. 赫希曼于1968年1月28日写给弗里茨·马赫卢普的信，AOHP。

〔46〕 阿尔伯特·O. 赫希曼于1969年8月15日写给罗伯特·海尔布罗纳（Robert Heilbroner）的信，AOHP。

〔47〕 阿尔伯特·O. 赫希曼于1961年6月8日写给马丁·M. 罗森（Martin M. Rosen）的信；马丁·M. 罗森于1961年7月6日写给阿尔伯特·O. 赫希曼的信，AOHP。

〔48〕 萨缪尔·鲍尔斯（Samuel Bowles）于1970年1月14日写给阿尔伯特·O. 赫希曼的信，AOHP。

〔49〕 阿尔伯特·O. 赫希曼于1970年1月22日写给萨缪尔·鲍尔斯的信，AOHP。

〔50〕 Adelman 2013, 422—433.

〔51〕 Adelman 2013, 423.

〔52〕 阿尔伯特·O. 赫希曼于1968年9月8日写给乌尔苏拉·赫希曼的信，转引自 Adelman 2013, 428。

〔53〕 Hirschman 1967a, p.148. 54. 55. 56. 57. 58. 59. 60. 61. 62. 63. 64. 65.

〔54〕 Adelman 2013, 393.

〔55〕 Adelman 2013, 393.

〔56〕 Hirschman 1958, 142.

〔57〕 Hirschman 1967a, 147.

〔58〕 Hirschman 1970a, vii.

〔59〕 Lazear 1999, 12.

〔60〕 Becker 1957, 1960, 1964, 1976, 1981; Gilber and Becker 1975; Stigler and Becker 1977.

〔61〕 Hirschman 1990b, 158—159.

〔62〕 Hirschman 1970a, 16.

〔63〕 米尔顿·弗里德曼（Milton Friedman）语，转引自 Hirschman 1970a, 16。

〔64〕 Hirschman 1970a, 17.

〔65〕 Hirschman 1970a, 18（强调标记是原文就有的）。

〔66〕 Hirschman 1970a, 19（强调标记是原文就有的）。

〔67〕 Hirschman 1970a, 19.

［68］　Hirschman 1974，8.

［69］　Barry 1974，85—86.

［70］　Rokkan 1974a，27.

［71］　Hirschman 1970a，1（强调标记是原文就有的）。

［72］　Hirschman 1970a，3.

［73］　Hirschman 1970a，25.

［74］　Hirschman 1970a，107—108.

［75］　Adelman 2013，435—437.

［76］　我们还可以推测，一旦决定退出公立学校了，一定程度的惯性和路径依赖就会出现，这样以后再回到公立学校就会变得不太可行。换句话说，逆转退出的成本会变得过高（或者会被认为比较高）。

［77］　Hirschman 1970a，79.

［78］　Hirschman 1970a，80.

［79］　Hirschman 1970a，59（强调标记是原文就有的）。

［80］　Hirschman 1970a，59—61. 然而，采用鼓励政治移民这种手段时，独裁政权也要冒加剧所谓独裁者的困境的风险。

［81］　Hirschman 1970a，53.

［82］　Hirschman 1970a，54.

［83］　Hotelling 1929，45.

［84］　Hotelling 1929.

［85］　Hirschman 1970a，72.

［86］　心理学家菲利普·津巴多（Philip Zimbardo）和他的一个研究生马克·斯奈德（Mark Snyder）与赫希曼合作设计了一个实验，目的是考察"'入会条件'的严格程度对行动主义行为的影响"。这个实验从来没有真的付诸实施。但是两年后，津巴多进行了著名的斯坦福监狱实验。在这个实验中，参加实验的大学生被分成了两组，一组充当狱警，另一组充当囚犯，以重现监狱内部的动态变化。赫希曼—斯奈德—津巴多实验设计，后来成了赫希曼的《退出、呼吁与忠诚》一书的附录 E（Hirschman 1970a，146—155）。

［87］　Adelman 2013，446.

［88］　Hirschman 1994d，206.

［89］　Hirschman 1994d，211.

［90］　Hirschman 1994d，216.

［91］　Baer 1970，814.

［92］　Hanson 1970，1275.

［93］　Deutsch 1971，25.

［94］　Barry 1974，79.

［95］　Barry 1974，79，82.

［96］　Rokkan 1974a，27.

［97］　特别是，请参见 Williamson 1975，1976；以及尼尔森（Nelson 1976）的评论。

［98］　Matthews and Prothro 1966，450.

［99］　Orbell and Uno 1972. 退出和呼吁的概念还被用来研究公民对城市服务的满意和不满（Lyons，Lowery，and Hoogland DeHoog 1992）；最近一项极大地依赖于赫希曼这个框架来对公民对城市服务反应进行的分析是 Dowding and John 2012。

［100］　例如，请参见 Migdal 1980；Peleg and Waxman 2011；Ophir 2019；and Zolberg，Suhrke，and Aguayo 1989。

［101］　Rokkan 1975. 关于对这个问题的进一步反思，请参见 Rokkan 1974b。关于国内采用的自上而下的方法的描述，请参见 Coleman 1974。关于赫希曼后来对退出—呼吁二分法的应用领域的思考，请参见 Hirschman 1986a，esp. 85—99。

［102］ Barry 1974，92—95.

［103］ Olson［1965］1971，159—162.

［104］ Hirschman 1994a，108.

［105］ Tullock 1970.

［106］ 曼瑟尔·奥尔森于 1973 年 2 月 20 日写给阿尔伯特·O. 赫希曼的信，转引自 Adelman 2013，448。

［107］ Hirschman 1974，9（强调标记是原文就有的）。

［108］ Hirschman 1974，10.

［109］ Hirschman 1993c.

［110］ Adelman 2013，621.

［111］ Hirschman 1993c，198.

［112］ Hirschman 1993c，198.

［113］ Hirschman 1993c，202.

［114］ O'Donnell 1986，252.

［115］ O'Donnell 1986，254.

［116］ O'Donnell 1986，260.

［117］ O'Donnell 1986，262.

第六章 市场社会的历史和理论

卡尔·马克思（Karl Marx）在《政治经济学批判》（*A Contribution to the Critique of Political Economy*）一书中写道，"人类始终只提出自己能够解决的任务"，因为只要仔细考察就可以发现，任何"任务本身，只有在解决它的物质条件已经存在或者至少是在生成过程中的时候，才会产生"。[1]赫希曼在20世纪70年代后期指出，马克思的这句名言极其完美地概括了战后早期发展经济学诞生的过程。[2]去殖民化潮流的兴起和冷战的爆发，使得第三世界国家对发展道路的选择，成了美国和苏联与这些国家之间的外交关系中的一个核心问题。其他国家，特别是在西方，美国强劲的经济扩张和公民物质福利的改善似乎表明，摆脱贫困和落后是一个普遍可以实现的目标。换言之，第二次世界大战结束后的那个时期，人们第一次发现了富国干预外国经济的"令人信服"的理由，而且已经找到了行动的模板。对此，发展经济学的另一位先驱在一本非常有影响力的著作中指出，在西方国家的议程上，最重要的一项任务是要"证明不发达国家——它们现在成了共产主义运动的主要对象——能够成功地……进入民主世界的轨道，实现经济起飞"[3]。

然而，到了20世纪70年代，发展经济学家早期的信心就彻底破灭了。发展经济学这个新领域没有兑现它的承诺。经济记录表明，不发达国家的发展最多说得上喜忧参半，有成功的案例，也有很多失败的例子。更令人担忧的一个事实是，无论是否实现了经济增长，许多不发达国家都经历了一系列军事政变。赫希曼了解甚深的拉丁美洲，当时正在经历一场深刻的危机。在此仅举几例：1964年的巴西和玻利维亚、1966年的阿根廷、1968年的秘鲁、1972年的厄瓜多尔、1973 年的智利和乌拉圭、1976 年的阿根廷……都见证了民主政府被军政府取代的悲剧。

发展经济学家不得不直面他们早期信念的危机。他们原本以为，发展中国家的经济增长肯定会带动社会和政治生活的改善，因为后者几乎可以视为经济增长的副产品。在更一般的层面上，独裁政权的这一波"复辟"，对资本主义政治的本质提出了质疑。西方思想的悠久传统之一是，颂扬自由贸易和经济发展能够让社会变得更文明的"美德"。即便是对工厂化劳动的异化效应和对工人阶级的剥削持最强烈的批判立场的马克思，也承认资产阶级时代的进步性，称它与古老的封建制度完全相反。

赫希曼当然也深受他眼前当时正在展开的危机的触动，于是开始对经济增长与政治发展之间的关系提出了一系列尖锐的问题。而这又促使他进一步回顾和探索近代以来西欧各国政治哲学家的辩论。虽然这些辩论都发生在遥远的过往时代，但是对当代问题却非常重要、也非常切近。

经济增长与政治危机

在 20 世纪 70 年代初期，两位量化发展经济学家伊尔玛·阿德尔曼（Irma Adelman，她是一位逃离了纳粹政权的罗马尼亚移民）和辛西娅·塔夫脱·莫里斯（Cynthia Taft Morris），打算着手研究一些欠发达国家的经济增长、收入分配和政治参与之间的相互关系。她们都不是社会经济研究领域的新手，她们早就意识到了经济增长可能会在社会、文化和生态领域产生广泛的负面影响，但是她们认同普遍的观点，即经济增长有利于所有阶层的人们，而且最重要的是，经济增长将伴随着议会制民主的传播。但是，她们得到的研究结果，即便是对她们自己，也是"极其令人震惊的"[4]。

　　伊尔玛·阿德尔曼和辛西娅·莫里斯的发现确实令人深感不安。他们这样写道，不但"政治参与的增加……绝不是社会经济发展的必然结果"，而且人口中最贫困的阶层被系统性地排除在了经济增长的受益者之外。[5]库兹涅茨（Kuznets）的"倒U形"假说——不平等随着经济增长而增长，直到达到一个平稳状态，然后随着经济的继续增长而开始减少——所指的曲线形状在他们的研究结果中可以清楚地看到，但是附有一个重要的条件。阿德尔曼和莫里斯注意到，在经济增长水平较低的情况下，不平等只会缓慢增长，但是一旦达到了较高的经济增长水平之后，不平等就会长期保持在一个"高原"上；然后，只有到了非常高的经济发展水平上，不平等才会开始减少。因此，"倒U形"曲线是不对称的，这表明"经济现代化进程使得收入分配有利于中产阶层和高收入群体，而不利于低收入群体"。他们最后得出的结论是"经济发展的动力学似乎对穷人不利"[6]。用他们自己的话来说，这个结果的含义"令人惊恐不安"："经济发展伤害了、而不是帮助了全世界数以亿计的极度贫困的人！"[7]

　　吉列尔莫·奥唐奈也得到了类似的结论。在他学术生涯的第一项重要研究中（他在耶鲁大学攻读政治学博士时的研究结果），奥唐奈指出，20世纪50年代以来的研究所强调的经济增长与政治自由增加之间的相关性——许多发展经济学家都认为存在这种相关性，例如，西摩·马丁·利普塞特（Seymour Martin Lipset）在他的著作中——必须加以尝试修正。奥唐奈认为，经济增长导致的不是政治民主，而是政治多元化。虽然可以把多元化视为民主的一个关键要素，但是在奥唐纳看来，它只是描述了一个更加细分的社会，但不一定是一个更加民主的社会。事实上，奥唐奈声称拉丁美洲的政治多元化的发展是与民主背道而驰的。用奥唐纳自己的话来说，原来的公式"更多的社会经济发展＝更多的政治民主的可能性"应该改写为"更多的社会经济发展＝更多的政治多元化≠更多的政治民主的可能性"。[8]

　　奥唐奈认为，工业化的不同阶段会带来不同的政治结果，因为它们以不同的方式影响了不同的阶层群体。例如，以消费品生产为基础的第一阶段的工业化的出现，可以解释从以土地为基础的寡头体制向民粹主义体制的转变。在工业化的早期阶段，经济上的特点是关税保护和国家补贴，政治上的特点则是基于工业家和工会利益融合的民粹主义联盟，其目的是扩大内部消费和提高工资，以换取对政治精英的政治支持。但是，当进口替代工业化政策的这个阶段走到了尽头之后，随着国内市场的饱和以及中间产品和资本品的重新进口所导致国际收支失衡的出现，冲突也将不可避免地爆发。为了应对宏观经济失衡而实施的正统的货币政策，以及为支持资本主义积累而进行的对工资的压缩，将使工人阶级和政治精英的利益出现矛盾。[9]

因此，根据奥唐纳的说法，更高程度的现代化要求技术官僚的作用更加全面深入地渗透到全国各级政府的核心中去。只有当一个具有强大的解决问题能力的技术官僚网络发展起来后，才能对各个关键部门和各种关键活动施加越来越有效的控制。[10] 奥唐奈认为："1964 年在巴西、1966 年在阿根廷'植入'的政治制度是一种'官僚威权主义'（bureaucratic-authoritarian）制度。"[11] 如果说这个术语中的"威权"维度指的是现代化程度较低的非民主政治制度，那么它的"官僚"维度指的就是"高度现代化的威权主义制度特有的关键特征，包括：许多社会部门的组织力量的成长，政府试图通过'封装'方法进行的控制，大多数在位的技术官僚角色的职业模式和权力基础，以及大型（公共和私人）官僚机构发挥的关键作用"[12]。或者换句话说，这种"官僚威权主义"国家就是最近的文献中所称的高度现代主义的国家（high-modernist state）。

1975 年，美国学术协会理事会和社会科学研究理事会下设的拉丁美洲研究联合委员会（Joint Committee on Latin American Studies of the American Council of Learned Societies and the Social Science Research Council）成立了一个专门研究拉丁美洲危机的专家工作小组（拉丁美洲研究联合委员会的主席正是赫希曼）。奥唐奈提出的"官僚威权主义国家"概念为这个工作小组的讨论确定了框架。来自印第安纳大学的政治学家戴维·科利尔（David Collier）认为——科利尔后来担任了反映该工作小组的研究成果的文集的主编——阿根廷和巴西这两个占了拉丁美洲 65% 的人口和 75% 的工业的国家，都很早就出现了军政府统治的复辟，而且这种复辟是在这样一种更广泛的背景下发生的：人们原来预期，经济增长和政治民主化将会齐头并进地展开。到了 20 世纪 70 年代，这两个国家的官僚威权主义体制进一步深化，而且智利和乌拉圭也随之出现了类似的政权。[13]

作为拉丁美洲研究联合委员会的主席、研究的早期支持者和最后一卷研究文集的非官方共同主编，赫希曼也是这个工作小组的重要成员。以这样一个身份，赫希曼写下了或许是对发展经济学的"终结"的最严峻的评估：

> "欠发达地区的经济发展"是在 20 世纪 40 年代末和 50 年代初出现的一个全新的研究领域。当然，这确实是一项非常艰巨的任务，不过也不是没有成功的可能，但是同时发生的两件事情阻碍了这个美好前景的实现。首先，人们认为，理论上的进步……使得经济学家拥有了向政府提供有效建议所需的工具……其次，美国在西欧实施的马歇尔计划的成功似乎证实了快速实现经济转型的可能性……

> 然而，大约 25 年后，由于各种各样的原因，早期的乐观情绪在很大程度上已经完全消失了。总体上的经济增长虽然很可观，但是并未能解决整个世界分为富裕的"北方"和欠发达的"南方"的各种问题。此外，在"南方"本身，增长成果的分配比预期的更加不平衡。令人失望的还有另一个许多人通常不愿意承认的原因：实现经济增长的努力，无论成功与否，似乎都在越来越多地在政治领域带来灾难性的副作用——民主自由沦丧于威权政权之手，同时基本人权也遭到了全面的侵犯。[14]

1972—1973 学年，赫希曼来到普林斯顿高等研究院担任访问学者，然后在 1974 年成为终身成员（对他来说，这是一份完美的工作，因为它没有教学任务）。在普林斯顿高等研究院与克利福德·格尔茨（Clifford Geertz）以及其他一些学者进行的一次对谈中，赫希曼坦白了他对"经济发展与'酷刑的发展'之间如此明显的相关性到底是怎么出现的"这个问题的沮丧和困惑，他还补充说："这里肯定存在着某种密切的联系，它让我感到非常震惊和困惑。"[15] 在智利民主政府被推翻几个月后，赫希曼撰文对自己的《通往进步之旅》进行了重新评估，表达了同样的沮丧感。1963 年初次出版的这本书明显带有乐观的基调，但是赫希曼在十年后写的"重返旧途"的基调则要黯淡得多。这篇文章的重点不是讨论赫希曼的拉丁美洲同事的失败情结（fracasomania），而是如何理解已经出现的事实上的失败（fracaso）。特别是，赫希曼认为，"在许多拉丁美洲国家中，国家本身已经变成了一种异常'冷酷的怪物'，要想理解它"，就必须进行新一轮"对公共政策的决定因素和后果的详细研究"。[16]

对幻灭的反应有多种形式。正如赫希曼所指出的，他的许多拉丁美洲同事试图通过证明政治上的威权主义导致了糟糕的经济结果来恢复最初的相关性。然而，这种相关性断言起来容易，但要真正证明它却并不简单。赫希曼自己的反应是，变得更注重实际操作，并致力于多管齐下地从多个方面推动。首先，正如我们已经看到的，赫希曼组织了一个多学科合作的工作小组，研究威权主义政治的各种新形式。他还积极向受当地政权压迫或处于危险之中的机构和个人提供实际援助。赫希曼曾多次前往圣地亚哥和布宜诺斯艾利斯，在拉丁美洲研究中心（Corporación de Estudios para Latinoamérica，CIEPLAN）和国家与社会研究中心（Center for the Study of State and Society，CEDES）发表演讲。这两个智库都成立于 20 世纪 70 年代中期，而且它们的立场都是强烈反威权的。最后，赫希曼还帮助许多拉丁美洲学者移居美国，邀请他们担任哈佛大学和普林斯顿高等研究院的研究员。正是在赫希曼的安排下，拉丁美洲研究联合委员会的工作小组的所有成员都至少到普林斯顿高等研究院担任过一年的研究员[17]，他们当中包括巴西社会学家费尔南多·恩里克·卡多佐（Fernando Henrique Cardoso）、巴西工程师兼经济学家何塞·塞拉（José Serra），后者担任过巴西全国学生联合会（União Nacional dos Estudantes）主席，强烈反对军政府。卡多佐（当时 40 多岁）和塞拉（当时 30 多岁）属于同一代知识分子—政治活动家，他们后来在巴西恢复民主制度的斗争中发挥了重要作用。20 世纪 90 年代上半期，卡多佐出任巴西外交部长兼财政部长，并在 1995 年至 2002 年担任巴西总统。塞拉曾在卡多佐的领导下担任政府计划和预算部长以及卫生部长，后来又担任了圣保罗市市长、圣保罗州州长，并最终成为参议员。

像他的许多同事一样，赫希曼对没有多少人能够预料到危机的到来感到非常痛苦——更不用说没有多少人能够预测危机的严重性和长期性了。在那个时候，深深的失败感，以及更令人沮丧的困惑感，弥漫在了发展经济学家和从业者群体之中。作为发展经济学的早期创立者、发展事业的参与者和观察家，赫希曼对这个领域当年的激情和乐观主义依然记忆犹新。在他写于1973年的一篇题为"对经济发展过程中的收入差距的不断变化的容忍限度"的文章中，赫希曼试图解释早期为什么会乐观情绪爆棚，并回答"我们到底哪里出错了"这个问题。有感于这种过度乐观情绪紧随着彻底失败感的经历，赫希曼将拉丁格言"per aspera ad astra"（循此苦旅，以达天际）改写为"per aspera ad disastra"（循此苦旅，却致大难）。[18]

赫希曼是在他提出的"隧道效应"（the tunnel effect）及其潜在运动规律的基础上，对收入不平等的容忍限度进行分析的。隧道效应的名字源于一个许多人都经历过的一个极其常见的情形。假设我们开车驶进了一个隧道，它有两个同向行驶的车道，然后发生了交通拥堵，我们这个车道和相邻车道都被堵住了。过了一段时间后，当我们看到另一条车道的汽车开始向前移动的时候，我们通常会感到宽慰并觉得充满希望：即便我们这个车道暂时还不能移动，我们也有理由假设堵塞的原因已经消除，我们也很快就可以继续向前移动了。映射到社会层面，隧道效应可以解释为什么那些经历了经济增长同时不平等恶化（这相当于只有一个车道的汽车在其他车道堵住时仍在向前行驶）的社会对不平等加剧的容忍度会很高。因为这个比喻暗示着，每个人都认为，所有人都向前迈进的时刻即将来临。

再回到交通堵塞的情形。如果我们在很长时间内都只能看着另一条车道的车子在我们被堵死的情况下继续向前行驶，那么早前的宽慰可能会突然变成沮丧，并最终演变成某种反应（例如，通过鸣喇叭表达我们的不满，或违规越过中线）。在社会层面，当一段持续的经济增长几乎在没有发出任何预警的情况下导致一些人长期"落后"，以至于他们发声抗议时，就会发生类似的情况。

赫希曼从过去的几十年来发展经济学领域所用的词汇在术语本身及其含义的演化方式中，发现了很多突然转变的迹象，这种发现预示了，语义探索将成为他的下一本著作《激情与利益》（*The Passion and The Interests*）的中心内容，尽管他从未失去过对语义探索的兴趣："在 50 年代，由弗朗索瓦·佩鲁（François Perroux）首创的 'pole de croissance'（增长极）一词曾经被广泛用于描述发展中国家不断发展的工业化城市。然而在接下来的十年中，这种暗示增长辐射的表达方式却让位于一个新的术语了，即 '内部殖民主义'（internal colonialism），现在据说连这些城市本身在提到其经济辐射区时也采用了这种说法。"[19]

赫希曼指出，隧道效应这个隐喻虽然很简单，但是对说明为什么某些国家的经历——经济发展会在突然之间就变成了政治危机或更糟糕的状况——却非常有用。正如赫希曼所指出的："尼日利亚的内战和巴基斯坦的血腥分裂，只是这一类 '发展灾难' 中的最引人注目的两个例子。"[20]让隧道效应与开明精英相结合，应该是克服经济发展中固有的政治危机的理想选择，因为隧道效应有助于人们在经济增长时期容忍日益加剧的不平等，而开明精英们则拥有必要的 "触角"，能够在不平等突然被认为过于严重或不公平时预见到不满的爆发。但是，赫希曼又指出，隧道效应的存在和强度，在很大程度上取决于不同国家的具体社会结构。

特别是，倘若一个国家的人口是沿 "种族线" 高度分化的，那么就很可能不具备酝酿充满希望的情绪的能力，而这种 "希望情绪" 正是助长隧道效应的因素。这是因为，如果一直 "向前进" 的群体由同属于一个独立的、高度可辨识的族群的人组成，那么来自其他群体的人就不会感觉自己也处于前进队伍的边缘，相反，他们会觉得自己无可救药地被排除在了发展进程之外。类似的负面反馈循环更容易出现在以中央集权主义为特征的国家中，而在以分权的政治体系为特征的国家中则不那么常见。

总而言之，赫希曼试图通过构建一个解释框架来解决 20 世纪 60 年代末和 70 年代初的危机。在他这个框架中，与大多数传统表述不同，发展过程在本质上就是 "容易遭受危机侵袭的，甚至可能导致灾难，即便在经过了一个长期的向前运动的时期之后也是如此"。毫不意外地，与他的思想风格一致，赫希曼得出了这样的结论："我在本文中的观点是，必须赋予政治一个决定性的角色。"[21]同样地，赫希曼给出的这个解释框架可能有助于阐明某些社会动态机制的运行，但是它无法准确预测社会冲突的进程。只有对特定国家的特征和发展过程进行详细的历史分析才能在这方面提供帮助（如果能够进行这种分析的话）。最后，赫希曼总结道："我们可能无法提前判断一个国家是否存在足够的隧道效应……不过可以想象，只有发展本身才能告诉我们结论。"[22]

赫希曼关于隧道效应的论文产生了巨大的影响，但是它也让一些左派学者感到不安，他们认为赫希曼在这篇论文中对欠发达国家，尤其是拉丁美洲的现有不平等状况的妥协过度了。[23]当然，这也正是那个时期，立场日趋激进化的左派对赫希曼的改革主义思想的众所周知的反应。

不过，赫希曼这种正面直面危机的尝试，还有一个明显并非有意为之的对位之物，即他随后完成的一项思想史研究。正如赫希曼本人所说的，他"退入了"思想史，研究近代早期和启蒙运动时期的政治哲学家如何评论他们那个时代的经济增长及其可能的政治后果。这一努力的结果就是赫希曼于1977年出版的《激情与利益》一书。

经济增长的政治后果:《激情与利益》

在17和18世纪，欧洲出现了一个经济强劲扩张的时期，当时的道德哲学家们是如何讨论经济发展的政治后果的？赫希曼对这个问题非常感兴趣。由于赫希曼确信，当代社会科学无法阐明经济增长与其政治后果之间的联系，因此他推测，在一个政治哲学家不会遇到任何学科障碍、因而可以将研究兴趣从经济问题扩展到政治问题的时代，他们也许能够更有效地探索商业和工业扩张是如何影响国际和平以及政治和个人自由这个问题。[24]

工商业时代经常被描述为理性主义文明时代，并被认为与之前的"激情肆虐"的时代形成了鲜明的对比。"资本主义文明，"约瑟夫·熊彼特这样写道，"是理性主义的和'反英雄主义'的……用不着挥舞刀剑，也不需要强大的身体力量，人们也没有机会跨上披着盔甲的战马冲入敌阵奋勇拼杀。"[25]形容词的这种并置，无疑暗示着两个时代之间存在着深刻的断裂。保罗·哈泽德（Paul Hazard）也将17世纪和18世纪之间欧洲文化的转变描述为一种突然而彻底的变化。"从来没有比这更强烈的对比了，从来没有比这更突然的转变了！"这是他于1952年出版的著作的起首句。"前一天，"他在几行之后又写道，"法国人（几乎就像一个人那么整齐划一），还是像博须埃（Bossuet）那样思考的。到了第二天，他们就像伏尔泰（Voltaire）那样思考了。这种变化根本不像普通的钟摆摆动那样。这就是一场革命。"[26]

然而，在他的研究中，赫希曼采用的是一种截然不同的视角。他没有强调两个完全不同的时代之间的对立，而是重构了一个关于商业、政府和个人道德观念的长期演变的故事，其特点是，以前走出的一小步导致了接下来又走出了一小步。当然，等到整个过程结束时，整体"景观"的变化确实是非常彻底，但是转变的过程本身却一点也不"喧嚣"——相反，它是缓慢的、零敲碎打式的，而且几乎没有被同时代的人认识到。在通常的叙事中，18世纪资产阶级商业时代在性质上是与以前的贵族时代完全相反的，与此相反，赫希曼强调的是资产阶级商业时代是如何从以前的时代中诞生的，以及资产阶级意识形态的核心要素是如何在这个新的"勤勉"的阶级得到充分肯定之前就确立的。在从文艺复兴到18世纪这个漫长的过渡时期中，关于美德和权力的主要观念和态度慢慢地，而且显然是在不经意间，变成了与它们最初的起源相去甚远的东西。这个发现完全出乎赫希曼当初的意料。他称这是他的研究的一个"有趣的副产品"。赫希曼认为，资本主义的"精神"并不是一种取代了过时的、古老的意识形态的新意识形态；恰恰相反，它是从一些最初远远不在资产阶级的任何可能的视野内的思想的长期转变过程中偶然出现的。[27]事实上，《激情与利益》

的大部分内容确实都是用于阐述这种"有趣的副产品"的。

赫希曼的出发点是完全属于政治领域的，但是最初严格的政治反思很快就扩展到了更广泛的人性领域。赫希曼指出，在文艺复兴时期，出现了一种关对基于"事物的有效真理"的"真实"政治过程（马基雅维利语）的新的思想立场。这种新立场与以往的政治哲学家只关注想象中的政府形式应该如何用道德戒律来形塑的立场形成了鲜明的对比。[28]在随后的几个世纪里，从托马斯·霍布斯（Thomas Hobbes）到詹巴蒂斯塔·维科（Giambattista Vico）和巴鲁克·斯宾诺莎（Baruch Spinoza），这种对事物真相的兴趣，从对国家的研究扩展到了对人性的研究，特别是关于如何抑制人的有害和破坏性的激情的问题。例如，维科写道："哲学认为人应该是……的样子。而立法则只考虑人的本来面目。"[29]但是，一旦真实的人成了探究的焦点，激情的破坏力立即就成了一个无法回避的问题。毫无疑问，强制和镇压是无效的，主权者无论怎么做也不可能去除人的激情，因为它体现了人性的根本特征。事实上，君主拥有的权力允许他的激情不受约束，从而变得更加危险。

那个时代的相关文献深入讨论了这样一种可能性：从个人层面的消极激情的展现中，可以涌现出社会层面上的非意图的积极结果。帕斯卡、维科和伯纳德·曼德维尔（Bernard Mandeville）虽然各自的侧重点截然不同，但是都认为社会组织、"天意"（Providence）或能干的政治家可以将私人恶习转化为公共利益。正如维科所说："出于残暴、贪婪和野心……［社会］造就了国防、商业和政治。"[30]从某种意义上，我们可以说这些论述预示了亚当·斯密的"看不见的手"的概念——尽管它们涉及的人类活动的范围更广，而不仅限于商业（不过至少就曼德维尔而言，对"恶习"的排他性作用的关注范围更窄）。借用托马斯·谢林（Thomas Schelling）常用的术语，可以说所有这些作者都认为有害的"微观动机"会以某种方式导致有益的"宏观行为"。[31]

但是，另一个试图解释一个秩序井然的社会如何从个人激情的世界中诞生的思路似乎更有希望成功。如果激情是人类的基本属性，那么只有激情才能平衡激情。如果人们无法解释激情何以展开、发展、多样化、交织和冲突的过程，那么仅仅依靠赞颂美德和贬斥恶行是没有用的（古代的道德哲学家就是那样做的）。

在18世纪，这种"以激情对抗激情"的观念变得深入人心了。它体现在了影响美国制宪过程中的辩论的权力分配和制衡原则中。正如赫希曼所总结的，到那个时候为止，观念发展的思路又返回到了它的出发点："它最初是从国家启动的，自那以后开始转而考虑个人行为问题，并在适当的时候将这个阶段得到的洞见重新导入到了政治理论中。"[32]但是，在18世纪，还迈出了另一个重要的步骤，那就是，"利益"成了最适合驯服其他激情的那一种激情。为什么会这样？大体上说，这是因为"利益"能够化解侵略性并推动个人和国家发展出和平的关系。

给"利益"一词下一个初始定义非常困难。所有人类的愿望（aspirations）都可能是某个人——或主权者——的利益的一部分。而且，"利益"同时也表示计算和理性的一个特定元素，它不受——或者至少可以说，极少受——难以驾驭的激情和混乱无序的欲望所影响。正如赫希曼后来在法兰西学院的一次会议上所强调指出的，计算是这里的"主要元素或基本元素"；事实上，"在16世纪晚期和17世纪早期，很可能就是这种对理性计算的强调导致利益（利益支配的行为）被抬到了很高的位置"。[33]同时在所谓"治国之道"中，这个概念也在两个方面发挥着重要作用。首先，它使得人们能够以世俗和超然的方式讨论主权者为达到某些政治目的而必须采取的在道德上有问题的行动。或者换句话说，利益成了马基雅维利式的治国方略的一种委婉的说法。

与此同时，利益的计算维度也暗示着对轻率的、狂野的和破坏性的激情的克制。如果允许君主以他自己的利益的名义（或以"为国家考虑"的名义）行事，那么他也就只能以某种"计算过"的方式行事——这也就是说，所有残忍、暴力和背叛行为，都必须是有利于国家利益的，而不是受盲目的激情驱动的。

在意味着与激情相对立的同时，利益这个概念也意味着越来越关注物质或经济。这有多种原因：从在放贷活动中使用利息（interest，与利益是同一个单

词）这种说法，到既属于利息概念又属于商业惯例的理性计算的本质，再到 18
世纪下半叶经济增长的重要性的日益增加……总之，不管具体出于何种原因，
利益这个词都已经将以下两种观念融汇到一起了（尤其是在个人的层面上）：
第一种观念认为追求财富这种激情（例如，作为有更多道德内涵的"贪婪"或
对财富的"爱好"的委婉说法），能够抵消其他更邪恶的激情，第二种观念认
为理性计算本身就是一种与激情相对立的态度。[34]

　　最重要的是，利益意味着可预测性（predictability）和恒常性（constancy）——
当然，这些都不是"英雄"的美德，而是个人之间商业扩张的决定性因素。正
如赫希曼所指出的，正是这种"平庸性"得到了广泛的赞扬，尽管这似乎有
点自相矛盾："因此，商业和经济活动……之所以受到了更友善的关注，并不
是因为它们受到更大的尊重；恰恰相反，对他们的任何偏爱，都表达了一种
对于避免（灾难性的）伟大的渴望。"[35]换句话说，商业本身是"doux"的。
"doux"是一个很难翻译成英文的单词，它能够表达了"和蔼的、温柔的、平
静的、柔和的等含义，是暴力的反义词"[36]。对于这种观念，最具影响的阐述
可能是孟德斯鸠在他的《论法的精神》（Esprit des lois）一书中给出的："哪里
有善良的风俗，哪里就有商业。哪里有商业，哪里就有善良的风俗。这几乎是
一条普遍的规律。"[37]

　　赫希曼一路追踪的这段思想史，最初是由所谓"治国之道"问题激发的，
而这个问题的答案，就存在于上面说的这种"douceur"，即"温和性"当中。
马基雅维利试图通过探析"事物的有效真理"，来为君主们提供指导，而不再
关注"从来没有人见过，也从来没有知道是否真的存在过的想象中的共和国和
君主制"，这样也就推动了对激情的分析。[38]两个世纪之后，"温和的商业"
的概念——马基雅维利当初的灵感的隔代继承人——将会提供一个强有力的原
理，用来解释君主（或国家）如何能够走向繁荣、如何让自己的臣民（或本国
公民）一起走向繁荣。首先，商业的发展能够保证君主行使专断权力变得不切
实际，甚至完全归于无效。在国家层面上，错综复杂的商业关系网络使得君主
无法在不严重损害国家经济的情况下残酷地、反复无常地行使权力；此外，任

何降低铸币的成色（货币贬值）或没收财富的企图，都可能导致资源和财富流向国外。同时在国际层面上，战争也已经变成了毁灭商业的"完美手段"。

一如往常，赫希曼在这个问题上也特别欣赏他所钟爱的那些作家对商业的出乎意料的后果的强调。正如詹姆斯·斯图亚特爵士所指出的，最初促使国际贸易发展和民族工业出现的，往往是君主们对扩张领土和掠夺财富的渴望。但是随后贸易和工业的扩展却导致了最喜爱和平的商业阶层的壮大。日益复杂的经济，使得君主的任何专断和专制的干预行为都必定具有极大的破坏性。对此斯图亚特总结道：

> 现代君主的权力……一旦建立了所谓"经济计划"[即贸易和工业]，就会立即变得非常有限（我们在下面将尽力解释这个现象）。如果即便他以往的权威像楔子一样坚固和强大……它最终也将变得像钟表一样精致……因此，现代经济是有史以来发明的对抗专制者的愚蠢行为的最有效的手段。[39]

思想史上的这条脉络，在重农主义者和亚当·斯密的著作中逐渐消失了。重农主义者放弃了将利益视为对君主专制和不可预测的激情的约束的观念。重农主义者的想法更宏大（也更"天真"），他们认为主权者会出于自身利益而促进公共利益。在他们所设想的名为"法律专制主义"（legal despotism）的制度下，君主是其统治时期所有生产性资源的共同拥有者，因而对这些资源的有序增长非常敏感，同时法律秩序则将确保君主颁布的法律不会与国家的总体利益相冲突。

亚当·斯密的分析则朝着与重农主义相反的方向发展。赫希曼强调指出，在《国富论》中，斯密并没有构想一个包含政治和经济的更广泛的系统，而只是集中讨论追求个人利益的经济原理。我在这里这样说不可避免地简化了赫希曼对斯密的《国富论》的讨论，但是反过来，赫希曼也将斯密过于简单化了。赫希曼的探究是从经济增长与政治发展的关系开始的，而且在这个维度上，他发现自己对斯密的思想其实没有太大的兴趣。"对于中央政府的专断决策和有害政策，"赫希曼认为，"斯密对经济发展本身能够带来的改善并不抱太大希望。"[40]然而，在参考他的朋友大卫·休谟一个重要论述之后，斯密又认为，商业和制造业的"所有影响中最重要的一个影响是"，它们"逐渐引进了秩序和良好的政府，从而使……个人自由和安全得到了保障……从君主到王公，再到最小的贵族莫不如此"。[41]

不过，斯密的著作有一个地方对赫希曼更为重要，因为它为孟德斯鸠—斯图亚特的命题完成了"最后一步"（*coup de grâce*），即资本主义精神是通过控制以前恣肆放纵的激情来推动政治进步的。这样说并不是因为斯密认为只有经济利益才是真正存在的（那只是对他的思想的漫画式阐释所强调的）。事实上，在《道德情操论》（*The Theory of Moral Sentiments*）中，斯密详细地讨论了追求经济进步背后的非经济原因。正如他在一段著名的论述中所强调的那样："我们追求财富，避免贫困，主要是出于人类的情感的考虑。"[42]但是，根据赫希曼的说法，这种反思产生了重大的后果。通过将经济利益化约为其他更加基本的激情的单纯"载体"，斯密实际上削弱了相互制衡的不同激情之间（或利益与激情之间）的对抗构成了任何社会秩序的基础这种观点。按照斯密的说法，普通人要么没有激情，要么他的激情可以归入到利益的概念之下。赫希曼因此得出结论称，《国富论》"标志着关于利益的动机对于激情支配下的行为的影响的思考的终点。这种思考曾经锤炼过斯密之前的一些更杰出的前辈的头脑"[43]。

正如我们在上一节的结尾已经看到的，赫希曼对于这段思想史——17 和 18 世纪道德哲学家关于经济增长的政治后果的思想——的兴趣，源于他面对许多不发达国家的经济发展直接触发的政策带来的灾难性政治后果时的幻灭感。赫希曼是发展经济学的"第一个时代"的主要代表人物之一，他对这种情况深感不安。正如他自己坦承的，他这项思想史研究是一种从当时面对的困境中"暂时后撤"的行为，目的是通过审视以往的辩论，为第二次世界大战结束后的发展话语提供一个解释性的视角。

有的人可能想知道，这种"退入"思想史的做法是不是也可以算作一种否认？《激情与利益》这本书的第一句话就介绍了它的源起，"当代社会科学无法阐明经济增长的政治后果，或者甚至可以说，无法阐明经济增长所带来的频繁的、灾难性的政治后果"，但是令人惊讶的是，除了这句话之外，整本书中几乎完全找不到任何关于这些灾难性的政治后果的描述。事实上，赫希曼的重点完全放在了"温和的商业"（doux Commerce）的积极后果上。他只是在一个例子中提到了它的消极方面。他是这样写的："当时，奴隶贸易正处于鼎盛阶段、同时一般的贸易总体上仍然是一项充满危险的冒险活动，而且常常伴随着暴力，在那样一个时代如此频繁地使用'温和的商业'一词，不由得让我们深感惊讶。"事实上，换作马克思，他肯定会轻蔑地挖苦道："这就是你们说的'温和的商业'么！"[44]

因此很显然，赫希曼仍然在致力于寻找经济发展的积极后果。在《激情与利益》出版几年后发表的一篇重要论文中，赫希曼再一次对这本书作了这样的总结：它分析了以往的政治哲学家对商业和工业的扩展如何抑制君主的激情，进而导致了"不那么专制、更加人性化的政府"的出现的思考。赫希曼说，经济增长似乎构成了对独断和专制的一个天然的约束。从它的积极的方面来看，"繁荣的市场经济将构成良好的政治秩序的基础，在这种秩序中，个人权利和自由的行使将得到保障"[45]。《激情与利益》这本书的评论者也忽略了最初引发它的那些令人不安的问题，他们都被支持资本主义的政治论证"征服"了（这本书的副标题就是"资本主义走向全面胜利前的政治争论"）。几乎没有任何一篇书评提到过经济增长与政治局势恶化（或者更加糟糕的政治后果）之间的令人不快的相关性。

但是，这可能更多地与赫希曼喜欢强调经济和政治进程中可能的（尽管，也许其实是"不太可能的"）积极序列的偏好有关，而不是因为他本人真的想否认经济发展会带来糟糕的政治后果。毕竟，既然许多发展中国家的政治灾难已经摆在每个人的眼前了，那么为什么不充分利用一下过去关于经济增长如何产生积极政治后果的辩论呢？事实上，在《激情与利益》一书的第三部分中——那几乎就是一个结语，因为它很简洁，而且与整本书的核心内容有所疏离——赫希曼确实回到了他在这本书开头提出的问题上，尽管他使用的词语仍然表明了他"偏向于积极方面"的倾向："孟德斯鸠和斯图亚特关于经济扩张的有益的政治后果的思想，无疑是政治经济学领域的一个极具想象力的创见。尽管历史也许会证明他们这种猜测的基本内容是错误的，但是仍然不影响它们的伟大。"[46]

然而，经济增长的"政治损害"问题终究是无法回避的。例如，苏格兰启蒙运动的倡导者亚当·弗格森（Adam Ferguson）就举出了很多例子，说明过分关注个人财富是如何导致政治专制，包括过度奢侈和消费会导致价值观腐化、对向下等阶层流动的恐惧，以及日益增长的关于只有不干扰的政府才能保证持续繁荣等信念。正如赫希曼所指出的，詹姆斯·斯图亚特爵士提出的经济是一种就像手表一样的精密机制的比喻，恰恰可以引发这种专制化反应，这实际上正与斯图亚特最初的想法相反："要维持这只'手表'的运转——确保经济的安全、有序和高效——所需要的不仅是遏制王侯们的任性行为。弗格森正确地认识到了，这些要求可以演变成为威权主义统治的一个关键论据。"[47]赫希曼还发现，托克维尔也曾经表达过同样的担忧："一个只知道乞求它的政府维持秩序的民族，在其心灵深处已经是一个奴隶了。"[48]不过，令人惊讶的是，尽管赫希曼在这些地方提出了重要的问题，但是绝大多数评论者都完全忽略了这些洞见。

尽管赫希曼对这本书得到的反响非常满意，但是他一定会对读者的这种盲目性觉得遗憾。事实上，参与性和公民精神的健康问题对他来说一直是特别重要的。因此毫不奇怪，他在这本书的结尾部分的很多地方，都对公民精神萎缩的危险，特别是因公民精神萎缩而向暴政敞开大门的危险进行了反思。赫希曼一直对这种可能性保持警觉，因为他在第二次世界大战前的德国和欧洲、战后的拉丁美洲以及世界上许多其他国家，都目睹过这种可能性成为现实。正如赫希曼在1979年的一篇文章中所引述的，托克维尔将他那个时代盛行的学说总结如下："在自由和工业这两个事物之间，存在着密切的联系和必然的关系。"[49]在此基础上，赫希曼补充道："昨天充满希望的学说与今天令人沮丧的现实形成了如此巨大的落差，而托克维尔的话似乎更适用于当前的拉丁美洲经验，不过要将它修改一下，即'在暴政和工业这两个事物之间，存在着密切的联系和必然的关系'。"[50]

政治理论的历史：作为政治话语的历史

《激情与利益》出版后，立即被学术界誉为一项伟大的成就，并且深受广大读者喜爱。对这本书的书评，广泛发表在了政治学、经济学、社会学、历史、经济史、发展经济学和哲学的所有主要期刊上，这个事实有力地证明了它的作者赫希曼作为一位顶尖的跨学科思想家的地位。艾伦·瑞恩（Alan Ryan）在《政治理论》（*Political Theory*）上发表书评，将这本书描述为"思想史上一本特别令人赏心悦目的著作"[51]。其他许多评论者也将它称誉为"知识史学的瑰宝"，毫不吝惜地给它加上了"智识上的极大享受""卓越的贡献"等赞美之辞。[52] 在短短几个月之内，《激情与利益》就像赫希曼的前一本书《退出、呼吁与忠诚》一样，成了又一本"引领时尚"之作，不仅成了现代政治哲学研究的标准参考书，而且成了其他多个学科领域的标准参考书——从社会学认识论，到司法和金融交叉研究，再到国际政治经济中的"自发失序"理论，等等。[53]

这本书的巨大成功，部分在于它以其优雅、诙谐和清晰的风格吸引了来自许多不同领域的学者的兴趣——有一位评论家在形容这种感觉时称，它让"我们成了令人振奋的公共对话的一部分"[54]。最重要的是，评论家都对赫希曼这本书的方法论复杂性给予了很高的评价。赫希曼将许多晦涩难懂且少有人关注的著作中的有用元素，与对更成熟的哲学家的论述的富有想象力的重新解读结合起来，然后在此基础上，就关于贸易和工业的一系列假设的"隐性维度"

（"tacit dimension"）在近代的前工业时期是如何发展演化的，提出了一个极具说服力的论点。对隐性知识（tacit knowledge，或者译为"默会知识"）——这是迈克尔·波兰尼（Michael Polanyi）提出的一个著名概念——的研究从来不是一件容易的事情，赫希曼在《激情与利益》中的历史分析被公认为一个杰作，显示了他分析隐性知识的精湛技艺。例如，经济史学家扬·德·弗里斯（Jan de Vries）就将赫希曼这项研究描述为"一场将智力拼图拼凑起来的精湛表演，它从马基雅维利开始，最终版以苏格兰政治经济学家作结"[55]。然而，有一位评论者也指出，在《激情与利益》的第一部分中，这个隐性维度是作为涵盖了两个世纪的统一智识发展而呈现出来的，但是随后的第二部分的讨论中，却好像它还是由许多不同的显性观点（*explicit* views）所组成的；而且，这两个部分之间似乎仍然存在相互不协调之处。[56]

赫希曼在这本书中还以一种新颖的方式讨论了社会变革过程的典型机制。长期以来，许多学者都很熟悉非意图后果（unintended consequences）的概念，它指的是人类行为的出乎意料的结果。在他这本书中，赫希曼是通过研究人们预期通过贸易和工业可以实现、但最终没有实现的目标，从反面指出了这一点的——即，"社会决策的预期但未实现的影响"[57]。这也许是想让我们想起他的"隐藏之手原理"，赫希曼强调了为什么社会科学家会对这种"反面现象"（obverse phenomenon）感兴趣："对巨大的（哪怕是不切实际的）收益的预期，显然有助于促进某些关于社会变革的决策。"[58]

更具体地说，学术界广泛认为赫希曼这本书对理解使市场社会合法化的那些信念的演变做出了重要贡献。当然，赫希曼自己也非常清楚，这方面的探究至少可以追溯到马克斯·韦伯的《新教伦理和资本主义精神》（*Protestant Ethic and the Spirit of Capitalism*）一书。在《激情与利益》的最后几页中，赫希曼试图阐明韦伯的方法与他自己的方法之间的差异。韦伯认为，资本主义行为是个人对加尔文的宿命论的无意识的和反直觉的心理反应，而赫希曼则强调了知识分子更加有意识的反思，即知识分子能够认识到"赚钱活动"的有益的副作用。换句话说，韦伯将资本主义的传播扩展解释为"极度渴望地去寻求个人救赎的结果"，而赫希曼则认为那"同样也是极度渴望地去寻求避免社会毁灭的方法"的结果。[59] 这两种观点可能都是正确的；因为它们并不相互排斥。但是赫希曼指出，由于韦伯提出的命题太过流行，实际上已经遮蔽了另一个命题。由此导致的一个结果是，学者们事实上忽视了赫希曼的探究的核心——即关于资本主义的话语是如何从一种关注集体繁荣而不是个人拯救的观念中产生出来的。

另外特别有意思的是，对这本书的批评往往来自曾经高度赞扬过它的同一位学者。换句话说，在许多人看来，《激情与利益》既非常有启发性又存在着一些问题，尤其是从方法论的角度来看的话。此外，即便是最强烈的那些批评也都是非常有建设性的，它们建议了进一步研究的方向，从而隐含地给出了关于学术界如何接受赫希曼的最新成果的另一个线索。对《激情与利益》的批评主要集中在两个方面，一是赫希曼论述中的片面性，二是他所采用的内生视角。

关于第一点，许多在其他方面都给出了热情洋溢的评价的评论者，例如南内尔·基欧汉（Nannerl Keohane），都认为赫希曼对许多政治哲学家的思想的处理过于简单化了（基欧汉特别提到了亚当·斯密和孟德斯鸠）。这种简化使得赫希曼更容易证明自己的观点，但是代价是牺牲了那些政治哲学家的思想的复杂性。巴里·苏普莱（Barry Supple）则指出《激情与利益》缺乏一个能产生相同效果的固定的时间顺序模式。类似地，路易斯·施耐德（Louis Schneider）在书评中写道，赫希曼的选择性过强了："有时人们不禁会觉得，赫希曼是不是只愿意关注那些他自己感兴趣的思想观念的发展演化过程。"彼得·G. 斯蒂尔曼（Peter G. Stillman）则对弗格森遭到了"降格"处理而感到遗憾（赫希曼只是在结尾部分中提到了弗格森），这只是"因为他不符合赫希曼的发展顺序"[60]。

赫希曼在处理那些政治哲学家的思想时的"选择性"到底有多强，不仅引出了现代政治哲学辩论是否过度简单化的问题，而且更重要的引出了他这样选择出来的东西有什么意义的问题。毕竟说到底，在每一次通过反思来重构历史时，一定程度的选择性是必须的；而且，如果分析最终是有效的，那么即便非常简洁也是合理的。事实上，正如许多学者指出的那样，《激情与利益》这本书之所以特别令人振奋，恰恰正是因为它能够将大量的材料和广阔的历史视野凝结在了短短的一百多页的篇幅中。与此相反，意义问题更重要，因为它让人们质疑赫希曼是否真的揭示了思想史上的一个重要思路，还是仅仅讨论了一个边缘性的问题。

例如，托马斯·凯泽（Thomas Kaiser）就认为，赫希曼并未能说明

经济扩张会带来良性政治后果的观点在近代早期究竟有多普遍、多么强烈。他确实在孟德斯鸠、斯图亚特和穆勒的著作中找到了存在这种"学说"的证据。然而，正如赫希曼自己承认的那样，即便是这些人，也严肃地对商业活动扩展的影响持一定的保留态度。如果他们对经济扩张的"政治歉意"（它们应该已经代表了赫希曼所能找到的最强大的和最有影响力的"政治歉意"了）其实也只是如此不冷不热而已，那么，我们显然可以公平地问一句，一般来说，这种"学说"究竟能有多重要呢？[61]

或者换句话说，赫希曼讨论的这种学说真的具有历史意义吗？这些思想实际上在多大程度上塑造了它们所属的那个时代的知识框架？这些仍然都是有争议的问题。[62]

第二个方面的批评主要基于社会学家詹弗兰科·波吉（Gianfranco Poggi）的观点。他认为赫希曼的思想重建缺失了一个很重要的组成部分——法学研究（legal studies），它在阐述对个人和主权者的激情（和利益）的限制方面做出了许多不同于其他研究的贡献。波吉认为，法学研究构成了"在赫希曼的故事发生的那几个世纪中（以及之前和之后）持续不断地、创造性地发展起来的具有纪念意义的知识传统，并且对他的主题有直接的和实质性的影响"[63]。罗马法、绝对主义法典、世俗法、自然法和公法，以及立宪主义思想，在现代欧洲的文化生活中都非常重要，而且在赫希曼讨论的那些学者中，法学和哲学思想的相互渗透实际上正是最重要的。

特别是，波吉着重批评了他所认为的这种缺失造成的方法论缺陷。赫希曼对思想史采用了一种非常一致的"内生方法"（endogenous approach）——也就是说，赫希曼将每一个新论点都作为对前一个论点的回应或确证。但是，这种内生方法无法考虑所研究的学者的社会背景，或所考虑的时期的政治、制度和经济状况。根据波吉的说法，对欧洲法律传统的认真分析，将有助于避免因这种方法而导致的过度的内生偏差，或者至少能够大大减少偏差。对此，波吉是这样总结的：

> 当有大量的背景因素"哭着喊着"要求将它们考虑进去（但是却完全没有被考虑）时，仅仅从内生的角度来理解具有如此长的持续时间和如此高的重要性的智识故事，在有些情况下可能几乎毫无意义。以他所用的方法的名义，赫希曼"强迫"自己将我们用世俗化、商业化、个性化、国家与社会之间以及公共与私人领域之间的分离、从等级制到功能分化的转变、从政治的首要地位到经济的首要地位的转变……等术语来命名的所有灾难性背景的发展变化，全都排除在了他的论证之外。[64]

巴里·苏普莱也提出了一个类似的批评：即便是在没有任何必要陷入对思想史的唯物主义解释的情况下，对与政治经济学的现实世界如此密切相关的思想史的研究，也将受益于不那么严格的内生方法。[65]

路易斯·施耐德（Louis Schneider）则强调了另外两个缺失的传统——即人道主义传统和马克思主义传统，它们质疑市场可以成为整个社会生活（包括其道德、文化和心理层面）的足够坚实的基础的观念，从而与孟德斯鸠—斯图亚特的思想传统抗衡。施耐德承认，这两种传统超出了赫希曼这本书所论及的时间框架，但是他还是得出了这样一个结论："本来，对过去和现在的亲市场和反市场观点中的纯意识形态因素进行更细致一些的分析，同时对相关的浪漫主义观念稍作一些分析，是可以丰富他为我们提供的解释的。"[66]

乌斯诺（Wuthnow）则试图提供一条可能的出路，用以摆脱对赫希曼的内生视角持批评立场的评论者眼中的僵局。赫希曼的思想史方法确实未能表明世界经济中发生的复杂变化，但这实际上是必然的，并不是算作一个真正的批评点。事实上，赫希曼在撰写这本书的初稿时与昆汀·斯金纳（Quentin Skinner）和迈克尔·沃尔泽（Michael Walzer）的通信足以表明，他是有意识地采用了这种特定的内生视角的，而且非常清楚它的优点和局限性。[67] 更有可能产生丰硕成果的评论角度是，对于赫希曼的分析，完全可以从知识社会学的视角入手，因为它"揭示了一个有趣的智识进步过程，它大致上与从重商主义到自由市场体系的过渡相并行"[68]。政治哲学家对人性的一系列分析，以及赫希曼在整个近代追踪到的对于抗衡激情的思想的日益强调，都是"构成更大世界秩序的相互对立的政治力量图景的缩影……［这种观念］在其最初的表述中仍然反映了当时的商业思维"。后来，重商主义向自由市场资本主义的转变，在重农主义者和斯密的"政治项目"中都找到了相似之处。尽管彼此之间有很大的不同，但是它们都是"使用政治手段来为经济利益服务的新理念"的例子。[69]

或者换一种说法，赫希曼分析的观念，在思想史上反映了世界经济史上从重商主义向自由市场资本主义的转变。不妨借用乌斯诺的一番话，他说得特别清楚：

简而言之，从 17 世纪到 18 世纪末，激情与利益的争论发生了微妙的变化，这与同一时期世界经济结构的变化大体上相符。各种激情先是被描述为相互冲突的，然后又被描述为与利益相冲突的，最后则被描述为与利益相结合的。也正是在同一时期，世界经济首先是由核心大国之间的冲突主导的，然后转变为国内政治和商业利益集团之间的冲突，最后又转变为政治和经济利益按照自由放任和自由贸易原则的重新整合。这种相似之处可能是无意识的或非意图的，但是在许多著作中，人们都明确地将激情与权势人物等同起来、将利益与商业人士等同起来，这就使得上述联系更加直接和明显了。[70]

　　赫希曼这种内生视角的批评者和支持者都强调了赫希曼的研究中一个特别强的创新特征：赫希曼非常关注他研究的各个学者使用的特定语言。他对直接引用以前学者的论述从来都不吝啬。他的分析建立在词的语义转换上，并将它视为整个近现代前三个世纪智识心态和政治理论转变的基本指标。

　　这是 J.G.A. 波考克（J. G. A. Pocock）和昆汀·斯金纳在那些年引入的一种方法，它彻底改变了政治思想研究的面貌。赫希曼非常熟悉斯金纳的工作，因为斯金纳在 1974—1975 年间是普林斯顿高等研究院的常驻学者，然后从 1976年至 1979 年又待了三年。波考克和斯金纳被公认为是政治思想史上通常所称的"政治语言和话语史"新研究领域的先驱。正如波考克本人所说的："我们看来，如果我们将注意力集中在思想家作为言语世界的代理人所进行的表达和概念化的行为上，那么这个领域的历史就能够得到书写。"[71] 因此，传统的思想史将让位于语言、词汇、意识形态和范式的历史；由此亦可知，赫希曼之所以将固化成了语言的特定意义"星座"（constellations of meaning）称为一种库恩意义上的范式，并不是偶然的。[72]

　　赫希曼在这一点上与波考克相似。波考克认为，在他的重要著作《马基雅维利时刻》（The Machiavellian Moment）中，他进行的是一种"隧道历史"（tunnel history）研究，即集中探索一个作为"历史的自我理解问题"的特定主题——他关注的是佛罗伦萨共和主义传统中的平民生活的美德（the virtues of vivere civile）；类似地，赫希曼也专注地致力于研究一般意义上的激情和利益的概念是如何在前后相继的文本和上下文中出现并再次出现的，讨论它们在这个过程中的意义和作用的改变，并分析这种变化是如何反过来促进新的世界观的形成的。[73] 事实上，波考克和赫希曼确实都受到了同样的批评。正如波考克自己写道的："所有批评者，无论是那些指责我运用了过多的历史资料的人，还是那些指责我只利用了太少历史资料的人，都联合起来指责我，说我从历史的结构中'非历史'地抽象出了我所要书写的历史的语言和思维模式。"[74] 尽管将这种指责强加到波考克和施金纳身上显然是错误的，但是正如我们在前面已经看到的，用来批评赫希曼则并非毫无根据。

无论如何，尽管受到了一些批评，赫希曼这项研究的巨大新颖性是毋庸置疑的。赫希曼对近现代政治思想史上的一个至关重要的时期以"在不同学科领域之间的荒野中潜行"的方式进行了非常精彩的分析，并获得了丰硕的成果。[75]在他的影响之下，许多学者都采用了激情和利益的二分法，即通过这个解释性视角来讨论当代权力的形式和暴政的根源。例如，乌斯诺指出，由于掌握了复杂的规划技术，"专家"和技术官僚成了一个新的权势群体，据称他们能够抑制中产阶层的"专横权力"。"就像早些时候的市场一样，"乌斯诺总结道，"当前世界经济在很大程度上所依赖的技术，被以解放、必然性、理性、和平和愉悦的名义赋予了合理性"，与由非理性的激情和反民主的诱惑驱动的行为的不可预测性相对。[76]

然而，只要看一看苏联的情况，就应该理解，统治者的激情并不是暴政的驱动力。正如哲学家、人类学家和历史学家欧内斯特·盖尔纳（Ernest Gellner，1939 年从捷克斯洛伐克流亡到伦敦的移民）写道的："阻碍中央集权统治'软化'的，并不是苏联官僚心底里的某种无法控制的陀思妥耶夫斯基式的激情。在勃列日涅夫时代，那些官僚们看起来都非常清醒，甚至连'沉闷的人'也根本算不上，他们不可能成为《附身》（*Possessed*）或《卡拉马佐夫兄弟》（*Brothers Karamazov*）这样的小说的素材。"[77]因此，无论是市场还是技术都不会让他们变得更加温和。与奥唐奈的分析完全一致，在盖尔纳看来："现代威权主义绝非主要植根于人们的激情。"[78]

赫希曼还参与了有关当代世界经济增长意识形态与政治威权主义形式之间相互作用的讨论。如前所述，他主要关注拉丁美洲，担任了拉丁美洲研究联合委员会的主席。1979 年，拉丁美洲研究联合委员会出版了由科利尔主编的一本文集。对于赫希曼来说，这也是一个机会，可以重拾他在 1977 年的著作结尾处停下的分析。

关于工业化与政治的关系的对立观点

《激情与利益》的第三部分也是最后一部分，致力于对孟德斯鸠和斯图亚特的思想的潜在的威权主义解释进行剖析，那本来是赫希曼的研究的初始核心。然而，正如我们在这本书中看到的，他几乎没有勾勒出相应的论点——这就像一位敏锐的评论家所指出的："就在他挖到土的时候，他放下了铲子。"[79]

不过，在20世纪70年代后半期和80年代初期，赫希曼将在两篇重要的长篇论文中进一步阐述了这些主题。赫希曼在他对拉丁美洲各国的威权主义转向的研究中指出，近代欧洲政治话语刻画的经济增长的两个相互对立的结果——经济增长首先是对非理性行为和激情的抑制，然后又可以为威权统治奠定基础——在20世纪拉丁美洲的政治辩论中也很容易看出来。在20世纪50年代，很多观察家所强调的是，经济增长减少了政治内斗，供出口的大宗商品的生产也要求国内政治生活走向成熟。例如，有一位学者这样写道："咖啡是与无政府状态不相容的。"但是，伴随着60年代和70年代经济和政治危机的出现，许多学者转而得出了相反的结论，即威权主义转向与经济危机之间存在因果关系。[80]

正如我们在本书前一章中已经看到的，在20世纪60年代后期，赫希曼曾试图缓和对拉丁美洲战后工业化政策的失败主义解释，特别是反驳了许多人坚持的进口替代工业化政策已经彻底走到了尽头的观点。然而在写作《激情与利益》的过程中，当他回顾过去，赫希曼意识到他的复杂分析可能以某种方式传达了错误的信息。在发表于1968年的一篇论文中，他强调了进口替代工业化政策是分阶段提出的，早期阶段比较容易，而从消费品生产转向中间产品和资本品的生产则会困难得多。总而言之，赫希曼认为，自己提出的理论促成了肯定存在一个特定的"阈值"的想法，进而导致奥唐奈和其他一些学者在此基础上得出了这样的结论：在那个特定的"阈值时刻"，对于经济困难的政治反应，可能会以威权主义政变的形式出现。

　　赫希曼提出了两种论证来对这种解读进行反驳。第一个是从历史角度对奥唐奈的解释的反驳。赫希曼指出，不仅进口替代工业化的早期阶段的政策耗尽会导致工业化阶段发生转变，经济政策的其他变化也同样可以，比如说引入更正统的、以市场为导向的政策，或者通过让不同社会群体的消费不均衡扩张来为持续的国内工业化提供资金的政策。从原则上说，后面这两类经济政策——而且，根据赫希曼的说法，比进口替代工业化政策耗尽的假说更有说服力——都有可能发生威权主义转向，即作为一种将令人不快的经济政策强加给所有民众（或大部分民众）的方式。但是赫希曼马上强调称，尽管这在理论上是可能的，许多拉丁美洲国家采用的这些政策仍然不一定是与威权主义政体同时出现的，而通常是在威权政体建立之前、之后或者在完全不存在威权政体的情况下出现的。总而言之，历史证据只提供了极少可以说明威权主义的政策制定过程与偏离进口替代工业化的政策同时存在的证据，而且也没有证明它们之间有任何因果关系。

　　因此，赫希曼想搞清楚是否可以从意识形态维度来揭示拉丁美洲国家的政治进程。当然，他有这个想法丝毫不会令人惊讶。赫希曼长期以来一直对拉丁美洲各国的意识形态非常感兴趣，他曾在各种场合都发表过许多关于这个问题的文章——例如，他早在1961年就发表过题为"拉丁美洲经济发展的意识形态"的论文，并且在1963年出版了著作《通往进步之旅》。而这一次，赫希曼试图强调的是，经济困难与威权主义转向之间并不存在着直接联系（像上面讨论的理论所暗示的那样），相反，它们之间是通过意识形态辩论的放大和扭曲动态制度间接地联系起来的。换言之，拉丁美洲社会中知识分子、政策制定者和其他有影响力的呼吁（者）的反应，与问题的性质和严重性完全不成比例，最终扭曲了政治辩论。用赫希曼自己的话来说："这就好比说，物价水平的大幅上涨导致意识形态领域出现了'根本疗法'的膨胀。当在这种政策制定的泡沫中出笼的政策大大超出了社会的能力时，就很容易产生普遍的挫败感。"[81]特别是，当针对拉丁美洲经济弊病的各种"根本疗法"之间具有对抗性时，例如当涉及国内财富或收入的再分配，或者需要对国际经济关系进行深刻的重整时（这往往会被认为是"劫富济贫"的政策），不同群体之间发生冲突并最终导致威权主义政变的可能性就会大增。

当然，赫希曼显然不会提倡任何"反动"的解决方案，例如，要求对现状提出抗议的异议者和谴责令人难以忍受的现实的知识分子自我克制。事实上，他对这个意识形态维度是"有些不情愿的"，因为他意识到自己很可能会被他人误解。此外，他也不可能声称纯粹的意识形态上的解释就足够了。但是他仍然强调："这种奇怪的、在意识形态层面上不断升级的过程，很可能导致人们普遍认为自己处于绝望的困境中，而那正是激进的政权更迭的先决条件。"[82]

更一般地说，赫希曼在这篇论文中初步表述了这样一个重要观点：拉丁美洲各国所选择的不同路径都有一个共同特征，那就是，拉丁美洲社会有两大功能，一是导致社会不平衡的积累功能，二是让社会失衡重新恢复平衡的改革功能，它们都由经济增长过程激活并以螺旋式增长的方式相互跟随，而且在历史上都在很短的时期内一个接一个地出现，并得到了同一群知识分子的支持。不妨对比一下。在欧洲，实现积累功能的企业家阶层自有其知识分子群体，他们在改革功能出现时仍然充满活力；而在拉丁美洲，根据赫希曼的看法，是一个知识分子群体，他们先是支持经济发展和工业化政策，然后仅仅过了十几年、二十年后，拉丁美洲这个知识分子群体就改变了阵营，开始质疑工业化的影响，并大声呼吁进行改革、实施再分配政策。

正如他先前在《激情与利益》一书中所说的那样，赫希曼在这里也借助于语言范畴的转变来讨论意识形态转变的政治后果。赫希曼认为，这样一种"意识形态突变"增强了企业家阶层"使用武力……的意愿，[并且]也有助于弥补失去的意识形态支持。因为，正如卢梭很久以前在他的《论语言的起源》（*Essay on the Origin of Languages*）一书中指出的那样，武力是'辩论'和'说服'的替代品"。[83]赫希曼在这里再一次暗示，经济和政治发展的历史可以从经济和政治话语史和意识形态史的视角来解释。在赫希曼看来，结构性因素和意识形态因素是同等重要的。"我宁愿选择折中主义也不愿选择化约主义"，他如此声称。[84]

　　这个结论性的政策宣示，再一次证明赫希曼对"预先制定好的应对计划"完全缺乏信任。他认为，最根本的问题是如何把握积累功能和改革功能所对应的不同阶段。积累阶段之后不合时宜地出现的改革压力，对民主制度的瓦解起了重要的推波助澜的作用，也就是说：

　　　　如果改革出现得"过早"，就会使企业家力量陷于瘫痪……而这将会导致经济发展停滞和民众的普遍不满——并可能进而导致试图利用威权主义政权来确保积累和增长过程的尝试。另一方面，如果改革出现得"过晚"，那么长期受阻的改革压力将爆发出暴力，随之而来的也将是相同的政治格局，除非有一场成功的革命来代替它（但是革命本身也可能带有它自己的威权印记）。[85]

　　但是，在20世纪70年代，问题并不仅限于如何找到积累功能和改革功能之间的正确关系。在许多国家，在经济增长显著放缓且通货膨胀水平居高不下的情况下，这个问题开始呈现出了全新的形态。经济停滞和通货膨胀这两种现象的结合是前所未有的。从历史上看，它们一般是相互排斥的。然而在20世纪70年代，它们一起出现了，这标志着一个新现象的诞生，人们用一个新术语来称呼它，那就是滞胀（*stagflation*）。

　　布鲁金斯学会邀请政治学家莱昂·N.林德伯格（Leon N. Lindberg）和历史学家查尔斯·S.迈尔（Charles S. Maie）牵头组织一个讨论这个问题的工作组，他们马上想到了赫希曼，因为他是研究拉丁美洲这个受滞胀影响最深的地区之一的权威。正如迈尔和林德伯格所强调的，这个工作小组的目的是理解这些现象的制度结构，因而要将通货膨胀和停滞的原因视为内生因素（即，将之视为政治权力和社会组织变化、政治和经济领域的行动者的预期以及这些行动者之间的互动的影响），而不能像传统经济分析那样将它们视为外部冲击。[86]

　　宏观经济格局正在迅速变化，而在赫希曼的术语体系中，停滞意味着积累阶段的减弱，而通货膨胀则意味着工资收入者的贫困化和收入的隐性再分配。

与他最近的分析一致，赫希曼关注的是影响各阶层各群体的行为背后的潜在价值观的变化，并将通货膨胀解释为利益集团之间持续不断的拉锯战的结果，即，不同群体要求分得国民收入更大份额的竞争不断升级的结果。但是，即便这个过程已经可以被视为失控的螺旋了，赫希曼还是要提醒人们注意这场拉锯战也有一个意想不到的且很重要的积极的副作用，那就是，它以一种相对来说不怎么需要流血的方式，在一个以深度的社会分裂为特征的社会中，走完了一场冲突的整个过程。[87]

赫希曼在这几篇论文中对拉丁美洲威权主义兴起和通货膨胀的政治经济学分析，也是对他自己长期以来的一种需要的回应——他认为应该将《激情与利益》一书中的分析扩展到对工业增长的政治后果的分析上（工业化是在 18 世纪末之后发生的）。正如赫希曼在 1973 年写给迈克尔·沃尔泽的一封信中所说的："关于工业兴起和扩张的政治后果的猜想，可能应该写一篇类似的文章了——至少到目前为止，我的分析主要是关于商业扩张（的政治后果）的。"[88] 在这里，读者需要记住的是，《激情与利益》这本书的副标题是"资本主义走向全面胜利*前*的政治争论"（用来表示强调的斜体标记是我加的）。然而，当资本主义最终取得胜利之后，关于它的政治争论仍然没有结束。

赫希曼于 1982 年 5 月 27 日在巴黎高等社会科学学院（École des Hautes Études en Sciences Sociales）举办的马克·布洛赫讲座（Marc Bloch lectures）中详细阐述了这个问题，他的目的是将他在《激情与利益》一书中的分析扩展到从亚当·斯密到 20 世纪下半叶这个时期。这个讲座的文稿于当年晚些时候发表在了《经济文献杂志》（*Journal of Economic Literature*）上，标题为"对市场社会的若干竞争性解释：它是促进文明的、破坏性的还是软弱的？"[89]

这场讲座是"是对资本主义发展的解释的扩展之旅"，相应的论文则是一篇文辞优雅、内容富有洞察力的杰作。[90] 在这篇论文中，赫希曼考察了对资本主义社会和经济秩序以及它们的相互关系的若干批评。他呈现给读者的理论的序列，就好像每一个随后出现的理论都是作为前一个理论的对立面而出现的。很显然，赫希曼再一次为严格地内生的思想史论述设定了一个舞台。不过，这实际上只是一个表面印象，因为这个序列并没有历史必然性；如果非要说有什么东西的话，赫希曼只不过表明每一个理论命题都有它自己的历史演变轨迹。在他讨论的所有情况中："相互矛盾的命题之间几乎完全缺乏交流。有些密切相关的知识建构虽然是在很长一段时间内逐渐展开的，但是却从未意识到彼此的存在。"[91]

赫希曼的出发点是他在《激情与利益》中讨论过的"温和的商业"命题或"温和商业论"（*doux commerce* thesis）。他在引入这个命题的时候曾经指出过，它在 18 世纪的完全成熟，标志着人类历史上第一次肯定了社会秩序是人类不幸福的一个重要原因的观念——同时也第一次肯定了，一个在结构上与商业紧密交织的社会秩序能够产生许多美德，如勤奋、节俭、守时、正直等，从而能够抑制那些破坏性的（若不受抑制就对社会有害的）激情。赫希曼还顺便补充说，"社会秩序是可以加以完善的这种观念，是与人类的行为和决策会产生非意图后果的观念几乎同时出现的"；而且后一种观念似乎是作为抵消前一种观念的一种方式而出现的，即认为即便是最善意的制度改革也可能会"通过那些不可预见的后果或'悖谬效应'，导致各种灾难性的结果"。[92]

非意图后果这个重要观念是如何出现的，赫希曼在这本著作中并没有进一步加以详细阐述，但是他确实一直没有放下这个问题。事实上，关于这种悖谬效应的思想将会发展成为他 1991 年出版的《反动的修辞》一书中批评的三个主要命题之一。这个命题强调了人类行为的负面的非意图后果，从而构成了一种反对社会改革尝试的有力论证。这也是赫希曼思想发展中观点产生和演变过程的一个特别突出的例子——早期的直觉和"小想法"，首先作为小旁白或"顺便的评论"出现，然后被搁置一旁（有时要过很长一段时间才再一次拿起），最终作为后续思考的核心部分重新出现。

根据赫希曼的说法，"温和的商业"命题成了工业革命的早期受害者。贸易扩张（以其副产品的形式）帮助塑造了一个不那么暴力的环境和更有纪律的资产阶级秩序，这是一个只适用于欧洲国家的真理，因为世界其他地区的商业扩张往往伴随着暴力、人类和社会的灾难。赫希曼认为，工业革命意味着"在资本主义扩张的最中心地带出现了一股新的革命性力量"，而且这种力量实际上可以带来严重的破坏。人们通常把这种力量描述为"狂野的、盲目的、无情的、肆无忌惮的——因而绝对不可能是'温和'的"[93]。随之，人们提出了一系列理论来说明，工业社会是如何在其内部产生了破坏性力量的，并且这种力量从长远来看会破坏工业社会的存在根基。赫希曼将这些理论归类为"自我毁灭命题"或"自我毁灭论"（self-destruction thesis）。

这种"自我毁灭论"最著名的阐述之一是马克思和恩格斯在1850年在共产主义者同盟（Communist League）大会上发表的讲话，他们敦促无产阶级力量利用资本主义社会的内在矛盾，因为"资产阶级民主派的统治，从一开始就在其内部播下了自我毁灭的种子"[94]。在这个例子中，马克思和恩格斯强调的是资本主义社会经济秩序的物质矛盾。此外还有另一条思路，它可能更加强大，而且绝对更"天主教化"，它包括了马克思和恩格斯以及约瑟夫·熊彼特等自由派学者。这第二种思路强调，资本主义社会自我毁灭的种子，是藏在资本主义社会导致的道德败坏当中的。

这些学者各自以自己特有的方式表达了这种观点。例如，马克思和恩格斯在《共产党宣言》（The Communist Manifesto）中这样写道：

> 资产阶级在它已经取得了统治的地方……无情地斩断了把人们束缚于"天然尊长"的形形色色的封建羁绊，它使人和人之间除了赤裸裸的利害关系，除了冷酷无情的"现金交易"，就再也没有任何别的联系了……它把人的尊严变成了交换价值，用一种没有良心的贸易自由代替了无数特许的和自力挣得的自由。[95]

根据马克思和恩格斯的看法，商业破坏了个人之间的传统纽带，用金钱关系取代了所有其他类型的关系。换句话说，自我毁灭命题恰恰构成了"温和的商业"命题的反面。

约瑟夫·熊彼特则着眼于资本主义带来的新理性主义精神，强调这种理性主义态度在摧毁了过去和过时的制度之后，最终会反过来攻击资本主义社会的支柱，如"私有财产制度和整个资产阶级价值体系"[96]。与其他版本的自我毁灭论观点相比，熊彼特这个版本更多地基于意识形态层面上的解释。

有意思的是，赫希曼注意到，当代经济学家在寻找支持资本主义的论据方面存在着意识形态上的限制。在19世纪末和20世纪初，作为对"温和的商业"命题日益失势的反应，埃米尔·涂尔干（Emile Durkheim）和格奥尔格·齐美尔（Georg Simmel）等社会学家曾试图强调，虽然资本主义破坏了传统纽带，但是它能够以别的某种方式创造出新的人际关系。然而，经济学家却完全无法解释市场空间是如何加强社会融合的。经济学家把一个以完全竞争为特征的理想市场理论化了，假设有非常多经济行为者在拥有完全信息的条件下参与市场，从而在实际上排除了"各市场参与方之间建立起长期的人际关系或社会关系"的任何可能性。[97]经济学家虽然成功地为市场体系证明了无懈可击的经济合法性，但是"他们却不得不牺牲了本来可以理所当然地要求得到的社会合法性，因为与完全竞争模型所假设的不同，大多数市场都是在现实世界中发挥作用"[98]。

但是，还有第三个命题，它与前面的两个命题都有矛盾。尽管自我毁灭论坚持认为资本主义转型伴随着暴力和破坏，但是也有一些观察家强调，许多社会反而经历了因资本主义革命软弱无力而出现的困难。根据这些批评者的说法，资本主义制度和意识形态无法一劳永逸地摧毁以往的封建残余。因此，民族资产阶级及其世界观一直屈从于旧制度的强大价值观和社会结构，于是无法将自己的国家带入现代化社会。赫希曼将这种论证称为"封建枷锁"命题（feudal-shackles thesis）。

有意思的是，自我毁灭论的阐述者，往往也是封建枷锁论的雄辩代表。例如，众所周知，马克思主义思想把资产阶级革命看作是通往共产主义社会道路上的一个重要的驿站。从这个角度来看，资本主义社会无疑给所在国带来了巨大的冲击，但是也毕竟设法克服了封建生产方式，至少在那些核心的资本主义国家是这样。不过，更加糟糕的是那些只经历了有限的资本主义转型的国家。对这个论点阐述最有力的那些学者，几乎全部来自比较晚或很晚才实现工业化的国家，当然这并非偶然。例如在意大利，安东尼奥·葛兰西（Antonio Gramsci）和埃米利奥·塞雷尼（Emilio Sereni，科洛尔尼的堂兄弟）都是从失败的资产阶级革命这个角度入手讨论意大利统一问题的——这场革命对南方的封建大庄园（atifundio）毫无触动，结果强化了意大利的社会和经济的二元分化。对于中欧各国，乔治·卢卡奇（George Lukács）强调了本国资产阶级在面对封建地主的既得利益时的软弱无力（正如我们在本书第二章中看到的，亚历山大·格申克龙虽然不是一个马克思主义者，但是对容克地主在德国资产阶级革命中的作用却给出了非常相似的解读）。在欧洲之外的其他国家，学者们也非常关注当地资产阶级的弱点及其在经济、社会和意识形态上对地主阶级的利益和价值观的屈从。例如，安德烈·冈德·弗兰克（Andre Gunder Frank）把拉丁美洲的"不发达的发展"视为一种特殊的社会经济"少数派"状况，并认为它应该归因于自由资产阶级的软弱性，这与那些成功地从封建秩序转型完全的资本主义社会秩序的核心工业化国家在转型前的"原始的不发展"不一样。[99]

但是，如果封建枷锁命题是自我毁灭命题的反题，那么它必定也满足"温和的商业"命题。在一定意义上，我们可以把封建枷锁命题看作一个尚未实现的"温和的商业"命题。这里的要点是，只要"温和的商业"命题变成了现实，那么就有可能避免阻碍一个国家走向现代化的封建枷锁。美国的成功为这个直觉提供了最好的例子，它证明在没有任何封建枷锁的情况下，强大的现代化是可以成为现实的。

然而，赫希曼指出，此外还有另外一种思想传统，它认为以往未曾经历过封建社会看似一种祝福，其实却是一种诅咒。在20世纪中叶，路易斯·哈茨（Louis Hartz）这样写道，封建历史的缺失，剥夺了美国社会和意识形态的多样性，而根据哈茨的说法，多样性正是真正的自由的主要元素之一。因此哈茨认为，美国的"自由绝对主义"有走向"多数人的暴政"的倾向，同时美国政界也无法就发达的福利制度达成强烈而持久的共识。[100]赫希曼将这个思想称为"封建祝福命题"（feudal-blessings thesis）。

正如我们上面的讨论所表明的，赫希曼把每一个命题都作为对前一个命题的否定呈现出来。自我毁灭命题是"温和的商业"命题的反面；封建枷锁命题假定资本主义革命不是暴力的和强有力的，而是软弱的和有限的。最后，封建祝福命题又否定了封建枷锁命题，并声称封建历史的缺失意味着缺乏真正多元的自由主义传统（尽管在美国历史上没有封建遗产这一点起到了非常明确的解放作用）。不过，赫希曼选择这种表述顺序，纯粹只是作为一种说明手段，而不是因为他在其中看到了任何实际的历史规律或思想史上不同阶段和不同历史时期之间的对应关系。

唯一有可能比较可信地解释为历史阶段的实际交替序列的真实"摹本"或对位之物的理论序列为，从18世纪的"温和的商业"命题达到顶峰的时期（即，在贸易繁荣期间、不过在工业革命之前）起至19世纪的自我毁灭命题出现的时期（当时工厂制度对工人生活的影响，以及随之而来的狄更斯式的苦难和贫困现象都开始变得非常明显了）。然而，当对这些命题单独加以考虑时，即便是这个特定的序列也没有穷尽每一个命题的复杂性。赫希曼自己也非常清楚地表明了这一点。他给出的概括性阐述、关于不同命题的图示，都有助于澄清它们之间的相互关系，并且"在许多意识形态结构之间建立起了联系，它们虽然实际上密切相关，但是却是在彼此完全相互隔绝的情况下发展起来的"[101]。

但是，赫希曼的目标不仅在于构建不同意识形态和命题的顺序图。因为赫希曼绝不只是一个意识形态理论的旁观者和编年史家，他明确承认自己对"哪一个才是正确的"这个问题很感兴趣。[102]也正是在这里，赫希曼对于明显对立的不同元素的微妙的、不可度量的组合的热爱再一次表露无遗。尽管这些不同的论题中的每一个都在某个方面似乎是前一个命题的对立面或否定，但是在现实生活中，来自多个命题的元素很可能通常是共存的。诚然，并非所有可能的组合都是如此——例如，"温和的商业"命题与封建祝福命题确实是矛盾的——但是人们经常注意到，资本主义的和前资本主义的价值观和规范是可以存在于同一个社会的，而且不同元素之间的混合不一定是消极的。

资料来源：照片由卡蒂娅·所罗门提供。

图 6.1 1982 年 5 月 27 日，阿尔伯特·O. 赫希曼在巴黎高等社会科学学院（École des Hautes Études en Sciences Sociales）的马克·布洛赫讲座上。

　　这个结论在应用于与"温和的商业"命题和自我毁灭命题有关的各种元素的"情境化存在"时甚至还要更加可靠。举例来说，商业交易一方面有助于发展关于信任和可靠的相关规范，另一方面也有助于发展出普适性的"计算和工具理性元素"。赫希曼认为，从这个角度来看，我们可以把资本主义社会的道德基础视为"同一时间里既不断地消耗着、也不断地补充着的"，是对一个可移动的且不稳定的目标的适当平衡。[103] 当然，这种分析会使得社会科学家更难就社会变革过程的方向和结果得出任何"铁一般的"结论。然而事实上，这种不确定性正是赫希曼分析的另一个重要的副产品："在见证了如此之多的失败的预言之后，难道还看不出，拥抱复杂性，牺牲一定的预测能力，才更符合社会科学的利益吗？"[104]

注释

［1］ Marx 1859［1904］, 12—13.

［2］ Hirschman 1979b, xv.

［3］ Rostow 1960［1990］, 134.

［4］ Adelman and Morris 1973, vii.

［5］ Adelman and Morris 1973, 139.

［6］ Adelman and Morris 1973, 188.

［7］ Adelman and Morris 1973, 192.

［8］ O'Donnell 1973, 8.

［9］ O'Donnell 1973；Collier 1979.

［10］ O'Donnell 1973, 84.

［11］ O'Donnell 1973, 91.

［12］ O'Donnell 1973, 91.

［13］ Collier 1979.

［14］ Hirschman 1979c, 61—62.

［15］ "A Conversation with Clifford Geertz, Albert Hirschman and Colleagues on 'The Hungry, Crowded, Competitive World,'" Institute for Advanced Studies, Princeton, NJ, January 26, 1976, AOHP.

［16］ Hirschman 1975, 386, 402.

［17］ Albert O. Hirschman, "Lisa's Questions," 1998, AOHP. 阿德尔曼详细描述了赫希曼如何巧妙地把拉丁美洲研究联合委员会作为"救援工具"来运用，以及如何利用普林斯顿高等研究院的资助项目来为受迫害的社会科学家提供"避难所"。Adelman 2013, 470.

［18］ "Where We Went Wrong," The Four W Club, founded by A.O.H., 1972, AOHP.

［19］ Hirschman 1973, 533.

［20］ Hirschman 1973, 544.

［21］ Hirschman 1973, 561.

［22］ Hirschman 1973, 561.

［23］ Adelman 2013, 465—467.

［24］ Hirschman 1977b［1997］, 3.

［25］ Schumpeter 1942［2008］, 127—128.

［26］ Hazard 1952［1990］, xv. 我通过 Castrillón 2013 找到了熊彼特和哈泽德的论述，在此表示感谢。

［27］ Hirschman 1977b［1997］, 3—4.

［28］ 马基雅维利的话，转引自 Hirschman 1977b［1997］, 13。

［29］ 维科的话，转引自 Hirschman 1977b［1997］, 14。

［30］ 维科的话，转引自 Hirschman 1977b［1997］, 17。

［31］ Schelling 1978.

［32］ Hirschman 1977b［1997］, 31.

［33］ Hirschman 1985a, 36—37.

［34］ Hirschman 1985b, 39.

［35］ Hirschman 1977b［1997］, 59.

［36］ Hirschman 1977b［1997］, 59.

［37］ 孟德斯鸠的话，转引自 Hirschman 1977b［1997］, 60。

［38］ 马基雅维利的话，转引自 Hirschman 1977b［1997］, 13。

［39］ 斯图亚特的话，转引自 Hirschman 1977b［1997］, 84—85。

［40］ Hirschman 1977b［1997］，102（强调标记是原文就有的）。

［41］ Smith 1776［1976］，III.iv.4—5.

［42］ Smith，转引自 Hirschman 1977b［1997］，108。

［43］ Hirschman 1977b［1997］，112.

［44］ Hirschman 1977b［1997］，62；马克思的话转引自同一页。

［45］ Hirschman 1979c，62.

［46］ Hirschman 1977b［1997］，117.

［47］ Hirschman 1977b［1997］，122.

［48］ 托克维尔的话，转引自 Hirschman 1977b［1997］，124。

［49］ 托克维尔的话，转引自 Hirschman 1979c，62—63。

［50］ Hirschman 1979c，63.

［51］ Ryan 1977，535.

［52］ Seddig 1978，339；Coser 1978，397.

［53］ 例如，请参见 Elster 1978；Bertilsson and Eyerman 1979；Suttle 1987；Martin 1990；Hoffman 1991；Elster 1994；Daston 1994；Inayatullah 1997；Bowles 1998；Force 2003；Mathiowetz 2007；Bridel 2009；Friedman 2011. 54. 55. 56. 57. 58. 59.（强调标记是原文就有的）. 60. 61. 62. 63. 64. 65. 66。

［54］ Keohane 1978，776.

［55］ De Vries 1979，140.

［56］ Stillman 1978.

［57］ Hirschman 1977b［1997］，131.

［58］ Hirschman 1977b［1997］，131.

［59］ Hirschman 1977b［1997］，130（强调标记是原文就有的）。

［60］ Keohane 1978；Supple 1978；Schneider 1978，402；Stillman 1978，1028.

［61］ Kaiser 1979，421.

［62］ Wuthnow 1979.

［63］ Poggi 1978，398.

［64］ Poggi 1978，399.

［65］ Supple 1978.

［66］ Schneider 1978，401—402.

［67］ 迈克尔·沃尔泽（Michael Walzer）于 1973 年 7 月 19 日写给阿尔伯特·O. 赫希曼的信；阿尔伯特·O. 赫希曼于 1973 年 8 月 1 日写给迈克尔·沃尔泽的信；昆汀·斯金纳（Quentin Skinner）写给阿尔伯特·O. 赫希曼的信，无日期。以上全都收录于 AOHP。

［68］ Wuthnow 1979，427.

［69］ Wuthnow 1979，428.

［70］ Wuthnow 1979，429.

［71］ Pocock 1981，50.

［72］ Hirschman 1977b［1997］，42；也请参见 Hampsher-Monk 1984，104。

［73］ Pocock 1981，53.

［74］ Pocock 1981，52；1975，vii—viii.

［75］ Hampsher-Monk 1984，89.

［76］ Wuthnow 1979，430.

［77］ Gellner 1979，469.

［78］ Gellner 1979，469.

［79］ De Vries 1979，141.

［80］ 这是路易斯·爱德华多·涅托·阿尔特塔（Luis Eduardo Nieto Arteta）说的，转引自 Hirschman 1979c，64。

［81］ Hirschman 1979c，83.

［82］ Hirschman 1979c，85—86.

［83］ Hirschman 1979c，91—92.

［84］ Hirschman 1979c，98.

［85］ Hirschman 1979c，94—95.

［86］ Lindberg 1985；Maier 1985.

［87］ Hirschman 1985c.

［88］ 阿尔伯特·O.赫希曼于1973年8月1日写给迈克尔·沃尔泽的信，AOHP。

［89］ Hirschman 1982a.

［90］ Hirschman 1982a，1480.

［91］ Hirschman 1982a，1464.

［92］ Hirschman 1982a，1463.

［93］ Hirschman 1982a，1470.

［94］ Karl Marx and Frederick Engels，"Address of the Central Committee to the Communist League," March 1850，accessed on December 26，2019，https：//www.marxists .org/archive/marx/works/1847/ communist-league/1850-ad1.htm. 95. 96. 97. 98.（强调标记是原文就有的）. 99. 100. 101.（强调标记是后加的）. 102.（强调标记是原文就有的）. 103. 104.

［95］ Karl Marx and Frederick Engels，"Manifesto of the Communist Party," February 1848，accessed on December 26，2019，https：//www.marxists.org/archive/marx/works /download/pdf/Manifesto.pdf.

［96］ 熊彼特的话，转引自 Hirschman 1982a，1469。

［97］ Hirschman 1982a，1473.

［98］ Hirschman 1982a，1473—1474（强调标记是原文就有的）。

［99］ 例如，请参见 Frank 1967。

［100］ 哈茨的话，转引自 Hirschman 1982a，1479。

［101］ Hirschman 1982a，1481（强调标记是原文就有的）。

［102］ Hirschman 1982a，1481（强调标记是原文就有的）。

［103］ Hirschman 1982a，1483.

［104］ Hirschman 1982a，1483.

第七章 如何让民主制度运转起来

　　1978 年春天，赫希曼应邀在普林斯顿大学发表 1979 年度艾略特·詹韦历史经济学讲座（Eliot Janeway Lectures in Historical Economics）。当其时也，报纸杂志上到处都在刊登关于 1968 年运动十周年的文章，书店里也堆满了相关的书籍。人们谈论着那场运动的"精神"、街头示威、对公共问题的广泛参与、社会规范经历的革命、对过去惯例的拒绝，等等。评论家们声称，当时社会意识的突然出现并迸发出了强大的力量，取代了前一个十年的个人主义。"个人即政治"（The personal is political）的口号，意味着个人经验与更大的社会情境之间存在着密不可分的联系，充分体现了这种新的敏感性。

　　如果说，20 世纪 50 年代和 60 年代初期是经济稳定增长、大众消费和耐用品（越来越广泛的社会阶层成员都用上了耐用品）的十年，尤其是在北美和西欧——全家人过上好日子的梦想比以往任何时候都更接近于现实——那么，20 世纪 60 年代后期则标志着拒绝个人利益至上的价值观并转而支持公共问题和社会的中心地位、拒绝家庭生活并转而支持街头运动。然后，在 20 世纪 70 年代，通常所谓回流出现了。潮流改变了方向，人们再次转向主要关心自己的私人利益。但是，这并不是简单的钟摆式摆动，也不是单纯地回到了乐观的 50 年代的私人视角。普林斯顿历史学家丹尼尔·T. 罗杰斯（Daniel T. Rodgers）极有见地地将 20 世纪 70 年代描述为对社会观念进行根本性重构的时代——关于社会的"特征"、制度和文化，以及基本的经济结构等，他在文中写道：

　　　　在第二次世界大战后的那个时代，谈到人性观念时要考虑情境、社会环境、制度和历史，这种观念现在已经让位给了强调选择、能动性、表现和欲望的人性观念了。强社会隐喻被更弱的社会隐喻所取代。想象中的集体缩小了，结构和权力的概念也淡化了。从思想行为来看，20 世纪的最后 25 年是一个大解聚（era of disaggregation）的时代、一个大分裂的时代。[1]

政治光谱上各个位置的人的智识格局也都发生了变化。左派和右派都必须重新评估自己的角色——国际经济关系发生了根本性的变化、福利国家的危机逐渐显现、全球化的早期实例已经浮出水面、战后的持续增长宣告结束，以及今天仍在继续的不平等加剧业已开始。1968 年运动之后仅仅过去了十年，但是似乎每个人都觉得，世界变化之大就好像过去了整整一个地质时代一样。[2]

在完成了对近现代思想史的探索之后——其高潮体现为《激情和利益》一书（1977 年），以及"对市场社会的若干竞争性解释：它是促进文明的、破坏性的还是软弱的？"一文（1982 年）——赫希曼又回过头来研究 20 世纪下半叶的民主问题。当然，他对这个课题绝不陌生。民主制度如何发展、兴盛或崩溃这个问题，不仅是他作为一个社会科学家的学术生涯中，也是他自青少年以来作为个人的经历中的核心问题。民主问题有时会明确地出现，如在《通往进步之旅》（196 年）、"对外援助：批评与建议"（1968 年）、《退出、呼吁与忠诚》（1970 年），以及"拉丁美洲何以转向威权主义"（1979 年）等专著和论文中；而在其他时候则隐身于背景中，作为研究的强大动机中的一个，如在《国家实力与国际贸易的结构》（1945 年）、《经济发展的战略》（1958 年），以及"拉丁美洲的进口替代工业化战略的政治经济学分析"（1968 年）等专著和论文中。

但是，正如我接下来要简要地描述的那样，整个文化景观毕竟已经发生了深刻的变化，而且赫希曼显然没有忽视这个事实。受邀在普林斯顿高等研究院举办的艾略特·詹韦讲座演讲，让赫希曼有机会反思他所耳闻目睹的深刻社会变革，探讨有没有可能做到不仅可以检测到、而且可以解释清楚私人—公共循环问题。赫希曼是于 1979 年 12 月在艾略特·詹韦讲座上发表演讲的。后来他写道，为了这次讲座撰写的书稿，可能并没有对决定要讨论的主题提供一个全面、透彻的解释；尽管如此，这项工作仍然为对战后社会变革的一些基本过程的研究开辟了新的道路。正如赫希曼半开玩笑地承认的那样，他甚至不很确定他这本书（即 1982 年出版的《转变参与：私人利益与公共行动》）是不是有资格成为一本社会科学著作，因为它"是如此直接地关注个人和社会层面上的变迁和动荡，以至于我有时候会觉得自己只是在为一部成长小说（*Bildungsroman*）拟定概念性大纲"[3]。

西方民主国家的公共参与和私人利益：转变参与

赫希曼指出，在 20 世纪 50 年代和 60 年代，整个西方社会的精神世界都发生了根本性的转变，这就向我们提出了这样一个问题："我们的社会是不是天生就倾向于以某种方式在如下两个时期之间来回摆动？一是密切关注公共问题的时期，二是几乎完全专注于个人进步和私人福利目标的实现的时期。"[4]这里的"来回摆动"，其实是用来表述周期的一种更加温和的方式。众所周知，"周期"是一个极具挑战性的术语，经济学史上已经有太多的人尝试过描述经济活动的有规律的周期了。不过赫希曼对寻找关于周期性的社会变迁的任何形式的"铁律"的兴趣，远远不如对解释某个阶段的特定特征如何触发一个将导致优先事项和一般态度转变的过程的兴趣，例如，以私人利益为中心到受公共参与驱动，或者反过来。在这里，再一次，赫希曼的目标是揭示可以解释这种转变的内生机制——也就是说，一个阶段如何植根于它之前的某个阶段的某些特定特征的。特别是，赫希曼希望集中讨论可以解释这种转变的"经济结构和发展"的特定方面。[5]

但是，尽管赫希曼是用经济术语来进行分析的，并且显然讨论了一些标准的微观经济学概念，例如消费者偏好，但是他的研究进路——我们现在应该已经相当清楚了——远非正统。首先，赫希曼感兴趣的是揭示偏好变化背后的机制，而主流经济学则认为偏好是给定的。正统经济学家对人们为什么购买（喜欢）这个或那个的原因不感兴趣。其次，赫希曼特别想研究消费者—公民的失望，那是偏好转变的根源，是如何发挥作用的。为此，他需要以赫伯特·西蒙（Herbert Simon）、理查德·赛尔特（Richard Cyert）、查尔斯·林德布洛姆（Charles Lindblom）以及其他一些学者的研究为基础，而他们都强调经济参与者的"有限理性"、无知和情境不确定性。[6]虽然这是一个很重要且有良好传承的思想传统，但是绝对不是主流。

那么，赫希曼怎样研究消费者和公民之间的"转变参与"呢？他的基本前提假设是，"人们的消费行为，以及参与公共事务的行为，都是因为期望它们能够给自己带来满足，但是这些行为同时也会产生失望和不满……借用一个广为人知的比喻，在期望的瞬时向下调整不能完全消除失望这个意义上，任何消费或利用时间的模式都在自己身上'播下了自我毁灭的种子'"[7]。

作为分析的起点，赫希曼先引述了蒂博尔·西托夫斯基（Tibor Scitovsky）在他于1976年出版的著作《无快乐的经济》（The Joyless Economy）中给出的关于消费者可能失望的项目的分类。在他的著作中，西托夫斯基试图将生理学和心理学的洞见结合起来，解释消费者行为的微观基础。简而言之，西托夫斯基认为，当个人的基本需求（口渴、饥饿、抵御恶劣天气和极端温度）没有得到满足时，或者当他们的需求得到满足后感到无聊时（后一种情况是丰裕社会的条件），人们就会感到不适（discomfort）。有了不适就需要新的刺激，这表现为更多的消费。追求这些新刺激的过程会产生愉悦感，最终带来舒适感（comfort）。然而，快乐（pleasure）和舒适虽然紧密相关，但是在功能上却是相互对立的。快乐是在追求舒适的时候体验到的，而且只有当克服不适的过程——即产生快乐的过程——结束时，才能获得舒适感。[8]

赫希曼认为，大众消费社会所特有的耐用品特别容易带来舒适感，但是几乎不会给人们带来快乐。主要的快乐都是由食物、性和睡眠等真正的非耐用品的消费提供的，但是它们只是带来暂时的舒适；相比之下，冰箱和空调等耐用品产生的快乐相对较少，但是它们能够使生活更加舒适。舒适压倒了快乐，这种优势也就对进一步的刺激提出了要求。事实上，耐用品（赫希曼还将耐用品区分为不同的子类别）很容易让人失望：它们会老化、过时、变得不那么可靠，最重要的是，不能产生"快乐"。此外，赫希曼指出，对于体验新型耐用品的第一代人来说，体验这种失望感的风险尤其高，因为这一代人可能对大众消费品的魔力抱有过高的期望。

赫希曼这种讨论显然是以生理心理学方法为基础的，这在 20 世纪 70 年代中期的经济学领域内，无疑是一个全新的尝试。事实上，对于幸福经济学这个子学科以及行为经济学的某些支系来说，西托夫斯基这本书直到今天仍然不失为经典之作。然而，在经济学领域之外的专家看来，这种讨论作用非常有限且显得相当幼稚。耶鲁大学政治学家、国际政治心理学会前任主席罗伯特·E.莱恩（Robert E. Lane）很好地总结了对试图模拟消费者满意度的经济理论缺陷的批评。首先，这些模型采用的人类选择理论与心理学家和行为主义者的研究结果不符。其次，它们不能将不同种类的人类需求相互联系起来，因而只能提供一种非总量的、不切实际的人类行为模型。最后，也是更重要的一点是，市场机制和商品"与那些真正能让人快乐的事物只有微弱的联系，比如说自立、自尊、家庭幸福、毫无压力的休闲和友谊，等等"[9]。此外，正如赫希曼本人也承认的，公共—私人二分法只是众多二分法中的一个。举例来说，为什么不采用物质生活与精神生活这种二分法呢？虽然这两者都指向了私人领域，但是各自与在西托夫斯基和赫希曼的分析中至关重要的刺激—快乐—舒适机制的关系却大不相同。对于这种批评，赫希曼实际上采取了回避态度："总得从某个地方开始啊。"他这样写道。不过他马上补充说，私人—公共转变与战后几十年以来的社会变革机制的相关性特别大。这个解释应该更能令人信服。

不过，当他开始就从模型本身中提取出来的若干观察结果进行分析时，赫希曼的讨论就似乎更加有意思了。赫希曼断言，相对落后的社会不一定更容易出现社会不满，这种说法暗指现代化理论中的渐进主义目的论观点。恰恰相

248

反，"在耐用品初次出现大规模扩散的社会中，失望可能尤其普遍。当然，这听起来相当悖谬，因为一般人的可能会预期，当人口中的大部分成员在第一次受到罗斯托夫式的'大规模的高消费'的祝福时，整个人口的'情绪'应该会很好"[10]。然而赫希曼马上补充道，事实上这两种情绪，即乐观和失望，可能会在同一时间存在——当年长一代为自己取得的物质进步而自豪时，年轻一代却可能会对父母辈的物质主义和明显"空虚"的生活方式感到不满。然后，赫希曼总结道："由于存在着这些相互对立的情绪，向'大规模的高消费'过渡的时期在政治上可能是相当不稳定的。"[11]

赫希曼最有说服力的分析是，公共服务（例如教育和公共卫生）的日益普及与消费者—公民的潜在失望有关。随着经济繁荣度的增加，这些服务经历了重大转变，从只有精英才可以享受（且通常是私人性质的）的服务，转变为广泛普及的公共服务。但是，在这一转变过程中，这些服务的可靠性和质量在空前扩张的情况下明显变差了。因此再一次，社会需求与服务供给和质量之间的矛盾关系开始变得很明显："正是在一个社会下决心要扩大民众获得某些服务的机会的过程中，这些服务的质量出现了下降。"[12]

这个分析以典型的赫希曼式风格解释了当时处于广泛争论的漩涡中的福利国家危机。当时，左翼和右翼都对福利国家提出了强烈的批评。在左翼，激进主义者强调的是国家机器的内在矛盾：国家机器必须保证资本积累，但是同时又试图通过提供社会服务来为自身谋取合法性。詹姆斯·奥康纳（James O'Connor）于1973年出版的《国家财政危机》（*The Fiscal Crsis of the State*）就是这种观点的一个典型例子。在右翼，保守派学者在意识形态上敌视大政府，谴责社会服务不仅对政府资源造成了过重负担，而且非常低效，更加糟糕的是，它们还会导致悖谬效应。这种右派观点最著名的例子也许是查尔斯·默里（Charles Murray）于1984年出版的《节节败退》（*Losing Ground*）。虽然他这本书的出版时间比赫希曼的《转变参与》（出版于1982年）更迟，但是这种观点早就提出来公开辩论过了，而且在许多人那里已经变得根深蒂固了。除了这两种极端的观点外，还有另外一种观点，那就是弗雷德·赫希（Fred Hirsch）在他于 1976 年出版的《增长的社会极限》(*The Social Limits to Growth*) 一书中强调的 "增长极限" 问题——资源和 "地位性商品" (positional goods) 都是有限的, 肯定会有越来越多的人无法获得, 例如独家的文凭或不拥挤的海滩。[13]

在 1979 年 12 月 (即前述詹韦讲座前后) 美国经济学会 (AEA) 年会的一个分会场讨论中, 赫希曼将所有这些批评都归结为 "结构主义 (或原教旨主义) 谬误" ——也就是说, 一种不合理的试图诊断根本病因并开出根治药方的倾向。[14] 赫希曼是以一个改革派知识分子的角度, 不过不是以一种非常确定的方式, 建议将危机视为经济和社会进步的暂时性的自然结果。这个观点也许有些违反直觉。毫无疑问, 那十年的经济滞胀和以往被奉为圭臬的凯恩斯主义药方的失效, 似乎支持了奥康纳和默里等人的批评。[15] 然而, 赫希曼依然辩称, 福利国家并未遭受什么 "系统性危机", 西方国家所经历的其实只是一种更温和的 "成长的烦恼"。[16]

在美国经济学会年会中, 为了更好地说服他的同行, 赫希曼从 "质量的产出弹性" 角度描述了服务质量的恶化。如果说, 在《退出、呼吁与忠诚》中, 赫希曼关注的是公民对公共服务恶化的反应, 那么在这里, 他更详细地研究了组织衰退的机制。再一次, 他还是列举了公立学校这个突出的例子 (赫希曼之前在《退出、呼吁与忠诚》中已经讨论过了这个例子了)。他认为, 公共教育正在进行的快速扩张显然伴随着明显的质量下降, 特别是因为尽管投入明显不足且存在严重的瓶颈, 但是公共教育服务供给却仍然在继续扩大, 主要表现在: 由于对教师的需求不断增长, 高素质教师严重短缺, 不得不拉平庸教师来凑数; 教室供不应求, 因此人满为患; 图书馆过小、过于拥挤; 等等。由于不同的教育投入之间存在可替代性, 因此扩张过程仍然可以持续, 只不过免不了质量下降的问题。

但是, 赫希曼认为, 恰恰是这种情况, 提出了一个关于标准经济理论的限制性假设的问题: "既然可替代性是新古典经济学世界的规则," 他打趣地说道, "那么产出质量的变化却没有得到更多的关注, 这实在令人惊讶。"[17] 然而, 如果人们真的认同竞争市场中的完美信息是主流经济学的普遍假设, 那倒也并不是完全莫名其妙的。在这种假设下，经济参与者会立即调整他们的行为以适应不断恶化的服务质量。然而事实是，正如现实世界告诉我们的，教育系统是一个惯性更大、复杂性更高的机制，消费者根本不拥有完美知识，对关键信息往往一无所知，而且在这个非竞争性市场中投入还经常会发生变化。[18]

所有这些讨论都与赫希曼在《转变参与》一书中的研究直接相关。赫希曼断言，消费者—公民所经历的失望为人们以完全不同的途径追求幸福打开了大门。他还指出，事实证明，在富裕的民主社会，这通常就是社会参与和政治行动。

这种转变无法用标准的经济学理论解释。这绝不是简单的"口味"的某种改变，而是一组由过去的经验产生的全新的偏好。事实上，赫希曼认为，主流经济学中的显示偏好理论，或许能够解释口味的某种转变（如喜欢苹果还是喜欢梨），但是显然无法解释生活方式和价值观的变化。为了解决这些问题，我们必须参考超经济概念（extra-economic concepts），例如意识形态的作用；或者，考虑由哈里·G. 法兰克福（Harry G. Frankfurt）引入的一个哲学概念"二阶欲望"（second-order desires）——它指的是有助于定义"我们作为人的概念"的个体意志。[19]对此，法兰克福解释道：

除了想要（wanting）和选择（choosing）以及因为被感动而去做这件事或那件事之外，人们还可能希望拥有（或不拥有）某些欲望和动机。他们有能力去想要让自己变得与现在不一样——在偏好和目的方面。许多动物似乎也有能力……做或不做一件事或另一件事。然而，除了人之外，似乎没有动物具有进行反思性自我评价的能力。[20]

阿马蒂亚·森也批评了显示偏好理论，认为它所考虑的只是"孤立的选择行为"[21]。森还补充说，同情（sympathy），以及更加重要的承诺（commitment）和德性（morality）等，对于决定一个人的行为至关重要，而且当它们所决定的行为确实可能违背了自己的利益时，是很难将它们简单地定义为偏好的。森强调，他所说的偏好的"元排序"（meta-ranking）——又或者称"排序的排序"（ordering the orderings）的变化涉及了标准经济学理论无法解释的总体性的视角变化。[22]正如赫希曼在一篇旨在详细阐述《转变参与》中首先提出的一些观点的论文中指出的："口味基本上是被定义为一种你不会去争论的偏好的——谚语说得好，'口味各异，勿论好坏'（*gustibus non est disputandum*）。一旦你就某种口味与他人或你自己辩论，那么它事实上就不再是一种口味了——它变成了一种价值观。"[23]

赫希曼进行的这种显得很复杂的讨论，以及他对法兰克福等哲学家或亚马蒂亚·森等非正统经济学家提出的概念的多次引用，都是他进入下一个阶段的分析前的准备。赫希曼认为，屡屡失望的经历，可以看作是退出消费主义生活方式并把在公共领域呼吁作为新的主导立场的理由的积累。赫希曼著名的退出—呼吁二分法出现了一个出人意料的转折，他认识到，在这种情况下退出和呼吁不是两个对立的概念，而是同一个过程的两个互补性的阶段。呼吁成了对于退出需求的积极回应。[24]

赫希曼认为，曼瑟尔·奥尔森和蒂博尔·西托夫斯基的分析中都遗漏了上述个人层面的转变过程，这无疑是一个缺点。在赫希曼看来，奥尔森和西托夫斯基描述的行动者似乎完全不拥有任何历史，或者只是被动地通过寻找更多相同的东西（即更高的消费水平）来求得满足，因而天生就无法致力于追求特定的生活愿景，或者说无法拥有特定的"价值偏见"[25]。总之，赫希曼认为奥尔森和西托夫斯基的分析无法解释政治行动。事实上，赫希曼的模型的核心就在于它预设公民会大量参与公共领域的事务，即能够"抗御——请奥尔森原谅——任何躲在后面、寄希望于搭便车的诱惑"[26]。赫希曼对奥尔森的研究的批评实际上是错误的，因为奥尔森并没有给出任何"铁律"，他只是提出了一个更"温和"（虽然很强大）的模型，试图解释为什么在某些条件下集体行动可能不会发生，而且还进一步补充说他只是在讨论一种可能性，而不是一种必然性。[27]

赫希曼还继续说，到最终，公众参与的失望无论如何都会增大。这又是为什么？根据赫希曼的描述，公众参与的所有结果，都有可能导致公民远离公共生活：首先，倘若重要目标未能实现，那当然是令人失望的，并且可能会使人们对公共参与"解魅"并退回到私人生活中；其次，即便取得了成功，也可能会消耗参与动力或使最初的目标发生转变。在任何一种情况下，都有两种基本机制在发挥作用：过度投入和参与不足。过度投入（Overcommitment，或译，"过度承担义务"）是指，追求公共目标时产生的激情，会将参与和投入这个事业的时间转化为收益而不再将之视为成本——直到"激进主义的疲惫"打破这种魔咒为止。参与不足（Underinvolvement）则指与过度投入相反的倾向，特别是在民主国家，即旨在冷却过度的热情的参与行为的制度安排。即便是投票制度及其将个体公民不同程度的政治热情转化为统一的政治结果——即选票——的能力，也可能成为许多成熟民主国家的公民变得日益冷漠的原因。[28]

然而，如果失望不是事物本身固有的性质，而只是公民活动家们的一种感觉，那么到底是什么导致了失望呢？根据赫希曼的说法，改革派人士退回私人领域的原因是，他们无法形成有现实感的预期，也无法想象"中间结果和中途站点"[29]。在这里，赫希曼暗示，真正的有远见的行动，并不预示着彻底的革命即将来临——那通常只是一种简单化和程式化的"想象行为"——而要能够构想适度的进步的可能性，并形成政治韧性。对此，他这样写道："正是我们想象力的贫乏，悖论性地导致了'全面'变革想象的产生，而不是更加适度的期望的形成。"[30]赫希曼的改革派思想还源于另一个方面的思考。私人和公共维度之间的来回摆动本身并不值得过分关注。但是赫希曼看到了一个问题，那就是摆动过于剧烈了，特别是在西方社会模式中，其特点为对私人利益的追求长期居于主导地位，中间点缀着公共参与的突如其来的猛烈爆发，这种间或性的爆发"几乎不可能是建设性的"[31]。

最后，赫希曼笔下描述的这个消费者—公民，以及他在激情澎湃和失望沮丧之间连续来回摆动的故事，使得他看上去像是一个与标准经济学理论所要求的"理性行动者"截然不同的"动物"。但是这并不是人性的缺陷，相反，它实际上使人性更丰满了。赫希曼的故事中的消费者—公民要"优于'理性行动者'，因为他们可以设想各种不同的幸福状态，并且能够为了实现另一种状态而超越这种状态"[32]。这种更复杂的行为，显然是从私人生活到公共生活的转变过程（以及相反的转变过程）中必须经历的诸多失望的结果。赫希曼的年轻同事吉列尔莫·奥唐奈（Guillermo O'Donnell）突出了《转变参与》这本书对"经济理论关于稳定和可传递的个人偏好的通常假设的有力批评"的重要性。[33]奥唐奈强调，赫希曼的分析中的失望原理非常关键，"焦虑、无所不能、否认死亡、傲慢以及无数相关的术语，都指向了一种内在地体验着不满和紧张的'动物'，而不是主流经济学——以及，在很大程度上，政治科学也一样——呈现在我们面前的那种只能在两个或多个偏好之间做出选择的所谓决策者"[34]。

总体而言，《转变参与》一书获得了温和的正面评价。许多评论家都认为它不仅具有洞察力，也具有煽动性，给出了许多令人耳目一新的论点，体现了作者的渊博学识。赫希曼这本新书的出版，还激发了人们对可读性高、优雅、诙谐和发人深省的散文的广泛期望。[35]但是，如果说评论家们没有在这一点上感到失望的话，那么这本书仍然让许多人感到有些困惑。不难识别出对《转变参与》的两条主要的批评路线。一些评论家关注的是赫希曼的"周期"理论，许多人发现这个理论非常薄弱。雷蒙德·布东（Raymond Boudon）甚至称它是"一个摇摇欲坠的理论"[36]。的确如此。事实上，在《转变参与》的一开始，赫希曼自己就举起了白旗了——他承认"整个研究计划都是试探性的和推测性的"[37]。赫希曼还承认，他无法以任何直接的方式"证明"这种周期确实存在；充其量，他的研究计划类似于康德拉季耶夫试图将各个"长周期"识别出来的工作——事实上，那些周期的持续时间是如此之长，以至于人们目前还无法确定它们是否真的存在。因此赫希曼称，他唯一的目标是提供一个关于失望和转变参与的"现象学"分析。[38]然而，整本书确实都在描述赫希曼所说的私人—公共循环，而且评论家们在这一点上也都非常认真；当然这并不出人意料。

特别是，许多评论家质疑失望的经历与生活方式和价值观的转变之间是不是真正的存在赫希曼所说的那种联系。因为正如赫希曼自己似乎也曾暗示的那样，失望不一定有利于价值观的这种变化。一位评论家指出，如果失望和这种转变之间的因果关系无法得到证实，那么就有非常大的陷入后此谬误（post hoc fallacy，也可译为"事后归因谬误"）的风险，即声称，如果失望先于变革出现，那么就是因为前者导致了后者。[39] 正如许多评论家指出的，还有其他许多机制都可以用来对 20 世纪 60 年代出现的激进的公共参与行动提出合理解释：比如说，在公众舆论看来，越南战争可能比朝鲜战争更加荒谬，从而引发了一场大规模的反战运动（而类似的反战运动在 20 世纪 50 年代则没有出现）。在这个例子中，历史现实比偏好的改变更能解释公共参与的爆发。此外，正如社会学家亚瑟·斯廷科姆（Arthur Stinchcombe）观察到的（斯廷科姆的书评，是对《转变参与》的所有书评中最清晰的评论之一），人们参与公共领域的行动不一定是因为个人偏好发生了变化，而是因为人们看到了以前看不到的新的政治可能性。对此，斯廷科姆正确地指出："社会学最近的时尚，在奥伯沙尔（Oberschall）、蒂利（Tilly）和斯考切波（Skocpol）等人的引领下，是通过资源（可能性）的变化而不是人们的心智的变化来解释社会运动。"[40]

类似地，一些评论者指出，赫希曼所称的个人经历与集体变革过程之间的联系也没有得到证实。是否真的有可能证明个体层面上的"周期"与更广泛的社会周期同步？一篇在其他方面都给出了非常正面的评价的书评称，《转变参与》这本书是"顽固地基于方法论的个人主义的"[41]。更晚近的时候，历史学家查尔斯·S.迈尔（Charles S. Maier）在谈到这本书时称，它的"讨论绝对是原子主义式的。尽管赫希曼一定曾经考虑过大规模的公众情绪波动，但是他自始至终都在讨论个人选择"[42]。

赫希曼试图以初次进入大众消费阶段的那些社会为例，证明私人与集体是可以联系起来的。在这种情况下，整个社会，或者至少是相关的子群体，例如年轻一代，都会有觉得越来越失望的经历。但是除此之外，赫希曼实际上并没有提供可以证实他的观点的历史解释。正如一位社会学家感叹的，历史数据对于检验赫希曼提出的社会变革模型是必不可少的。[43]但是赫希曼的这本书显然缺失了必要的历史分析。迈尔指出，《转变参与》一书"认为个人的周期性行为的集结或聚合是理所当然的。然而，对于历史学家来说，这种聚合恰恰是必须加以解释的；个人匆匆忙忙的来回摆动，最多只是故事的一半"[44]。

第二个批评路线则质疑《转变参与》一书给出的历史证据。这些批评大体上分别针对两个子问题。第一个子问题与我们通常称为"历史记录"的现实有关：赫希曼所说的来回摆动真的发生了吗？除非我们愿意想当然地直接接受20世纪50年代和70年代是私人利益导向的、60年代是公共参与导向的这种刻板印象，否则专业的学术研究证明的图景则要复杂得多。斯廷科姆就指出，从多个非常重要的维度来看，例如公众支持扩大黑人公民的公民权利的运动，并不能观察到赫希曼所说的来回摆动现象。尽管民权运动起起落落，但在整个20世纪50年代、60年代和70年代，它的发展一直呈现出了显著的线性特点。整个20世纪50年代和60年代的公共支出的不断增加也是如此。据此，斯廷科姆对赫希曼总结的图式的普遍适用性提出了质疑，尽管他也表示这个图式可能有助于理解20世纪60年代后期美国大学青年抗议这个特殊的案例，特别是有助于说明"为什么60年代的学生与50年代和70年代的学生不同"[45]。其他一些批评家则从公共—私人二分法出发，指出赫希曼所说的周期并不存在，特别是在关于福利国家危机的辩论的背景下。例如，如果考虑到能够提供类似于公共部门的服务的自愿性非营利部门的增长，那么私人—公共振荡中固有的二分法至少会失去很大一部分解释力。[46]

第二个子问题则与赫希曼的分析的内生性有关。赫希曼论证了，要证明他基于周期性的集体失望经历做出的对"转变参与"的解释，就需要有一个内生的理论。然而，外生事件——历史事件——仍然是解释集体行为的基础。赫希曼本人也不得不承认这一点，声称他写《转变参与》一书只是为了"纠正"通常的外生解释偏向；他承认，战争和革命在提高人们对公共生活的参与程度方面发挥着至关重要的作用是"不可否认的"，而快速的经济增长则会促使人们退回到私人领域。[47]但是读者其实仍然不清楚他究竟想说明什么，这个问题当然不能逃过评论家们锐利的眼光。例如，马西莫·帕奇（Massimo Paci）写道，即便只是对国家福利制度的演变过程的流于表面化的观察，也足以证明外生因素的重要性；他得出的结论是，赫希曼试图构建一个转变参与的内生模型的尝试是非常不成熟的——如果不是不可能的话——至少就从公众对福利国家的支持来看肯定是如此。[48]此外，还有一些批评者指出，赫希曼所说的内因与外因之间的界限非常模糊。[49]

归根结底，对于大多数读者来说，《转变参与》这本书最吸引人的不是它的理论结构，也不是像斯廷科姆所说的它给出了一个"有时是正确的理论"，而是它能够帮助我们扩大社会科学的视野。[50]偏好是给定的且稳定的，这在经济学、社会学和心理学中都是很常见的一个假设，同时价值的周期性变化虽然对社会科学家来说不是一个新现象，但是在新古典经济学和帕森斯式的社会学中却是一个非常边缘的概念。斯廷科姆对此就曾经感叹道，社会理论"对于为什么大众会改变他们对主导社会价值的看法的解释完全为零"[51]。赫希曼的研究尽管有其局限性——即便是最赞赏它的评论家也指出它缺乏严谨性——但是仍然有助于提醒社会科学家对文化变革过程保持开放心态。[52]

正如在《退出、呼吁与忠诚》一书中一样，赫希曼在《转变参与》中表明，纯粹的经济学方法对我们理解社会变化的帮助非常有限。他再一次将肇始于贝克尔的经济学帝国主义作为他的首选攻击目标。经济学帝国主义声称"经济学方法为理解所有人类行为提供了一个有用的框架"。赫希曼反驳道，要解释人类行为，"具有稳定偏好的理性行为者"恰恰是一个最没有用的概念。正如他所强调的（用来表示强调的楷体标记是原文就有的）：在本书中，"我尽力试图解释的世界……是这样一个世界，人们原本以为他们想要得到某个东西，然而令他们沮丧的是，在得到了它之后，他们却发现自己并不像当初想的那么想要得到它，或者一点也不想得到它，而当初几乎完全不知道的其他东西才是他们真正想要的"[53]。赫希曼的分析是颠覆性的：通过坚持价值观和不可预测性——用西德尼·塔罗（Sidney Tarrow）的话来说——他提供了"理性选择理论的一个极具刺激性的替代方案"[54]。

总而言之，正如斯廷科姆所言："赫希曼在《转变参与》一书中提出的问题可以表述为，'将人类想象成这样一种动物，是不是至少在有些情况下是有益的——在关于什么是善、什么是真、什么是美、什么是正义、什么东西是更可取等问题上，他们经常会共同地改变想法？'"[55] 对此，尽管有所保留，许多学者的回答都是肯定的。

民主与发展:《社会集体前进》

1983 年初，阿尔伯特·赫希曼和莎拉·赫希曼重返哥伦比亚，沿着科尔多瓦省北部的大庄园开车旅行。他们来到了位于加勒比海岸的一个名叫克里斯托雷伊的渔民小村庄。赫希曼像通常的有欧洲生活背景的人一样，以为渔民世世代代一直在重复做他们祖先的工作，但是阿尔伯特和莎拉很快发现，对于克里斯托雷伊村的居民来说，情况却并非如此。直到几年前，他们还一直在耕种着土地：每个家庭都会将劳动时间分成两块，一块用于在自己的小块土地生产自用的食物，另一块用于到附近的庄园打工挣钱。1975 年，一群村民强占了一块原本属于庄园但多年未开垦的土地。此前，在整个 20 世纪 60 年代，哥伦比亚此类"土地强占"活动非常普遍，而且事后往往会被证明是成功的。然而，到了 20 世纪 70 年代中期，风向完全变了，克里斯托雷伊村的那些农民很快就被驱逐出了那块土地。

然而，这种早期的努力本身虽然以失败告终了，但是却为后来更成功的创业活动播下了种子。农民在争夺土地期间建立起来的纽带并没有消散，他们做出了一个非常务实的决定：既然不能获得土地，那么就转而向海洋进军吧。于是，他们成立了一个合作社，从一些私人和公共机构那里获得了一些资金资助支持并接受了职业培训。短短几年之后，这些农民就摇身一变成了渔民。这是一个非同凡响的成功故事。赫希曼对此非常兴奋，他报告称："在那里，还有一家鱼餐厅和一家小旅馆都已经进入规划阶段了！"[56]

　　这个故事虽然简单，但是很有意义。赫希曼从这个故事出发，思考了与社会变革动力学的一个特定的子类别相关的一系列问题：社会行动主义如何使那些看上去明显很难改变的情况发生改变（例如克里斯托雷伊农民缺乏获得足够的资源和生产资料的机会），同时提高相关群体和个人的生活水平。

　　1983 年初，阿尔伯特和莎拉在六个拉丁美洲国家（多米尼加共和国、哥伦比亚、秘鲁、智利、阿根廷和乌拉圭）考察了大约 45 个发展项目，克里斯托雷伊的渔民合作社只是其中之一。正如我们在前面已经看到的，实地调查是他们经常采用的一种研究方法。如果没有来自实地调查的第一手资料，是不可能写出像《通往进步之旅》和《发展项目述评》这样的书。阿德尔曼的《入世哲学家》也告诉我们，赫希曼几十年来一直定期访问拉丁美洲国家。与以前一样，赫希曼这一次的目标仍然是，通过对特定项目的实地考察和"深入观察"，获得直接经验，然后进行总结提炼。（同样，与之前的旅行一样，莎拉全程陪同阿尔伯特，她参与了访谈，并撰写了实地笔记。）

　　当然，集体动员在赫希曼此次实地考察之前就已经得到了相当充分的研究。1978 年，查尔斯·蒂利（Charles Tilly）出版了一本关于集体行动和用来刻画社会运动的不同动员形式的著作。特别是，学者们早就观察到了作为一种准自发的、以聚集力量对抗外部威胁为目标的"防御性动员"（defensive mobilization）。对于粮食暴动、税收叛乱和征兵抵制等现象，都可以用它来加以解释。用蒂利的术语来说，这挑战了"以往的普遍假设……即动员永远只是一种自上而下的现象，由领导人和煽动者组织"，例如"准备性动员"和"进攻性动员"就是这样。[57] 在蒂利的著作出版十年前，小巴灵顿·摩尔（Barrington Moore, Jr.）和埃里克·沃尔夫（Eric Wolf）就给出过许多例子，说明这种防御性反应是如何成了农民起义的源头的。[58] 这些都是有很强的结构性的研究（根据赫希曼的说法，其中一些研究甚至过度结构化了，因而不是很有说服力，例如摩尔的工作）。然而，在更大程度上，赫希曼这一次的计划与以前不一样，他想写一本生动的、保留了各种最新鲜的印象的书——赫希曼后来形容这本书更像是一本"夹叙夹议的游记"而不是一本严格意义上的"学术著作"。[59]

毫不意外，阿尔伯特和莎拉选择了一个他们很熟悉的大陆作为他们的实地研究的场所。重要的是，他们早就熟练掌握了那里的语言。为了将"后勤保障"方面的困难降至最低，他们设法获得了美洲基金会（Inter-American Foundation，IAF）的资助。美洲基金会是一个美国政府组织，成立于1969年，旨在资助拉丁美洲和加勒比地区各国当地社区开展的草根发展项目（作为可以替代传统的、在政府间层面操作的外国援助的另一个选择）。[60]

这次旅行也让阿尔伯特·赫希曼有机会反思他在前几本著作中提出的一些思想，例如：合作社如何发挥支持呼吁的作用以及防止被迫退出的对称保护作用；怎样才能预测对紧迫的社会、政治和经济问题的反应，而不是简单地一味遵循"结构性"的、包罗万象的改革（这个问题在《通往进步之旅》一书中有详细讨论）；表面上看已经显然失败的努力，是如何引发出人意料的、创造性的反应的（这是《发展项目述评》和《通往进步之旅》的主题）；以及存在于社会主体中的未知和隐藏的资源，是如何被发扬出来克服艰难的困境的（《经济发展的战略》和《发展项目述评》讨论过这个问题）。

最重要的是，这次旅行和以它为基础的书《社会集体前进》（Getting Ahead Collectively）为赫希曼提供了一个机会，可以从与《发展项目述评》所用的视角（作为捐助者的世界银行的视角）相反的视角观察发展项目。尽管美洲基金会为赫希曼这次实地调查提供了资金，但是赫希曼对捐助者与接受者之间的关系并不感兴趣。事实上，赫希曼这本书中采用的视角既不是自上而下的，也不是自下而上的。更准确地说，这本书采用的是自行发起发展项目的那些人的视角。或者换句话说，赫希曼感兴趣的是草根发展项目的参与性维度——即社会行动主义（social activism）运动是如何出现的，以及人们是如何为共同目标而联合起来的。他特别想研究的是以有力的、受欢迎的、地方所有权为特征的发展项目的具体特征，并对各种经验进行比较分析。

此外，赫希曼还想探究这样一个问题：草根发展项目在加强政治多元化和侵蚀威权主义政权基础等方面有什么潜力？尽管社会集结（social aggregation）的过程对于私人利益和公共利益之间的关系至关重要，但是赫希曼在他的前一本著作《转变参与》中并没有解决这个问题。现在，这个问题成了《社会集体前进》一书的核心。

事实上，正如赫希曼自己指出的，亚当·斯密给出过一个著名的论断："我们改善自身的处境的愿望……虽然一般是冷静的、不带感情的，但是它却是我们从娘胎里出来一直到进入坟墓之前，从来没有放弃过的。"[61]在斯密的论证中，这种反思主要是在个人层面上进行的。但是，改善生活条件的集体维度又如何呢？说到底，赫希曼认为："实际上，这里存在着一个行动的'连续体'——从完全私人的行动到最胆大无忌的公共行动，其间还有许多中间状态和混合性的变体——所有这些……都是参与者作为达到'改善他们的条件'这个目标而设想的和意欲采取的手段。"[62]

在《社会集体前进》一书中，赫希曼的注意力完全被集体行动吸引了——是什么触发了它，它的后果是什么？赫希曼特别感兴趣的是，如何阐明各种启动草根集体行动的意想不到的机制以及草根集体行动展开的"倒置的序列"（inverted sequences）。他同样感兴趣的还包括，有哪些过程在一开始的时候有利于集体行动的出现。

一个简单的答案是，逆境会迫使个人联合起来。自然景观条件的变化，比如说一条平时"很温顺"的河流的水位突然开始上涨，威胁到了附近的定居点，就是一个明显的例子。赫希曼描述了，居住在阿根廷科尔多瓦地区河流附近的几个农民家庭的搬迁，是如何启动了一个完整的过程，它不仅深刻地改变了单独搬走的那几个家庭的生活，而且改变了它们所嵌入的那个地方的整体社会环境。在远离河流的新居住点，那几个以前从来不缺乏饮用水的家庭很快就发现自己面临着长期缺水的困境；作为对这种困境的反应，他们合作建成了一个公共供水系统。重要的是，他们这个行动产生了进一步的后果。供水管网建设的成功和供水系统的可靠性，反过来又使得接纳更多新家庭和扩大社区成为可能。于是，作为从危险地区疏散的一项合作事业的结果，几年之后，这个聚集了几个贫困家庭的无名居住地就发展成了一个小村庄，并且拥有了自己的名字：拉默塞德（La Merced）。

然而，赫希曼更感兴趣的不仅是群体对于像洪水这样的自然的"侵略性"做出反应，而是群体如何对他人的"侵略性"做出反应。众所周知，土地所有权在拉丁美洲各国从来都是一个至关重要的问题，而且关于土地所有权的欺诈事件和诉讼几乎随时随地可见。赫希曼强调，人们一起争取土地所有权的斗争经常会触发其他一些原本不可能进行的共同事业，例如改善公共设施、建设社区聚会场所，以及开展文化和教育活动等。

值得注意的是，赫希曼没有用标准的经济学理论——所有权能够改变农民的经济激励——来解释这些事态。农民现在已经拥有了对改善自己土地的资本禀赋的直接兴趣。恰恰相反，赫希曼致力于阐明的是，最初的合作行动触发的、能够带来额外的和意想不到的社会效益的事件序列。正是这种合作行为使得以前一直处于休眠状态的积极性和力量浮出了水面。因此毫不意外，赫希曼试图强调，在农民们最终获得土地所有权之前，除了共同努力去争夺所有权之外，还有很多公共活动也是这种斗争本身所塑造的纽带的直接后果。当然这不是偶然的。换句话说，所有这些都是社会经验的结果，而不是经济经验的结果。赫希曼指出，通过这种公共活动——除了地块的重组、小水坝的建设和消费品商店的规划之外——人们"正在慢慢地学习掌握讨论和共同决策的艺术"[63]。另外，在描述智利军政府采取行动，试图强行分割生活在该国南部地区的马普切印第安人（Mapuche）的公共财产和土地的行为时，赫希曼也突出强调了军政府的行动在不经意间激发出来的民众"面貌一新的团结感和实现集体进步的愿望"[64]。

在《社会集体前进》整本书中，赫希曼也一直在分析经济学理论在解释草根行动主义的逻辑和功能时的局限性。对于合作社型企业的诞生，严格的经济学解释可能会集中讨论对需要调集的最少的资本的需求上。然而，赫希曼给出的例子却表明："一个更基本的需求是……有助于消除人们相互孤立和互不信任的经验。"[65]事实上，在赫希曼看来，许多草根发展项目恰恰源于"对那种崇拜'国民生产总值'和'增长率'、将它们视为经济和人类进步的唯一'仲裁者'的倾向的厌恶"[66]。

是的，这些草根发展项目确实再一次突显了微观层面上的社会互动与合作的必要性（而不是上述宏观经济指标）。这与奥唐奈的观点相近。当然，这也不是第一次了。奥唐奈在一年前刚刚指出，"除了注意'大政治'的重要性之外——'大政治'发生在国家生活的重大场景中，"不要忘记，"探索民主价值观和民主实践在宏观和微观两个层面的传播可能产生的反馈循环机制也同样重要。"[67]

作为对自 20 世纪 60 年代中期以来他一直在进行的对成本—收益分析法的批评（尤其是在《发展项目述评》一书中）的补充，赫希曼还强调了合作努力的"无形"成本和"无形"收益的重要性。赫希曼认为，它们至少与直接的经济成本和收益一样重要。例如，在合作社的各项成本中，应该考虑到参与者会失去一定的自由，他们在市场上买进卖出的能力必定会受到一些限制。但是硬币的另一面是无形的收益。如果取得了成功，合作社不仅能改善其成员的物质生活，使他们能够更有效地抵抗来自更强大力量的"侵略"，而且还会给其成员带来一种"象征价值"：加入合作社会是"一个让人们充满自豪感的自我肯定行为"，并且可能标志着"长期受苦、受压迫的群体获得解放的开始"。[68]

很显然，赫希曼特别乐于看到，草根民众联合起来，合作反对那些旨在剥夺农民土地的欺诈性计划，以及以改变或消灭他们的文化为目标的激进政策。赫希曼这样写道："在有些情况下，被利用、被欺骗或者曾经被以其他方式伤害过的共同经历，会导致人们做出集体反应，让始作甬者措手不及。"[69]在这里，赫希曼呼应了他对于"改革贩子"（reform monger）的定义，那是他于 20 年前在《通往进步之旅》一书中给出的。他以棋手为例："一名国际象棋棋手在'客观地说'已经输掉了比赛的情况下，令人生气地选择继续战斗下去——而且偶尔还真的赢了！"[70]受压迫者反抗时的内在尊严感和反抗成功后的额外满足感，是赫希曼感受到的非常重要的因素："穷人虽然往往习惯于他们在沉默和孤立中忍受的贫困生活，但是受到不公正对待的事实可能激发出他

资料来源：照片由卡蒂娅·所罗门提供。

图 7.1　阿尔伯特·赫希曼和莎拉·赫希曼在多米尼加共和国，当时他们正在为写作《社会集体前进》一书进行实地考察

们意想不到的愤怒、抵抗和共同行动的能力。"[71]

　　不过，对隐藏的社会资源的意外动员和出乎意料的社区抵抗能力，可能并不是赫希曼在这次旅行中的最重要的发现。或许，从阿尔伯特和莎拉与草根发展项目参与者的谈话中浮现的更显著的特征是，在某种程度上，这些参与者以前都曾有过作为一个社会行动主义者的经历。当然，这并不一定意味着他们曾经参加过合作社或拥有斗争经验。事实上，赫希曼指出，他和莎拉交谈过的许多人都强调了足球运动对于他们的社会化的重要性，而且，参加社区足球场的设计和建设，往往就是他们最初的行动主义经验，使他们拥有了日后参与更加复杂的项目的能力和自信。[72]

　　重要的是，正如赫希曼所强调的，无论他们最初的经验是什么，"这些参与者早先对社会变革的渴望，他们对集体行动的热情，都好像从来没有真正消失过"[73]。对于赫希曼来说，特别有意思的一点是，这些"社会能量"很可能会在以后以非常不同的形式重新迸发出来，因此很难将后者与前者联系起来。"因此，人们可能很难注意到，"赫希曼总结道，"我们这里出现了一种特殊的序列，它是能量的一种新生，而不是一次全新的爆发。"[74]从而，在明显不连贯的社会不满和对无法忍受的或不公正的环境的反应中，赫希曼观察到了一种与他的改革主义者愿景和可能主义立场特别容易产生共鸣的模式。他称之为"社会能量守恒和变异原理"（the Principle of Conservation and Mutation of Social Energy）。

正如他在 1967 年出版的《发展项目述评》一书中阐述的"隐藏之手原理"所表明的那样，赫希曼对社会变革原理的阐述，既肯定了社会行为中行为规则的存在，也贬低了社会行为规则的作用。如前所述，赫希曼在 1994 年《发展项目述评》再版时撰写的序言中承认，将"隐藏之手原理"堂而皇之地放在该书第一章"迹近于挑衅"。[75]以非常类似的方式，赫希曼在《社会集体进步》中立即否认了这个他自己刚刚提出的"社会能量守恒和变异原理"的普遍适用性。但是，它在修辞上仍然是有效的，因为赫希曼的要点是要引导读者将注意力集中到个人生活中社会行动主义态度的持续性（或者，用他自己的话来说，"守恒性"），以及他们将这种态度社会化的能力上去。

当然，这并不一定与赫希曼早先的观察结论相矛盾，即经常发生的"侵略性"事件，无论是来自自然的还是人类的，都会引发原先相互分离的个体做出共同反应。毕竟，赫希曼提出的这个原理既是关于社会能量的突变，也是关于它的守恒的。因此，社会行动主义和动员的经验就像一条喀斯特岩溶地的河流，有的时候每个人都可以看见它在强而有力地流淌着，有的时候却悄悄然隐藏到了地底，然后随时可能出人意料地重新奔涌出地面，但是在出现之前往往经过了某个曲折的和不可预测的过程。

例如，再回到克里斯托雷伊渔民合作社的故事上来，赫希曼提出了这样一个问题："如果没有第一步，即他们强占土地的尝试没有遭到失败，这个合作社还会出现吗？"[76]强占土地可能需要更大的勇气，因为这意味着与地主和警察（或民兵）的直接对抗。然而，开办渔业合作社则要复杂得多。从某种意义上说，过去的经验有助于建立联系和提出愿景（即便特定的努力失败了）；然后，"在……创造出了变革的愿景之后，[克里斯托雷伊的农民们]现在已经做好了推进共同事业的准备，而且它需要更加复杂的组织和更长久的持续性"[77]。

同样的机制也可以解释赫希曼夫妇观察到的许多其他案例。此外，赫希曼还注意到，这个机制也可以作为反驳他以前所称的"失败主义情结"（framasomania）的一个恰当的论据。其实这一点是显而易见的：假设已失败的社会改革或动员的尝试与后来促成了某个项目的成功的社会能量的创造之间存在着联系，当然可以削弱那种悲观的失败主义情结的基础。

同时，在总量层面上，赫希曼也对福利服务的形成和扩散过程的轮廓线分别进行了描述，尽管这一过程并没有特别强的线性特征，但是明显不是无效的。如果说，在更发达的先进国家，地方上私人部门在促进社会发展方面的努力往往会对政府后来的全面改革倡议起带头作用的话，那么在拉丁美洲国家，社会福利的发展道路则画出了一条更加摇摆不定的轨迹。在缺乏强大的中产阶层的情况下，拉丁美洲这个过程通常始于某些由国家主导的改革举措：随着改革举措的出台，会出现一个新的专门致力于促进福利的官僚组织。到了后来，当改革主义者占主导的阶段结束后，这个福利官僚组织和其他国家机构可能会尝试以私人身份继续它们的工作。在此基础上，一个由各种协会和合作组织构成的网络将会形成。这个网络通常嵌入在一个需要完成企业经营、融资和政策制定等活动的"连续统一体"当中，并与更广泛的国际网络相连接，它能在提供福利服务方面补充——更经常起的作用是替代——国家和政府的角色。[78]这是赫希曼所说的"倒置的序列"的另一个例子，或者说，它是对格申克龙总结的后发工业化国家的"替代因素"的一种改编。与对其他案例的讨论一样——尤其是在《通往进步之旅》中——赫希曼拒绝接受失败的叙述，转而"拥抱"了这种拉丁美洲式的促进福利的方式。

然而，事情也可能变得很糟糕。正如朱迪思·滕德勒（Judith Tendler）在赫希曼这本书出版前夕发表的一份非常清晰的报告中所表明的那样，政府在日

266

后可能会重新进入以前被当地行动主义组织占据了的社会部门。在这些情况下，就有可能会出现紧张局面："当政府突然进入以前由私人志愿组织（private voluntary organizations，PVOs）以和平方式占据的领域时"，滕德勒这样写道，"它们有时会发现自己无法容忍私人志愿组织在那个领域已经获得的权力或声望。于是不好的事情可能会接踵而至。"[79] 而且，使事态进一步复杂化的是，回归多元化体制、由改革主义政府代替威权政府，反而可能会突然改变当地的行动主义者的努力的政治意义："在威权政府统治的时候，私人志愿组织通常被视为改革派，对穷人来说是唯一的捍卫者；但是在新政府的领导下，私人志愿组织却可能会突然变得看起来很反动。"[80]

行文至此，我必须尽快补充两点。第一点，应该指出的是，赫希曼对福利服务主题的兴趣，与当时新近出现在发展话语中的"基本需要"方法以及全球化话语中对人权的关注，在相当大的程度上是重叠的。两者都是在 20 世纪 70 年代后半期出现的（或者，至少是在那时重新进入了公众的视野的）。[81] 在赫希曼的综合中，一组"新的人权"——获得食物、饮用水、住所、教育、医疗保健和参与政策制定的权利——补充了早先已经得到了广泛接受的宗教、表达和个人自由的权利。赫希曼对此总结道："无数拉丁美洲人的实际生活条件与他们日益觉得有权利享受的生活条件之间的巨大差距，是这个大陆严重的紧张局势的根源。"[82] 尽管赫希曼对发展话语和当时新出现的人权话语之间的交叉的评论是非常有洞察力的，但是他并没有进一步详细阐述。

阿尔伯特和莎拉的分析更关注的是民主问题。他们最近这次拉丁美洲之旅试图解决的一个核心问题就是，草根发展项目是否以某种方式影响了拉丁美洲国家更广泛的政治格局。答案是肯定的。赫希曼特别强调指出了，在 20 世纪 60 年代和 70 年代之间，许多（尽管不是全部）拉丁美洲威权主义政权都高度"私人化"了，即它们的稳定性取决于"公民生活的彻底私人化"[83]。与需要让群众永久性地处于动员状态的极权主义（totalitarian）政权不同，拉丁美洲各国的威权主义政权倾向于遣散群众并将个人推入私人领域。这些政权还经常接受某些促进社会发展政策建议，但是其目的在于转移公众注意力并实现去政治化，从而让公民远离政治参与。正如滕德勒指出的："私人自愿组织可能是威权主义政权唯一可以容忍的对穷人进行援助并存在于穷人内部的组织形式。"[84] 然而，这些政府可能没有意识到，加入合作社这个行为本身，即便合作社的活动限于只关注特定社会问题的范围内，没有任何直接的政治要求，也有助于"更关心和更不私人化"的社会关系的传播，因而在本质上是与"这些政权的结构性要求"不一致的。[85] 换句话说，草根行动主义已经成为威权主义政权内部承载着民主价值观的"危险的特洛伊木马"[86]。

从这个角度来看，赫希曼这本书确实填补了文献中的一个空白。研究拉丁美洲农村地区的社会科学家关注的重点主要是农业领域的不满的最明显和最激烈的那些表现，例如叛乱、强占土地和农村暴力等。他们对那些旨在不依赖政府政策的情况下自主实施可行的经济、社会和政治实践改革的农村草根运动则极少研究。赫希曼出版于1984年的这本书无疑有助于推动研究者将注意力转向这些不太引人注目但同样至关重要的主动行为。[87]

再一次，我们还要强调一下赫希曼对寻找潜在的变革机制和草根改革的偏爱。作为比较，不妨看一看滕德勒对拉丁美洲社会合作社的前景的悲观演绎，她在1983年由美洲基金会资助出版的一本书中写道（赫希曼这次旅行也是由同一个基金会提供资助的）：

> 合作社，如果真的取得了成功，就可能变成它们应该杀死的怪物。它们可能在言辞上鼓吹公共参与和社区意识，但是实际上只是在迎合它们所代表的那一小部分富裕人口……尽管良好的品质似乎本应是任何一项活动固有的品质，但是这种情况往往只存在于合作社历史的特定阶段，并且只存在于特定的社会和经济环境中。[88]

滕德勒的论述基调和她对前景的预测，与赫希曼的差异之大令人吃惊；而且毫无疑问，批评者很容易证明赫希曼的研究由于过度乐观而存在样本偏差，或者更确切地说，他犯了将样本建立在因变量之上的错误——也就是说，他将已经被事实证明成功的一些草根合作社挑选了出来，然后用它们去证明草根行动主义的成功在拉丁美洲确实是现实。

的确，这种批评是可以成立的，但是这并不意味着赫希曼的研究因此就没有任何价值了（《发展项目述评》的批评者基于非常相似的理由也曾经这样声称过）。简短直说吧，赫希曼的兴趣确实仅在于那些有可能奏效的方法——这样做也许在全面性方面会有所欠缺，但是在改革主义洞察力方面则肯定有所收获。

滕德勒和赫希曼在对发展序列的研究中采用了非常相似的方法，并且对经济和政治动态变化之间关系的重要性也有着非常一致的看法。他们还拥有相同的自由主义价值观。另外值得一提的是，滕德勒当年还是在赫希曼的指导下完成她的博士论文研究的，那是在 20 世纪 60 年代中期，后来到了 80 年代初，她已经成长为一位成就卓著的学者了。因此，重点不在于他们的分析是不是相互矛盾的；事实上，并不相互矛盾。滕德勒的报告指出，大多数合作社（合作企业）最终都产生了积极的社会影响，哪怕它们没有真的将它们宣扬的合作原则贯彻下去。

赫希曼的分析的特殊性（独特性和局限性）在于，他有意识地选择出并强调了那些有效或可能有效的事物，而不惜牺牲其他的角度。事实上，就在《社会集体前进》一书出版几个月后，在圣保罗的一次会议上，赫希曼明确指出了该书中隐含的前提（实际上是非常明显的）——他在书中只"考虑可能发生的（possible），而不考虑很可能发生的（probable）"[89]。

不过说到最后，赫希曼对拉丁美洲真正实现民主化的可能性仍然有些怀疑。尽管在那段时间里，厄瓜多尔（1977—1979 年）、秘鲁（1978—1980 年）、玻利维亚（1982 年）、阿根廷（1983 年）、乌拉圭（1984 年）和巴西（1984年）等国的原先看似非常稳固的威权主义政权全都相继消亡了，但是赫希曼仍然觉得有必要在圣保罗会议上开诚布公地表达自己的如下看法："任何关于巩固拉丁美洲民主制度机会的严肃思考的出发点肯定是悲观主义的。"[90]由于拉丁美洲政治最重要的特征就是不稳定，因此无法保证这新一波"民主化浪潮"

（借用塞缪尔·亨廷顿后来提出的说法）不会迅速而出人意料地消退下去。毕竟，在前一波民主化浪潮之后，随之而来就是更猛烈的威权主义反弹，当然这种周期性模式是极具"拉丁美洲国家特色"的。亨廷顿则将这种模式描述为在民粹主义的民主政府与保守主义的军政府之间的摇摆不定。"因此，在这些国家，"正如亨廷顿用他特有的悖论式的风格总结的那样，"政权的变迁所起的作用与在稳定的民主体制下政党的变迁所起的作用一样。这类国家没有能够在民主与威权政治体制之间做出选择；民主与威权主义的轮回就是这种国家的政治体制。"[91]

然而，尽管已经尽可能保持立场谨慎了，但是赫希曼还是忍不住要去寻找那些有可能加强民主化进程的"窄路"和"部分进步"。[92]特别是，在圣保罗会议上，他强调了不确定性的重要性，这体现在它的两种不同但互补的"变调"上。首先，结果的不确定性是民主的政策制定过程的一个正常且不可避免的特征，因为多元化的选举既可以将国家引向这个方向，也可将国家引向另一个完全不同的方向。只有威权主义政权才有可能知道（或至少假装知道）将来要去向何方。其次，更加重要的是，真正民主的决策过程要求通过审议过程本身来形成想法。由此，与法国政治学家伯纳德·马宁（Bernard Manin）一样，赫希曼也非常强调让公民和政治家认识到关于什么才是正确做法的不确定性是民主审议的基本要素的重要性。再一次，只有威权主义政权才会假装自己"早就知道什么是更好的"。用赫希曼自己的话来说："完全不存在这种不确定性，对新信息和他人的意见缺乏开放性，将对民主社会的运转构成真正的危险。"[93]

这种对民主政治本质上开放的道路以及通过自由交流思想和民主审议的过程可能出现的新的可能性的厌恶——换言之，这种不妥协的态度——在未来几年内仍然是赫希曼最关注的核心问题。虽然他仍然继续致力于研究拉丁美洲问题，偶尔也写些其他东西，但是因这种顽固、封闭、不对话的态度而导致民主话语的恶化，将成为他思考的焦点。[94]尽管柏林墙倒塌是一个令人振奋的事件，但是赫希曼看到，又有一些不太明显但是仍然十分危险的墙在政治体的不同部分之间升起了。因此，他随后的著作将完全致力于剖析和揭示顽固政治话语的修辞机制。

反对不妥协的政治:《反动的修辞》

1980年11月4日,罗纳德·里根(Ronald Reagan)当选为美国第四十任总统。这是美国自罗斯福新政以来的社会福利政策发生重大转变的标志。尤其是在1981年和1982年,里根政府通过立法和预算程序,大幅削减了用于帮助人口中最贫困阶层的福利项目。就美国福利国家的未来而言,里根1984年11月的成功连任更加不是一个好兆头。

对社会福利政策的失望和不满始于20世纪70年代,并在整个80年代愈演愈烈。许多人都认为"伟大社会"计划(Great Society)和反贫困战争项目(War on Poverty),正如两位观察家在20世纪80年代末所指出的那样,说得最好也充其量只是一场"善意的失败",其特点是"项目设计者都天真得像象牙塔中人,项目实施过程中则充斥着官僚主义的冷漠且受制于特殊利益集团,取得的成就是微不足道的,同时又产生了一系列意想不到的后果,此外还通过项目结果强化了社会的病态"。[95]在相关的政策研究中,对社会福利计划的负面批评,远远超过了正面评价,而且这种态度席卷了整个政治(学)领域:"保守派认为这些负面结果证明了认为政府干预是愚蠢行径的看法的正确性;激进派在社会福利计划中看到的是压制性的社会控制和合谋;即便是自由派,也开始越来越多从盲目乐观转变为试图对'为什么会搞砸'做出诊断,并通过将自己重新命名为'进步主义者'来与过去的盲目乐观情绪保持距离。"[96]

当然,我们可以肯定一点,为美国福利制度辩护的人也是有的,但是连他们也认为它只取得了"隐藏的成功"(如果说确实已经有了一定成就的话),正如一本书的标题所云。[97]不过,对于美国的福利制度,最流行的分析还要数查尔斯·默里(Charles Murray)于1984年出版的《节节败退》(Losing Ground),那是一本持严厉的批判立场的著作。在书中,默里认为,在20世纪60年代,美国个人福祉的基本指标全都变得更糟了,而且这种情况"对穷人来说是最一致、最彻底的"[98]。他声称,再现这种情况的原因就在于,福利计划改变了"游戏规则"，从而改变了人们谋生、养家和让自己有一个美好的人生的动机。"这个错误是战略性的"，默里这样写道，因为穷人现在有动机在短期内以一种从长远来看具有破坏性的方式行事；而且雪上加霜的是，福利的提供会掩盖这个根本错误。默里总结道："我们试图为穷人提供更多的服务，结果却产生了更多的穷人。我们试图消除人们摆脱贫困的障碍，结果却在不经意间设置了贫困的陷阱。"[99]

作为对这种日益增长的幻灭感和沮丧感的一种反应，福特基金会在1985年发起了一项名为"社会福利与美国的未来"的特别研究项目，目的是就如何改善美国的福利制度提出政策建议。福特基金会组建了一个专家小组，成员来自学术界和私营部门；赫希曼也应邀参加了这个专家小组。经过研究，专家小组承认福利制度存在着许多缺陷，它提交的最终报告指出："医疗保险覆盖面过于狭窄、满足不断变化的劳动力的需求所要求的协调良好的技能培训严重不足，以及长期护理的成本非常高昂，所有这些都表明我们的社会福利体系的适当性必须加以重新评估。"[100]然而，问题是如何改革和改进这个体系，而不是像保守派建议的将它彻底粉碎。

正如这份最终报告的起草者所说，美国正面临着严重的"社会赤字"，需要全面审视所有福利政策，而不能只对不同的"福利管辖区"进行零敲碎打式的讨论："我们认为，这些社会问题是相互关联着的。我们还认为在我们一生中的某个时刻，所有人都需要社会福利制度。这不是别人的事……对儿童的良好投资可以帮助成年人，对老年人的良好投资可以帮助我们所有人，即他们的子孙后代。"根据这个专家小组的说法，美国在20世纪30年代至60年代之间创建起来的各项福利计划的构思都是很不错的，但是它们分别属于不同的时代。整个福利系统不应被拆除，但是需要予以彻底现代化。[101]

除了出资支持专家小组的集体研究之外，福特基金会还资助了多项独立研究，以提供具体的政策建议。例如，政治学家和历史学家艾拉·卡茨内尔森（Ira Katznelson）探索了美国国家建设历史上的各个关键时刻，而社会学家西达·斯考切波（Theda Skocpol）则致力于分析"美国社会供给的政治"。后来，到了 20 世纪 90 年代，他们都出版了许多与这些主题相关的作品。[102]

福特基金会发起的这场反思也为赫希曼研究反对福利制度的观点的修辞结构提供了机会。这种分析将成为他于 1991 年出版的《反动的修辞》(*The Rhetoric of Reaction*) 一书的主题。赫希曼在这本书的序言中回忆说，作为一位身处美国的自由派人士，他对新保守主义者对社会福利政策的猛烈攻击感到担忧。除了在具体政策上的不同意见之外，赫希曼还对自由派和保守派对某些社会基本要素的看法之间看似更尖锐且显然无法弥补的分歧感到困惑。然而，赫希曼有意避免直接去探究保守主义的"心灵"或"人格"，而是选择只关注"表面现象"，即作为保守主义话语特征的修辞现象——反动的修辞——以及，正如我们将会看到的，进步的修辞。他希望这样做能够重建双方之间的沟通。[103]

从某种意义上说，《反动的修辞》是一本讨论社会科学中一个基本概念的"政治性滥用"的专著，这个基本概念就是"社会行动的非意图后果"(the unintended consequences of social action)。1936 年，社会学家罗伯特·K. 默顿 (Robert K. Merton) 写了一篇题为"有目的的社会行动的非意图后果"的短文，它马上就成了经典。默顿是第一个认识到以下事实的人，"有目的的行动的非意图后果这个问题，几乎每一个对社会思想的漫长历史做出过重大贡献的人都已经讨论过了，"尽管他们是在不同的语境中论及这个问题并使用了不同的术语的。[104]赫希曼在《反动的修辞》一书中，对非意图后果的许多变体以及它们之间存在的差异和逻辑不相容性进行了精深入微的分析，尽显常识和才情。

《反动的修辞》一书的结构非常简单。赫希曼的出发点是英国社会学家托马斯·H. 马歇尔 (Thomas H. Marshall) 在 1949 年发表的一个关于英国公民权利的演化过程的演讲。马歇尔分别讨论了公民权利的三个不同维度——公民权利、政治权利和社会权利。每一个维度都在不同时代占据了中心位置，并成为那个时代进步派和保守派争论的焦点。在 18 世纪，随着专制时代的结束，人们获得了公民权利，新的价值观和自由也得以建立起来。然后，政治公民权利——即投票权——在整个 19 世纪得到了极大的扩展。最后，20 世纪又见证了一种新的社会公民权利观念的蓬勃发展，这主要体现在福利国家制度中。马歇尔是在第二次世界大战结束后不久发表了他的演讲的，当时得益于贝弗里奇勋爵和工党政府的推动，福利国家制度正在英国起飞，但是，到了 20 世纪 70 年代和 80 年代，公民权利这第三个维度的维持和改善都遇到了巨大的困难。此外，正如赫希曼所指出的，这种强烈反对并不是公民权利扩展的第三个阶段所独有的。事实上，人们很容易证明，公民权利扩展的每一步都面临着一连串来自保守派的反对。

赫希曼辨识出了三种不同形式的反动命题。对此，他半开玩笑地解释道："我一定天生就有一种追求对称性的冲动。如果要批评、攻击和嘲弄马歇尔给出的关于前后相继的三个'进步主义突破'的叙事，可以采用哪些主要的方式方法？正是在寻找这些方法的过程中，我提出了另一个'三位一体'。"[105] 赫希曼将这三个反动命题称为悖谬论（*perversity thesis*）、无效论（*futility thesis*）和危险论（*jeopardy thesis*）。尽管它们有一定的"家族相似性"，但是这三个命题有明显的不同：

> 根据悖谬论，任何旨在改善政治、社会或经济秩序的某些特征的有目的行动，都只会使得人们试图通过该行动加以补救的状况更加恶化。无效论则认为，任何旨在推动社会转型的尝试都必定是徒劳的，它们总是无法"见到成效"。最后，危险论认为，任何筹划中的变革或改良的成本都会过于昂贵，因为它们必将危及先前的某些宝贵的成就。[106]

在设定了公民权利、政治权利和社会权利的进步这三个历史阶段（如马歇尔所说）以及相应的反对这些进步的三个反动命题之后，赫希曼在《反动的修辞》一书的主要章节中分别探讨了三个历史阶段的每个反动命题。赫希曼的意图并不是否认社会和政治改革举措可能带来非意图的负面后果的可能性；他的目的是揭露特定政治修辞的"系统性偏见"[107]。

与《激情与利益》一样，《反动的修辞》也是赫希曼最容易阅读的著作之一。这两本书都以思想史和深深植根于近现代欧洲思想的文献为中心。尽管它们出版的时间相隔了 15 年之久，但是它们之间的关联性很强，并且对许多有各自不同的兴趣的读者都具有很大的吸引力。不过，在《反动的修辞》中，赫希曼的讨论有几个因素使得看似整齐的"三乘三矩阵（三个阶段、三个命题）"复杂化了。

在讨论悖谬命题时，赫希曼指出，它源于更包罗万象的"非意图后果"概念的历史发展中的一个重要转变。在 17 世纪和 18 世纪的大部分时间里，关于非意图后果的最常见的讨论，通常强调的都是，自私以及道德上应受谴责的激情在许多情况下会带来积极的社会结果。最著名的例子之一当数亚当·斯密在他的《国富论》的章节中经常引用的一段话："我们每天所需的食物，不是出自屠夫、酿酒师和面包师的恩惠，而是来自他们的自利的打算。我们不用向他们乞求仁慈，而只需唤起他们的自利之心；我们从来不说我们有需要，而说对他们有好处。"[108]

但是，斯密已经是最后几个从这种积极的角度使用这个概念的人之一了。18 世纪后期的政治和社会革命，改变了非意图后果的主要含义——从以良性含义为主，转变成了由消极含义占据决定地位。赫希曼认为，这种意义上的转变并不简单——不是在基本思想保持不变的前提下出现了某种新变体，而是整个概念本身发生了根本性转变，从而在实际上构成了"否定和背叛"。用赫希曼自己的话来说，"非意图后果的概念最初将不确定性和开放性引入了社会思想"，但是那些认为它是主要的悖谬效应来源的人却"重新退回到了将社会宇宙再一次视为完全可预测的旧领地"[109]。

在《反动的修辞》这本书中，赫希曼描述了悖谬命题是如何从它与古老神话情节的亲和性中汲取力量的，例如俄狄浦斯（Oedipus）的故事，或"傲慢—报应"（Hubris-Nemesis）的故事（人类的傲慢和自负，招致了神明惩罚）。大约在同一时间，他任职于剑桥大学达尔文学院的同事阿马蒂亚·森也提出了对于这个概念的一个很有趣的扩展，它源于达尔文的自然选择理论对当代社会和政治思想的影响。自然选择理论表明，物种的"进步"是作为生存斗争的副产品而实现的。社会达尔文主义者以这个理论为依据，宣称应该只关注如何"让物种适应"而不是如何去"调整物种生存的环境"，从而将任何有目的的社会变革尝试都视为对社会协调的"自然"机制的不当干预——他们说这种"干预"必定会导致悖谬效应。[110]

社会行动的其中一种可能的非意图后果是，完全不能产生任何后果。赫希曼这种命题称为无效论。从这个意义上说，我们可以认为它只是非意图后果这个更广泛的主题的一个变体。然而，如果我们将它与悖谬论并置，我们就会发现两者之间存在着一个明显的区别：它们其实反映了关于人类行为如何影响社会秩序的两种基本对立的思考方式。悖谬效应意味着一种高度不稳定的社会秩序，它会对任何试图改变它的尝试做出悖谬的、出乎意料的反应。相反，无效效应则意味着一种稳定的且表面上波澜不惊的社会秩序；无论多么强烈地试图改变它，结果将归于无效。在前一种情况下，人类的行动会触发所有可能的负面影响；而在后一种情况下，人类的行动根本无法产生任何后果——赫希曼进一步补充说，这可以解释为什么无效论对变革的倡导者特别有侮辱性的原因。[111]

尽管赫希曼在三个不同的历史阶段都讨论了他总结的所有三个反动命题，但是从历史的角度来看，危险效应无疑是最复杂的。在《反动的修辞》中，赫希曼详细讨论了英国于 1832 年和 1867 年通过的两个改革法案（它们深刻地改变了英国的选举制度），证明危险论——英国政治制度的民主化将会危及个人自由——确实非常普遍，并证明它最终当然是错的。基于同样的理由，赫希曼谴责了 20 世纪中叶反对福利国家的保守主义言论（认为福利国家会危及个人自由，甚至危及民主治理）。确实，对于赫希曼来说，完全可以将其他一些事件列为 20 世纪 70 年代西方民主国家的政治局势不稳定和公民政治生活"萎靡不振"的更可信原因：水门事件丑闻、英国保守党和工党内阁的虚弱，或西德和意大利出现的政治恐怖主义暴行，等等。[112] 由于讨论危险论的那一章涉及了很多历史因素，这在后来还促使赫希曼进一步对危险论的其他变体进行深入探索，例如政治和经济改革的序列之所以会面临"被锁人"的风险时，恰恰是因为某些在更早的阶段有助于推进改革的特征所致。[113]

　　但是，对危险命题的分析之所以特别有意思，还有另一个原因，那就是，它向赫希曼自己揭示了关于他这本书的基本命题的一个令人惊讶的新观点。在撰写关于危险命题的章节时，赫希曼认识到这个命题不仅是"反动的修辞"的一个要素，而且还是一种更广泛的修辞技巧，也适用于进步话语。危险论的"反动的版本"说，新的改革举措将危及某个更古老、更重要的成就；而"进步的版本"则声称新的改革是巩固以前的改革成就所必需的（不改革就会危及以前的改革成就）。

　　赫希曼反思中的这一种全新——而且完全出乎他本人的意料——的转折也为更全面地重新评估他的分析打开了大门：除了危险论之外，悖谬论和无效论也有相应的"进步的版本"。针对反动人士的悖谬论，进步主义者会声称，为了防止社会和政治秩序彻底崩溃，变革势在必行。针对反动人士的无效论，进步主义者会声称变化是不可避免的，因为历史的"规律"要求我们做出改变，而且反对历史规律是徒劳的。这正是赫希曼所说的"自我颠覆的倾向"（propensity for self-subversion）的一个特别清晰的例子——在《反动的修辞》出版仅仅一年之后，他就开始重新考虑自己的分析，发现了一些以前没有看到的元素，它们出乎意料地指向了与原先的分析不一样的方向，有时甚至是完全相反的方向（这也正是赫希曼作为一位社会科学家的风格的核心要素，本书下一章将对此进行更多讨论）。

　　发现"进步"的反动修辞，对改革派阵营内部的辩论有非常直接的含义。赫希曼发出的关于改革主义、进步议程的信息，本质上是要强调自我克制在使用修辞性论证时的重要性。阻止灾难（反悖谬论）并不是对变革的正面论证。更能吸引人的理由是关注拟议中的改革的有益影响，而不是对最小损害的评估。此外，当这本书出版时，以往据称是历史的"铁律"的那些规律（反无效论）已经因共产主义世界的突然垮台而名誉扫地了。对此，赫希曼以打趣的语气写道："从最近的剧变来看，历史的潮流似乎正汹涌地朝着与历史潮流相反的方向奔涌——对不起了，福山先生（Francis Fukuyama）！"[114]当然，巩固以往的改革成就需要进一步的改革这种论证（反危险论）实际上并非没有道理；我们可以在赫希曼自己以前的著作中找到它的几个应用（例如他在《通往进步之旅》一书中对拉丁美洲的改革主义政策的分析）。然而，赫希曼坚持认为，即便是对于这种修辞性的命题，也必须谨慎处理，因为不同政策之间很容易发生冲突——尽管这些政策都属于改革议程，但是它们之间进行权衡仍然非常重要。例如，假装在刺激经济增长和纠正不平等的这两个目标之间不会发生冲突或摩擦，无疑是不诚实的和幼稚的。

但是，对于赫希曼来说，比政治上的不明智还要糟糕的是进步主义政治可能会蜕变成某种威权主义立场的危险。对此，他是这样解释的："源于相辅相成命题的一种信念，即一项既定的改革措施不会有任何可以想象得到的代价，因而没有任何东西能够阻挠它，可以轻而易举地滑向如下这种感觉：没有什么应该去阻挡它。"[115] 因此，如果不同的目标之间出现了冲突，那些一意孤行的改革者可能会把其他政策都视为障碍，决心不计代价地将它们消除："这一类改革的倡导者会被诱惑按照'目的自然能够证明手段的正当性'这一格言来采取行动，并且，在他们决意按特定的步骤向前推进后，就会不惜牺牲自己所在社会的积极成就，这样一来，也就恰恰极好地证实了危险论的'正确性'。"[116] 这种态度无疑是与民主协商的核心原则背道而驰的——赫希曼坚持认为，民主协商的本质就是妥协。这样到了最后，赫希曼的这本书的性质就变了——从一本讨论反动的修辞的著作变成了一本对"不妥协的修辞"进行更宽泛的研究的著作。[117] 赫希曼本来想用"不妥协的修辞"这个书名的，但是哈佛大学出版社表示反对——其理由是，"不妥协"（intransigence）这个词对美国一般民众来说太难了，但是该书的译本在巴西、意大利和墨西哥出版时，全都使用了"不妥协的修辞"（复数）这个书名。

不出所料，赫希曼在《反动的修辞》中提出的这个新的"三声部"再一次获得了广泛的关注，并且很快就被应用到了许多不同的领域——不仅被用于分析美国和其他国家的福利政策辩论，还被用于讨论南非的经济结构调整与马克思主义思想的相关性。[118]

一些读者认为，《反动的修辞》这本著作及其风格充分体现了"最典型的赫希曼式……博学、优雅、洞察力"和"深思熟虑，给人以巨大的智识启迪"。[119]将关注的焦点放在修辞这个维度上的做法也受到了普遍赞赏，这不仅是因为赫希曼对修辞这个主题进行了广泛深入的讨论，还因为赫希曼将他的分类与他对一位评论家所描述的"反动派人士的典型修辞情境，即原则上无法反对某些变革，但是无论如何就是想要提出反对"的极有说服力的分析紧紧地结合了起来。[120]

但是，正是在这一点上——即关于赫希曼采用的修辞策略——评论家们意见不一。即便是态度最友善的评论家也不认为赫希曼真的只专注于修辞。例如，普林斯顿大学政治和公共事务教授、国内和比较政策研究中心主任小约翰·迪尤利奥（John DiIulio, Jr.）指出，赫希曼对修辞的密切关注，意味着在反动命题和进步命题之间的选择主要是意识形态性质的，同时"关于公共政策效力的事实则极少（如果有的话）是不言自明的"。但是，他又总结道："除了那些彻头彻尾的空想理论家之外……情况并非如此。"[121]《哈佛法律评论》也发表了一篇持类似观点的批评，它指出，《反动的修辞》只关注政治辩论的修辞方面，这是一种贴标签的做法，但是"然而，这样的标签并不能告诉我们，相应的那个论点是否具有说服力——也就是说，负面影响在事实上是否真的超过了积极影响"[122]。

其他一些批评家还对希曼这项研究的基础提出了质疑。正如赫希曼在该书序言中所写的，他试图揭示，"政治话语不是由参与辩论的人的基本人格特征所决定的，而是由论证的必要性和紧迫性（imperatives of argument）"塑造的。他希望通过将"政治话语所处的这种'非自愿状态'公之于世，在实际上帮助'解放'它们，从而修正话语并重建沟通"[123]。但是许多评论家都怀疑是不是真的有可能将政治论辩的修辞维度与它的实质"核心"区分开来。对此，正如一位评论家这样写道：

> 赫希曼建议……公开审议在技术上应该是复杂的，在修辞上应该是

公平的，这种建议忽略了民主制度的一个重要方面。民主制度允许各党派为争夺公民的心灵和思想而展开激烈的竞争，从而就招致了各种形式的过度修辞和滥用，而且信息以及沟通方式越丰富、越复杂，这种情况就越严重……但是一如既往，我们的任务是增强理性论证的说服力。[124]

另一位批评家则提出了这样一个疑问："在美国，共和、民主两党在某些特定的单一问题上冲突不断，同时在最基本的意识形态上则两党合作，难道不是一种常态吗？"[125]他这样问的真实含义是在指责，赫希曼要么太天真了，以至于认为只要呼吁各方加强修辞的"自我意识"就能够提升政治话语的质量；要么就太虚伪了，因为他声称"反动的修辞"本身就只是一种修辞行为。

剑桥大学政治理论家约翰·邓恩虽然赞赏赫希曼的努力和《反动的修辞》这本书，但是他也强调了这个问题。邓恩指出，就像在《激情与利益》中一样，赫希曼在《反动的修辞》中对历史资料的使用，与其说是为了重现旧有的争论，不如说是为了寻找可能对他的特定分析有用的论证形式。邓恩写道，这种对思想史家所珍藏的资料的"沉着冷静的机会主义式利用"在1977年的那本书中（指《激情与利益》）特别成功，但是在《反动的修辞》中却似乎不那么令人信服，而且并非完全没有自我证明的嫌疑。邓恩还说，对修辞的关注"有助于提高对政治对手的谬误的敏感度，这是可喜的。但是它也会降低对政治朋友（或实际上是自己）以同样方式犯错的可能性的敏感度"[126]。

总而言之，许多评论者都指出，赫希曼自己的立场是模棱两可的。虽然他自称这项研究的目的是要削弱不妥协的言论并在相互对立的各个派系之间架起一座桥梁，但是他自己似乎也未能免俗——他忍不住利用他对修辞的分析对保守派的立场进行了嘲笑和讽刺，贬低他们的话语的合法性，而不管他们的论证的具体内容为何。

雷蒙德·布东提出了一个特别严厉的批评，因为他完全不同意赫希曼在这本书中表达的观点。布东这样写道："我们当然必须承认，引起《反动的修辞》的作者（赫希曼）注意的这三个修辞性命题……确实经常被使用。但是我与赫希曼的共识仅此而已。"[127] 布东紧接着就提出了一长串批评。布东不仅认为，赫希曼对修辞原则的选择武断地只限于一个非常小的思想家样本，而且指出赫希曼把"反动的"修辞作为讨论的目标，从一开始就没有找准靶子：修辞，就像语言一样，与政治话语密不可分，政治光谱上任何一个可以想象的位置上的行动者都可以使用修辞。对此，布东强调道："修辞就是修辞！根本不存在'反动'的修辞和'进步'的修辞之分。"[128]

布东还指责赫希曼混淆了修辞手法和实质性分析。他认为，托克维尔只有通过引入悖谬效应的概念，才能在一个理论中将法国革命者的善意与以革命的名义犯下的暴行调和起来。但是，这是一种修辞手法还是更具实质性的解释类别呢？布东认为，修辞论证和认知论证之间的微妙关系让赫希曼有机会"躲过"这个问题。[129] 此外，布东还指责赫希曼竟然将像约瑟夫·德·迈斯特（Joseph De Maistre）和托克维尔这样全然不同的"反动思想家"混为一谈——前者是一个真正的"反动派"，而后者则是一个保守主义者。

布东不仅指责赫希曼在政治上过于天真、在学术上过于软弱，更加令人不安的是，他还近乎指斥赫希曼不诚实。布东这样写道："每一个社会学家都知道……无论特定的政治话语在意识形态连续体上的位置如何，都绝对离不开意识形态或修辞。每一个社会学家还都知道，最常见的一种修辞方法就是，暗示他人的论著的特点就在于依赖'修辞'。"[130] 布东然后总结道：

> 从他这本书中可以清楚地看出……阿尔伯特·赫希曼既不喜欢美国的保守派，也不喜欢一般的保守派。当然这种感觉和其他任何感觉一样都是合理的，而且他也不是唯一体验过这种感觉的人。但是究竟为什么（pourquoi diable），他没有选择对保守派观点进行批判性探讨或直接坦率地加以攻击，而非要诉诸这样一种人们有权称之为怀疑的"修辞"的间接方法呢——它令人闻风丧胆（horresco referens）？[131]

目前仍不清楚布东为什么决定要以这种方式对赫希曼进行正面攻击。当年，在《转变参与》一书出版时，布东就认为它不如人意，也许《反动的修辞》带来的第二次失望超出了他的"忍受能力"。赫希曼的传记作家提到，布东这样做也许出于嫉妒和怨恨，因为赫希曼显然没有先去"屈膝参拜布东"，也没有对布东自己提出的关于悖谬效应和非意图后果的讨论表示敬意。[132] 无论如何，很明显两位学者之间的冲突非常引人注目且令人不快。赫希曼在回应中写道："布东先生的文章带着强烈的敌意，这让我无法回避争论。"[133] 赫希曼感到气愤的是，布东不仅指责他说了一些他从未说过的话，而且更不寻常的是，布东还指责他未能说一些应该说的话（但是他其实已经说过了）。于是，赫希曼决定以同样严厉的态度反驳这些指控。例如，他驳斥了布东的说法，即《反动的修辞》一书没有注意到反动思想和保守思想之间的深刻区别。赫希曼指出，在《反动的修辞》中，德·迈斯特是作为悖谬论的最纯粹代表、托克维尔是作为无效论的代表来加以讨论的。"这两个命题之间的差异对我来说是非常重要的，"赫希曼愤愤不平地补充道，但是"布东却只引述了一个缓和的情况：他似乎完全没有理解这种差异。"[134]

历史学家杰里·穆勒（Jerry Muller）是一位学识渊博的资本主义史专家和思想史学者，也是赫希曼的长期崇拜者，他完全不赞同赫希曼可能不诚实或受不良意图驱动的说法。但是尽管如此，他也认为《反动的修辞》这本书特别令人失望，因为赫希曼在这本书中，一方面对各种修辞手法进行了明显分离的分析，另一方面又在整本书中对保守主义立场进行了攻击，结果导致了混淆。穆勒尤其感叹，赫希曼对"反动派"作家的观点的陈述与他们的实际主张之间存在的差距实在太大了；穆勒甚至这样写道，这是这本书"最令人不安的特征之一"[135]。最后，穆勒认为，如果赫希曼的目标是要提供让公共辩论变得更值得尊重的和更有建设性的建议，那么这本书无疑是失败的。他这样写道，《反动的修辞》实际上"向进步人士解释了为什么他们根本不需要与保守派人士打交道、为什么保守派应该被排除在严肃的知识分子之间的辩论之外……赫希曼对'反动派'的心理的刻画非常消极，因而强化了对保守派的污名化，而这反过来又使那些自认为是自由派的人更加不可能去质疑任何以进步之名提出的观点，因为他们害怕被称为保守派、新保守派或反动派"[136]。

那么，倘若赫希曼这本书真的是一本失败之作，它为什么会失败？穆勒用经济史学家戴维·兰德斯（David Landes）所说的"回音室效应"（echo-chamber effect）来解释。"回音室效应"是一种反馈循环机制，指一个人对世界的看法"通过只与持有相同的基本假设的其他人的交流而不断得到加强"[137]。确实，从《反动的修辞》一书的序言和致谢给出的信息来看，赫希曼似乎没有与保守派同事或读者讨论他的初稿。在《反动的修辞》的开头，赫希曼引用了他在《纽约客》上读到的牙买加·金凯德（Jamaica Kincaid）的一篇短篇小说中的一句话："一个人怎么会变成那个样子呢？"颇具讽刺意味的是，穆勒认为："答案似乎是显而易见的，直接去问他们就是了。"[138]

1985年，阿尔伯特·赫希曼从普林斯顿高等研究院退休，那一年他刚好70岁。赫希曼在高等研究院的同事和朋友克利福德·格尔茨（Clifford Geertz）在为他荣休而举办的宴会上说："除了阿尔伯特，从来没有任何一个人能够对我产生如此大的影响——无论是在个人生活中、还是在学术研究方面。"[139]普林斯顿高等研究院在赫希曼退休后仍然保留着他的办公室、行政助理和慷慨的研究基金，而且正如我们已经看到的，赫希曼自己也没有停止研究并继续发表了很多重要的著作，其中包括对拉丁美洲和第三世界经济和政治发展的政策建议、一些重要的讨论方法论问题的文章、关于民主和公共话语的文章，以及他最后一本专著，即《反动的修辞》。他还出版了一系列文集，包括演讲集、讲义集、以前发表在期刊上的文章的结集，他还将最初以意大利语发表的长篇访谈作为一本书重新出版。[140]

对于普林斯顿高等研究院来说，要找一个人来取代赫希曼的位置并不是一件容易的事情。赫希曼和克利福德·格尔茨以及迈克尔·沃尔泽（Michael Walzer，于1980年加入普林斯顿高等研究院）构成了一个"铁三角"，他们"使普林斯顿高等研究院社会科学学院发展成了诠释社会科学（interpretive social science）的天堂"。赫希曼退休之后，要重建这种独特的氛围已经不太可能了。[141]最后，普林斯顿大学设立了一个阿尔伯特·O.赫希曼经济学教席，埃里克·S. 马斯金（Eric S. Maskin）是第一位阿尔伯特·O. 赫希曼讲席教授（从 2000 年至 2012 年），但是之后的阿尔伯特·O. 赫希曼教授只有两年，由丹尼·罗德里克（Dani Rodrik）担任（从 2013 年至 2015 年）。自 2015 年以后，这个讲席就暂停设置了，或者已经被取消了。

当然，赫希曼本人对退休的态度却是相当放松的。刚好在自己的国际声誉达到顶峰之际光荣退休，赫希曼似乎相当满意。根据阿德尔曼的说法，在他退休的那个时候："确实很难再找出多少个像赫希曼这样的，能够赢得全世界的尊重的社会科学家了。"[142] 荣休之后，赫希曼开始"收集"荣誉学位和其他荣誉称号，人们普遍认为他将会获得诺贝尔经济学奖。阿德尔曼告诉我们，早在 20 世纪 80 年代后期的时候，"赫希曼被提名为诺贝尔经济学奖候选人的传言就满天飞了"[143]。然而，诺贝尔经济学奖却始终可望而不可即。阿德尔曼在赫希曼传中这样写道："在写作这本传记的十年中，赫希曼为什么没有获得诺贝尔奖这个问题不断被人们重复提起。"阿德尔曼列出了业内人士提出的几种可能的解释：赫希曼虽然备受尊敬并有广泛的影响，但是他没有一个"学派"，他也不是数学家，而且他也"过于跨学科"了。[144] 这里还可以补充一种解释：赫希曼虽然有很多崇拜者，但是他们可能认为他并没有真正获奖的机会，所以当提名时间到来时，他们选择了似乎有更广泛的共识的第二或第三人选。[145] 换言之，赫希曼的潜在支持者选择了"更有可能（probable）获奖"的其他候选人而没有选择"只是可能（possible）获奖"的赫希曼。从这个角度来看，赫希曼之所以未能获得诺贝尔经济学奖，是因为这是一个自我实现的预言：赫希曼的支持者并不是像他们梦想中的候选人（赫希曼）那样的"可能主义者"。

赫希曼退休后，他和莎拉越来越频繁地返回德国，尤其是柏林。赫希曼实际上成了柏林高等研究院（Wissenschaftskolleg）的一名成员。这个机构是由赫希曼的挚友、著名社会学家沃尔夫·莱佩尼斯（Wolf Lepenies）创办的。赫希曼夫妇开心地看到，智利于 1990 年恢复了民主、巴西于 1994 年选举费尔南多·恩里克·卡多佐为总统，他们享受这些激动人心的时刻。他们两人还从 20

资料来源：照片由卡蒂娅·所罗门提供。

图 7.2　阿尔伯特·O.赫希曼在法国阿尔卑斯山，1991 年

世纪 70 年代初期就建立了一个家族传统，每年到法国与卡蒂娅和她的丈夫阿兰·所罗门（Alain Salomon）相聚一段时间。到阿尔卑斯山远足，是他们一大家人的共同爱好。

1996 年 6 月，在一次短途旅行中，赫希曼摔倒在地，脑袋重重地撞在了一块岩石上，结果导致脑血肿，严重影响了他的言语能力、步态和平衡感。在那之后，赫希曼的情况正如阿德尔曼所写："几乎没有什么可以阻止这种稳定的、不可逆转的下滑：他的听觉和说话能力不断恶化，他的书写能力也受到了影响，他的情感能力和表达能力也在下降。"[146] 1999 年，他的女儿丽莎（Lisa）因脑癌去世，享年 52 岁，她当时已经成为加利福尼亚州一位卓有成就的心理学家。爱女的离世，对赫希曼来说是一个可怕的打击。阿德尔曼回忆说，到了 21 世纪初的时候，赫希曼神志仍然清醒，但是无法写作或阅读了（尽管他开始学着画画）。

此后，阿尔伯特·赫希曼又活了很多年，只不过越来越远离世界了。他毕生的爱妻莎拉比他早走一步：莎拉于 2012 年 1 月因癌症去世，赫希曼于 2012 年 12 月 10 日长眠。

注释

[1]　Rodgers 2011, 3.
[2]　Hirschman 1982b［2002］, 3.
[3]　Hirschman 1982b［2002］, xv.
[4]　Hirschman 1982b［2002］, 3.
[5]　Hirschman 1982b［2002］, 12.
[6]　例如，请参见 Simon 1957；Cyert and De Groot 1975。
[7]　Hirschman 1982b［2002］, 10.
[8]　Scitovsky 1976.
[9]　Lane 1978, 814—815.
[10]　Hirschman 1982b［2002］, 33.
[11]　Hirschman 1982b［2002］, 33.
[12]　Hirschman 1982b［2002］, 41.
[13]　O'Connor 1973；Hirsch 1976；Murray 1984［1994］. 也请参见 Habermas 1975。
[14]　Hirschman 1980b, 113.
[15]　请参见 Katznelson 1980。
[16]　Hirschman 1980b.
[17]　Hirschman 1980b, 115.

［18］Hirschman 1980b，115.

［19］Frankfurt 1971，6.

［20］Frankfurt 1971，7.

［21］Sen 1977，322.

［22］Sen 1972，1977.

［23］Hirschman 1984b，145（强调标记是原文就有的）。

［24］Hirschman 1982b［2002］，65.

［25］请参见 Olson 1965［1971］；Scitovsky 1976；以及赫希曼的讨论，Hirschman 1982b［2002］，尤其是第 77—87 页。

［26］Hirschman 1982b［2002］，92.

［27］关于这类中层模型的有用性，比如说奥尔森在《集体行动的逻辑》中提出的模型，以及赫希曼自己的模型，请参见 Boudon 1982。

［28］Hirschman 1982b［2002］.

［29］Hirschman 1982b［2002］，95.

［30］Hirschman 1982b［2002］，95.

［31］Hirschman 1982b［2002］，132.

［32］Hirschman 1982b［2002］，134（强调标记是原文就有的）。

［33］O'Donnell 1986，257.

［34］O'Donnell 1986，257.

［35］例如，请参见 Buttrick 1982；Ginzberg 1982；Schott 1983；Bolton 1984。

［36］Boudon 1986，238.

［37］Hirschman 1982b［2002］，4.

［38］Hirschman 1982b［2002］，4，8.

［39］Axinn 1983，242.

［40］Stinchcombe 1983，691.

［41］Hickerson 1983，259. 也请参见 Schott 1983；Smith 1983。

［42］Maier 2017，5.

［43］Greek 1983.

［44］Maier 2017，5.

［45］Stinchcombe 1983，690.

［46］Paci 1982；特别地，也可以参见 Weisbrod 1978。

［47］Hirschman 1982b［2002］，6，15.

［48］Paci 1982.

［49］一个例子是 Maser 1984。

［50］Stinchcombe 1983，689.

［51］Stinchcombe 1983，691；也请参见 Scitovsky 1983。

［52］Ginzberg 1982.

［53］Hirschman 1982b［2002］，21.

［54］Tarrow 1988，422.

［55］Stinchcombe 1983，691.

［56］Hirschman 1984c，47.

［57］Tilly 1978，73.

［58］Moore 1966；Wolf 1969.

［59］Hirschman 1984c，8.

［60］美洲基金会今天仍然很活跃，请参见它的网站：www.iaf.gov。

［61］Smith 1776［1976］，II.iii.28.

［62］ Hirschman 1984c, ix.

［63］ Hirschman 1984c, 36.

［64］ Hirschman 1984c, 41.

［65］ Hirschman 1984c, 57.

［66］ Hirschman 1984c, 95.

［67］ O'Donnell 1983, 17—18（强调标记是原文就有的）。

［68］ Hirschman 1984c, 58—77；引语在第 59 页。

［69］ Hirschman 1984c, 33.

［70］ Hirschman 1963, 271.

［71］ Hirschman 1984c, 33（强调标记是原文就有的）。

［72］ Hirschman 1984c, 66—68.

［73］ Hirschman 1984c, 43.

［74］ Hirschman 1984c, 43（强调标记是原文就有的）。

［75］ Hirschman 1994b, xvii.

［76］ Hirschman 1984c, 48.

［77］ Hirschman 1984c, 49（强调标记是原文就有的）。

［78］ 也请参见 Tendler 1983b。

［79］ Tendler 1982, 95.

［80］ Tendler 1982, 97.

［81］ 关于 20 世纪 70 年代的人权运动，请参见 Moyn 2010；不过后来这种观点发生了变化，例如，请参见 Sikkink 2017。关于人权、人的基本需要以及经济不平等之间的非线性的关系，请参见 Moyn 2018。

［82］ Hirschman 1984c, 101（强调标记是原文就有的）。

［83］ Hirschman 1984c, 97（强调标记是原文就有的）。

［84］ Tendler 1982, 95.

［85］ Hirschman 1984c, 97—98（强调标记是原文就有的）。

［86］ Hirschman 1984c, 99.

［87］ 请参见 Bray 1991 一文的思考。例外包括：Siebel and Massing 1976；Cernea 1981。

［88］ Tendler 1983a, 260.

［89］ Hirschman 1985d, 177.

［90］ Hirschman 1985d, 176.

［91］ Huntington 1991, 42（强调标记是原文就有的）。

［92］ Hirschman 1985d, 177.

［93］ Hirschman 1985d, 181.

［94］ 关于赫希曼是如何持续关注拉丁美洲发展的，请参见（例如）：Hirschman 1987c。

［95］ Harpham and Scotch 1988, 194.

［96］ Harpham and Scotch 1988, 194.

［97］ Schwartz 1983.

［98］ Murray 1984［1994］, 8.

［99］ Murray 1984［1994］, 9.

［100］ Ford Foundation 1989, v.

［101］ Meyer 1989, 40—41, 45.

［102］ Katznelson, Geiger, and Kryder 1993；Katznelson and Pietrykowski 1991；Skocpol 1991, 1992a, 1992b, 1993, 1995；Skocpol, Howard, Goodrich Lehmann, and Abend-Wein 1993.

［103］ Hirschman 1991, x.

［104］ Merton 1936, 894.

［105］ Hirschman 1991，7.

［106］ Hirschman 1991，7.

［107］ Hirschman 1993d，294.

［108］ Smith 1776［1976］，I.ii.2.

［109］ Hirschman 1991，36—37.

［110］ Sen 1993，132.

［111］ Hirschman 1993d.

［112］ Hirschman 1991，117.

［113］ Hirschman 1993d，297—302.

［114］ Hirschman 1993d，311.

［115］ Hirschman 1993d，312（强调标记是原文就有的）。

［116］ Hirschman 1993d，312—313（强调标记是原文就有的）。

［117］ Hirschman 1991，168.

［118］ Harvard Law Review 1994；Sender 1994；Eldridge 1996.

［119］ Wolfe 1992，31—32；DiIulio 1992，720.

［120］ Garver 1991，p. 49.

［121］ DiIulio 1992，722.

［122］ Harvard Law Review 1991，588.

［123］ Hirschman 1991，x—xi. 124. 125. 126. 127. 128. 129. 130. 131. 132. 133. 134. 135. 136. Muller 1991，91. 137. 138. 139. 140. 141.

［124］ Lynn 1992，651.

［125］ Bronner 1993，135.

［126］ Dunn 1991，523.

［127］ Boudon 1992，92.

［128］ Boudon 1992，93.

［129］ Boudon 1992，90.

［130］ Boudon 1992，93.

［131］ Boudon 1992，95.

［132］ Adelman 2013，636.

［133］ Hirschman 1992，96.

［134］ Hirschman 1992，97.

［135］ Muller 1991，85.

［136］ Muller 1991，91.

［137］ Muller 1991，92.

［138］ Muller 1991，83.

［139］ 克利福德·格尔茨（Clifford Geertz）的话，转引自 Adelman 2013，601。这一节有不少内容参考了阿德尔曼的赫希曼传（Adelman 2013，chap. 20）。

［140］ Hirschman 1986b，1995，1998.

［141］ Adelman 2013，600.

［142］ Adelman 2013，599.

［143］ Adelman 2013，613.

［144］ Adelman 2013，613.

［145］ 这是一位曾经在 20 世纪 80 年代为诺贝尔奖提名提供咨询的经济学家与我个人交流时的看法。

［146］ Adelman 2013，644.

第八章　阿尔伯特·赫希曼的遗产

阿尔伯特·赫希曼于 2012 年 12 月去世，享年 97 岁。在那之前很久，他就已经被誉为 20 世纪最杰出的社会科学家之一了。他的大量直觉性洞见和他提出的许多概念，都早就进入了许多学科的标准词汇表。他去世后，《经济学人》刊登的纪念文章的标题是"阿尔伯特·赫希曼'退出'了"。是的，只用这个词，就足以向赫希曼这个人和他的遗产致敬了。赫希曼的思想的独立和独创性受到了所有人的称赞，人们用"横向思想家""不寻常的思想家""异端教授"来称呼他。[1] 事实上，他之所以能获得这些荣誉，既要归功于他完成的一系列极其出色的突破性研究，也要归功于他不同寻常的写作风格。对此，《经济学人》的文章打趣道，"赫希曼先生用第三语言进行的写作，比大多数经济学家用第一语言进行写作还要好得"，尽管实际上英语是他的第四语言或第五语言。但是，这样做的代价是，他不得不冒着被经济学界边缘化的风险（在有的情况下，他甚至实实在在地经历过了）。[2] 然而，作为普林斯顿高等研究院的终身研究员，赫希曼还是达到了职业的顶峰，并且他的同事和学生一致认为他也创立了自己的"联盟"。2007 年，美国社会科学研究委员会设立了阿尔伯特·O. 赫希曼奖，作为它的最高荣誉奖。

尽管几乎所有人都一致认为赫希曼非常重要，但是描述赫希曼的遗产和对他人的影响并不是一件容易的事——这或许可以说是因为他其实属于一个"只有他自己的联盟"。赫希曼对新颖观点的探索是如此不拘一格，以至于正如许多人指出的那样，他的追随者无法形成了一个有辨识度的"学派"。（尽管赫希曼拥有许多"同行旅人"，例如查尔斯·林德布洛姆、伯顿·克莱因、朱迪思·滕德勒、保罗·P.斯特里滕和唐纳德·舍恩——仅举几例。）当然，正如迈克尔·麦克弗森（Michael McPherson）在一篇讨论赫希曼的"方法论"的优美文章中所指出的那样，这个结果并不奇怪："一个学派，如果将致力于寻找被忽视的教义作为自己的主要教义的话，那么就与无政府主义者的集会有很多共同之处了。"[3] 我们还可以模仿一位也叫马克思的人的话补上一句：没有一个真正的"赫希曼主义者"会在意是不是加入了一个接受自己成为成员的思想流派。[4]

话虽如此，我们还是可以对赫希曼的研究和方法，以及他对社会科学思想发展的影响进行一些考察，而且这应该有助于我们更好地理解他的遗产的浩瀚无垠。

第一点，也是最容易说明的一点是，赫希曼对"预制药方"（预先制定好的应对计划）和标准解释的抵制。这样说并不意味着他一定是一个"逆向思维者"，即一个声称比其他人懂得更多的人。通常，赫希曼会直接从辩论中抽出身来，按照自己的思路去推理。例如，与阿德尔曼一样，我们注意到赫希曼对1936年伦敦发生的凯恩斯主义者与正统经济学家之间的争辩完全不感兴趣。赫希曼对第二次世界大战结束后欧洲货币政策的分析也是如此，不过我们对赫希曼那个时期的研究的解读与阿德尔曼略有不同。在那个时期，赫希曼并没有简单地反对主张通货紧缩的经济学家如法国的纪德（Gide）、意大利的埃诺迪（Einaudi）的正统立场。相反，他认同这些政策并发现它们也可能很有用，前提是必须对它们动态地加以考虑——也就是说，将它们视为只适应于特定情况并注定需要在适当时候做出改变的特定政策。

换句话说，赫希曼与其说是一位异端经济学家，还不如说是一个频繁修正观点的"持异议者"（当然，是在他自己给出的关于持异议者的定义的意义上）。当然，在实践中，这也就意味着经常与当前的正统观念相背离。而赫希曼所反对的"正统"的主要特征是它的静态性质，它倾向于"使用相同的处方，采取相同的疗法，去解决完全不同类型的问题；同时永远不承认复杂性，并尽可能地化约复杂性，进而对现实中的事物总是比理论更加复杂的事实视而不见"[5]。

基于同样的理由，赫希曼将 20 世纪 50 年代正在形成的发展经济学新领域描述为对主流经济学的直接的异端挑战者。但是他同时也指出，正如我们在本书第三章中看到的，这种异端方法本身也在迅速变成一种新的正统观念。于是，赫希曼就成了主流经济学的异端挑战者的持异议者。

证明哈姆雷特错了

阿尔伯特·赫希曼迈入老年后，曾经回忆起多年前的自己的懵懂状态。当时他只有 12 岁或 13 岁，父亲告诉他，对于他刚刚提出的问题，自己没有明确的答案。于是阿尔伯特跑到了他的姐姐那里，告诉她自己有了一个"重大的发现"：他们的父亲居然没有"世界观"（*Weltanschauung*）。[6] 如果赫希曼多年后还记得他那句简短且并不特别精彩的评论，那是因为，正如他自己描述的那样，他成长的德国环境使得他认为，拥有一个成熟的"世界观"是非常重要的。[7] 然而，在他的青春期和青年早期（20 几岁那段时间），赫希曼经历了很多个足以让他失却这种早期的确定性的磨难。事实上，怀疑很快就变成了他看待世界的方式的基本要素。

在这方面特别有影响力的是赫希曼的姐夫和挚爱的朋友欧金尼奥·科洛尔尼。正如赫希曼自己写下的，科洛尔尼和他的朋友们都是"非常坚定的反法西斯主义者，全身心地投入了反法西斯主义事业。然而，他们并没有僵硬地固守某种意识形态立场，更加不可能知道那个时代所有社会、经济、政治问题的答案，但是他们似乎并不因此显得特别沮丧，也没有受到多大困扰"[8]。科洛尔尼比赫希曼大六岁，"似乎……已经养成了并很享受自己的智识风格，即未经本人的质疑，从来不认为任何东西是理所当然的"[9]。

曼利奥·罗西-多利亚（Manlio Rossi-Doria）也注意到了科洛尔尼性格中

的这个方面。在写给妻子的一封信中，罗西-多利亚强调，科洛尔尼总是能够"摆脱……任何僵化的思想结构"[10]。阿尔伯特的姐姐乌尔苏拉也永远记得欧金尼奥的智识自由。与她的弟弟不同，乌尔苏拉在巴黎的时候曾短暂地加入过共产党，她一度沉迷于作为一个"正统同志"所能拥有的源于意识形态确定性的力量，但是她不久之后就在欧金尼奥身上找到了一种解放的能量："我爱上了他面对各种禁忌时的放松和不敬的态度，以及他将所有文化自由带入政治问题的自如。而且在这样做的过程中，他的政治承诺并没有减少，相反，他变得更加坚定了。他丢掉了教条主义的确定性，并在活力和想象力上获得了巨大的回报。"[11]

科洛尔尼身上体现出来的这种智识上的开放性与政治上的反法西斯行动主义坚定信念之间的"紧密联系"，深深影响了赫希曼。正如他自己敏锐地指出的，似乎科洛尔尼和他的朋友们已经着手"证明哈姆雷特是错的：他们打算证明怀疑可以激发行动，而不是破坏和削弱行动"[12]。

赫希曼对科洛尔尼的"意识形态立场"的回忆，与赫希曼对自己工作的评估有很大的相似之处。如果我们仔细考虑一下他 20 世纪 30 年代后期在意大利和法国作为一位年轻的"自由研究员"、在加州大学伯克利分校、二战结束后在美国联邦储备委员会、20 世纪 50 年代在哥伦比亚大学时以及此后在学术界的研究工作，我们很快就会意识到，怀疑这个概念可以作为他跨越所有这些不同时期的努力的统一主题。他的著作也是如此。正如麦克弗森所注意到的，赫希曼的著作同时兼具"统一性和多样性"的特点。我们在本书前面已经看到了，赫希曼的作品展示了各种各样的主题和不同的论证结构。然而，麦克弗森指出，赫希曼的所有著作都具有"同一种非常独特的、几乎不可能误认的思想风格"[13]。麦克弗森是从赫希曼的著作中的"对位性"（contrapuntal character）或"反应性"（reactive character）特征中归纳出这种独特的风格的——他总是倾向于寻找主流学科链忽略或忽视的东西，"并致力于发现它所揭示的现实的隐藏特征"[14]。

虽然这么说没有错，但是这仍然只是对赫希曼的"风格"的一个过于狭隘的定义。赫希曼与它保持了距离，尽管他不得不承认"我经常反对，或者更准确地说，我经常反思……比如说，我会说'并不一定会是这样'，等等"[15]。但是，它仍然不失为一个有用的定义，因为它突出了怀疑精神的主要特征，即不满足于任何受到了高度赞扬和尊重的理论命题的明显可靠性，并且以强度的好奇心去探索更广阔的领域和其他人没有走的道路。

"证明哈姆雷特错了"这个思想非常重要，因为它不仅反映了赫希曼的怀疑态度，还充分体现了他的如下倾向：利用通过怀疑打开的新空间来阐述新的理论（它们能够以比主流方法更符合现实且更复杂的方式来解释社会变迁过程），并设想通往更能令人满意的社会关系安排的改革路径和前进步骤（而这些都是"标准"理论所无法看见的）。对于赫希曼和科洛尔尼来说，怀疑不是一种有助于抽象和麻痹的力量，而是承诺采取行动的基础。

动荡时期的政治

换句话说，对于赫希曼来说，"证明哈姆雷特错了"是他深刻的改革主义信念的基础。正如赫希曼自己写道的，再次反思科洛尔尼和他的反法西斯主义朋友的态度，使他认识到了，"在我看来，把积极参与公共事务的热情与智识上的开放性这两者结合起来，民主政治就拥有了一个理想的微观基础"[16]。

例如，在20世纪80年代后期，一些民主理论专家强调了协商（审议）对于民主制度正常运转的根本重要性。但是，正如赫希曼一再强调指出的："要想让民主制度良好地、持久地运转起来，至关重要的一点是，不能出现这样的情况：在协商过程结束之前，所有意见就已经全都成形了。"[17]因此，协调过程的参与者应该对他们自己的意见保持一定程度的试探性，并对根据新出现的信息修正自己的意见的可能性持开放态度。总而言之，他们应该持怀疑态度。

赫希曼指出,这种态度与我们的传统文化通常赋予完全成型的意见(成熟意见)的重要性在一定意义上是"正交"的。虽然提出强烈的意见可能有利于个人的自尊和社会认可,但是它在社会层面却会带来有潜在危险的副作用,其表现形式是协商过程的恶化,而协商过程是民主过程的核心支柱。最后,赫希曼总结道:"因此,那些口若悬河、滔滔不绝地宣扬个性、人格与身份等美德的社会科学家与心理学家,可能确实需要认真地探索一下,怎样把这些迫切需要得到的东西与标志着民主制度的质量的各种特性结合到一起,比如说智识的开放性、思维的灵活性,还有乐于赞赏新的观点,或者甚至热情地拥抱之。"[18]

赫希曼关注的焦点一直是政策制定过程,尽管他在各个时期的著作中提出了不同的论点、采用了不同的方法论(从《通往进步之旅》中基于历史事实的分析,到《退出、呼吁与忠诚》中更加抽象的探讨);而且赫希曼对政策制定过程的关注,是建立在已经深深嵌入在他的思想中的关于民主社会的开放协商、广泛参与和思想开放的愿景的基础上的。在这个意义上,我们或许可以将赫希曼的整个智识探究的轨迹概括为:试图理解协商式政策制定过程,并探索找到并激活能够推动这个过程的社会资源的途径。

因此,我们可以说,赫希曼特别强调的可能主义概念,是他对自己贡献的最明确的表述——既是对作为改革行动主义的协商过程的贡献,也是对关于它的社会科学研究的贡献。赫希曼指出,大多数社会科学家都专注于解释社会动态变化的规律性。当然,这肯定是一项重要的任务。但是赫希曼还强调了相反类型的努力的重要性:"强调人类冒险的多样化的、创造性的混乱,提示特定事件的独特性,并设想以一种全新的方式去扭转历史的某个角落。"[19]赫希曼还补充说,这一点在解释社会变迁过程方面特别有意义,因为除非"新颖性、创造性和独特性"已经出现了,否则大规模的社会变迁是不会发生的。首先,如果社会动力学的所有元素都是已知的,那么"反动"势力就可以很轻易地预见并抢占它们。其次,正如赫希曼所写的:"激进的改革者不太可能产生实现变革所需的非凡社会能量,除非他们兴奋地意识到要在人类历史上书写一页全新的篇章。"[20]

这段话不仅是赫希曼"对可能发生的事情的激情"的旁白——这是 19 世纪丹麦哲学家索伦·克尔凯郭尔（Søren Kierkegaard，或译为祁克果）创造的一个表达，赫希曼是 1944 年在意大利的时候读到了他的著作的。事实上，它也说明了赫希曼对社会和政治行动主义的动力来源的核心地位的重视。赫希曼甚至将他提出的看似很幼稚的政策建议（例如，本书第五章讨论的成立美洲撤资公司计划和关于重组对外援助政策的建议）视为有意不予强调社会政治现实的一种尝试，因为这些现实可能会对政治行动者构成过多的限制。正如他所强调的：

> 支持这种不可知论的原因是……我们观察到，在许多可以想见的历史系列事件中，对政策制定者的约束远远没有"正常"时期那么有约束力。此外，让这些系列事件产生真正意义上的变化的一个重要条件是"激进改革"想法的事先可得性和广泛讨论（当然，随后可能会被轻蔑地驳回），然后，当时代突然变得不再"正常"时，这些想法就很容易被采纳。[21]

在这里，赫希曼再一次阐明，他经常使用的分析工具，比如说"塞翁失马焉知非福"（或，祸兮福所倚，福兮祸所伏）的概念、认知失调（信念和态度的变化不一定是社会变革的先决条件，但是可能在社会变革后发生）以及人类行为的非意图后果等，所有这些都有助于摆脱社会动力学中可预测性和规律性的束缚，转而支持"一种强调独特性而不是一般性、强调意外而不是预期，以及强调可能而不是非常可能的研究社会世界的方法"[22]。

这种观念在赫希曼的思想中根深蒂固。甚至在阅读克尔凯郭尔的著作之前，赫希曼就解了保罗·瓦莱里（Paul Valéry）的思想，并非常欣赏他留下来的关于和平在民族国家侵略性强权政治面前的脆弱性的格言。正如我们在本书第二章中已经看到的，赫希曼在《国家实力与国际贸易的结构》中引用了这句格言。"和平，"瓦莱里这样写道，是"可能的力量对非常可能的欲望的一种实质性的、无声的、持续的胜利。"[23]

赫希曼更关注"可能"（possible）而不是"很可能"（probable），更关注结合（conjunctural）而不是结构（structural），这种倾向构成了他的另一个根深蒂固的"偏好"的基础，同时也成为他的认知风格的一个基本元素——即强调历史的重要性。与第二世界大战后形成的社会分析标准方法截然相反，赫希曼认为历史研究是理解社会变迁的一个极其丰富且不可或缺的来源。我们在本书中给出的许多例子中都强调了这一点，最明确的可能是在我们对《通往进步之旅》和《发展项目观察》这两本著作的讨论中。这两项研究在认识论上的"存在理由"（raison d'être）都在于长达数十年的政策辩论和发展项目的历史轨迹。这种对历史的关注不仅是赫希曼在 20 世纪 60 年代初期的一种特殊的方法论偏好；事实上，它深深地影响了赫希曼的分析风格。赫希曼多次强调过他对"行动者自主权的高度尊重"，因为正如他指出的，"社会事件的展开……使预测变得极其困难，并促成了历史特有的开放性结局，而这会让那些痴迷于范式的社会科学家绝望。"[24]

赫希曼所称的"各种本来有可能发生的历史"是对人类行为的基本不可预测性保持开放性所必需的。[25]例如，在 1989 年东欧革命之后，赫希曼指出："从来没有人预见到它们会发生。"冷战的结束对专家、政治家和普通民众来说更是一个巨大的惊喜，它表明"在谈论人类社会的未来时，必须保持最谦虚的态度"[26]。确实如此，"历史的创造性"是赫希曼"对可能主义的热情"的基础。[27]

正如我们在本书中已经看到的，赫希曼对发展经济学和社会科学的贡献取得了不同程度的成功。如果学界立即采用了赫希曼提出的关联概念和退出—呼吁二分法，那么让许多读者觉得困惑的"隐藏之手原理"也就不会受到那么严厉的批评了。[28]但是，像组建美洲撤资公司这样的书面政策建议实际上都被忽视了。同样的命运似乎也降临到了赫希曼的方法论立场上，即他的"可能主义"（possibilism）立场。不过近几年来，与他的其他洞见相比，赫希曼的历史和社会科学哲学、他的可能主义思想更明显地成了灵感的源泉。近期出版的两本截然不同的书充分地表明，赫希曼的可能主义理论不仅是建立在坚实的跨学科研究的基础上的，而且还可以作为不同研究的核心方法论立场——或许可以这样说，作为多个不同学科的统一视角。

2017 年，对一项关于全球金融危机如何在国际金融架构中对新兴市场和发展中经济体特别重要的那几个方面造成了早期不连续性的开创性分析中，国际政治经济学家艾琳·格拉贝尔（Ilene Grabel）断言，"我们今天都处于'赫希曼时刻'"——也就是说，处于一个以全球金融治理（尽管富有成效但）基本不一致为特征的时期。[29] 此外，她还补充说，"赫希曼时刻"的另一个特征是，尽管存在内在的潜在危险，但是不稳定和不断发展的制度格局也为新兴市场经济体提供了意想不到的变革可能性和新机会，参与全球金融治理领域的理念、政策和制度试验。对此，格拉贝尔写道："新兴的'赫希曼世界'是一个适合居住的好世界——它是一个比完全连贯的系统更适合发展的世界。"[30]

格拉贝尔在赫希曼的传统中创造了一个新的反意修辞（oxymoron）——她提出了一个"生产性不连贯性命题"（productive incoherence thesis），并以此来分析金融治理机构和政策的"涌现事件丛集而成的星座"，其特征可以总结为各种"不连贯、矛盾、冗余、临时特设性的、看似微不足道的"变化，以及对制度格局遭受破坏的仅仅称得上"试探性"反应。然而，这种不连贯性是"令人欣慰的破裂，打破了原来那种总体化愿景"，因为"整整一代人以来，许多新兴市场和发展中经济体第一次摆脱了僵化的正统理论观念的桎梏，以及与之相对应的严格规定了适当的制度形式和政策实践的菜单的'政策紧身衣'的束缚"。[31] 这样一来，在一切尚未分崩离析时（格拉贝尔的著作的标题就恰如其分的用了"尚未分崩离析时"这种表述），就可以为创造性的改革主义议程开辟出新的空间了。[32]

同样是在 2017 年，政治学家凯瑟琳·西金克（Kathryn Sikkink）出版了一本专著《希望的证据》（*Evidence for Hope*），讨论 21 世纪的人权状况。西金克在书中指出，当前关于人权的政治话语的主导基调是悲观主义。各国政府、学术界、公众，甚至人权活动家，似乎都认同这样一个结论：人权事业已经失败了，这要么是因为对人权的追求引发了合法性危机（这种努力是一场错误的战斗，因为没能解决不平等问题，或者更糟的是，由于强调的重点是个人，它对新自由主义的兴起起到了推动作用），要么是因为人权被证明是无效的。但是，在西金克看来，这种悲观主义论调既不准确（人权已经取得了重大进展），也根本无济于事。"我比其他人更有希望"，西金克这样写道，并明确地引用了赫希曼的可能主义思想。[33]

与赫希曼一样，西金克不仅花大力气从事实的角度反驳她那些更加悲观的同事的观点，而且还对他们的意识形态立场进行了剖析。西金克指出，现在的情况是，人权状况明显有了很大进步（尽管不是在所有地方，也不是在所有方面），但是人们仍然普遍认为侵犯人权的行为越来越严重，之所以如此，是因为人权学者和人权活动家在理想目标与现实目标之间进行了错误的比较。[34]在西金克看来，过度强调有限的成就与无限的理想之间的差距，是一种"意识形态错误"，就像失败情结（Fracasomania）那样。（赫希曼当年就是用失败情绪来描述拉丁美洲知识分子的典型特征的。）而且，失败情结不仅是对"喜怒无常"的知识分子的诙谐描述，而且还是一个有助于理解改革者面临的困难的概念。例如，西金克引用了一位南非法学家的话说："一个学者提出批评说什么都没有发挥作用，而那些很开心地看到自己不会被追究责任的人则马上接受了这种批评。"[35]

如果社会分析的目标不仅是提供"中性"的观察结论，而且还要为政策制定、改革和社会行动奠定更坚实的基础——正如赫希曼一生的学术生涯所表明的那样——那么很显然不能把道德从社会科学中抹去。价值观不仅是在完成了通常所说的科学分析之后才会介入的；相反，价值观会影响研究问题的提出、方法论的选择、命题的设定，乃至整个研究风格。这一点不应过分简化。由于非常熟悉他所钟爱的近现代哲学家的著作，赫希曼很清楚，现代社会科学的产生，本身就是道德反思与政治分析之间的分离的结果。

赫希曼在1980年还曾经这样写道，现代社会科学"在很大程度上是在从传统道德教义中解放出来的过程中产生的"[36]。而且，正如赫希曼在《激情与利益》中指出的那样，马基雅维利朝着这个方向迈出了关键的一步。马基雅维利宣称，他只描述真实存在的政治制度，而不考虑那种在道德准则支配下的想象的国家。17世纪的帕斯卡和18世纪的孟德斯鸠也强调用道德、理性和正义的论证来讨论政治学是没有用处的。马克思也认为，道德论证与他的科学社会主义相比是非常"虚弱"的。马克思声称，科学社会主义"科学地"证明了历史规律；在这一点上，马克思可能是最难以令人信服的，但是同时也是最具说服力的："实际上，马克思不可思议地将这些'冰冷'的科学命题与'火热'的道德愤怒混合到了一起，也许正是这种奇怪的混合，带着一切尚未解决的内在的张力，才使得他的著作在那个沉迷于科学且严重缺乏道德价值的时代特别有吸引力（而且现在仍然如此）。"[37]

赫希曼当然观察到了现代欧洲思想史上将"应该"与"是"区分开来的努力的重要性。事实上，他关于道德和社会科学的著作——主要关注焦点是道德与经济学——对将这两个维度结合起来的困难进行了许多反思，正如法国有句谚语所说的："有了美好的情感，往往只能写出糟糕的文章（with beautiful sentiments one makes bad literature）。"[38]另一方面，赫希曼也非常了解16至18世纪的近代思想家的思想，那时还没有严格的学科划分，他们当时都被称为道德哲学家。此外，到了20世纪的最后25年，关于道德因素在解释市场行为时不可避免的作用的研究突然出现了激增（例如索洛对劳动力市场的研究以及"适当行为原则"在工资谈判中对工人的作用的研究）。[39]在社会科学中重新引入道德，虽然仍然是试探性和碎片化的，但是这个趋势已经不容否认。对此，赫希曼这样写道，道德"属于我们的研究工作的中心"[40]。赫希曼的希望是，他将道德与社会科学重新融合的早期努力，今后能够发展成为一场强大的运动：

　　沿着这条道路走下去，我们就有可能构想出一种与我们大多数人迄今一直在实践的社会科学截然不同的社会科学：一种道德社会科学。在这种社会科学中，道德因素不会被压制或被分开，而是系统地与分析性推理结合在一起的……从'讲道'切换为'证明'，然后又再切换再回来，所有的过渡都将频繁且轻松地完成。我们将不再需要偷偷带入道德因素，也不再需要无意识地表达道德考量；相反，我们将公开地、不需任何戒备地阐述道德问题。[41]

赫希曼在结论中转述了凯恩斯的一句话，宣称这是一个梦想，因为那是"为我们的子孙后代准备的社会科学"[42]。

发展经济学的重生

在学术生涯的早期，赫希曼在加州大学伯克利分校和美国联邦储备委员会研究欧洲经济和国际经济关系，在那之后他的第一个主要专业领域是发展经济学。对发展问题的思考是他在接下来的十年里出版的三部重要学术著作和贯穿了整个学术生涯的许多重要文章的基础。即便是在深入研究资本主义意识形态、民主转型和民主辩论等其他问题时，赫希曼也从未丢弃过发展问题。对于赫希曼在这个领域的工作，在这里还要作一些阐述，因为我们必须讨论赫希曼留下的智识遗产，即"赫希曼版"发展经济学；同时还必须讨论作为他对发展问题的具体贡献的另一部分遗产，包括内容和方法论两个方面。下面，我们将先分析赫希曼对发展经济学的智识遗产。

赫希曼曾经说过，发展经济学的定义，可以通过"两个主要姿态"来给出："一是拒绝单一的经济学主张，二是主张互利共赢"[43]。关于第一个"姿态"，赫希曼的意思是，不发达国家的经济与发达工业国家的经济有着根本性的不同，而"传统的经济学分析主要集中在工业国家，因此在处理不发达国家时必须在很多非常重要的方面进行重新调整"[44]。换句话说，发展经济学家应该拒绝接受只凭单一理论体系就足以分析发达经济体和欠发达经济体的观点。关于第二个"姿态"，赫希曼要说的意思是，对于两个群体之间的经济关系，可以用一种能够使双方都受益的方式来塑造；经济关系不一定是有益，但是不能排除互惠互利。对于上述这两个主张，研究者既可以拒绝，也可以接受，这样就有四种组合。这是一种"综合类型学"分析，它对我们描述研究欠发达国家的发展问题的主要理论方法非常有帮助（见表 8.1）。[45]

表 8.1　发展理论的类型

		单一经济学主张	
		支持	拒绝
互利主张	支持	正统经济学	发展经济学
	拒绝	马克思？	新马克思主义发展理论

资料来源：Hirschman 1981b，第 3 页。

正统经济学同时支持这两种主张——即，声称同一个经济学理论既能够处理发达国家、又能够处理欠发达国家的发展问题，以及假定国际经济关系对这两个国家群体都有利。特别是，正统经济学立场认为："经济学由许多简单但却'强大'的普遍适用的定理组成，而且只有一种经济学（'就像只有一种物理学一样'）。"[46]

在表 8.1 中，"马克思"旁边加了一个问号，这样做的含义是，很难把马克思的思想限定在一个单元格内，例如，他一方面描述了资本主义发达国家对落后地区的掠夺（这拒绝了互利主张），同时又阐述了英国资本主义对印度发展的客观促进作用（这支持了互利主张）。但是，赫希曼的研究的一个令人惊讶的结果是，他把他定义的新马克思主义理论——即结构主义和依附理论——排除在了发展经济学的边界之外。这确实是对这门学科的一个非常狭隘的定义，其他学者可能很难认同。但是，只要我们看一看这些分析命题背后的政治立场，就不难解释赫希曼的观点。

赫希曼的方法一直是深刻的改革主义。他将他于 1963 年出版的研究拉丁美洲政策制定过程的著作《通往进步之旅》戏称为一本"改革贩子手册",他的设想是,这本书不仅可以充当反对保守的右翼政策的工具,而且更重要的是,它可以成为那些年间弥漫在拉丁美洲大地上的"革命精神"催生出来的"许多描述革命道路、政变经验和游击战术的书的直接竞争对手"[47]。

因此,赫希曼对发展经济学的看法与他的改革主义态度完全一致的:探索各种压力机制、投资顺序和政策制定过程,以促进发展,无论它们看上去多么无序。在赫希曼看来,革命观点是对这种努力的否定。如果说,他对发展机制的研究是试图理解一件事情的发生是如何导致另一件事情,那么对于革命思想就只能缄口不言了,因为革命就是承诺消灭"错误"的社会经济结构并用"正确"的结构取而代之。事实上,赫希曼与结构主义学者有许多分析在形式上是相同的,而且他对依附理论的许多创始人及其研究也曾经表示过敬意。但是赫希曼还认为,许多分析向革命的方向的漂移,恰恰对应着分析能力的逐渐衰退。一个例子是安德烈·冈德·弗兰克(Andre Gunder Frank),他内容丰富的历史分析比他的阐述革命的文章中的概要性分析更深入,也更有说服力。[48]

站在今天回头看,赫希曼的智识努力——建立一门在理论上明显不同于正统经济学的发展经济学——可以说完全失败了。从20世纪70年代开始,而且在随后的几十年中越来越明显,作为一个独特的理论结构的发展经济学已经消失了,它已经成为新古典经济学越来越大的保护伞下的众多应用领域之一。正如罗杰·巴克豪斯(Roger Backhouse)和比阿特丽斯·谢里尔(Béatrice Cherrier)令人信服地指出的,这种"向心"漂移现象几乎已成为所有经济学子学科的共同特征。这些学科都在理论上变得更加同质化,同时又保留了自己作为同一理论工具的应用子领域的某些特点。发展经济学的情况也是如此。[49]

即便只是非常粗略地浏览一下20世纪80年代以来的发展经济学教科书,也能清楚地看出运用新古典主义方法的趋势。例如,有一本出于1983年的《发展经济学》教材声称:"本书广泛使用了古典经济学和新古典经济学的理论工具,并坚信这些工具能够为我们理解发展问题及其解决方案做出重大贡献。"[50] 在20世纪90年代中期,皮埃尔-理查德·阿格纳(Pierre-Richard

Agénor）和彼得·J.蒙蒂尔（Peter J. Montiel）在他们的《发展宏观经济学》教科书的引言中声称，他们致力于让"标准的宏观经济学分析"适应于发展中国家的情况。吕迪格·多恩布什（Rudiger Dornbusch）更是认为，"某些深层次的问题，在几乎所有国家和地区都是完全相同的"，那个常见的"战斗口号——'这个国家有本国特色'"说到底其实只不过是"为了保护过时的解释或政治化的政策建议不受'知识进口'竞争的恶意辩解而已"。[51]

2007年，丹尼·罗德里克出版了《同一种经济学，许多种药方》（One Economics, Many Recipes）一书，其中有一节的标题是"各种信条"，在那里，他声称该书"完全以新古典经济分析为基础"[52]。从他这本书的书名开始，罗德里克似乎就是在直接印证赫希曼提到的单一经济学主张。从这个意义上说，社会科学研究委员会将其2007年首届阿尔伯特·赫希曼奖（如前所述，那是社会科学研究委员会的最高荣誉）授予了丹尼·罗德里克，不能不说颇具讽刺意味。

当然，从另一个角度来看，考虑到罗德里克的著作有明显的赫希曼风格，这或许也可以说是一个完全合乎情理的决定吧。如果我们将注意力从赫希曼心目中的发展经济学智识计划（它的成功或失败，毕竟取决于许多不同的因素）转移到赫希曼的"发展观"的其他方面的遗产——即他的改革主义态度和方法论——那么，罗德里克与赫希曼之间的联系就清晰可见了。尽管赫希曼和罗德里克对发展经济学是否应该作为一个独立的学科领域存在（以及是否真的曾经只存在"一个"经济学理论）表达过不同的观点，但是他们在许多重要的方法论问题上都表现出了非凡的"亲和性"。

例如，赫希曼一直致力于阐述政策制定过程在实践中的实际运转方式，而这也正是罗德里克在发展问题和国际政治经济领域的研究的核心特征。在前面提到过的"理论信条"中，罗德里克特别强调了他的分析与大多数"共识"之间的诸多差异："如果说，我经常偏离'主流'经济学家在发展政策问题上达成的共识，那么这主要与对证据的不同解读和对发展中国家'政治经济'的不同评估有关，而与不同的分析模式无关。"[53]还有，再加上一点，罗德里克一贯重视深入分析历史资料，以了解特定情况下社会和经济变化如何发生的细节，由此我们不难看到赫希曼的方法与罗德里克的方法之间的深刻共鸣。[54]

在分析具体的干预措施时，罗德里克强调了发展研究如何越来越具有诊断性而不是推定性，如何越来越专注于深入细致地研究什么有效、什么无效，而不再强调以往那种整全性的解释。罗德里克强调要"具体情况具体分析"，并指出必须关注在特定情况下抑制经济增长的瓶颈和制约因素。他还强调了做好监测和评估以及对"最佳做法"或普适性"疗法"持怀疑态度的重要性，并强调要制定有选择性的、目标相对较窄的改革措施——用他自己的话来说："达到正确的目标，而不是一次性完成所有事情。"[55]

现在，赫希曼在发展经济学方面的遗产随着罗德里克等人所采用的更复杂的方法的重要性而持续增长，这远远超过了20世纪80年代和90年代（那是主流经济学的年代、新自由主义"华盛顿共识"的年代），当时人们的印象是，赫希曼的发展经济学研究与实践并不非常相关。[56]

人们对"赫希曼版"发展经济学的兴趣确实一直在起起落落。不过也许有一个例外，那就是他在持续关注拉丁美洲的发展问题的过程中留下来的遗产。尽管这个领域的文献浩如烟海，但是赫希曼的论著已经成为必不可少的参考文献，它们既可以用来研究拉丁美洲的历史发展政策，也可以为该地区当前的发展战略提供新的思路。关于赫希曼对拉丁美洲的发展的历史分析的意义，一个特别著名的例子是，在20世纪70年代后半期，赫希曼和吉列尔莫·奥唐奈在当时所谓"发展国家时代"的背景下就拉丁美洲官僚威权国家理论进行的辩论。[57]从赫希曼当时的分析出发，奥古斯丁·费拉罗（Augustin Ferraro）和米格尔·森特诺（Miguel Centeno）最近得出了这样一个结论：与人们通常的看法相反，拉丁美洲的"发展主义国家"其实是相当成功的，它们的危机源于越来越"专断、不稳定和威权化的政策风格"[58]。正如费拉罗和森特诺认为，这种历史分析可能会对拉丁美洲国家未来几十年的制度发展产生重要影响。新的发展思路的另一个例子是，由美洲开发银行主办研讨会，并以此为契机，提出关于拉丁美洲发展战略的新想法，并且从阿尔伯特·赫希曼的相关著作开始。最近一个以赫希曼的研究对拉丁美洲的发展（尤其是哥伦比亚）的重要性为主题的研讨会，是由洛斯安第斯大学和哥伦比亚共和国银行在波哥大共同举办的会议，米格尔·乌鲁蒂亚（Miguel Urrutia）、何塞·安东尼奥·奥坎波（José Antonio Ocampo）和其他人都在会议上发了言。[59]

戴维·埃勒曼（David Ellerman）对世界银行发展援助政策的分析，则将赫希曼的观察扩展到了拉丁美洲以外。埃勒曼的著作讨论了不平衡增长理论背后的认知假设，并将之解释为在不确定性和普遍缺乏信息的情况下的学习过程。埃勒曼建议，如果这确实是发展机构运行的典型情况，那么就应该将赫希曼的理论与赫伯特·西蒙（Herbert Simon）的有限理性、林德布洛姆（Lindblom）的政策制定分析、唐纳德·舍恩（Donald Schön）的分散社会学习理论等理论结合起来，以便找到一个更加符合现实的发放贷款和制定政策的方法。[60]然而，特别有意思的是，埃勒曼还指出，大型组织的发展实践很难改变，因此赫希曼的发展愿景仍然处于边缘地带，情况正如他所说："语言的变化大于实质。"[61]

不过，赫希曼的另一些发展经济学概念的际遇则恰恰相反。例如，关联概念获得了广泛的成功，并已经被大量文献采用。与此同时，这个概念也被修正和扩展，以包含比赫希曼在《经济发展的战略》中最初设想的更加广泛的现象。在这种情况下，语言仍然保持不变，也许它的实质也没有彻底改变，但是肯定已经"成长"起来了。[62]

一门新的社会科学

赫希曼对跨越学科界线的兴趣从他的第一本著作中就可见端倪了。20世纪70年代初期，当时新兴的国际政治经济学领域的两位奠基人，对国际研究中政治分析和经济分析的持续分离（这与逻辑相悖）深深地感到遗憾：

> 人们经常可以观察到，国际政治与经济密切相关，而且对任何一个进行复杂精微的分析都需要对两者都有一定的了解。然而，很少有学者真正将两者联系起来考察。经济学家倾向于假定政治结构不变，要么完全忽略政治，要么充其量只试图通过使用高度简化的政治概念来分析政治对经济过程的影响。政治学家的学科视野则比经济学家还要狭隘。大多数国际政治专业学生对国际经济学几乎一无所知。一般来说，就像一个学下三维井字棋的新手一样，政治分析者在正式场上会承认经济实力的重要性，但是实际上却仍然一直习惯于只在熟悉的军事外交实力上玩游戏。[63]

但是赫希曼不同，他凭借《国家实力与国际贸易的结构》一书，提前 30 年就弥补了这一差距。在这本书出版前几个月，康德利夫对激发了赫希曼和他的同事们的"时代精神"有一个很好的描述：也许在第二次世界大战之前的世界里，"实力平衡和国际收支"分别是两个独立的思想和行动领域的主导性概念；然而在第二次世界大战之后，就"不可能……恢复国际经济与国际政治的这种分离状况了"[64]。

有意思的是，康德利夫认为，独特的"欧陆敏感性"（continental European sensitivity）可能是赫希曼和他的同事们能够更轻松地形成这种跨学科立场的基础。在漫长的 19 世纪里，英语国家的外交实践主要基于自由放任的哲学，力求将政府对经济事务的干预降到最低。当然贸易从来不可能完全脱离国家政策，但是值得注意的是，英国外交部和美国国务院都没有任何经济专家。

然而，欧洲大陆各国的情况却有所不同。经济和政治在国内和外交政策层面上的分离，在欧洲大陆从来都是不清晰的。虽然作为英国经济实力基础的多边贸易体系一直在不断扩大，但是在欧洲大陆各国，战略要素在经济规划和国际经济关系中的地位向来都很重要。康德利夫观察到，"虽然欧洲各国的实力平衡明显发生了变化，但是国际收支平衡仍然是通过国际金本位货币机制进行调节的"。只不过只有少数人注意到了这一点。[65]

那些早期的反思和学术经验对于赫希曼来说显然非常重要，他总是像生活在现代的道德哲学家那样跨越学科领域。幸运的是，在学科孤岛使大学系统僵化之前，赫希曼就已经奠定自己的学术地位了。在《国家实力与国际贸易的结构》中，正是因为跨越了学科界限，使得赫希曼以新颖的方式讨论国际贸易的政治维度有了可能。在"发展三部曲"中，赫希曼也借助了跨学科研究的力量打开新的研究空间，并实现了个人学术地位和社会地位的提升——利用人类学文献（在《经济发展的战略》，莎拉在这方面发挥了重要作用）、考虑发展战略的政策维度（在《通往进步之旅》中），以及在项目管理中引入认识论不确定性（在《发展项目述评》中）。赫希曼在 1984 年发表了一篇论文，给它取了一个程序员式的标题："反对简约主义：论将某些类别的经济话语复杂化的三种简单方法"，在文中，赫希曼重新审视了他两年前在《转变参与》一书中引入的一些思想，例如元偏好的概念。元偏好（metapreferences）最初是在哲学领域讨论的，它可以说明标准经济理论的一些重要局限性。首先，赫希曼认为，只凭借标准的经济学概念，例如显性偏好和理性行动者，无法以任何严肃的方式讨论价值观如何塑造和改变人类行为这个问题——因为价值观的影响不同于那种简单的、非复合性的偏好的变化（例如，决定如何在梨和苹果之间选择的偏好）。其次，在政策层面，将价值观视为简单的偏好可能意味着克服某些集体问题（例如污染）的效率相对较低。赫希曼认为，与实业家承担更高的污染成本的行动相比，法律之所以能够在更深的层面上塑造价值观并影响集体行为，恰恰是因为只处理需求表的行动无法发挥多少塑造价值的作用。

对于其他不同类型的行动，例如工具性行动和非工具性行动，也可以进行类似的分析。工具性行动（instrumental activity）指的是手段和目的、成本和收益都得到了明确界定并且相互分离的活动。它们是标准经济学分析的自然领域。但是，许多行动的特点恰恰体现在，手段和目的之间，或者我们为达到目的而承担的成本与我们从活动中获得的收益之间是无法清晰地分离开来的。对非工具性行动，以及作为它们的通常特征的"努力与成就的融合"的忽视，很可能就是"训练有素的无能"主流经济学家（借用凡勃伦的说法）无法令人信服地解释集体行动的原因。[66]即便是典型的工具性经济行动，例如日常性工作，也有非工具性的成分，这个事实对于解释劳动生产率的波动和工业管理的有效性非常重要。

显而易见的是，对于赫希曼来说，集体社会变革的问题尤为重要。他对社会行动的集体维度的关注，经常表现为对搭便车的概念缺乏耐心。赫希曼认为，也许这个概念在"正常时期"有一些用处，即当私人生活占用了公民的时间和精力，但是他们可能仍然对有关公共产品的政策决定感兴趣的时候。但是，正如赫希曼在1971年指出的（他还很巧妙地引用了1964年的一首热门歌曲的歌词），"时代……很少是完全正常的；在相当多的情况下……它们都是不正常的，并且'一直都在变化'"[67]。对于赫希曼来说，只有经济学暨政治学暨社会心理学研究，才是以有意义的方式解决社会变革和集体行动问题的唯一途径。

因此毫不意外，公共道德和公民行为成了赫希曼在"反对节俭"一文中的第三个例子。例如，它们有助于解释献血背后的经济学原因，以及许多其他以信任和尊重某些道德规范为基础的机制——这些机制实际上对市场的良好运行至关重要。无视公共道德可能会导致它的萎缩，但是过分强调它也会适得其反，因为它不可能无限期地生长，因此如果要求使用过高剂量，它可能会变得稀缺。赫希曼对这个难题的总结是：

> 爱、仁慈和公民精神，既不是供给数量固定的稀缺要素，也不能像技能和能力那样，可以实践或练习，或多或少地无限提高和扩展。相反，它们表现出了一种复杂的复合性特点：当占统治地位的社会经济体制没有充分实践它们、求助于它们时，它们就会萎缩；但是在过度宣扬和依赖它们时，它们又会再次变得稀缺起来。而且更加糟糕的是，这两个危险区域的确切位置……永远不得而知，而且这些区域也从来不是稳定不变的。[68]

通常，当我们对赫希曼的推理方式的理解不断深化之后，我们就可以培养出理解这些隐藏的阈值以及它们如何随时间和地点而变化的敏感性的。

至此，我们可以得出结论了：赫希曼的方法与其说是为了提高我们的预测能力，还不如说是为了使我们对社会和社会变化的分析更加符合现实和令人信服。正如赫希曼在他 1984 年那篇文章的结论中所强调的："所有的复杂现象都来自一个单一的来源——人性的难以置信的复杂性，传统理论出于很好的理由忽视了这一点，但是为了更加符合现实，现在必须将它重新注入到传统的研究结果中了。"[69] 人不仅是一个有效的经济行为主体，或者如肯尼思·阿罗所说，人不仅是一个"高级统计学家"，相反，人是一个会争论和阐述观点和价值观的、懂得自我反思的主体，并且生活一张巨网当中——这张巨网由利己主义与利他主义之间、自私自利与公民意识之间，以及工具性行动的驱动力与非工具性行动的驱动力之间的内在紧张关系织就。所有这些行为都会影响经济过程，因此赫希曼强调，必须将它们重新纳入经济学和更广泛的社会科学领域。

然而，赫希曼对过于简约的模型的批评，并不意味着他对模型构建或理论思维绝不宽容。赫希曼在 1992 年的一次讨论他的著作的研讨会上也提到了同样的看法。在那个研讨会上，他自豪地列举了自己在整个学术生涯中阐述过的许多理论概念。事实上，赫希曼认为，把他描述为一个没有提出过理论模型或"反理论"的社会科学家是不恰当的。即便是制度性（institutional）这个术语，他也认为是有局限的而不是切中要害的。我们无需继续深入挖掘他的研究中涉及的范式、理论、原则和更广泛的分析范畴。事实上，他的许多著作都把这类分析范畴放在了中心位置，这从他所定的书名就一望可知（《退出、呼吁与忠诚》《激情与利益》《反动的修辞：悖谬论、无效论和危险论》）。即使所用理论方法没有直接在著作的封面上公布（如《经济发展的战略》《发展项目述评》），也一读正文就可明了。[70]

赫希曼进行理论化的目的不是为了用理论来生成严格的、压迫性的社会变迁规律，而是用来建立中层模型（middle-range models），即足够进行抽象以分离出特定元素并证明其解释潜力，同时又不至于过于特殊以至于丧失理论分析作用。[71] 赫希曼提出的所有模型和原理，都是可以帮助我们理解历史过程的解释性"镜头"，但是它们还都需要加入历史材料才能发挥作用。情境化对于正确使用赫希曼的理论以及评估它们产生新知识和提出有用的新观点的能力至关重要。对于赫希曼而言，每一个项目都是一系列事件丛集而成的一个"独特星座"（unique constellations），政策制定过程、关于福利政策的具体辩论或关于公共服务质量的谈判，以及政府在面对国内日益加剧的不平等状况时能够获得的政治支持也是如此。赫希曼这样写道，它们"或许也适合范式性思维"，但是"仅限在非常特殊的意义上"。[72]

赫希曼的模型并不能提供任何关于某个事态将走向何方的现成预测。它们所做的是帮助我们构建分析框架，以便使辩论和政策制定更加明智。但是这只有通过研究特定事态的发生历史、特有的物质条件和思想条件才有可能。这是一种帮助观察者提高对社会过程复杂性的敏感性的练习，正如我们在他笔下的许多段落中看到的那样，赫希曼认为这种敏感性是一种只能随着经验而增长的隐性知识。但是当它成长起来后，它对我们面对能够扩大政治行动空间的"历史惊喜事件"时的开放心态和好奇心至关重要——换言之，这种敏感性，是赫希曼可能主义的主要来源之一。

自我颠覆

在《反动的修辞》的最后一章中，赫希曼探讨了他针对公共辩论中保守主义者和新保守主义者的立场进行详细分析的悖谬论、无效论和危险论，是如何在进步主义话语的某些特定修辞结构中产生镜像的。其结果是，赫希曼最后写成的这一章，不仅不在最初计划中，而且在很多方面颠覆了他写这本书的初衷。

这就是赫希曼所称的"自我颠覆"的行为。在这里，赫希曼恢复了一个原本带有贬义的冷战术语——颠覆（subversion）——并以反身模式来运用它。赫希曼描述了他反对自己主张的能力（读者应该还记得，他对其他人的理论做出的"不一定会是这样"的反应）。事实上，赫希曼还注意到了，这是许多学者的共同特征。[73]

赫希曼发现，他自己的研究特有的一个特点是，他长期保持了一种习惯，即重新考虑和验证自己过去提出的主张，甚至追求相反的推理路线，而不是专门寻找能够证实他的核心理论的证据。在本书中，我们已经遇到过能够体现赫希曼这个特点的例子了。例如，在第五章中，我们注意到赫希曼是如何在他对1989年革命的分析中验证退出和呼吁的概念的。在他出版于1970年的原著中，退出和呼吁是两种相互替代的行为，而在对1989年革命中，退出和呼吁是相辅相成的——东德居民大规模逃往西方（退出）和国内民众规模越来越大、发生越来越频繁的反对共产主义政权的群众示威（呼吁）是相互强化的。而且，正如这个例子所表明的，这些"自我颠覆"性行为并没有导致赫希曼的原始理论完全丧失有效性。赫希曼认为这种自我颠覆是"有益的、会带来丰硕成果的"，因为它没有反驳最初的命题，而是帮助"定义了最初假设的关系不成立的社会世界的新领域"[74]。换句话说，这种自我颠覆的态度增强了解释世界的能力，而不是相反。

对于赫希曼来说，这也是建设一个更加民主的社会所要求的另一种重要态度，它基于公民对抗和对社会协商权力的根深蒂固的信任。最后，他这样写道，"我相信，我这里所说的这种'自我颠覆'的倾向有助于形成一个更加民主的文化传统：公民不仅拥有坚持自己的意见和信念的权利，而且更加重要的是，他们还应该乐于根据新的论证和新的证据来质疑自己的意见和信念"[75]。

注释

[1] "Exit Albert Hirschman," *Economist* 405, no.8816（December 22, 2012）: 97; Cass R. Sunstein, "An Original Thinker of Our Time," New York Review of Books, May 23, 2013; Malcolm Gladwell, "The Gift of Doubt," New Yorker, June 24, 2013.

［2］ "Exit Albert Hirschman," 97.

［3］ McPherson 1986，307.

［4］ 有一位匿名评审专家说，我应该在这里说明这个"马克思"是 Groucho Marx，而不是 Karl Marx。

［5］ Hirschman 1994a，110.

［6］ Hirschman 1988a.

［7］ Hirschman 1987a.

［8］ Hirschman 1987a，118.

［9］ Hirschman 1987a，118.科洛尔尼的部分著作已经翻译为英文出版了，请参见 Colorni 2019a，2019b。

［10］ 这是曼利奥·罗西–多利亚于 1942 年 3 月 11 日写给他的妻子艾琳·纽伯格（Irene Nunberg）的一封信中说的话，转引自 Omiccioli 2018，180。

［11］ U. Hirschmann 1993，146.

［12］ Hirschman 1987a，118—119（强调标记是原文就有的）。

［13］ McPherson 1986，307.

［14］ McPherson 1986，307.

［15］ Hirschman 1994c，278.

［16］ Hirschman 1987a，119.

［17］ Hirschman 1989b，77（强调标记是原文就有的）。

［18］ Hirschman 1989b，77.

［19］ Hirschman 1971a，27.

［20］ Hirschman 1971a，28.

［21］ Hirschman 1971a，29.

［22］ Hirschman 1971a，28.

［23］ Paul Valéry, Regards sur le monde actuel（Paris：Librairie Stock，Delamain et Boutellau，1931），55，quoted in Hirschman 1945，80.

［24］ Hirschman 1970b，335，340.

［25］ Hirschman 1980a，171—172.

［26］ Hirschman 1990a，20.

［27］ Hirschman 1971a，37.

［28］ 这也有一些值得注意的例外，例如，请参见 Meldolesi 1990，1995；Roncaglia 2014。

［29］ Grabel 2017，52—53.

［30］ Grabel 2017，53.

［31］ Grabel 2017，4—5.

［32］ Grabel 2017，9.

［33］ Sikkink 2017，9.

［34］ Sikkink 2017，153.

［35］ Sikkink 2017，43.

［36］ Hirschman 1980c，294（强调标记是原文就有的）。

［37］ Hirschman 1980c，296.

［38］ 见赫希曼的引用，Hirschman 1980c，303。

［39］ Hirschman 1980c，303—304.关于赫希曼对道德与社会科学研究的关系，也请参见 Hess 1999；Trigilia 2014。

［40］ Hirschman 1980c，305.

［41］ Hirschman 1980c，305—306.

［42］ Hirschman 1980c，306.

［43］ Hirschman 1981b，3.

［44］ Hirschman 1981b，3.

［45］ Hirschman 1981b，3.

［46］ Hirschman 1981b，4.

［47］ Hirschman 1963，256.

［48］ 收录于 Frank 1967，1969。

［49］ Backhouse and Cherrier 2017.

［50］ Gillis et al. 1983，xv—xvi.

［51］ Agénor and Montiel 1996，3—4；Dornbusch 1996，xxi.

［52］ Rodrik 2007a，3.

［53］ Rodrik 2007a，3.

［54］ Rodrik 2003.

［55］ Rodrik，2007b，5；Rodrik 2008.

［56］ Rodwin and Schön 1994，288.

［57］ 请参见 O'Donnell 1973；Hirschman 1979b。

［58］ Ferraro and Centeno 2019，423.

［59］ 请参见 Development y Sociedad，vol.62（2008）中的各篇论文。

［60］ Ellerman 2005. 也请参见 Ellerman 2001，2004。

［61］ Ellerman 2005，209.

［62］ 对于赫希曼提出的"隧道效应"，也可以这么看。

［63］ Keohane and Nye 1973，115.

［64］ Condliffe 1944，3.

［65］ Condliffe 1944，2.

［66］ Hirschman 1984b，19.

［67］ Hirschman 1971b，5.

［68］ Hirschman 1984b，26.

［69］ Hirschman 1984b，28.

［70］ Hirschman 1994c.

［71］ 也请参见帕斯基诺在他的著作的开头的讨论（Pasquino 2014）。

［72］ Hirschman 1970b，339.

［73］ Hirschman 1994c，278.

［74］ Hirschman 1994c，282.

［75］ Hirschman 1994c，282.

缩略语表

AOHP：Albert O. Hirschman Papers，Seeley G. Mudd Manuscript Library，Princeton University，Princeton，NJ（阿尔伯特·O.赫希曼档案，现藏普林斯顿大学斯利·G. 马德手稿图书馆）。

JBCP：John B. Condliffe Papers，The Bancroft Library，University of California，Berkeley（约翰·B.康德利夫档案，现藏加州大学伯克利分校班克罗夫特图书馆）。

LBCP：Lauchlin B. Currie Papers，David M. Rubenstein Rare Book & Manuscript Library at Duke University，Durham，NC（劳克林·B.柯里档案，现藏杜克大学戴维·M.鲁宾斯坦珍本图书和手稿图书馆。）

VFC：Varian Fry Collection，Rare Book and Manuscript Library，Columbia University，New York（瓦里安·弗莱档案，现藏哥伦比亚大学珍本图书和手稿图书馆）。

WBGA：World Bank Group Archives，Washington，DC（世界银行工作小组档案，华盛顿特区。

本书部分章节所依据的论文

在写作这本书时，我利用了我在过去十年中撰写的一些论文的部分内容（有修改）。相关的材料已经成了本书不可分割的一部分，不过还是要把它们最初发表的出版物列明如下。

"Theory and Practice in Development Economics." *History of Political Economy* 49, Supplement (2017): 264–291.

"Albert O. Hirschman and the Rise and Decline of Development Economics." *Research in the History of Economic Thought and Methodology*, Vol. 34B (2016), 13–39. Republished in slightly different form as "Albert Hirschman." In *Elgar Handbook of Alternative Theories of Economic Development*, ed. Jayati Ghosh, Rainer Kattel, and Erik Reinert, 456–474. Cheltenham, UK: Edward Elgar, 2016.

"Visualizing Uncertainties, or How Albert Hirschman and the World Bank Disagreed on Project Appraisal and What This Says About the End of 'High Development Theory.'" *Journal of the History of Economic Thought* 36, no. 2 (June 2014): 137–168.

"Il Piano Marshall, l'Italia e il Mezzogiorno." In *La Cassa per il Mezzogiorno: Dal recupero dell'archivio alla promozione della ricerca*. Rome: Svimez, 2014.

"Early Development Debates Revisited." *Journal of the History of Economic Thought* 33, no. 2 (June 2011): 145–171.

All these materials are reprinted with permission.

参考文献

Adelman, Irma, and Cynthia Taft Morris. 1973. *Economic Growth and Social Equity in Developing Countries*. Stanford, CA: Stanford University Press.

Adelman, Jeremy. 2013. *Worldly Philosopher: The Odyssey of Albert O. Hirschman*. Princeton, NJ: Princeton University Press.

Agénor, Pierre-Richard, and Peter J. Montiel. 1996. *Development Macroeconomics*. Princeton, NJ: Princeton University Press.

Alacevich, Michele. 2018. "Planning Peace: The European Roots of the Post-War Global Development Challenge." *Past & Present* 239 (1): 220–264.

——. 2014. "Il Piano Marshall, l'Italia e il Mezzogiorno." In *La Cassa per il Mezzogiorno: Dal recupero dell'archivio alla promozione della ricerca*. Rome: Svimez, 2014.

——. 2011. "The World Bank and the Politics of Productivity: The Debate on Economic Growth, Poverty, and Living Standards in the 1950s." *Journal of Global History* 6 (1): 53–74.

——. 2009. *The Political Economy of the World Bank: The Early Years*. Stanford, CA: Stanford University Press.

Alacevich, Michele, and Mauro Boianvosky, eds. 2018. *The Political Economy of Development Economics: A Historical Perspective*, Supplement to *History of Political Economy* 50, Durham, NC: Duke University Press.

Álvarez, Andrés, Andrés M. Guiot-Isaac, and Jimena Hurtado. 2020. "The Quarrel of Policy Advisers That Became Development Experts: Currie and Hirschman in Colombia." *History of Political Economy* 52 (2): 275–306.

Arndt, Heinz W. 1987. *Economic Development: The History of an Idea*. Chicago: University of Chicago Press.

Asher, Robert E. 1962. "In Conclusion." In *Development of the Emerging Countries. An Agenda for Research*, ed. Robert E. Asher et al., 215–226. Washington, DC: Brookings Institution.

Asso, Pier Francesco. 1988. "Bilateralism, Trade Agreements and Political Economists in the 1930s: Theories and Events Underlying Hirschman's Index." *Political Economy: Studies in the Surplus Approach* 4 (1): 83–110. http://www.centrosraffa.org /pe/4,1/4,1.4.%20Asso.pdf.

Asso, Pier Francesco, and Marcello De Cecco. 1987. "Introduzione." In *Potenza nazionale e commercio estero: Gli anni trenta, l'Italia e la ricostruzione*, by Albert O. Hirschman. Bologna: Il Mulino.

Axinn, Sidney. 1983. "Review of: *Shifting Involvements: Private Interest and Public Action* by Albert O. Hirschman." *Annals of the American Academy of Political and Social Science* 467 (May): 241–242.

Backhouse, Roger E., and Béatrice Cherrier. 2017. "The Age of the Applied Economist: The Transformation of Economics Since the 1970s." *History of Political Economy* 49 (Supplement): 1–33.

Baer, Werner. 1970. "Review of *Exit, Voice, and Loyalty: Responses to Decline in Firms, Organizations, and States* by Albert O. Hirschman." *Journal of Economic Literature* 8, no. 3 (September): 811–814.

Baffigi, Alberto, and Marco Magnani. 2009. *Giorgio Mortara*, in *Le leggi antiebraiche del 1938, le società scientifiche e la scuola in Italia*, Atti del Convegno, Roma, 26–27 novembre 2008, 237–254. Rome: Biblioteca dell'Accademia Nazionale delle Scienze.

Baldwin, David A. 1985. *Economic Statecraft*. Princeton, NJ: Princeton University Press.

Barry, Brian. 1974. "Review of *Exit, Voice, and Loyalty: Responses to Decline in Firms, Organization, and States* by Albert O. Hirschman." *British Journal of Political Science* 4, no. 1 (January): 79–107.

Basch, Antonín. 1941. *The New Economic Warfare*. New York: Columbia University Press.

Becker, Gary S. 1981. *A Treatise on the Family*. Cambridge, MA: Harvard University Press.

——. 1976. *The Economic Approach to Human Behavior*. Chicago: University of Chicago Press.

——. 1964. *Human Capital*. New York: Columbia University Press.

——. 1960. "An Economic Analysis of Fertility." In *Demographic and Economic Change in Developed Countries*, A Conference of Universities–National Bureau Committee for Economic Research, 209–240. New York: Columbia University Press.

——. 1957. *The Economics of Discrimination*. Chicago: University of Chicago Press.

Bernardi, Emanuele. 2010. *Riforme e democrazia. Manlio Rossi-Doria dal fascismo al centro-sinistra*. Soveria Mannelli, Italy: Rubbettino.

Bertilsson, Margareta and Ron Eyerman. 1979. "Interest as a Problematic Concept in Marxist Social Science." *Acta Sociologica* 22, no. 4: 361–375.

Bianchi, Ana Maria. 2011. "Visiting-Economists Through Hirschman's Eyes." *European Journal of the History of Economic Thought* 18, no. 2 (May): 217–242.

Bidwell, Percy W. 1945. "A Commercial Policy for the United Nations." Papers Submitted to the Committee on International Economic Policy, in cooperation with the Carnegie Endowment for International Peace, No. 6 (February 7, 1945). New York: Committee on International Economic Policy.

Bissell, Richard M., Jr., with Jonathan E. Lewis and Frances T. Pudlo. 1996. *Reflections of a Cold Warrior: From Yalta to the Bay of Pigs*. New Haven, CT: Yale University Press.

Bolton, Craig J. 1984. "Review of: *Shifting Involvements, Private Interest and Public Action* by Albert O. Hirschman." *Social Science Quarterly* 65, no. 1 (March): 216–217.

Boudon, Raymond. 1992. "La rhétorique est-elle réactionnaire?" *Le Débat* 1992/2 (69): 87–95.

——. 1986. *Theories of Social Change: A Critical Appraisal*. Cambridge, UK: Polity Press.

——. 1982. "Intérêts privés et action publique." *Analyses de la Sedeis* 29 (September): 1–4.

Bowles, Samuel. 1998. "Endogenous Preferences: The Cultural Consequences of Markets and Other Economic Institutions." *Journal of Economic Literature* 36, no. 1 (March): 75–111.

Bray, David Barton. 1991. " 'Defiance' and the Search for Sustainable Small Farmer

Organizations: A Paraguayan Case Study and a Research Agenda." *Human Organization* 50, no. 2 (Summer): 125–135.

Bridel, Pascal. 2009. " 'Passions et intérêts revisités: La suppression des 'sentiments' est-elle à l'origine de l'économie politique?" *Revue européenne des sciences sociales* 47 (144): 135–150.

Bronner, Stephen Eric. 1993. "Review of *The Rhetoric of Reaction: Perversity, Futility, Jeopardy* by Albert O. Hirschman." *Political Theory* 21, no. 1 (February): 132–135.

Brown, A. J. 1947. "Review of *National Power and the Structure of Foreign Trade* by Albert O. Hirschmann [*sic*]." *International Affairs* 23, no. 1 (January): 91–92.

Buck, Philip W. 1946. "Review of *National Power and the Structure of Foreign Trade* by Albert O. Hirschman." *Annals of the American Academy of Political and Social Science* 244 (March): 222–223.

Buttrick, John A. 1982. "Review of: *Shifting Involvements: Private Interest and Public Action* by Albert O. Hirschman." *Canadian Journal of Political Science / Revue canadienne de science politique* 15, no. 4 (December): 837–838.

Calvocoressi, Peter, Guy Wint, and John Pritchard. 1989. *Total War. The Causes and Courses of the Second World War*. Rev. 2nd ed. New York: Viking.

Carli, Guido. 1996. *Cinquant'anni di vita italiana*. Rome: Laterza.

Carr, Edward Hallett. 1942. *Conditions of Peace* New York: Macmillan.

Carson, Carol S. 1993. "IN MEMORIAM George Jaszi (1915–1992)." *Review of Income and Wealth* 39 (2): 225–227.

Castrillón, Alberto. 2013. "Mercado y virtud o cómo complicar la economía: A propósito de *Las Pasiones y Los Intereses*, de Albert Hirschman." *Revista de Economía Institucional* 15 (28): 79–93.

Cernea, Michael. 1981. "Modernization and Development Potential of Traditional Grass Roots Peasant Organizations." In *Direction of Change: Modernization Theory, Research, and Realities*, ed. Mustafa O. Attir, Burkart Holzner, and Zdenek Suda, 121–139. Boulder, CO: Westview Press.

Chenery, Hollis B. 1959. "Review of *The Design of Development* by Jan Tinbergen; *The Strategy of Economic Development* by Albert O. Hirschman." *American Economic Review* 49, no. 5 (December): 1063–1065.

Chenery, Hollis B., and Tsunehiko Watanabe. 1958. "International Comparisons of the Structure of Production." *Econometrica* 26, no. 4 (October): 487–521.

Clark, David A., ed. 2006. *The Elgar Companion to Development Studies*. Cheltenham, UK: Edward Elgar.

Clavin, Patricia. 2000. *The Great Depression in Europe, 1929–1939*. Basingstoke, UK: Macmillan.

Cohen, Benjamin J. 2008. *International Political Economy: An Intellectual History*. Princeton, NJ: Princeton University Press.

——. 2007. "The Transatlantic Divide: Why Are American and British IPE So Different?" *Review of International Political Economy* 14, no. 2 (May): 197–219.

——. 1990. "The Political Economy of International Trade." *International Organization* 44, no. 2 (Spring): 261–281.

Coleman, James S. 1974. "Processes of Concentration and Dispersal of Power in Social Systems." *Social Science Information* 13, no. 2 (February): 7–18.

Collier, David. 1979. "Introduction." In *The New Authoritarianism in Latin America*, ed. David Collier, 3–16. Princeton, NJ: Princeton University Press.

Colorni, Eugenio. 2019a. *Critical Thinking in Action: Excerpts from Political Writings and Correspondence*, ed. Luca Meldolesi and Nicoletta Stame. New York: Bordighera Press.

——. 2019b. *The Discovery of the Possible: Excerpts from Political Writings and Correspondence II*, ed. Luca Meldolesi and Nicoletta Stame. New York: Bordighera Press.

Condliffe, John B. 1946. "Proposals for Consideration by an International Conference on Trade and Employment." *National Economic Problems*, No. 423. New York: American Enterprise Association.

——. 1944. "The Foreign Economic Policy of the United States." Memorandum No. 11, September 25, 1944, Yale Institute of International Studies.

——. 1943a. "Introduction: East of the Rhine." In *The Danube Basin and the German Economic Sphere*, by Antonín Basch. New York: Columbia University Press.

——. 1943b. *Problems of Economic Reorganization*. New York: Commission to Study the Organization of Peace.

——. 1942. *Agenda for a Postwar World*. New York: Norton.

——. 1940. *The Reconstruction of World Trade*. New York: Norton.

Coser, Lewis A. 1978. "A Superb Contribution to the History of Ideas, Review of *The Passions and the Interests: Political Arguments for Capitalism Before Its Triumph* by Albert O. Hirschman. *Contemporary Sociology* 7, no. 4 (July): 395–397.

Cracknell, Basil E. 1984. "Learning Lessons from Experience: The Role of Evaluation in the Administration of the U.K. Aid Programme." *Public Administration and Development* 4, no. 1 (January/March): 15–20.

Craver, Earlene. 1986. "Patronage and the Directions of Research in Economics: The Rockefeller Foundation in Europe, 1924–1938." *Minerva* 24, no. 2/3 (June): 205–222.

Currie, Lauchlin B. 1981. *The Role of Economic Advisers in Developing Countries*. Westport, CT: Greenwood Press.

——. 1950. "Some Prerequisites for Success of the Point Four Program." Address before the American Academy of Political and Social Sciences, Bellevue Stratford Hotel, Philadelphia, April 15. Published in *Annals of the American Academy of Political and Social Sciences*, no. 270 (July): 102–109.

Cyert, Richard M., and Morris H. De Groot. 1975. "Adaptive Utility." In *Adaptive Economic Models*, ed. R. H. Day and T. Groves, 223–246. New York: Free Press.

da Conceição Tavares, Maria. 1964. "The Growth and Decline of Import Substitution in Brazil." *Economic Bulletin for Latin America* 9, no. 1 (March): 1–61.

Da Empoli, Domenico. 1998. "Fubini, Renzo." *Dizionario Biografico degli Italiani*, Vol. 50. http://www.treccani.it/enciclopedia/renzo-fubini_(Dizionario-Biografico).

Dasgupta, Amiya Kumar. 1965. *Planning and Economic Growth*. London: George Allen & Unwin.

Dasgupta, Partha. 1972. "A Comparative Analysis of the UNIDO Guidelines and the OECD Manual." *Bulletin of the Oxford University Institute of Economics and Statistics* 34, no. 1 (February): 33–51.

Dasgupta, Partha, Stephen A. Marglin, and Amartya K. Sen. 1972. *Guidelines for Project Evaluation*. New York: United Nations.

Daston, Lorraine. 1994. "Enlightenment Calculations." *Critical Inquiry* 21, no. 1 (Autumn): 182–202.

Dawidoff, Nicholas. 2002. *The Fly Swatter. How My Grandfather Made His Way in the*

World. New York: Pantheon.

De Cecco, Marcello. 2004. "Prefazione." In Otto A. Hirschmann, *Il Franco Poincaré e la sua svalutazione*, a cura di Giorgio Gilibert, vii–xv. Rome: Edizioni di Storia e Letteratura, 2004.

De Marchi, Neil. 2016. "Models and Misperceptions: Chenery, Hirschman and Tinbergen on Development Planning." *Research in the History of Economic Thought and Methodology*, Vol. 34B, 91–99.

Deutsch, Karl W. 1971. "On Political Theory and Political Action." *American Political Science Review* 65, no. 1 (March): 11–27.

De Vries, Jan. 1979. "Spotlight on Capitalism: A Review Article of *The Passions and the Interests: Political Arguments for Capitalism Before Its Triumph* by Albert O. Hirschman; and *Afterthoughts on Material Civilization and Capitalism* by Fernand Braudel." *Comparative Studies in Society and History* 21, no. 1 (January): 139–143.

Diebold, William, Jr. 1952. *Trade and Payments in Western Europe: A Study in Economic Cooperation, 1947–51*. New York: Council on Foreign Relations.

DiIulio, John J., Jr. 1992. "Review of *The Rhetoric of Reaction: Perversity, Futility, Jeopardy* by Albert O. Hirschman." *Journal of Policy Analysis and Management* 11, no. 4 (Autumn): 720–723.

Dornbusch, Rudiger. 1996. "Foreword." In *Development Macroeconomics*, by Pierre-Richard Agénor and Peter J. Montiel. Princeton, NJ: Princeton University Press.

Dowding, Keith, and Peter John. 2012. *Exits, Voices and Social Investment: Citizens' Reaction to Public Services*. Cambridge: Cambridge University Press.

Dunn, John. 1991. "Review: *The Rhetoric of Reaction: Perversity, Futility, Jeopardy* by Albert O. Hirschman." *Government and Opposition* 26, no. 4 (Autumn): 520–525.

Economic Commission for Latin America (ECLA). 1950. *Economic Survey of Latin America, 1949*. New York: United Nations.

Eichengreen, Barry. 2007. *The European Economy Since 1945: Coordinated Capitalism and Beyond*. Princeton, NJ: Princeton University Press.

——. 1995. "The European Payments Union: An Efficient Mechanism for Rebuilding Europe's Trade?" In *Europe's Postwar Recovery*, ed. Barry Eichengreen, 169–196. Cambridge: Cambridge University Press, 1995.

——. 1993. *Reconstructing Europe's Trade and Payments: The European Payments Union*. Manchester: Manchester University Press.

Einzig, Paul. 1938. *Bloodless Invasion. German Economic Penetration Into the Danubian States and the Balkans*. London: Duckworth.

Eldridge, John. 1996. "Review of *Rhetoric and Marxism* by James Arnt Aune." *American Journal of Sociology* 101, no. 5 (March): 1461–1462.

Ellerman, David. 2005. *Helping People Help Themselves: From the World Bank to an Alternative Philosophy of Development Assistance*. Ann Arbor: University of Michigan Press.

——. 2004. "Revisiting Hirschman on Development Assistance and Unbalanced Growth." *Eastern Economics Journal* 30, no. 2 (Spring): 311–331.

——. 2001. "Helping People Help Themselves: Toward a Theory of Autonomy-Compatible Help." World Bank Policy Research Working Paper No. 2693. Washington, DC: World Bank.

Ellis, Howard S. 1934. *German Monetary Theory, 1905–1933*. Cambridge, MA: Harvard University Press.

Elster, Jon. 1994. "Rationality, Emotions, and Social Norms." *Synthese* 98, no. 1 (January): 21–49.

——. 1978. "Exploring Exploitation." *Journal of Peace Research* 15 (1): 3–17.

Evans, Richard J. 2004. *The Coming of the Third Reich*. New York: Penguin.

Feijoó, María del Carmen, and Sarah Hirschman. 1984. *Gente y Cuentos: educación popular y literature*. Buenos Aires: Centro de Estudios de Estado y Sociedad.

Feinstein, Charles H., Peter Temin, and Gianni Toniolo. 1997. *The European Economy Between the Wars*. New York: Oxford University Press.

Ferraro, Agustin E., and Miguel A. Centeno. 2019. "Authoritarianism, Democracy, and Development in Latin America and Spain, 1930–1990." In *State and Nation Making in Latin America and Spain: The Rise and Fall of the Developmental State*, ed. Agustin E. Ferraro and Miguel A. Centeno, 405–427. Cambridge: Cambridge University Press.

Finzi, Roberto. 2004. "Uno studioso studente a Trieste: Otto Albert Hirschman." In *Otto A. Hirschmann. Il Franco Poincaré e la sua svalutazione*, a cura di Giorgio Gilibert, 109–134. Rome: Edizioni di Storia e Letteratura.

Fittko, Lisa. 1991. *Escape Through the Pyrenees*. Evanston, IL: Northwestern University Press.

Fleming, Grant. 1998. "Condliffe, John Bell." *Dictionary of New Zealand Biography*. https://teara.govt.nz/en/biographies/4c28/condliffe-john-bell.

Flexner, Kurt Fisher. 1955. "The European Payments Union from 1950 to 1954: An Analysis and Evaluation." PhD diss., Faculty of Political Science, Columbia University.

Florinsky, Michael T. 1946. "Review of *National Power and the Structure of Foreign Trade* by Albert O. Hirschman." *Political Science Quarterly* 61, no. 2 (June): 272–274.

Flyvbjerg, Bent. 2018. "Planning Fallacy or Hiding Hand: Which Is the Better Explanation?" *World Development* 103 (March): 383–386.

——. 2016. "Did Megaproject Research Pioneer Behavioral Economics? The Case of Albert O. Hirschman." In *The Oxford Handbook of Megaproject Management*, ed. Bent Flyvbjerg, 155–193. Oxford: Oxford University Press.

Flyvbjerg, Bent, and Cass R. Sunstein. 2016. "The Principle of the Malevolent Hiding Hand; or, the Planning Fallacy Writ Large." *Social Research* 83, no. 4 (Winter): 979–1004.

Force, Pierre. 2003. *Self-Interest Before Adam Smith: A Genealogy of Economic Science*. Cambridge: Cambridge University Press.

Ford Foundation. 1989. *The Common Good: Social Welfare and the American Future: Policy Recommendations of the Executive Panel*. New York: Ford Foundation.

Foxley, Alejandro, Michael S. McPherson, and Guillermo O'Donnell, eds. 1986. *Development, Democracy, and the Art of Trespassing: Essays in Honor of Albert O. Hirschman*. Notre Dame, IN: University of Notre Dame Press.

Frank, Andre Gunder. 1969. *Latin America: Underdevelopment or Revolution: Essays on the Development of Underdevelopment and the Immediate Enemy*. New York: Monthly Review Press.

——. 1967. *Capitalism and Underdevelopment in Latin America: Historical Studies of Chile and Brazil*. New York: Monthly Review Press.

——. 1960. "Built in Destabilization: A. O. Hirschman's *Strategy of Economic Development*." *Economic Development and Cultural Change* 8, no. 4, part 1 (July): 433–440.

Frankfurt, Harry G. 1971. "Freedom of the Will and the Concept of a Person." *Journal of Philosophy* 68, no. 1 (January): 5–20.

Friedman, Benjamin M. 2011. "Economics: A Moral Inquiry with Religious Origins."

American Economic Review 101, no. 3 (May): 166–170.

Fry, Varian. 1945. *Surrender on Demand*. New York: Random House.

Fubini, Federico. 2014. *La via di fuga: Storia di Renzo Fubini*. Milan: Mondadori.

Furtado, Celso. 1966. "U.S. Hegemony and the Future of Latin America." *World Today* 22, no. 9 (September): 375–385.

Galbraith, John K. 1958. "Rival Economic Theories in India." *Foreign Affairs* 36 (4): 587–596.

Gasper, Des. 1986. "Programme Appraisal and Evaluation: The Hiding Hand and Other Stories." *Public Administration and Development* 6, no. 4 (October/December): 467–474.

Garver, Eugene. 1991. "Review of *The Rhetoric of Reaction: Perversity, Futility, Jeopardy* by Albert O. Hirschman." *Rhetoric Society Quarterly* 21, no. 4 (Autumn): 46–51.

Gellner, Ernest. 1979. "The Withering Away of the Dentistry State: Review of *The Passions and the Interests: Political Arguments for Capitalism Before Its Triumph* by Albert O. Hirschman." *Review (Fernand Braudel Center)* 2, no. 3 (Winter): 461–472.

Gerschenkron, Alexander. 1962. *Economic Backwardness in Historical Perspective*. Cambridge, MA: Belknap Press.

——. 1943. *Bread and Democracy in Germany*. Berkeley: University of California Press.

Ghez, Gilber R., and Gary S. Becker. 1975. *The Allocation of Time and Goods Over the Life Cycle*. New York: Columbia University Press.

Gillis, Malcolm, Dwight H. Perkins, Michael Roemer, and Donald R. Snodgrass. 1983. *Economics of Development*. New York: Norton.

Ginzberg, Eli. 1982. "Review of: *Shifting Involvements: Private Interest and Public Action* by Albert O. Hirschman." *Journal of Economic Literature* 20, no. 4 (December): 1563–1564.

Gold, Mary Jayne. 1980. *Crossroads Marseilles 1940*. New York: Doubleday.

Goodman, Bernard. 1959. "Review of *The Strategy of Economic Development* by Albert O. Hirschman." *Journal of Farm Economics* 41, no. 2 (May): 468–469.

Gottlieb, M. 1949. "Optimum Population, Foreign Trade and World Economy." *Population Studies* 3, no. 2 (September): 151–169.

Grabel, Ilene. 2017. *When Things Don't Fall Apart: Global Financial Governance and Developmental Finance in an Age of Productive Incoherence*. Cambridge, MA: MIT Press.

Grasso, Patrick G., Sulaiman S. Wasty, and Rachel V. Weaving, eds. 2003. *World Bank Operations Evaluation Department: The First 30 Years*. Washington, DC: World Bank.

Greek, Cecil E. 1983. "Review of: *Shifting Involvements: Private Interest and Public Action* by Albert O. Hirschman." *Contemporary Sociology* 12, no. 6 (November): 671.

Habermas, Jürgen. 1975. *Legitimation Crisis*. Boston: Beacon Press.

Hadass, Yael S., and Jeffrey G. Williamson. 2003. "Terms-of-Trade Shocks and Economic Performance, 1870–1940: Prebisch and Singer Revisited." *Economic Development and Cultural Change* 51, no. 3 (April): 629–656.

Hall, Peter. 1980. *Great Planning Disasters*. London: Weidenfeld and Nicolson.

Hammond, Richard J. 1966. "Convention and Limitation in Benefit-Cost Analysis." *National Resources Journal* 6, no. 2 (April): 195–222.

Hampsher-Monk, Iain. 1984. "Political Languages in Time—The Work of J. G. A. Pocock." *British Journal of Political Science* 14, no. 1 (January): 89–116.

Hanson, Roger A. 1970. "Review of Albert O. Hirschman, *Exit, Voice, and Loyalty:*

Responses to Decline in Firms, Organizations, and States." *American Political Science Review* 64, no. 4 (December): 1274–1276.

Harberger, Arnold C. 1972. "Issues Concerning Capital Assistance to Less-Developed Countries." *Economic Development and Cultural Change* 20, no. 4 (July): 631–640.

Harpham, Edward J., and Richard K. Scotch. 1988. "Rethinking the War on Poverty: The Ideology of Social Welfare Reform." *Western Political Quarterly* 41, no. 1 (March): 193–207.

Harvard Law Review. 1994. "Dethroning the Welfare Queen: The Rhetoric of Reform." *Harvard Law Review* 107, no. 8 (June): 2013–2030.

——. 1991. "Review: *The Rhetoric of Reaction: Perversity, Futility, Jeopardy* by Albert O. Hirschman." *Harvard Law Review* 105, no. 2 (December): 585–590.

Hayek, Friedrich A., ed. 1935. *Collectivist Economic Planning: Critical Studies on the Possibilities of Socialism.* London: Routledge.

Hazard, Paul. 1952 [1990]. *The European Mind: The Critical Years, 1680–1715.* New York: Fordham University Press.

Hess, Andreas. 1999. " 'The Economy of Morals and Its Applications': An Attempt to Understand Some Central Concepts in the Work of Albert O. Hirschman." *Review of International Political Economy* 6, no. 3 (Autumn): 338–359.

Hickerson, Steven R. 1983. "Review of: *Shifting Involvements: Private Interest and Public Action* by Albert O. Hirschman." *Journal of Economic Issues* 17, no. 1 (March): 256–259.

Higgins, Benjamin. 1960. "Review of *The Strategy of Economic Development* by Albert O. Hirschman." *Social Research* 27, no. 1 (Spring): 112–115.

Higgins, Benjamin, Alexandre Kafka, and George E. Britnell. 1959. "Discussion." *American Economic Review* 49, no. 2 (May): 169–178.

Hill, Lewis E. 1959. "Review of *The Strategy of Economic Development* by Albert O. Hirschman." *Southern Economic Journal* 26, no. 1 (July): 72.

Hirsch, Fred. 1976. *Social Limits to Growth.* Cambridge, MA: Harvard University Press.

Hirschman, Albert O. 1998. *Crossing Boundaries: Selected Writings.* New York: Zone Books.

——. 1997. "Fifty Years After the Marshall Plan: Two Posthumous Memoirs and Some Personal Recollections." In Hirschman 1998, 33–43.

——. 1995. *A Propensity to Self-Subversion.* Cambridge, MA: Harvard University Press.

——. 1994a. "Trespassing: Places and Ideas in the Course of a Life." Interview with Carmine Donzelli, Marta Petrusewicz and Claudia Rusconi. In Hirschman 1998, 45–110. [Original edition: Albert O. Hirschman. *Passaggi di Frontiera. I luoghi e le idee di un percorso di vita,* a cura di Carmine Donzelli, Marta Petrusewicz e Claudia Rusconi. Rome: Donzelli Editore, 1994.]

——. 1994b. "A Hidden Ambition." In *Development Projects Observed,* 2015 ed., xv–xx. Washington, DC: Brookings Institution.

——. 1994c. "A Propensity to Self-Subversion." In Rodwin and Schön 1994, 277–283.

——. 1994d. "Social Conflicts as Pillars of Democratic Market Society." *Political Theory* 22, no. 2 (May): 203–218.

——. 1993a. "Introduction." In Varian Fry, *Assignment: Rescue.* New York: Scholastic.

——. 1993b. "Escaping Over the Pyrenees, 1940–41." In Hirschman 1995, 123–126.

——. 1993c. "Exit, Voice, and the Fate of the German Democratic Republic: An Essay in Conceptual History." *World Politics* 45, no. 2 (January): 173–202.

——. 1993d. " 'The Rhetoric of Reaction'—Two Years Later." *Government and Opposition* 28, no. 3 (Summer): 292–314.

——. 1992. "L'argument intransigeant comme idée reçue: En guise de réponse à Raymond Boudon." *Le Débat* 1992/2 (69): 96–102.

——. 1991. *The Rhetoric of Reaction: Perversity, Futility, Jeopardy*. Cambridge, MA: Belknap Press.

——. 1990a. "Good News Is Not Bad News." *New York Review of Books*, October 11, 1990, 20–22.

——. 1990b. "Albert O. Hirschman." Interview by Richard Swedberg. In *Economics and Sociology: Redefining Their Boundaries: Conversations with Economists and Sociologists*, by Richard Swedberg, 152–166. Princeton, NJ: Princeton University Press.

——. 1989a. "Studies in Paris, 1933–1935." In Hirschman 1995, 113–116.

——. 1989b. "Having Opinions—One of the Elements of Well-Being?" *American Economic Review* 79, no. 2 (May): 75–79.

——. 1988a, "My Father and Weltanschauung, circa 1928." In Hirschman 1995, 111–112.

——. 1988b. "Four Reencounters." In Hirschman 1995, 95–110.

——. 1987a. "Doubt and Antifascist Action in Italy, 1936–1938." In Hirschman 1995, 117–119.

——. 1987b. *Potenza nazionale e commercio estero: Gli anni trenta, l'Italia e la ricostruzione*. Ed. Pier Francesco Asso and Marcello De Cecco. Bologna: Il Mulino.

——. 1987c. "The Political Economy of Latin American Development: Seven Exercises in Retrospection." *Latin American Research Review* 22 (3): 7–36.

——. 1986a. "*Exit and Voice*: An Expanding Sphere of Influence." In Hirschman 1986b, 77–101.

——. 1986b. *Rival Views of Market Society and Other Recent Essays*. Cambridge, MA: Harvard University Press [paperback ed. 1992].

—— O. 1985a. "Linkages in Economic Development." In Hirschman 1986b, 56–76.

——. 1985b. "The Concept of Interest: From Euphemism to Tautology." In Hirschman 1986b, 35–55.

——. 1985c. "Reflections on Latin American Experience." In Lindberg and Maier 1985, 53–77.

——. 1985d. "Notes on Consolidating Democracy in Latin America." In Hirschman 1986b, 176–182.

——. 1984a. "A Dissenter's Confession: *The Strategy of Economic Development* Revisited." In Meier and Seers 1984, 87–111.

——. 1984b. "Against Parsimony: Three Easy Ways of Complicating Some Categories of Economic Discourse." *Bulletin of the American Academy of Arts and Sciences* 37, no. 8 (May): 11–28.

——. 1984c. *Getting Ahead Collectively: Grassroots Experiences in Latin America*. New York: Pergamon Press.

——. 1982a. "Rival Interpretations of Market Society: Civilizing, Destructive, or Feeble?" *Journal of Economic Literature* 20, no. 4 (December): 1463–1484.

——. 1982b. *Shifting Involvements: Private Interest and Public Action*. Princeton, NJ: Princeton University Press [2002, twentieth-anniversary edition].

——. 1981a. *Essays in Trespassing: Economics to Politics and Beyond*. Cambridge, MA: Harvard University Press.

——. 1981b. "The Rise and Decline of Development Economics." In Hirschman 1981a,

1–24.

——. 1980a. "In Defense of Possibilism." In Hirschman 1986b, 171–175.

——. 1980b. "The Welfare State in Trouble: Systemic Crisis or Growing Pains?" *American Economic Review* 70, no. 2 (May): 113–116.

——. 1980c. "Morality and the Social Sciences: A Durable Tension." In Hirschman 1981a, 294–306.

——. 1979a. "Preface to the Expanded Edition." In *National Power and the Structure of Foreign Trade*, v–xii. Berkeley: University of California Press, [1945] 1980.

——. 1979b. "Foreword." In *Toward a New Strategy for Development: A Rothko Chapel Colloquium*, ed. Albert O. Hirschman et al., xv–xviii. New York: Pergamon Press.

——. 1979c. "The Turn to Authoritarianism in Latin America and the Search for Its Economic Determinants." In *The New Authoritarianism in Latin America*, ed. David Collier, 61–98. Princeton, NJ: Princeton University Press.

——. 1978. "Beyond Asymmetry: Critical Notes on Myself as a Young Man and on Some Other Old Friends." *International Organization* 32, no. 1 (Winter): 45–50.

——. 1977a. "A Generalized Linkage Approach to Development, with Special Reference to Staples." *Economic Development and Cultural Change* 25, supplement (August): 67–98.

——. 1977b. *The Passions and the Interests: Political Arguments for Capitalism Before Its Triumph*. Princeton, NJ: Princeton University Press [1997, twentieth anniversary edition].

——. 1975. "Policymaking and Policy Analysis in Latin America—A Return Journey." *Policy Sciences* 6, no. 4 (December): 385–402.

——. 1974. "'Exit, Voice, and Loyalty': Further Reflections and a Survey of Recent Contributions." *Social Science Information* 13, no. 1 (February): 7–26.

——. 1973. "The Changing Tolerance for Income Inequality in the Course of Economic Development." *Quarterly Journal of Economics* 87, no. 4 (November): 544–566.

——. 1971a. *A Bias for Hope: Essays on Development and Latin America*. New Haven, CT: Yale University Press.

——. 1971b. "Introduction: Political Economics and Possibilism." In Hirschman 1971a, 1–37.

——. 1970a. *Exit, Voice, and Loyalty: Responses to Decline in Firms, Organizations, and States*. Cambridge, MA: Harvard University Press.

——. 1970b. "The Search for Paradigms as a Hindrance to Understanding." *World Politics* 22, no. 3 (April): 329–343.

——. 1969. "How to Divest in Latin America, and Why." *Essays in International Finance*, no. 76 (November), International Finance Section, Department of Economics, Princeton University.

——. 1968a. "Foreword." In *Electric Power in Brazil: Entrepreneurship in the Public Sector*, by Judith Tendler. Cambridge, MA: Harvard University Press, vii–x.

——. 1968b. "The Political Economy of Import-Substituting Industrialization in Latin America." *Quarterly Journal of Economics* 82, no. 1 (February): 1–32.

——. 1968c. "Underdevelopment, Obstacles to the Perception of Change, and Leadership." *Daedalus* 97, no. 3 (Summer): 925–937.

——. 1967a. *Development Projects Observed*. Washington, DC: Brookings Institution Press.

——. 1967b. "The Principle of the Hiding Hand." *Public Interest* 6 (Winter): 10–23.

——. 1965. "Obstacles to Development: A Classification and a Quasi-Vanishing Act."

Economic Development and Cultural Change 13, no. 4, part 1 (July): 385–393.

——. 1964. "The Paternity of an Index." *American Economic Review* 54, no. 5 (September): 761–762.

——. 1963. *Journeys Toward Progress*. New York: Twentieth Century Fund.

——, ed. 1961a. *Latin American Issues: Essays and Comments*. New York: Twentieth Century Fund.

——. 1961b. "Ideologies of Economic Development in Latin America." In Hirschman 1961a, 3–42.

——. 1961c. "Second Thoughts on the Alliance for Progress." In Hirschman 1971a, 175–182.

——. 1960. "Abrazo Versus Coexistence." In Hirschman 1961a, 59–63.

——. 1958. *The Strategy of Economic Development*. New Haven, CT: Yale University Press [1961 ed. with new preface].

——. 1954a. "Guia para el análisis y la confección de recomendaciones sobre la situación monetaria." *Economia Colombiana*, Año I, vol. 2 (October): 531–540.

——. 1954b. "Economics and Investment Planning: Reflections Based on Experience in Colombia." In Hirschman 1971a, pp. 41–62.

——. 1952. "Effects of Industrialization on the Markets of Industrial Countries." In *The Progress of Underdeveloped Areas*, ed. Bert F. Hoselitz, 270–283. Chicago: University of Chicago Press.

——. 1950a. "Multilateralism and European Integration." *Review of Foreign Developments*, April 25, 1950, Board of Governors of the Federal Reserve System, Division of Research and Statistics, International Section, 1–19.

——. 1950b. "The European Payments Union." *Review of Foreign Developments*, August 15, 1950, Board of Governors of the Federal Reserve System, Division of International Finance, 1–9.

——. 1950c. "The Long-Run Effect of Development and Industrialization Abroad on the United State." *Review of Foreign Developments*, July 25, 1950, 1–17.

——. 1949a. "The New Intra-European Payments Scheme." *Review of Foreign Developments*, July 19, 1949, Board of Governors of the Federal Reserve System, Division of Research and Statistics, International Section, 1–5.

——. 1949b. "Devaluation and the Trade Balance: A Note." *Review of Economics and Statistics* 31, no. 1 (February): 50–53.

——. 1948a. "Credit Restrictions and Deflation in Italy." *Review of Foreign Developments*, April 20, 1948, Board of Governors of the Federal Reserve System, Division of Research and Statistics, International Section, 5–9.

——. 1948b. "Inflation and Deflation in Italy." *American Economic Review* 38, no. 4 (September): 598–606.

——. 1948c. "Inflation and Balance of Payments Deficit." *Review of Foreign Developments*, August 24, 1948, Board of Governors of the Federal Reserve System, Division of Research and Statistics, International Section, 6–8.

——. 1948d. "Disinflation, Discrimination, and the Dollar Shortage." *American Economic Review* 38, no. 5 (December): 886–892.

——. 1948e. "Economic and Financial Conditions in Italy." *Review of Foreign Developments*, December 14, 1948, Board of Governors of the Federal Reserve System, Division of Research and Statistics, International Section, 1–17.

——. 1948f. "Dollar Shortage and Discrimination." *Review of Foreign Developments*,

September 7, 1948, Board of Governors of the Federal Reserve System, Division of Research and Statistics, International Section, 1–4.

———. 1947a. "Swiss Foreign Economic Policy." *Review of Foreign Developments*, June 3, 1947, Board of Governors of the Federal Reserve System, Division of Research and Statistics, International Section, 13–20.

———. 1947b. "Exchange Control in Italy." *Review of Foreign Developments*, March 11, 1947, Board of Governors of the Federal Reserve System, Division of Research and Statistics, International Section, 11–17.

———. 1947c. "Exchange Control in Italy—II." *Review of Foreign Developments*, May 6, 1947, Board of Governors of the Federal Reserve System, Division of Research and Statistics, International Section, 11–14.

———. 1947d. "Trade Structure of the 'Marshall Plan Countries.' " *Review of Foreign Developments*, August 12, 1947, Board of Governors of the Federal Reserve System, Division of Research and Statistics, International Section, 7–11.

———. 1947e. "France and Italy: Patterns of Reconstruction." *Federal Reserve Bulletin* 33, no. 4 (April): 353–366.

———. 1945. *National Power and the Structure of Foreign Trade*. Berkeley: University of California Press.

———. 1943a. "On Measures of Dispersion for a Finite Distribution." *Journal of the American Statistical Association* 38, no. 223 (September): 346–352.

———. 1943b. "The Commodity Structure of World Trade." *Quarterly Journal of Economics* 57, no. 4 (August): 565–595.

Hirschmann, Otto Albert [not mentioned as author]. 1939a. "Mèmoire sur le Contrôle des Changes en Italie," juin 1939, Conférence permanente des hautes études internationales, XIIème session, Bergen 1939, Conférence générale d'études sur les politiques économiques et la paix. Paris: Institut International de Coopération Intellectuelle. Société des Nations, in International Studies Conference, Twelfth Session, 1939, *General Study Conference on Economic Policies in Relation to World Peace*, Memoranda, Exchange Control No. 1–5. Paris: International Institute of Intellectual Co-operation, League of Nations. An Italian translation is available in Hirschman 1987b, 161–255.

———. 1939b. "Étude statistique sur la tendance du Commerce extérieur vers l'équilibre et le bilatéralism," aoÛt 1939, Conférence permanente des hautes études internationales, XIIème session, Bergen 1939, Conférence générale d'études sur les politiques économiques et la paix. Paris: Institut International de Coopération Intellectuelle, Société des Nations. In International Studies Conference, Twelfth Session, 1939, *General Study Conference on Economic Policies in Relation to World Peace*, Memoranda, Exchange Control No. 7–8. Paris: International Institute of Intellectual Co-operation, League of Nations. Also available at https://colornihirschman.org/dossier/article/75/etude-statistique-sur-la-tendance-du-commerce-exterieur-vers-lequilibre-et-le-bilateralisme. English translation from the French original by Pier Francesco Asso: Albert O. Hirschman. 1988. "Statistical Study of the Trend of Foreign Trade Toward Equilibrium and Bilateralism." *Political Economy. Studies in the Surplus Approach* 4 (1): 111–124. http://www.centrosraffa.org/pe/4,1/4,1.5.%20Hirschman.pdf.

———. 1938a. *Il franco Poincaré e la sua svalutazione*, a cura di Giorgio Gilibert. Rome: Edizioni di Storia e Letteratura, 2004.

———. 1938b. "Nota su due recenti tavole di nuzialità della popolazione italiana." *Giornale degli Economisti e Rivista di Statistica*, Serie quarta, 78, no. 1 (January): 40–47.

—— [unsigned]. 1938c. "Les Finances et l'économie italiennes—Situation actuelle et perspectives." *Bulletin Quotidien*, Supplément, no. 123 (1 juin 1938), Société d'Études et d'Informations Économiques.

—— [unsigned]. 1938d. "L'Industrie textile italienne et l'autarcie." *Bulletin Quotidien*, Supplément, no. 248 (2 novembre 1938), Société d'Études et d'Informations Économiques.

—— [under the pseudonym Jean Albert]. 1938e. "Crise de la colonisation italienne en Éthiopie." *L'Europe Nouvelle* 21, no. 1083 (12 novembre 1938): 1235–1236.

—— [unsigned]. 1938f. "Italie." *L'Activité Économique* 4, no. 15 (31 octobre 1938): 250–255.

Hirschmann, Ursula. 1993. *Noi Senzapatria*. Bologna: Il Mulino.

Hirschman, Albert O., and Richard M. Bird. 1968. "Foreign Aid—A Critique and a Proposal." Essays in International Finance No. 69 (July). Princeton, NJ: Princeton University, Department of Economics, International Finance Section.

Hirschman, Alberto [*sic*] O., and George Kalmanoff. 1956. "Demanda de energia electrica para la C.V.C." *Economia Colombiana*, Año III, vol. 9 (June): 507–519.

Hirschman, Albert O., and Charles E. Lindblom. 1962. "Economic Development, Research and Development, Policy Making: Some Converging Views." *Behavioral Science* 7, no. 2 (April): 211–222.

Hirschman, Albert O., and M. J. Roberts. 1947. "Trade and Credit Arrangements Between the 'Marshall Plan Countries.' " *Review of Foreign Developments*, August 26, 1947, Board of Governors of the Federal Reserve System, Division of Research and Statistics, International Section, 8–11.

Hirschman, Albert O., and Robert Solomon. 1950. "The Influence of U.S. Economic Conditions on Foreign Countries." *Review of Foreign Developments*, September 12, 1950, Board of Governors of the Federal Reserve System, Division of International Finance, 1–20.

Hoffman, Paul. 1991. "Three Dualist Theories of the Passions." *Philosophical Topics* 19, no. 1 (Spring): 153–200.

Hogan, Michael J. 1987. *The Marshall Plan: America, Britain, and the Reconstruction of Western Europe, 1947–1952*. Cambridge: Cambridge University Press.

Honig, Dan. 2018. *Navigation by Judgment: Why and When Top Down Management of Foreign Aid Doesn't Work*. New York: Oxford University Press.

Hoselitz, Bert F. 1948. "Review of *Problèmes d'économie internationale: Les Échanges du capitalisme libéral* by Jean Weiller." *Journal of Political Economy* 56, no. 3 (June): 269–271.

Hotelling, Harold. 1929. "Stability in Competition." *Economic Journal* 39, no. 153 (March): 41–57.

Huntington, Samuel P. 1991. *The Third Wave: Democratization in the Late Twentieth Century*. Norman: University of Oklahoma Press.

IBRD: see International Bank for Reconstruction and Development.

Ika, Lavagnon A. 2018. "Beneficial or Detrimental Ignorance: The Straw Man Fallacy of Flyvbjerg's Test of Hirschman's Hiding Hand." *World Development* 103 (March): 369–382.

Inayatullah, Naeem. 1997. "Theories of Spontaneous Disorder." *Review of International Political Economy* 4, no. 2 (Summer): 319–348.

International Bank for Reconstruction and Development (IBRD). 1972. "Operations Evaluation Report: Electric Power." March 10, 1972, Report No. 2–17, Programming & Budgeting Department, Operations Evaluation Division.

——. 1950a. *The Basis of a Development Program for Colombia: Report of a Mission*

Headed by Lauchlin Currie, and Sponsored by the International Bank for Reconstruction and Development in Collaboration with the Government of Colombia. Washington, DC: IBRD.

——. 1950b. *The Basis of a Development Program for Colombia: Report of a Mission: The Summary.* Washington, DC: IBRD.

International Studies Conference. 1939. *Twelfth Session, 1939, General Study Conference on Economic Policies in Relation to World Peace*, Memoranda, Argentine No. 1, Australia No. 1–5. Paris: International Institute of Intellectual Co-operation, League of Nations.

——. 1938. *Economic Policies in Relation to World Peace. A record of the meetings held in Prague on May 25th and 26th 1938.* Paris: International Institute of Intellectual Co-operation, League of Nations.

Isenberg, Sheila. 2001. *A Hero of Our Own: The Story of Varian Fry.* New York: Random House.

Kaiser, Thomas E. 1979. "Review of *The Passions and the Interests: Political Arguments for Capitalism Before Its Triumph* by Albert O. Hirschman." *Eighteenth-Century Studies* 12, no. 3 (Spring): 419–422.

Kaplan, Jacob J., and Günther Schleiminger. 1989. *The European Payments Union: Financial Diplomacy in the 1950s.* Oxford: Clarendon Press.

Katznelson, Ira. 1980. "Accounts of the Welfare State and the New Mood." *American Economic Review* 70, no. 2 (May): 117–122.

Katznelson, Ira, Kim Geiger, and Daniel Kryder. 1993. "Limiting Liberalism: The Southern Veto in Congress, 1933–1950." *Political Science Quarterly* 108, no. 2 (Summer): 283–306.

Katznelson, Ira, and Bruce Pietrykowski. 1991. "Rebuilding the American State: Evidence from the 1940s." *Studies in American Political Development* 5, no. 2 (Fall): 301–339.

Kenyon, Tom, and Alberto Criscuolo. 2017. "Social Learning and the World Bank." Paper prepared for the First Hirschman-Colorni Conference, Boston University, October 6–7, 2017.

Keohane, Nannerl O. 1978. "Review of *The Passions and the Interests: Political Arguments for Capitalism Before Its Triumph* by Albert O. Hirschman." *Journal of Interdisciplinary History* 8, no. 4 (Spring): 776–778.

Keohane, Robert O., and Joseph S. Nye. 1973. "World Politics and the International Economic System." In *The Future of the International Economic Order: An Agenda for Research*, by C. Fred Bergsten, 115–179. Lexington, MA: Lexington Books.

——, eds. 1972. *Transnational Relations and World Politics.* Cambridge, MA: Harvard University Press.

Killick, Tony. 1978. *Economic Development in Action: A Study of Economic Policies in Ghana.* London: Heinemann.

Kindleberger, Charles P. 1973. *The World in Depression 1929–1939.* Berkeley: University of California Press.

—— 1962. *Foreign Trade and the National Economy.* New Haven, CT: Yale University Press.

Knapp, John. 1957. "Capital Exports and Growth." *Economic Journal* 67, no. 267 (September): 432–444.

Knox, A. D. 1960. "Review of *The Strategy of Economic Development* by Albert O. Hirschman." *International Affairs* 36, no. 1 (January): 99–100.

Köpp, H. Eberhard. 2003. "Promoting Professional and Personal Trust in OED." in Grasso, Wasty, and Weaving 2003, 55–60.

Kornai, János. 1979. "Appraisal of Project Appraisal." In *Economics and Human Welfare: Essays in Honor of Tibor Scitovsky*, ed. Michael J. Boskin, 75–99. New York: Academic Press.

Krasner, Stephen D. 1976. "State Power and the Structure of International Trade." *World Politics* 28, no. 3 (April): 317–347.

Krugman, Paul. 1994. "The Fall and Rise of Development Economics." In Rodwin and Schön 1994, 39–58.

——. 1993. "Toward a Counter-Counterrevolution in Development Theory." In *Proceedings of the World Bank Annual Conference on Development Economics 1992*, ed. Lawrence H. Summers and Shekhar Shah, 15–61. Washington, DC: World Bank.

Kuznets, Simon. 1964. "Quantitative Aspects of the Economic Growth of Nations: IX. Level and Structure of Foreign Trade: Comparisons for Recent Years." *Economic Development and Cultural Change* 13, no. 1, part 2 (October): 1–106.

Lane, Robert E. 1978. "Markets and the Satisfaction of Human Wants." *Journal of Economic Issues* 12, no. 4 (December): 799–827.

Laves, Walter H. C. 1940. "The Institutional Requirements for a More Stable World Order." In *The Foundations of a More Stable Order*, ed. Walter H. C. Laves, 157–185. Chicago: University of Chicago Press, 1941.

Lazear, Edward P. 1999. "Economic Imperialism." *NBER Working Paper Series*, 7300 (August).

Lepenies, Philipp H. 2018. "Statistical Tests as a Hindrance to Understanding What the Controversy Around the 'Hiding Hand' Reveals About Research in the Social Sciences and Conceals About Project Management." *World Development* 103 (March): 360–365.

Lewis, W. Arthur. 1955. *The Theory of Economic Growth*. London: Allen & Unwin.

——. 1954. "Economic Development with Unlimited Supply of Labour." *Manchester School of Economic and Social Studies* 22, no. 2 (May): 139–191.

Lindberg, Leon N. 1985. "Models of Inflation-Disinflation Process." In Lindberg and Maier 1985, 25–50.

Lindberg, Leon N., and Charles S. Maier, eds. 1985. *The Politics of Inflation and Economic Stagnation: Theoretical Approaches and International Case Studies*. Washington, DC: Brookings Institution.

Lind Olsen, Pernille. 2003. "Nonny Wright (1909–2003)." *Dansk kvindehistorie: Dansk kvindebiografisk leksikon*. Accessed September 30, 2019. http://www.kvinfo.dk /side/597/bio/1693/origin/170/.

Little, Ian M. D. 1982. *Economic Development: Theory, Policy, and International Relations*. New York: Basic Books.

Little, Ian M. D., and James A. Mirrlees. 1974. *Project Appraisal and Planning for Developing Countries*. New York: Basic Books.

——. 1968. *Manual of Industrial Project Analysis in Developing Countries, Vol. II, Social Cost Benefit Analysis*. Paris: Development Centre of the Organisation for Economic Co-operation and Development.

Little, Ian M. D., Tibor Scitovsky, and Maurice Scott. 1970. *Industry and Trade in Some Developing Countries: A Comparative Study*. London: Oxford University Press.

Love, Joseph L. 1996. *Crafting the Third World: Theorizing Underdevelopment in Rumania and Brazil*. Stanford, CA: Stanford University Press.

Luzzatto-Fegiz, Pierpaolo. 1937. "La Politica Demografica del Fascismo." *Annali di Economia*, Vol. 12, Dieci anni di Economia fascista: 1926–1935: La formazione dell'Economia corporativa, 109–124.

Lynn, Laurence E., Jr. 1992. "Welfare Reform and the Revival of Ideology: An Essay Review." *Social Service Review* 66, no. 4 (December): 642–654.

Lyons, William E., David Lowery, and Ruth Hoogland DeHoog. 1992. *The Politics of Dissatisfaction: Citizens, Services, and Urban Institutions*. Armonk, NY: M. E. Sharpe.

Macario, Santiago. 1964. "Protectionism and Industrialization in Latin America." *Economic Bulletin for Latin America* 9, no. 1 (March): 62–102.

Maier, Charles S. 2017. "On the Applicability of Albert Hirschman's Shifting Involvements for the Historian: Notes for a Research Proposal." Paper presented at the Conference on Albert Hirschman's Legacy: Theory and Practice, Boston University, October 6–7, 2017.

——. 1985. "Inflation and Stagnation as Politics and History." In Lindberg and Maier 1985, 3–24.

Mann, Fritz Karl. 1946. "Review of *National Power and the Structure of Foreign Trade* by Albert O. Hirschman." *Journal of Economic History* 6, no. 1 (May): 91–93.

Mannheim, Karl. 1936. *Ideology and Utopia: An Introduction to the Sociology of Knowledge*. New York: Harcourt, Brace.

Marglin, Stephen A. 1967. *Public Investment Criteria: Benefit-Cost Analysis for Planned Economic Growth*. London: George Allen & Unwin.

Marino, Andy. 1999. *American Pimpernel: The Man Who Saved the Artists on Hitler's Death List*. London: Hutchinson.

Martin, David A. 1990. "Economics as Ideology: On Making 'The Invisible Hand' Invisible." *Review of Social Economy* 48, no. 3 (Fall): 272–287.

Maser, Steven M. 1984. "Review of: *Shifting Involvements: Private Interests and Public Action* by Albert O. Hirschman." *American Political Science Review* 78, no. 2 (June): 590–591.

Mathiowetz, Dean. 2007. "The Juridical Subject of 'Interest.' " *Political Theory* 35, no. 4 (August): 468–493.

Matthews, Donald R., and James W. Prothro. 1966. *Negroes and the New Southern Politics*. New York: Harcourt, Brace and World.

Marx, Karl. 1859 [1904]. *A Contribution to the Critique of Political Economy*. Translated by N. I. Stone. Chicago: Charles H. Kerr.

Mazower, Mark. 2000. *Dark Continent: Europe's Twentieth Century*. New York: Vintage.

McClafferty, Carla Killough. 2008. *In Defiance of Hitler: The Secret Mission of Varian Fry*. New York: Farrar, Straus and Giroux.

McCloskey, Deirdre N. 1992. "Alexander Gerschenkron." *American Scholar* 61, no. 2 (Spring): 241–246.

McPherson, Michael S. 1986. "The Social Scientist as Constructive Skeptic: On Hirschman's Role." In Foxley, McPherson, and O'Donnell 1986, 305–315.

Meade, James E. 1940. *The Economic Basis of a Durable Peace*. New York: Oxford University Press.

Meier, Gerald M. 2005. *Biography of a Subject: An Evolution of Development Economics*. New York: Oxford University Press.

——. 2001. "The Old Generation of Development Economists and the New." In *Frontiers of Development Economics: The Future in Perspective*, ed. Gerald M. Meier and Joseph E. Stiglitz, 13–50. New York: Oxford University Press.

Meier, Gerald M., and Dudley Seers. 1984. *Pioneers in Development*. New York: Oxford

University Press.

Meldolesi, Luca. 1995. *Discovering the Possible: The Surprising World of Albert O. Hirschman*. Notre Dame, IN: University of Notre Dame Press.

——. 1990. "Una passione per il possibile." In *Tre continenti: Economia politica e sviluppo della democrazia in Europa, Stati Uniti e America Latina*, by Albert O. Hirschman. Turin: Einaudi.

Merton, Robert K. 1973. "Social Conflict Over Styles of Sociological Work." In *The Sociology of Science: Theoretical and Empirical Investigations*, 47–69. Chicago: University of Chicago Press. [Originally published in Fourth World Congress of Sociology, *Transactions* 3 (1961): 21–46. Louvain, Belgium: International Sociological Association.]

——. 1936. "The Unanticipated Consequences of Purposive Social Action." *American Sociological Review* 1, no. 6 (December): 894–904.

Meyer, Jack A. 1989. "Statement." In *Public Investment in Human and Physical Infrastructure*. Hearing Before the Joint Economic Committee, Congress of the United States, One Hundred First Congress, First Session, July 19, 1989. Washington, DC: Government Printing Office, 1990.

Michaely, Michael. 1962. *Concentration in International Trade*. Amsterdam: North-Holland.

——. 1960. "The Shares of Countries in World Trade." *Review of Economics and Statistics* 42, no. 3 (August): 307–317.

Migdal, Joel S. 1980. *Palestinian Society and Politics*. Princeton, NJ: Princeton University Press.

Milward, Alan S. 1984. *The Reconstruction of Western Europe, 1945–51*. Berkeley: University of California Press.

Misiani, Simone. 2010. *Manlio Rossi-Doria: un riformatore del Novecento*. Soveria Mannelli, Italy: Rubbettino.

Moore, Barrington, Jr. 1966. *Social Origins of Dictatorship and Democracy: Lord and Peasant in the Making of the Modern World*. Boston: Beacon Press.

Mouré, Kenneth. 1991. *Managing the Franc Poincaré: Economic Understanding and Political Constraint in French Monetary Policy, 1928–1936*. Cambridge: Cambridge University Press.

Moyn, Samuel. 2018. *Not Enough: Human Rights in an Unequal World*. Cambridge, MA: Harvard University Press.

——. 2010. *The Last Utopia: Human Rights in History*. Cambridge, MA: Harvard University Press.

Mukherji, V. 1959. "Review of *The Strategy of Economic Development* by Albert O. Hirschman." *Indian Economic Review* 4, no. 3 (February): 84–89.

Muller, Jerry Z. 1991. "Albert Hirschman's Rhetoric of Recrimination." *Public Interest* 104 (Summer): 81–92.

Murphy, Craig N. 2006. *The United Nations Development Programme: A Better Way?* New York: Cambridge University Press.

Murphy, George G. S. 1961. "On Satelliteship." *Journal of Economic History* 21, no. 4 (December): 641–651.

Murray, Charles. 1984 [1994]. *Losing Ground: American Special Policy 1950–1980*. New York: Basic Books.

Nelson, Richard R. 1976. "Discussion." *American Economic Review* 66, no. 2 (May):

389-391.

Nurkse, Ragnar. 1961. "Further Comments on Professor Rosenstein-Rodan's Paper." In *Economic Development for Latin America*, ed. Howard S. Ellis and Henry C. Wallich, 74-78. New York: St. Martin's.

——. [1953] 1962. *Problems of Capital Formation in Underdeveloped Countries*. 3rd ed. Oxford: Basil Blackwell and Mott.

O'Connor, James. 1973. *The Fiscal Crisis of the State*. New York: St. Martin's Press.

O'Donnell, Guillermo. 1986. "On the Fruitful Convergences of Hirschman's *Exit, Voice, and Loyalty* and *Shifting Involvements*: Reflections from the Recent Argentinian Experience." in Foxley, McPherson, and O'Donnell 1986, 249-268.

——. 1983. "Democracia en la Argentina: Micro y Macro." Working Paper No. 2 (December), Kellogg Institute for International Studies. Accessed on January 3, 2020. https://kellogg.nd.edu/sites/default/files/old_files/documents/002_0.pdf.

——. 1973. *Modernization and Bureaucratic-Authoritarianism: Studies in South American Politics*. Berkeley, CA: Institute of International Studies.

Oliver, Henry. 1946. "Review of *National Power and the Structure of Foreign Trade* by Albert Hirschman." *Southern Economic Journal* 12, no. 3 (January): 304-305.

Olson, Mancur. 1965 [1971]. *The Logic of Collective Action*. Cambridge, MA: Harvard University Press.

——. 1965. "Some Social and Political Implications of Economic Development." *World Politics* 17 (3): 525-554.

Oman, Charles P., and Ganeshan Wignaraja. 1991. *The Postwar Evolution of Development Thinking*. Basingstoke, UK: Macmillan.

Omiccioli, Massimo. 2018. *La "strana" biblioteca di uno "strano" economista: Viaggio tra i libri di Ernesto Rossi*. Rome: Banca d'Italia.

Ophir, Adi. 2019. "Exit, Voice, Loyalty: The Case of the BDS." *Philosophy and Social Criticism*, first published online November 14, 2019.

Orbell, John M., and Toro Uno. 1972. "A Theory of Neighborhood Problem Solving: Political Actions vs. Residential Mobility." *American Political Science Review* 66, no. 2 (June): 471-489.

Overy, Richard. 2017. *The Inter-War Crisis*. 3rd ed. London: Routledge.

Paci, Massimo. 1982. "Onde lunghe nello sviluppo dei sistemi di welfare." *Stato e mercato*, no. 6 (December): 345-400.

Pasquino, Gianfranco. 2014. "Hirschman politologo (per necessità e virtù)." *Moneta e Credito* 67 (266): 167-189.

Peleg, Ilan, and Dov Waxman. 2011. *Israel's Palestinians: The Conflict Within*. Cambridge: Cambridge University Press.

Piatier, André. 1939. "Report on the Study of Exchange Control." In International Studies Conference, Twelfth Session, Bergen, August 27-September 2, 1939, *Economic Policies in Relation to World Peace*, Memoranda, Exchange Control No. 7-8. Paris: International Institute of Intellectual Co-operation, League of Nations.

Picciotto, Robert. 1994. "Visibility and Disappointment: The New Role of Development Evaluation." In Rodwin and Schön 1994, 210-230.

Pocock, J. G. A. 1981. "The Machiavellian Moment Revisited: A Study in History and Ideology." *Journal of Modern History* 53, no. 1 (March): 49-72.

——. 1975. *The Machiavellian Moment: Florentine Political Thought and the Atlantic Republican Tradition*. Princeton, NJ: Princeton University Press.

Poggi, Gianfranco. 1978. "Economy and Polity: A Chastened Reflection of Past Hopes: A Review of *The Passions and the Interests: Political Arguments for Capitalism Before Its Triumph*, by Albert O. Hirschman." *Contemporary Sociology* 7, no. 4 (July): 397–399.

Porter, Theodore M. 1995. *Trust in Numbers: The Pursuit of Objectivity in Science and Public Life*. Princeton, NJ: Princeton University Press.

Prebisch, Raúl. 1950. *The Economic Development of Latin America and Its Principal Problems*. UN document no. E/CN.12/89/Rev.1. Lake Success, NY: United Nations.

Reubens, Edwin P. 1959. "Review of *Economic Planning in Underdeveloped Areas: Government and Business* by Edward S. Mason; *The Strategy of Economic Development* by Albert O. Hirschman." *Political Science Quarterly* 74, no. 3 (September): 461–463.

Rist, Charles. 1934. "L'Institut scientifique de recherches économiques et sociales." *Revue d'économie politique* 48 (6): 1769–1774.

Robbins, Lionel. 1937. *Economic Planning and International Order*. London: Macmillan.

Rodgers, Daniel T. 2011. *Age of Fracture*. Cambridge, MA: Belknap Press.

Rodrik, Dani. 2008. "The New Development Economics: We Shall Experiment, but How Shall We Learn?" Paper presented at the Brookings Development Conference, May 29–30, 2008.

———. 2007a. *One Economics, Many Recipes: Globalization, Institutions, and Economic Growth*. Princeton, NJ: Princeton University Press.

———. 2007b. "One Economics, Many Recipes: What We Have Learned Since Albert Hirschman." *Items and Issues* 6 (1–2): 1–7.

———, ed. 2003. *In Search of Prosperity: Analytical Narratives on Economic Growth*. Princeton, NJ: Princeton University Press.

Rodwin, Lloyd, and Donald A. Schön, eds. 1994. *Rethinking the Development Experience: Essays Provoked by the Work of Albert O. Hirschman*. Washington, DC: Brookings Institution.

Rokkan, Stein. 1975. "Dimensions of State Formation and Nation-Building: A Possible Paradigm for Research on Variations within Europe." In Charles Tilly, ed., *The Formation of National States in Western Europe*, Princeton, NJ: Princeton University Press, 1975, pp. 562–600.

———. 1974a. "Politics Between Economy and Culture: An International Seminar on Albert O. Hirschman's *Exit, Voice and Loyalty*." *Social Science Information* 13, no. 1 (February): 27–38.

———. 1974b. "Entries, Voices, Exits: Towards a Possible Generalization of the Hirschman Model." *Social Science Information* 13, no. 1 (February): 39–53.

Roncaglia, Alessandro. 2014. "Hirschman e l'Italia." *Moneta e Credito* 67 (266): 153–157.

Room, Graham. 2018. "The Hiding Hand: A Rejoinder to Flyvbjerg on Hirschman." *World Development* 103 (March): 366–368.

Rosenboim, Or. 2017. *The Emergence of Globalism. Visions of World Order in Britain and the United States, 1939–1950*. Princeton, NJ: Princeton University Press.

Rosenstein-Rodan, Paul N. 1963. "National Planning." Unpublished manuscript, Massachusetts Institute of Technology, November 1963.

———. 1961. "Notes on the Theory of the 'Big Push.' " In *Economic Development for Latin America*, ed. Howard S. Ellis and Henry C. Wallich, 57–67. New York: St. Martin's.

———. 1957. "Notes on the Theory of the 'Big Push.' " Italy Project, MIT Center for International Studies.

———. 1943. "Problems of Industrialisation of Eastern and South-Eastern Europe." *Eco-*

nomic Journal 53, no. 210/211 (June–September): 202–211.

Rossi-Doria, Manlio. 2011. *Una vita per il sud: Dialoghi epistolari 1944–1987*, ed. Emanuele Bernardi. Rome: Donzelli.

Rostow, Walt W. 1960 [1990]. *The Stages of Economic Growth: A Non-Communist Manifesto*. Cambridge: Cambridge University Press.

Royal Institute of International Affairs. 1940. *South-Eastern Europe. A Brief Survey*. Information Department Papers No. 26. London: Royal Institute of International Affairs.

——. 1939. *South-Eastern Europe. A Political and Economic Survey*. Prepared by the Information Department of the Royal Institute of International Affairs in collaboration with the London and Cambridge Economic Service. London: Royal Institute of International Affairs.

Ryan, Alan. 1977. "Review of *The Passions and the Interests* by Albert O. Hirschman." *Political Theory* 5, no. 4 (November): 535–538.

Sandilands, Roger J. 2015. "The 1949 World Bank Mission to Colombia and the Competing Visions of Lauchlin Currie (1902–1993) and Albert Hirschman (1915–2012)." *History of Economic Thought and Policy* 2015 (1): 21–37.

——. 1990. *The Life and Political Economy of Lauchlin Currie: New Dealer, Presidential Adviser, and Development Economist*. Durham, NC: Duke University Press.

Schaffer, Bernard, and Geoff Lamb. 1978. *Can Equity Be Organized? Equity, Development Analysis and Planning*. Paris: UNESCO.

Schelling, Thomas C. 1978. *Micromotives and Macrobehaviors*. New York: Norton.

Schneider, Louis. 1978. "On Human Nature, Economy, and Society: Review of *The Passions and the Interests: Political Arguments for Capitalism Before Its Triumph*, by Albert O. Hirschman." *Contemporary Sociology* 7, no. 4 (July): 400–402.

Schott, Kerry. 1983. "Review of: *Shifting Involvements: Private Interest and Public Action* by Albert Hirschman." *Economic Journal* 93, no. 372 (December): 941–942.

Schumpeter, Joseph A. 1942 [2008]. *Capitalism, Socialism and Democracy*. New York: Harper.

Schwarz, John E. 1983. *America's Hidden Success: A Reassessment of Twenty Years of Public Policy*. New York: Norton.

Scitovsky, Tibor. 1983. "Review of: *Shifting Involvements: Private Interest and Public Action* by Albert O. Hirschman." *Economica* (New Series) 50, no. 199 (August): 372–373.

——. 1976. *The Joyless Economy: An Inquiry Into Human Satisfaction and Consumer Dissatisfaction*. New York: Oxford University Press.

Seddig, Robert G. 1978. "Review of *The Passions and the Interests: Political Arguments for Capitalism Before Its Triumph* by Albert O. Hirschman." *Annals of the American Academy of Political and Social Science* 435 (January): 339–340.

Seers, Dudley. 1964. "Review of *Journeys Toward Progress: Studies of Economic Policy-Making in Latin America* by Albert O. Hirschman." *American Economic Review* 54 (2): 157–160.

Sen, Amartya K. 1993. "On the Darwinian View of Progress." *Population and Development Review* 19, no. 1 (March): 123–137.

——. 1977. "Rational Fools: A Critique of the Behavioral Foundations of Economic Theory." *Philosophy & Public Affairs* 6, no. 4 (Summer): 317–344.

——. 1972. "Choice, Orderings and Morality." In *Choice, Welfare and Measurement*, 74–83. Cambridge, MA: Harvard University Press.

参考文献

——. 1960. "Review of *The Strategy of Economic Development*, by A. O. Hirschman; *The Struggle for a Higher Standard of Living: The Problems of the Underdeveloped Countries*, by W. Brand; and *Public Enterprise and Economic Development*, by A. H. Hanson." *Economic Journal* 70, no. 279 (September): 590–594.

Sender, John. 1994. "Economic Restructuring in South Africa: Reactionary Rhetoric Prevails." *Journal of Southern African Studies* 20, no. 4 (December): 539–543.

Shannon, Lyle W. 1959. "Review of *The Strategy of Economic Development* by Albert O. Hirschman." *Annals of the American Academy of Political and Social Science* 325 (September): 125–126.

Siebel, H. D., and Andreas Massing. 1976. *Traditional Organizations and Economic Development*. New York: Praeger.

Sikkink, Kathryn. 2017. *Evidence for Hope: Making Human Rights Work in the Twenty-First Century*. Princeton, NJ: Princeton University Press.

Simon, Herbert A. 1957. *Models of Man*. New York: Wiley.

Singer, Hans W. 1965. "External Aid: For Plans or Projects?" *Economic Journal* 75, no. 299 (September): 539–545.

——. 1950. "The Distribution of Gains Between Investing and Borrowing Countries." *American Economic Review* 40, no. 2 (May): 473–485.

Skocpol, Theda. 1995. *Social Policy in the United States: Future Possibilities in Historical Perspective*. Princeton, NJ: Princeton University Press.

——. 1993. "Is the Time Finally Ripe? Health Insurance Reforms in the 1990s." *Journal of Health Politics, Policy, and Law* 18 (Fall): 531–550.

——. 1992a. *Protecting Soldiers and Mothers: The Political Origins of Social Policy in the United States*. Cambridge, MA: Belknap Press.

——. 1992b. "State Formation and Social Policy in the United States." *American Behavioral Scientist* 35, no. 4/5 (March–June): 559–584.

——. 1991. "Targeting Within Universalism: Politically Viable Policies to Combat Poverty in the United States." In *The Urban Underclass*, ed. Christopher Jencks and Paul E. Peterson, 411–436. Washington, DC: Brookings Institution.

Skocpol, Theda, Christopher Howard, Susan Goodrich Lehmann, and Marjorie Abend-Wein. 1993. "Women's Associations and the Enactment of Mothers' Pensions in the United States." *American Political Science Review* 87 (3): 686–701.

Smith, Adam. 1776 [1976]. *An Inquiry Into the Nature and Causes of the Wealth of Nations*. Oxford: Oxford University Press.

Smith, Jan. 1983. "Review of: *Essays in Trespassing: Economics to Politics and Beyond* by Albert O. Hirschman; *Shifting Involvements: Private Interest and Public Action* by Albert O. Hirschman." *American Journal of Sociology* 89, no. 1 (July): 225–228.

Spiegelglas, Stephen. 1961. "The Commodity Structure of World Trade: Comment." *Quarterly Journal of Economics* 75, no. 1 (February): 157–165.

Squire, Lyn, and Herman G. Van der Tak. 1975. *Economic Analysis of Projects*. Baltimore: Johns Hopkins University Press.

Staley, Eugene A. 1939. *World Economy in Transition: Technology vs. Politics, Laissez Faire vs. Planning, Power vs. Welfare*. New York: Council on Foreign Relations.

Stewart, Frances, and Paul Streeten. 1972. "Little–Mirrlees Methods and Project Appraisal." *Bulletin of the Oxford University Institute of Economics and Statistics* 34, no. 1 (February): 75–91.

Stigler, George J., and Gary S. Becker. 1977. "De Gustibus Non Est Disputandum." *Amer-*

337

ican Economic Review 67, no. 2 (March): 76–90.

Stillman, Peter G. 1978. "Review of *The Passions and the Interests: Political Arguments for Capitalism Before Its Triumph* by Albert O. Hirschman." *American Political Science Review* 72, no. 3 (September): 1027–1028.

Stinchcombe, Arthur L. 1983. "Review of: *Shifting Involvements: Private Interests and Public Action* by Albert O. Hirschman." *Theory and Society* 12, no. 5 (September): 689–692.

Stinebower, Leroy D. 1946. "Review of *National Power and the Structure of Foreign Trade* by Albert O. Hirschman." *American Economic Review* 36, no. 3 (June): 418–420.

Stolper, Wolfgang F. 1946. "Review of *National Power and the Structure of Foreign Trade* by Albert O. Hirschman." *Journal of Political Economy* 54, no. 6 (December): 562–563.

Streeten, Paul P. 1986. "Suffering from Success." In Foxley, McPherson, and O'Donnell 1986, 239–246.

——. 1984. "Comment." In *Pioneers in Development*, ed. Gerald M. Meier and Dudley Seers, 115–118. New York: Oxford University Press.

——. 1959. "Unbalanced Growth." *Oxford Economic Papers* 11 (2): 167–190.

Sunstein, Cass R. 2018. *The Cost-Benefit Revolution*. Cambridge, MA: MIT Press.

——. 2015. "Albert Hirschman's Hiding Hand." Foreword to *Development Projects Observed*, by Albert O. Hirschman, vii–xiii. Washington, DC: Brookings Institution Press.

——. 2013. "An Original Thinker of Our Time." *New York Review of Books* 60, no. 9 (May 23, 2013): 14–17.

——. 1999. "Cognition and Cost-Benefit Analysis." John M. Olin Law & Economics Working Paper No. 85 (2nd Series), Law School, University of Chicago.

Supple, Barry. 1978. "Review of *The Passions and the Interests: Political Arguments for Capitalism Before Its Triumph* by Albert O. Hirschman." *Journal of Modern History* 50, no. 4 (December): 723–725.

Suttle, Bruce B. 1987. "The Passion of Self-Interest: The Development of the Idea and Its Changing Status." *American Journal of Economics and Sociology* 46, no. 4 (October): 459–472.

Tarrow, Sidney. 1988. "National Politics and Collective Action: Recent Theory and Research in Western Europe and the United States." *Annual Review of Sociology* 14: 421–440.

Tendler, Judith. 1983a. *What to Think About Cooperatives: A Guide from Bolivia* (in collaboration with Kevin Healy and Carol Michaels O'Laughlin). Arlington, VA: Inter-American Foundation.

——. 1983b. "Ventures in the Informal Sector, and How They Worked Out in Brazil." A.I.D. Evaluation Special Study No. 12 (March). Washington, DC: U.S. Agency for International Development.

——. 1982. "Turning Private Voluntary Organizations Into Development Agencies: Questions for Evaluation." A.I.D. Program Evaluation Discussion Paper No. 12 (April). Washington, DC: U.S. Agency for International Development.

——. 1968. *Electric Power in Brazil: Entrepreneurship in the Public Sector*. Cambridge, MA: Harvard University Press.

Tilly, Charles. 1978. *From Mobilization to Revolution*. New York: Random House.

Toynbee, Arnold J. 1939. "A Turning Point in History." *Foreign Affairs* 17, no. 2 (January): 305–320.

Trigilia, Carlo. 2014. "Albert Hirschman e la scienza socio-morale." *Moneta e Credito*

67 (266): 191–203.

Tullock, Gordon. 1970. "Review of *Exit, Voice and Loyalty: Responses to Decline in Firms, Organizations, and States* by Albert O. Hirschman." *Journal of Finance* 25, no. 5 (December): 1194–1195.

Viner, Jacob. 1940. "International Economic Relations and the World Order." June 26, 1940. In *The Foundations of a More Stable Order*, ed. Walter H. C. Laves, 33–73. Chicago: University of Chicago Press, 1941.

Watkins, Melville H. 1963. "A Staple Theory of Economic Growth." *Canadian Journal of Economics and Political Science / Revue canadienne d'économique et de science politique* 29, no. 2 (May): 141–158.

——. 1961. "Review of *The Strategy of Economic Development* by Albert O. Hirschman." *Canadian Journal of Economics and Political Science / Revue canadienne d'économique et de science politique* 27, no. 1 (February): 110–112.

Weiller, Jean. 1954. "Review of *British Overseas Trade, from 1700 to the 1930's* by Werner Schlote, W. O. Henderson and W. H. Chaloner." *Revue économique* 5, no. 1 (January): 118–119.

Weisbrod, Burton. 1978. *The Voluntary Nonprofit Sector: An Economic Analysis*. Washington, DC: Lexington Books.

Williamson, Oliver E. 1976. "The Economics of Internal Organization: Exit and Voice in Relation to Markets and Hierarchies." *American Economic Review* 66, no. 2 (May): 369–377.

——. 1975. *Markets and Hierarchies: Analysis and Antitrust Implications*. New York: Free Press.

Wolf, Eric. 1969. *Peasant Wars of the Twentieth Century*. New York: Harper & Row.

Wolfe, Alan. 1992. "Review of *The Rhetoric of Reaction: Perversity, Futility, Jeopardy* by Albert O. Hirschman." *Contemporary Sociology* 21, no. 1 (January): 30–32.

Wuthnow, Robert. 1979. "Legitimating the Capitalist World Order: Review of *The Livelihood of Man*, by Karl Polanyi and Harry W. Pearson, and *The Passions and the Interests: Political Arguments for Capitalism Before Its Triumph*, by Albert O. Hirschman." *American Journal of Sociology* 85, no. 2 (September): 424–430.

Zahniser, Marvin R., and W. Michael Weis. 1989. "A Diplomatic Pearl Harbor? Richard Nixon's Goodwill Mission to Latin America in 1958." *Diplomatic History* 13, no. 2 (Spring): 163–190.

Zolberg, Aristide R., Astrid Suhrke, and Sergio Aguayo. 1989. *Escape from Violence: Conflict and the Refugee Crisis in the Developing World*. New York: Oxford University Press.

译后记

　　我与阿尔伯特·赫希曼（Albert O. Hirschman）似乎有点缘分。十年前，我曾应三辉图书之邀，翻译过赫希曼的"不完全"自传《自我颠覆的倾向》，而后又翻译了杰里米·阿德尔曼（Jeremy Adelman）所著的赫希曼的传记《入世哲学家：阿尔伯特·赫希曼的奥德赛之旅》。这两本书出版之后，反响都相当不错。后来，三辉图书又盛情邀请我重译了赫希曼的另一本著作《反动的修辞：悖谬论、无效论和危险论》（即将出版）。此外，记得我还曾经向三辉图书推荐过赫希曼的《发展项目述评》，只是不知道那本书现在进展得怎么样了。

　　一来二去，对赫希曼的思想也算是有了比较深入的了解，因此一度动过写一些相关的文字的念头，只是由于种种原因未能好好下笔，时有嗟叹。不过现在好了，应上海人民出版社钱敏老师的邀请，我译出了米歇尔·阿拉切维奇（Michele Alacevich）著的这本《赫希曼指南：著作与思想》，也算是为自己的这个念想做了一个小小的了断。

　　对于赫希曼的生平、著作和思想，杰里米·阿德尔曼和米歇尔·阿拉切维奇这两本著作给出了非常不错的介绍，而且它们有很强的互补性，读者将两者结合起来，当有一个全面的理解，我这个译者就不必过多置喙了。

　　感谢罗卫东教授在百忙之中赐序，使我这个译本大为增色；他在序言中对赫希曼的人生经历与学术思想之间的联系，以及赫希曼对当今中国的意义的阐发，尤其令人深省。自我求学以来，罗老师一直对我眷顾，趁此机会再次致以最诚挚的谢意。

　　感谢上海人民出版社和钱敏老师给了我这个难得的与"老朋友"赫希曼再

340

次"聚会"的机会。

能够完成此书，我最感谢的是太太傅瑞蓉，感谢她为我们的家庭的付出和对我的工作的支持和帮助。同时感谢小儿贾岚晴，他每天都在成长，带给我不断学习的动力。

我还要特别感谢我现在就职的农夫山泉股份有限公司和钟睒睒先生。农夫山泉公司使我衣食无忧；它一贯注重品质、强调利他，正与我的追求相契合。钟睒睒先生既是我的老板，也是我的良师和益友，感谢他为我创造了非常难得的读书、译书、写作的空间。

贾拥民

写于杭州嵩谷阁

图书在版编目(CIP)数据

阿尔伯特·赫希曼：一部思想传记/(意)米歇尔
·阿拉切维奇(Michele Alacevich)著；贾拥民译. —
上海：上海人民出版社，2023
书名原文：Albert O. Hirschman：An Intellectual
Biography
ISBN 978 - 7 - 208 - 18154 - 0

Ⅰ.①阿… Ⅱ.①米… ②贾… Ⅲ.①赫希曼(
Hirschman，Albert Otto 1915 - 2012)-传记 Ⅳ.
①K835.165.31

中国国家版本馆 CIP 数据核字(2023)第 029447 号

责任编辑 王　琪
封面设计 路　静

阿尔伯特·赫希曼：一部思想传记
[意]米歇尔·阿拉切维奇 著
贾拥民 译

出　　版　上海人民出版社
　　　　　（201101　上海市闵行区号景路 159 弄 C 座）
发　　行　上海人民出版社发行中心
印　　刷　上海商务联西印刷有限公司
开　　本　720×1000　1/16
印　　张　22.75
插　　页　4
字　　数　327,000
版　　次　2023 年 6 月第 1 版
印　　次　2023 年 6 月第 1 次印刷
ISBN 978 - 7 - 208 - 18154 - 0/F·2797
定　　价　98.00 元